Heinrich Maetzke

Der Union Jack in Berlin

Wissenschaftsforum Geschichte und historische Hilfswissenschaften

Band 1

Heinrich Maetzke

Der Union Jack in Berlin

Das britische Foreign Office, die SBZ und die Formulierung britischer Deutschlandpolitik 1945/47

UVK · Universitätsverlag Konstanz

Die Deutsche Bibliothek – CIP-Einheitsaufnahme

Maetzke, Heinrich:
Der Union Jack in Berlin: das britische Foreign Office, die SBZ und die Formulierung britischer Deutschlandpolitik 1945/47 / Heinrich Maetzke. – Konstanz: UVK, Univ.-Verl. Konstanz, 1996
(Wissenschaftsforum Geschichte und historische Hilfswissenschaften; Bd. 1)
ISBN 3-87940-564-6
NE: GT

ISSN 1431-3820
ISBN 3-87940-564-6

Satz: Reproduktionsfertige Vorlagen des Autors
Einbandgestaltung: Riester & Sieber GmbH, Konstanz
Druck und Bindung: Siegl-Druck GmbH, Friedrichshafen
Papier: Chlorfrei gebleicht

Für meine Eltern

Inhaltsverzeichnis

Fünftes Kapitel
Wem gehört Berlin? 224

Sechstes Kapitel
Fait accompli: Die Sowjetisierung der SBZ. 250

Zu großem Dank verpflichtet bin ich vor allem Professor Dr. Michael Stürmer, Direktor der Stiftung Wissenschaft und Politik, Ebenhausen, der die vorliegende Dissertation angeregt hat und sie mit großer Geduld begleitete. Professor Dr. Horst Möller, Direktor des Instituts für Zeitgeschichte, München, und Professor Dr. Gregor Schöllgen, Erlangen, nahmen Anteil an dem Projekt und unterstützten es mit wertvollen Anregungen. Professor Dr. Lothar Kettenacker, Bayreuth, ehemals stellvertretender Direktor des Deutschen Historischen Instituts London, nahm sich Zeit, um einem ihm zunächst unbekannten Doktoranden unentbehrliche Ratschläge für die Arbeit im Public Record Office, Kew, zu geben. Dr. Albrecht Zunker, stellvertretender Direktor der Stiftung Wissenschaft und Politik, Ebenhausen, gab Rat in der Schlußphase.

Die Studienstiftung des deutschen Volkes gewährte ein Promotionsstipendium. Betreuungsdozent Professor Dr. Hans-Karl Beckmann, Erlangen, ließ niemals eine Gelegenheit zur Ermutigung vorübergehen.

Amtsrichter Georg Reichard, Nürnberg, las Korrektur und bot, zusammen mit Ehefrau Regina und den Kindern Alida und Maximilian, Ruhepausen in familiärer Atmosphäre.

Besonders bedanken möchte ich mich schließlich bei meiner Großtante, Frau Dr. med. Claudia Tangl, Hamburg, für materielle und moralische Förderung sowie für anspornende Ungeduld.

Ohne die Unterstützung und Förderung meiner Eltern über lange Zeit hinweg, wäre das Vorhaben nicht durchführbar gewesen. Ihnen möchte ich das Buch widmen.

Die Drucklegung wurde durch eine private Spende ermöglicht.

Heinrich Maetzke
im Mai 1996

Vorwort

von

Michael Stürmer

Dieses Buch bietet eine historische Variation über das Thema der unbeabsichtigten Folgen undurchdachter Strategien. Berlin und das sowjetisch besetzte Deutschland wurden 1945 und danach zum Ort eines schmerzhaften Lernprozesses, dessen Ende im Kalten Krieg ganz entgegengesetzt war zu seinen Anfängen in der Anti-Hitler-Koalition. Zugleich gewannen die Briten aber aus einer Position von Niedergang und Schwäche, der Überanstrengung und der Fehleinschätzung immer noch ein Maximum an Gestaltungsvermögen, Interessenvertretung und Sicherheit. Denn sie vermochten es, die Vereinigten Staaten von Amerika, die doch "entangling alliances" von der Stunde ihrer Geburt an mißtrauten und ablehnten, in die alte Rolle des British Empire zu bringen: "balancer from beyond the sea".

Die britische Politik hatte, spätestens seit 1943 (Teheran-Konferenz der Großen Drei), festgeschrieben im Zonenprotokoll über die besatzungsrechtliche Einteilung Deutschlands vom 12.9.1944, alles darangesetzt, um durch britisch-amerikanische Teil-Besetzung Berlins entweder die Kriegskoalition beisammenzuhalten durch das Kondominium über Deutschland oder aber, falls die Koalition zerbrach, den Westmächten Gestaltungsmacht zu bewahren. Zugleich hatten die Briten, indem sie der Westverschiebung Polens durch Stalin zustimmten, das Schicksal des östlichen Mitteleuropa in die Hand der Sowjetmacht gegeben - darin eingeschlossen eine mögliche spätere Einigung der Sowjets mit Deutschland über die Köpfe der Polen hinweg wie auch gegen die Interessen des Westens.

Die Briten mußten deshalb seit dem 1. Juli 1945 durch schmerzhafte Revisionen gehen, deren einzelne Stufen der Verfasser sorgfältig beschreibt und Kapitel für Kapitel analysiert. Die Lektion des Warschauer Aufstands - im August 1944 schauten die Russen Gewehr bei Fuß zu, wie der Aufstand von Wehrmacht und SS niedergeworfen wurde - war nicht genug. Es bedurfte der Erfahrungen der Jahre 1945/46, damit es zur großen Wende britischer und amerikanischer Politik kommen konnte. Erst die zügige und zynische Sowjetisierung der SBZ durch Stalin zeigte den Briten, daß man mit einer gesellschaftlichen Revolution konfrontiert war. Sie sowjetisierte nicht nur die SBZ irreversibel, sondern mochte auch die Vorstufe der Sowjetisierung ganz Deutschlands sein: wenn nämlich gesamtdeutsche Parteien von der Sowjetunion gesteuert wurden, wie sich im Osten immer mehr zeigte, und wenn Berlin Hauptstadt blieb unter sowjetischer Kontrolle. Der Zugriff auf die SBZ-SPD, den sich die deutschen Kommunisten durch Zwangsvereinigung zur SED zu Ostern 1946 verschafften, unterlief die britische Politik, in Berlin und durch Berlin alles offen zu halten. Die westliche Position wurde damit durch sowjetische Gesellschafts- und Parteipolitik im östlichen Rest-Deutschland in Frage gestellt. Mehr noch, die Sowjets drohten, sich durch Ausweitung der SED auf das westliche Deutschland eine Volksfront-Koalition zu beschaffen. Sie würde ihnen dann in weiterer Zukunft ermöglichen, die westlichen Parteien von unten her zu unterwandern und zu verändern.

Statt Zentrum gesamtdeutscher Rekonstruktion wurde Berlin seitdem Ort zäher Verteidigung und Verwahrung gegen das Vordringen der Sowjetmacht nach Westen, Richtung Ruhr und Kanalküste. Schon vorher, seit ihrem Einmarsch in Berlin am 1.7.1945, hatten die Briten die Stadt - neben ihrer Militärmission in Potsdam - als Beobachtungsposten hinter dem niedergehenden Eisernen Vorhang benutzt. Das half, Illusionen über die alliierte Gemeinsamkeit zu verlieren. Die Berichte britischer Kriegsgefangener über die Greuel beim Einmarsch der Roten Armee überstiegen alle Erwartungen. Es bedurfte nicht der Blockade seit Mitte des Jahres 1948, wie dieses Buch erweist, damit das britische Foreign Office lernte, daß man sich in einer strategischen Auseinandersetzung befand. Der Prozeß des Umdenkens war gleichwohl schmerzlich. Er umfaßte nicht nur die Ahnung einer neuen Vorkriegszeit und erhebliche Kosten für die schwer geprüfte Insel. Er führte auch an den Rand von Preisgabevorstellungen über Berlin, die erst Ernest Bevin entschieden unterdrückte. Es war klar abzusehen, daß dann nicht nur der Rest Deutschlands folgen und die Stellung Großbritanniens unhaltbar würde, sondern auch mit Berlin die Mitsprache über Deutschland und Europa als Ganzes verloren wäre.

Der Verfasser hat in den Archiven gegraben. Die Quellenlage ist dadurch charakterisiert, daß britische Deutschlandpolitik zwischen der Besatzungsverwaltung in Deutschland und der Zentrale in London offenkundig an keiner Stelle zusammengefaßt und gebündelt wurde. Er argumentiert dicht an den Quellen, mitunter zu dicht. Die Bäume sind oft sichtbarer als der Wald. Innerhalb der breiten Forschung zur britischen Deutschland- und Besatzungspolitik aber hat diese Studie ihren eigenständigen Charakter. Es ging in der Berlin- und SBZ-Frage nicht allein um besatzungstechnische Regelungen. Es ging vielmehr um die Gestaltung des europäischen Kontinents, die Sicherheit der britischen Inseln, die Festigkeit der Allianz mit den USA und die Selbstbehauptung - in Deutschland und anderswo - des Westens gegen die Sowjetunion.

Besondere Hervorhebung verdienen die britischen Versuche, die Zwangsvereinigung von SPD und KPD zur SED 1946 zu verhindern, und als dies unmöglich wurde mangels eigener Kraft und deutscher Märtyrer (Grotewohl war dafür ungeeignet, weil zu kompromißwillig), ging es darum, wenigstens den Schaden zu begrenzen. Es war in der Tat, wie der Verfasser schreibt, "die erste Berlin-Krise". Sie endete wie alle folgenden: Mit einem Teilerfolg der Sowjetunion und ihrer deutschen Gehilfen.

Erst nach diesem Schock entwickelten die Briten, was sie bis dahin nicht hatten: eine Deutschlandpolitik. Sie umfaßte die kühl-rationale Überlegung, daß ein westlich orientiertes Teildeutschland besser war als ein sowjetisches Gesamtdeutschland, nur 300 km von der Kanalküste entfernt. Es waren die

Briten, die aus der SBZ- und Berlin-Erfahrung sehr viel früher als die Amerikaner den Schluß zogen, daß die Anti-Hitler-Koalition für die Nachkriegszeit nicht taugte. Damit vollzog noch vor der Blokkade die britische Politik unter Labour eine Wendung, die am stärksten durch die Berlin- und SBZ-Erfahrung geprägt war. In den folgenden beiden Jahren führte sie zur Abwehr der Blockade, zur NATO-Gründung und dazu, daß die Bundesrepublik Deutschland ins Leben gerufen wurde: nicht ein Staat auf der Suche nach einer Außenpolitik, sondern Produkt amerikanischer und britischer Außenpolitik auf der Suche nach einem Staat. Dies alles ließ sich nur durchführen in enger Wechselwirkung mit der amerikanischen Politik, insbesondere der Wendung vom "containment" Deutschlands zum "double containment": der Vergangenheit Deutschlands und der sowjetischen Gegenwart. Es gelang den Briten dabei, ihre Konzeption den Amerikanern nahezubringen und diese davon zu überzeugen, daß, was gut war für das Vereinigte Königreich, auch gut war für die USA. Dabei spielten Berlin und das Trauma der SBZ-Sowjetisierung eine entscheidende Rolle.

Einleitende Bemerkungen.

In den vergangenen zehn, 15 Jahren hat die Zeitgeschichtsforschung sich in zunehmendem Maße der Rolle und Bedeutung Großbritanniens für den Ausbruch des Kalten Krieges und die Entstehung der bipolaren Ordnung zugewandt. Nach traditionalistischem, revisionistischem und post-revisionistischem Ansatz erfuhr die Erforschung des Kalten Krieges dabei fast so etwas wie eine neuerliche Revision[1]: London hat sehr viel größeren Einfluß auf den Verlauf jenes entscheidenden ersten Nachkriegsjahrfünfts genommen, als der "numerisch schwächsten und geographisch kleinsten der drei Großen Mächte" - so die Selbsteinschätzung des Foreign Office unmittelbar vor Beginn der Konferenz von Potsdam - eigentlich zukam. Das Phänomen hat eine Erklärung: Ohne selber aus dem Schatten Washingtons herauszutreten, verstand es London, beinahe planmäßig amerikanische Unterstützung zu gewinnen und amerikanische Macht eigenen und europäischen Interessen dienstbar zu machen. "We must have a policy of our own and try to persuade the United States to make it *their own.*" [2]

Analoges gilt für die Erforschung der Geschichte Nachkriegsdeutschlands, der Teilung des besiegten Reiches und der Entstehung der Bundesrepublik. Begünstigt durch hervorragende Quellenlage konnte in einer Vielzahl größerer und kleinerer Studien zur britischen Deutschland- und Besatzungspolitik nachgewiesen werden, welch unverhältnismäßig großen Anteil London hatte - an der Planung der Besetzung, an der Herbeiführung der bizonalen und trizonalen Lösung, am Entwurf der Bundesrepublik.

---

1 Avi Shlaim, Britain, The Berlin Blockade and the Cold War, in: I.A., Vol.59 No.1, S.1-14, hier: S.1.

2 Sargent 11.7.1945: "Stocktaking after V.E. Day", Public Record Office (P.R.O.) F.O. 371/50912/C5471. Auszugsw. abgedr. - leider ohne Abs. 14, der die Schlüsselformulierung enthält - in: The Foreign Office and the Kremlin. British Documents on Anglo-Soviet Relations 1941-45, hg. v. Graham Ross, Oxford 1984, Dok. No. 39, S.210-217.

Seit den Arbeiten von Albrecht Tyrell[3] und, besonders pointiert, von Lothar Kettenacker[4] darf als gesicherte Erkenntnis gelten, daß britische Deutschlandplanung während des Krieges stets in erster Linie Moskau und das britisch-sowjetische Bündnis im Sinne hatte. Um so erstaunlicher ist, daß der Forschung bisher weitgehend entging, in welchem Maße London sich auch nach dem Kriege von Moskau und Moskauer Deutschlandpolitik abhängig fühlte und abhängig machte. Wie hypnotisiert blickte 1945/47 die britische Besatzungsmacht bei allem, was sie in der eigenen Zone unternahm, auf die sowjetische Besatzungszone. Die Briten agierten in Deutschland weniger, als sie reagierten.

Britische Deutschlandpolitik war Ergebnis eines mühseligen Beobachtungs- und Lernprozesses. Den Unterricht erteilten die Sowjets. Unterrichtsort waren die sowjetische Zone und vor allem jene Stadt, in der vierzig Jahre lang westliche - und sowjetische - Deutschlandpolitik beginnen und enden würde: Berlin.

Als die Briten am 1. Juli 1945 in Berlin den Union Jack hißten, war allein die Vier-Sektoren-Stadt das, was, wäre es nach den britischen Planern gegangen, ganz Deutschland hätte sein sollen: Experimentierfeld alliierter Zusammenarbeit. Das Experiment mißlang. Die Briten erfuhren bald, daß in Berlin Vier-Mächte-Kooperation nur zu sowjetischen Bedingungen zu haben war.

Die Bestätigung, daß es schwer werden würde, alliierte Deutschlandpolitik auf einen Nenner zu bringen, lieferte die Beobachtung sowjetischer Deutschlandpolitik. Berlin war dabei wesentlich mehr denn einzigartige Beobachtungsplattform: in Berlin erfuhren die Briten sowjetische Besatzungspolitik hautnah, denn in Berlin waren sie selber darin involviert und hatten überdies Möglichkeit zur Einflußnahme, auch in Angelegenhei-

---

3 Albrecht Tyrell, Großbritannien und die Deutschlandplanung der Alliierten 1941-1945, Frankfurt 1987.

4 Lothar Kettenacker, Krieg zur Friedenssicherung. Die Deutschlandplanung der britischen Regierung während des Zweiten Weltkrieges, Göttingen 1989.

ten der SBZ. Das war der Grund, warum in Berlin die Briten nicht umhin konnten, Stellung zu nehmen, etwa zur Vereinigung von KPD und SPD, und sich prompt in schärferem Gegensatz zum sowjetischen Noch-Verbündeten fanden, als ihnen behaglich war.

Der Konflikt, der daraus entstand, war sozusagen die allererste Berlin-Krise. In ihr erhielt die britische Besatzungsmacht zuerst Gewißheit über weiterreichende Ziele Moskaus, lernte, daß sie denen widerstehen wollte, daß sie es konnte und daß sie dazu der Deutschen bedurfte.

Die Gründung der SED war sowjetische Herausforderung. Die Formulierung der ersten britischen Deutschlandpolitik, exakt zur gleichen Zeit, britische Antwort und britischer Gegenentwurf. Jedem Realisierungsschritt vorausgehen würde wieder in Berlin der Blick auf die Verhältnisse in der sowjetischen Zone. Erst die Wahrnehmung umfassender Sowjetisierung und des Schicksals Jakob Kaisers gab London die Gewißheit, daß es zum eingeschlagenen Weg eine Alternative nicht gab.

Der Berliner Blickwinkel, der die SBZ nicht aussparte und nicht aussparen konnte, gab Londoner Deutschlandpolitik fortan die Richtung: Nicht Teilung Deutschlands war ihr Zweck und Ziel, sondern Präjudizierung der Einheit nach britischen Vorstellungen.

Wenn London sich in Berlin weigerte, die SBZ den Sowjets zu überlassen, dann nicht allein um Deutschlands oder der Stimmigkeit seiner deutschen Politik willen. Es ging um mehr: In Berlin, und auch diese Erkenntnis leitete Londons erste Deutschlandpolitik, hatten die Westmächte den Fuß in der Tür nicht nur zur SBZ, sondern zum gesamten sowjetisch besetzten Europa.

Nicht die deutsche Politik Moskaus allein hatte europäische Dimension und Stoßrichtung - Londons Gegenentwurf war ihr ebenbürtig. Dazu gehörte, daß London sich auch an einer Frage nicht desinteressierte, die britischer Beeinflussung doch vollständig entzogen schien: der Frage der deutsch-polnischen Grenze. Dem Fait accompli britische Anerkennung zu verweigern, auch das erkannte Bevin ungefähr zur Zeit der ersten britisch-sowjetischen Konfrontation in Berlin, hieß zugleich, dem sowjetischen Status quo hinter dem Eisernen Vorhang die Anerkennung zu verweigern.

Über den lange unterschätzten britischen Anteil an der Entstehung der Nachkriegsordnung in Europa ist, wie eingangs erwähnt, in den vergangenen Jahren geschrieben worden. Grundlegend bleibt noch lange Alan Bullocks dritter Teil der Biographie Ernest Bevins, zugleich umfassende Darstellung britischer Außenpolitik des ersten Nachkriegsjahrfünfts.[5] Die britische Rolle bei der Entstehung des Kalten Krieges haben schon vor zwölf Jahren Victor Rothwell und etwas später Elisabeth Barker untersucht.[6]

Eine ganze Reihe von größeren und kleineren Studien zur britischen Deutschland- und Besatzungspolitik ist im Umfeld oder auf Initiative des ausgesprochen rührigen Deutschen Historischen Instituts London (DHIL) entstanden. So etwas wie ein Startschuß war schon 1979 der Sammelband von Claus Scharf und Hans-Jürgen Schröder.[7] Zu nennen wären außerdem die zahlreichen Arbeiten Rolf Steiningers, Josef Foschepoths und anderer.[8] Die Entstehungszeit Anfang und Mitte der achtziger Jahre ist einigen von ihnen deutlich anzumerken, im Bedürfnis, eine äquidistante Position Deutschlands zwischen den Siegermächten des Zweiten Weltkrieges historisch zu begründen und zu untermauern.

Die vorliegende Untersuchung möchte sich hier einfügen und zugleich abheben. Der Blick auf die SBZ durch die britische

---

5 Alan Bullock, Ernest Bevin. Foreign Secretary 1945-1951, London 1983.

6 Victor Rothwell, Britan and the Cold War 1941-1947, London 1982. Elisabeth Barker, The British between the Superpowers 1945-50, London 1985.

7 Die Deutschlandpolitik Großbritanniens und die britische Zone, hg. v. Claus Scharf und Hans-Jürgen Schröder, Wiesbaden 1979.

8 Rolf Steininger, Deutsche Geschichte 1945-1961. Darstellung und Dokumente in zwei Bänden, Frankfurt/M. 1983. Die Britische Deutschland- und Besatzungspolitik 1945-1949, hg. v. Josef Foschepoth u. Rolf Steininger, Paderborn 1985. Kalter Krieg und deutsche Frage. Deutschland im Widerstreit der Mächte 1945-1952, hg. v. Josef Foschepoth u. Rolf Steininger, Göttingen 1985.

Brille, auf sowjetisches Agieren und britisches Reagieren legt denn auch Rückorientierung hin zu traditionellerer Deutung der Ursachen für die Entstehung des Kalten Krieges nahe.

Sehr begünstigt wurde die vorliegende Arbeit durch die Quellensituation. Im Londoner Public Record Office sind vor allem für das erste Nachkriegsjahrfünft britische Regierungsakten in an embarras de richesse grenzendem Umfang verfügbar. Einen Wegweiser bietet neben verschiedenen kleineren Akteneditionen zu Detailfragen das seit zehn Jahren laufende große Editionsvorhaben Rohan Butlers und M.E. Pellys.[9] Von unschätzbarem Wert ist die elfbändige Erschließung der Akten der britischen Militärregierung in Deutschland, die vom DHIL unter Leitung Adolf M. Birkes in Angriff genommen und vor kurzem abgeschlossen wurde.[10]

---

9 Documents on British Policy Overseas (DBPO), hg. v. Rohan Butler u. M.E.Pelly, London 1984.

10 Akten der britischen Militärregierung in Deutschland. Sachinventar 1945-1955, hg. v. Adolf M. Birke, Hans Bloom, Otto Merker unter Mitwirkung von Deutsches Historisches Institut London [u.] Niedersächsisches Hauptstaatsarchiv Hannover, 11 Bde., München 1993.

Erstes Kapitel

Frühphase der Besetzung. Der politische Vorsprung der sowjetischen Besatzungsmacht in Deutschland.

1.1. Was geht hinter dem "Eisernen Vorhang" vor? Das Informationsdefizit des Foreign Office.

Das Foreign Office war über die Vorgänge im sowjetisch besetzten Teil Deutschlands von Anfang an schlecht informiert und sollte es lange bleiben. Der Eiserne Vorhang, der im Frühjahr 1945 vor den Ländern Ost- und Südosteuropas niederging, entzog diese nicht nur westlicher Einflußnahme, sondern eben auch westlichem Einblick. Im Falle Deutschlands und der sowjetischen Besatzungszone traf das die Planer im Foreign Office besonders hart. Denn in Deutschland würden die Siegermächte aufeinandertreffen, und in Deutschland, so war es vereinbart und in Jalta bestätigt worden, würden sie zusammenarbeiten müssen.

Was aber hatten die Sowjets in und mit Deutschland vor? Die Anwort auf diese Frage war offen. Weder Gipfel- und Außenministerkonferenzen noch einjährige Verhandlungen der European Advisory Commission hatten sie liefern können. Um so mehr hofften die mit Deutschland befaßten Planer im Foreign Office seit Anfang 1945 darauf, aus dem Verhalten der Roten Armee in Deutschland endlich Aufschluß über die Besatzungspolitik Moskaus und die sowjetischen Absichten in und mit Deutschland zu erhalten. Am 21. Februar bat darum der Leiter des German Department, John Troutbeck, die britische Botschaft in Moskau, die einzige dürftige Informationsquelle, telegrafisch um "any information you can acquire on Soviet policy and practice especially in relation to civil administration in areas of Germany occupied by the Red Army".[1] Ganz besonders interessierte sich Troutbeck dafür, was etwa in Königsberg geschah und wie die Rote Armee in Gebieten vorging, welche die kommunistische provisorische Regierung Polens beanspruchte, über die die alliierten Regierungen aber noch nicht abschließend verfügt hatten. Behandelten die Sowjets diese Territorien anders als den Rest ihrer Besatzungszone? Überließen sie sie bereits Polen? Da aber auch den Angehörigen der britischen Botschaft in Moskau der Zugang zum besetzten Deutschland versperrt war, blieb Troutbecks Anfrage ohne Antwort. Als Stalin ein halbes Jahr später in Potsdam behauptete, aus den strittigen Gebieten zwischen östlicher und westlicher Neiße seien alle Deutschen "geflohen", hatten Churchill und Truman dem keine eigenen Erkenntnisse entgegenzusetzen.

Das Foreign Office blieb vorläufig auf die spärlichen Berichte der Botschaft und die Berichterstattung der in Moskau akkreditierten ausländischen Korrespondenten angewiesen. Anderen mit Deutschland und der Planung der Besetzung Deutschlands befaßten Stellen erging es nicht anders. "It will save time + temper of all concerned to recognise that at present we cannot get the information required", notierte einen Monat später Ivone Kirkpatrick im Planungsstab der entstehenden britischen Kontrollkommission.[2] Er bot auch eine Erklärung für die von Moskau verhängte Nachrichtensperre an: Wollte man Andeutungen Stalins Glauben schenken, so trügen sich derzeit im sowjetisch besetzten Deutschland eine große Zahl von Zwischenfällen zu - "which may euphemistically be termed irregularities" -, über die Moskau die Verbündeten keine Einzelheiten wissen lassen wolle.

Kirkpatrick sollte recht behalten. Erst nach der Kapitulation der Wehrmacht erschloß sich dem Foreign Office eine Infor-

---

1 F.O. an Moskau 21.2.1945, F.O.371/46887/C684.

2 Kirkpatrick 17.3.1945, F.O.1032/532. Sir Ivone Augustine Kirkpatrick, 1896-1964. Director of Foreign Division im Informationsministerium 1940. Controller(European Services) im B.B.C. 1941. Superintending Under-Secretary of State im German Department 1948. High Commissioner for Germany 1950-53. Permanent Under-Secretary of State im F.O. 1953-57.

mationsquelle, die dann allerdings bemerkenswerte Information aus erster Hand lieferte: aus deutschem Gewahrsam befreite ehemals kriegsgefangene britische Soldaten. Von den Sowjets aus meist weit im Osten des Reiches gelegenen Gefangenenlagern befreit - oder von der Wehrmacht vor dem Rückzug schlicht entlassen -, hatten sie den Zusammenbruch der deutschen Linien erlebt, den Einzug der Roten Armee, die Anfangsphase und Etablierung sowjetischer Besatzungsherrschaft oder die Übergabe an die neuen polnischen Herren. Die meisten von ihnen hatten sich anschließend auf eigene Faust bis zur britischen Besatzungszone durchschlagen müssen - oder gar noch monatelang in sowjetischen Einheiten Dienst getan[3] - und dabei viel erlebt und viel gesehen. Bei britischen Dienststellen eingetroffen, wurden sie entweder dort von Offizieren der Kontrollkommission oder nach ihrer Ankunft in Großbritannien - dann auch von Beamten des Foreign Office - ausführlich über die Situation im sowjetisch besetzten Deutschland befragt. Protokolle wie zusammenfassende Berichte wurden im Foreign Office als einzig verfügbare unmittelbare Information über die Behandlung Deutschlands durch die Rote Armee intensiv ausgewertet.[4]

Was diese ehemaligen Kriegsgefangenen über den Einmarsch der Roten Armee in Deutschland, über die Herrschaft des Terrors, über summarische Erschießungen, massenhafte Plünderungen und Vergewaltigungen zu berichten hatten, war so grauenvoll, daß es den vernehmenden Beamten aus der Control Commission oder dem German Department zunächst schwerfiel, den Berichten Glauben zu schenken. Besonders im Foreign Office wurde den Heimkehrern und ihren Berichten häufig zuerst ein-

---

3 Von einem solchen Fall berichtet D.I. Nelson, M.I.9, Report v. 12.5. 1945, F.O.1032/532.

4 Zusammenfassungen von Berichten ehemaliger britischer Kriegsgefangener befinden sich sowohl unter der "General Correspondence" des Foreign Office F.O.371 - hier vor allem F.O.371/46731, 46732 - wie unter den Akten des Planungsstabes F.O.1032 - hier F.O. 1032/532 - und der Political Division F.O.1049 - hier F.O.1049/ 68 - der britischen Kontrollkommission.

mal "anti-Russian bias" unterstellt.[5] Aber die plastischen Schilderungen grausiger Details, immer wieder neu hervorbrechende Emotionen und der grenzenlose Haß wirklich aller Befragten auf die sowjetischen Verbündeten beseitigten bald die Zweifel an der Glaubwürdigkeit der Berichte: "The British ex-Ps/W certainly seem to hate the Russians with a loathing far greater than their hatred of the Germans. Several men were quite frank and said that they would like to have a crack at the Russians. Practically all made it clear that the Russians were the crudest barbarians who devoured everything like locusts, despised all other nationalities and they did not see how the plight of those countries over-run by the Russians could be worse than it is now."[6]

Auch das Foreign Office konnte sich schließlich der Wirkungen der schauerlichen Kriegsgefangenen-Berichte nicht ganz entziehen. Bemerkenswerterweise galt jedoch die erste Sorge der vernehmenden und auswertenden Beamten vor allem dem Eindruck, den solche Berichte auf die britische Öffentlichkeit machen konnten. Es sei eine große Gefahr, notierte im German Department Ende Mai Geoffrey Harrison für Christopher Warner, den Leiter des ebenfalls befaßten Northern Department, "that the step between thinking of the Russians as 'Asiate Barbarians' and feeling sorry for the Germans is not a very big one".[7] Geringschätzung des sowjetischen Verbündeten und Mitleid mit den Deutschen, implizierte Harrison, vertrugen sich schlecht mit dem britisch-sowjetischen Bündnis, auf das sich das Foreign Office festgelegt hatte und welches es nach dem Kriege mehr denn je fortgesetzt sehen wollte.

---

5 F.O.371/46934/5623. Vgl. Jochen Thiess, What Is Going on in Germany? Britische Militärverwaltung in Deutschland 1945/46, in: Die Deutschlandpolitik Großbritanniens und die britische Zone, hg. v. Claus Scharf und Hans-Jürgen Schröder, Wiesbaden 1979, S.29-50, hier: S.47.

6 D.I. Nelson, M.I.9, Report v. 12.5.1945. Christopher Duffy berichtet von zweiunddreißig britischen Offizieren, die sich in Pommern tatsächlich einer deutschen Einheit anschlossen und anboten, mitzukämpfen, ders., Red Storm on the Reich. The Soviet March on Germany, 1945, London 1991, S.279.

7 Harrison an Warner 20.5.1945, F.O.371/46732/C2953.

Wie groß der britische Bedarf an Information über die Vorgänge in der sowjetischen Besatzungszone gewesen sein muß, läßt der Aufwand erahnen, den Militärregierung und Foreign Office noch ein halbes Jahr später trieben, um eine andere Informationsquelle zu erschließen. Sowie es im besetzten Deutschland wieder einen Postverkehr gab, der diese Bezeichnung verdiente, ließ die britische Militärregierung Briefe aus der sowjetischen an Adressaten in der britischen Besatzungszone auf quasi-institutionalisierter Basis mitlesen und dann vom Foreign Office Research Department (F.O.R.D.) auswerten. Eine beiläufige Erwähnung im German Department wies im April 1946 auf das mühselige und fragwürdige Verfahren hin: "During the past months the FORD have received a number of censorship excerpts from letters from widely separated parts of the Soviet Zone of Germany concerning removal of sugar."[8]

Eine regulärere frühe Informationsquelle über die Situation in Berlin und im sowjetisch besetzten Deutschland stellten bald die Sendungen von Radio Berlin dar, das schon am 4. Mai den Sendebetrieb wieder aufnahm, zunächst mit Nachrichten und Bekanntmachungen der "Sowjetischen Militäradministration" (SMAD), ab 21. Mai mit ganztägigem Programm. Bis zum Einzug der Westmächte in Berlin blieben die Sendungen die einzige Quelle frischer Informationen über die aktuellen politischen Entwicklungen in Berlin und in der sowjetischen Besatzungszone und wurden darum im Foreign Office aufmerksam verfolgt. Die "Weekly Background Notes" des Political Intelligence Department des Foreign Office stützten sich beinahe ausschließlich auf sie und auf Sendungen Radio Moskaus.

Bereits Anfang Juni berichtete Radio Berlin von der allmählichen Wiederherstellung der Wasser- und Elektrizitätsversorgung in der Stadt, von der Wiederaufnahme des Theater- und Kinobetriebes und von einer im großen und ganzen zufriedenstellenden Versorgungslage der Bevölkerung. Vor dem Hintergrund des regelmäßigen Erscheinens der "Täglichen Rundschau"

---

8 Franklin an Steel 27.4.1946, F.O.371/55580/C4366.

und der "Berliner Zeitung" - zweier seit Mitte Mai von der SMAD herausgegebenen Tageszeitungen[9] -, der Einsetzung eines Magistrats und eines Oberbürgermeisters am 17. Mai und schließlich des Befehls No. 2 des sowjetischen Oberbefehlshabers Marschall Schukow vom 10. Juni, der die Gründung demokratischer Parteien und Organisationen erlaubte, zeichneten die Sendungen Radio Berlins ein Bild von der allmählichen Rückkehr zur Normalität in Berlin und der sowjetischen Besatzungszone, das sich auf das vorteilhafteste vom Chaos und der katastrophalen Versorgungslage in den Westzonen während der ersten Wochen und Monate alliierter Besetzung abhob.[10] Die Sendungen verfehlten zumindest im Foreign Office ihre Wirkung nicht. Im German Department begannen Harrison und O'Neill bereits, sich um die Propagandawirkung zu sorgen, die solche Radiosendungen sowohl bei den latent pro-russischen Deutschen als auch im eigenen Lande erzielen konnten.[11]

Der Einzug westalliierter Truppen in Berlin am 1. Juli gab den Westmächten zum ersten Mal die Gelegenheit, unmittelbare und umfassende Information über die Zustände in der Sowjetischen Besatzungszone zu sammeln, "so that a clear picture can be obtained of how effeciently and towards what goal the Russians are leading their zone".[12] Wenngleich auch nach dem Einzug der Westmächte in Berlin die deutschlandpolitischen Absichten Moskaus für das Foreign Office weiterhin im dunkeln blieben, so beseitigte der Augenschein in Berlin immerhin schlagartig alle bisherigen Täuschungen über die wahren Verhältnisse in Berlin und der sowjetischen Besatzungszone. Die Propaganda Radio Berlins, so die Schlußfolgerung des "Joint Intelligence Sub-Committee", diente ganz offensichtlich allein dem Zweck, die Öffentlichkeit in den Westzonen und in Westeu-

---

9 Die Herausgabe der "Berliner Zeitung" übernahm am 17.6.1945 der von der SMAD eingesetzte Magistrat.

10 F.O.R.D. USSR Memorandum No. 25 v. 23.5. 1945, F.O.371/47891/N6357. Harrison 26.5.1945, F.O.371/46731/C2508. P.I.D. 26.6.1945, "Weekly Background Notes: No. 3", F.O.371/ 46933/C3329.

11 Harrison 26.5.1945. O'Neill 2.6.1945, F.O.371/46731/C2673.

12 J.I.C.(45)222 v. 16.7.1945: "Political Intelligence Report", F.O.371/ 46734/C4319.

ropa darüber hinwegzutäuschen, daß Moskau in der eigenen Besatzungszone rücksichtslose Ausplünderung betrieb.[13] Im German Department konstatierte O'Neill beinahe beruhigt, die Berichterstattung über die Versorgungslage und die angeblich beinahe zur Normalität zurückkehrende politische Aktivität in der sowjetischen Zone habe ganz offensichtlich keinerlei Bezug zum Alltag der Bevölkerung: "It may well be confined almost entirely to the studios of the Reichsrundfunkgesellschaft."[14] Um so wichtiger erschien es ihm und seinen Vorgesetzten darum, daß westliche Journalisten so schnell wie möglich die Möglichkeit erhielten, sich in der gesamten sowjetischen Besatzungszone ein unabhängiges Bild von der Realität zu machen.[15] Es sollte allerdings noch ein halbes Jahr vergehen, bis die SMAD dem Wunsche des Foreign Office entsprach und die erste Tour westlicher Journalisten durch die SBZ genehmigte.

So wichtig die ersten Eindrücke und Berichte direkt aus Berlin auch waren, ein vollständiges Bild von den Vorgängen in der sowjetischen Besatzungszone lieferten auch sie nicht. Mit wachsender Ungeduld erwartete darum das German Department regelmäßigeren Informationsfluß. Drei Wochen nach dem Einzug der Westmächte in ihre Berliner Sektoren schwand bei O'Neill, der offenbar der Auffassung war, die britische Kontrollkommission habe nun Zeit genug gehabt, sich in Berlin einzurichten, die Geduld. Bei Christopher Steel[16], dem stellvertretenden politischen Berater des britischen Militärgouverneurs, drang er auf schleunige und regelmäßige Auswertung der Berliner Presse.[17] Es sollten allerdings noch einmal zwei Wo-

---

13 Ibid.

14 O'Neill 13.7.1945, F.O.371/46910/C3778.

15 O'Neill 2.6.1945, F.O.371/46731/C2673.

16 Christopher Eden Steel, geb. 1903, 1936-1939 an der britischen Botschaft in Berlin, Dezember 1944 Political Liasion Officer, S.H.A.E.F., 1945-1947 Leiter der Political Division der britischen Kontrollkommission und stellvertretender Political Advisor des britischen Militärgouverneurs, 1947-1949 Political Advisor des britischen Militärgouverneurs, 1949-1950 stellvertretender Hochkommissar, 1957-1963 Botschafter in Bonn.

17 O'Neill an Steel 25.7.1945, F.O.371/46910/C4086.

chen verstreichen, bis Steels Chef, William Strang, am 11. August den ersten "Political Summary" des politischen Beraters des Militärgouverneurs nach London telegrafierte.[18]

Aber auch die "Political Summaries" des Political Advisor, die rasch zur allwöchentlichen Institution wurden, konnten nur über die Britische Besatzungszone gründlich berichten, wie Strang selber einschränkte, und blieben, vor allem was die Bedingungen in der sowjetischen Besatzungszone betraf, weiter auf Berichte aus zweiter Hand angewiesen.[19] So blieb das Foreign Office auch nach dem Einzug der Westmächte in Berlin nur schlecht informiert über die Vorgänge im sowjetisch besetzten Deutschland, schlechter jedenfalls als über die Bedingungen in Polen oder der Tschechoslowakei, von wo britische Botschaften schon bald ausführlich zu berichten begannen.[20]

Das Informationsdefizit wurde schließlich sogar an allerhöchster Stelle empfunden und führte zu einer Intervention des Premierministers. Am 31. August setzte Norman Brook, Privatsekretär des Premierministers, in einem kurzen Schreiben das War Office von des Premierministers ausdrücklichem Verlangen nach regelmäßiger Berichterstattung durch den Militärgouverneur in Kenntnis: "After reading the political summary contained in Telegram No.25 (of 16th August) from the Political Advisor to the Commander-in-Chief, Germany, the Prime Minister asked whether it would be possible to institute a system by which fortnightly or monthly reports were made to the Cabinet on the general situation, future prospects, and outstanding problems in Germany, as seen by the Head of the British Control Commission or his Deputy."[21] Das War Office übermittelte den Wunsch des Premierministers sofort an den stell-

---

18 Strang an Bevin 11.8.1945, F.O.371/46969/C4758.

19 Ibid.

20 Vgl. Jochen Thies, What Is Going on in Germany?, S.46f. Ausführliche Berichte über Reisen durch Schlesien, den "Lodz District" und zu den baltischen Häfen Polens übermittelte schon seit Ende August der britische Geschäftsträger in Warschau, F.O.371/47650/N12009/N12404/N12628.

21 Brook an McGregor 31.8.1945, F.O.1032/1260.

vertretenden Militärgouverneur, General Sir Brian Robertson.[22] Aus Berichten aller "Divisions" der britischen Militärregierung stellte dessen Stab daraufhin einen monatlichen "Report on Conditions in Germany" zusammen. Anfang November erreichte der erste dieser Berichte, intern "the Prime Minister's monthly report" genannt, das War Office.[23]

O'Neills Wunsch nach mehr Information aus Deutschland sollte bald reichlicher erfüllt werden, als ihm lieb gewesen sein kann. Denn nachdem sich alle zivilen und militärischen Stellen und Stäbe der britischen Besatzungsmacht in Berlin und in ihrer Zone eingerichtet hatten, begann eine schnell wachsende Flut unabhängig voneinander produzierter Berichte recht unterschiedlicher Qualität auf direktem Wege oder auf Umwegen nach London zu fließen. Aus dem Quantitätsproblem wurde ein Qualitätsproblem.

Solange das Alliierte Hauptquartier (SHAEF) noch existierte, hatten die "Chiefs of Staff" Aufklärungsergebnisse des "Joint Intelligence Sub-Committee" vorgelegt, die so gut als möglich auch die sowjetische Besatzungszone erfaßten. Der letzte "Political Intelligence Report" des "Sub-Committee" erschien am 9. Juli.[24] Die "Psychological Warfare Division" des Alliierten Hauptquartiers war verantwortlich für ein "Weekly Intelligence Summary for Psychological Warfare", das sich in der letzten Phase des Krieges auch mit Vorgängen in der sowjetischen Besatzungszone beschäftigte.[25]

Nach der Auflösung von SHAEF versorgte die britische "21st Army Group" die britische Kontrollkommission in Berlin und das War Office in London mit Aufklärungsergebnissen. Ihr erster "Weekly Political Intelligence Summary" erreichte Mitte Juli das Foreign Office und wurde auch nach der Umbenennung der "21st Army Group" in "British Army on the Rhine" (BAOR)

---

22 Bovenschen an Robertson 4.9.1945, F.O.1032/1260.

23 Die "Reports on Conditions in Germany" sind einsehbar in den Akten des Chief of Staff des Militärgouverneurs, F.O.1032, hier: F.O. 1032/1260-1266.

24 J.I.C.(45)222 v. 9.7.1945, F.O.371/46734/C4319.

25 F.O.371/46933/C3133.

regelmäßig fortgesetzt.[26] Von der "Intelligence Division" der britischen Kontrollkommission ging ein regelmäßiges "Intelligence Bulletin"[27] aus, und unter der Code-Bezeichnung "MITROPA" gab die M.I.14-Abteilung des War Office am 29. Juli einen "Periodical intelligence summary on events in Germany and Austria" heraus, der nach kurzer Anlaufzeit vierzehntägig fortgesetzt wurde.[28] Von den "Weekly Background Notes" des Political Intelligence Department war bereits die Rede.[29]

Immer wieder ergänzt wurden solche regelmäßigen Berichte unterschiedlichster Provenienz durch Memoranden, die einzelne Abteilungen der Militärregierung oder auch des "Foreign Office Research Department" in London zu Detailfragen ihres Tätigkeits- oder Beobachtungsbereiches anfertigten. Von nicht zu unterschätzender Bedeutung war darüber hinaus die persönlich gehaltene Korrespondenz zwischen Departments des Foreign Office und dem Political Advisor, seinem Stellvertreter, oder den Leitern der Abteilungen (Divisons) der britischen Militärregierung.

Und doch fühlte sich das Foreign Office noch immer unzureichend informiert über die Vorgänge in der sowjetischen Besatzungszone. Noch im Dezember, ein halbes Jahr nach dem Einzug in Berlin, konnte darum ein ausführlicher Bericht des War Office, der sich beinahe ausschließlich auf die Befragung von Flüchtlingen stützte und in Stichworten über die wirtschaftliche, soziale und politische Situation aller größeren Städte in der SBZ wie im Oder-Neiße-Gebiet Auskunft gab, im German Department als geradezu sensationell gelten.[30] Ende Oktober gab ein "Naval Intelligence" Memorandum über "Russian Policy

---

26 Die "Weekly Political Intelligence Summaries" der "21st Army Group" bzw. der BAOR für das Jahre 1945 wurden im German Department gesammelt und sind einzusehen unter F.O.371/46933 und 46934.

27 F.O.1049/264. F.O.371/46815/C7860.

28 F.O.371/46967/C4561/C4773/C5209/C5625/C6337/C9369. F.O.371/46935/C8339.

29 F.O.371/46933/C3329.

30 O'Neill 17.12.1945, F.O.371/46861/C9086.

in Germany"[31] im Northern Department Anlaß zu der irritierten Frage, ob die Beschäftigung mit deutschen und sowjetischen Fragen unbedingt Angelegenheit ausgerechnet der Admiralität sein müsse. In seiner Entgegnung gab Thomas Brimelow[32] zu erkennen, daß das German Department sich nach wie vor auf jedes Bröckchen Information über die sowjetische Besatzungszone angewiesen fühlte und jede Information dankbar aufnahm, woher sie auch kommen mochte: "My own feeling is that we need all the information available about Russian policy in eastern Germany; that if the Admirality can supply such information, it is welcome to do so ..."[33]

Aber das fortdauernde Informationsdefizit des German Department hatte seine Ursache nicht nur im Fehlen einer britischen Mission in der sowjetischen Besatzungszone oder darin, daß sie für Angehörige der britischen Militärregierung nach wie vor unzugänglich blieb. Hemmend auf den Informationsfluß wirkte außerdem die komplizierte doppelte Unterstellung der britischen Kontrollkommission unter War Office und Foreign Office.[34] Die gesamte außenpolitische Planung, auch soweit sie

---

31 Naval Intelligence Memorandum v. 8.10. 1945: "Russian Policy in Germany", F.O.371/47917/N14490.

32 Thomas Brimelow, geb. 1915, 1940 Acting Consul im britischen Konsulat Riga, 1942 3rd Secretary in der Botschaft in Moskau, 1946-1951 1st Secretary im Northern Department des F.O., 1956 Leiter des Northern Department, 1963 Chargé d'Affaires in Moskau, 1966-1969 Botschafter in Warschau.

33 Brimelow 26.10. 1945, F.O.371/47917/N14490.

34 Dazu grundlegend: Ulrich Reusch, Die Londoner Institutionen der britischen Deutschlandpolitik, 1943-1948, in: Hist. Jahrbuch 100 (1980), S.318-443. Ders., Der Verwaltungsaufbau der britischen Kontrollbehörden in London und der Militärregierung in der britischen Besatzungszone, in: Britische Besatzung in Deutschland. Aktenerschließung und Forschungsfelder, hg. Adolf M. Birke u. Eva A. Mayring, London 1992, S.35-60. Noël Annan, The Work of the Berlin Control Commission. A Personal View, in: Britische Besatzung in Deutschland, S.1-16. Vgl. außerdem: Jochen Thies, What is Going on in Germany? Britische Militärverwaltung in Deutschland 1945/46, in: Die Deutschlandpolitik Großbritanniens und die britische Zone 1945-1949, hg. v. Claus Scharf u. Hans-Jürgen Schröder, Wiesbaden 1979, S.29-50. Michael Thomas, Deutschland, England über alles, Rückkehr als englischer Besatzungsoffizier, München 1987, S.242-245. S. zuletzt die Einführung in: Akten der britischen Militärregierung in Deutschland. Sachinventar 1945-1955, hg. v. Adolf M. Birke, Hans Booms, Otto Merker unter Mitwirkung von Deutsches Historisches Institut London [u.] Nie-

Deutschland betraf, unterlag dem Foreign Office. Auf ihre administrative Umsetzung allerdings hatte das Foreign Office nur geringen Einfluß. Denn Militärgouverneur und Kontrollkommission unterstanden, wie sich das für militärische Behörden gehörte, dem War Office. Der unvermeidliche Kompetenzkonflikt zwischen Foreign Office und War Office fand erst am 22. Oktober 1945 eine vorläufige Lösung in der Errichtung eines neuen Ministeriums: des "Control Office for Germany and Austria" (C.O.G.A.).[35] Unter der Leitung eines Ministers ohne Portefeuille, des Chancellor of the Duchy of Lancaster[36], übernahm C.O.G.A. zwar nun die Last der Verwaltung des riesigen Kontrollapparates, nicht aber die politische Verantwortung. Die Verantwortung für die Arbeit der Kontrollkommission verblieb beim War Office und dem Kriegsminister. Da allerdings weder Kriegsminister noch "Deutschlandminister" - wie der Chancellor of the Duchy of Lancaster inoffiziell gerne, aber nicht ganz zutreffend genannt wurde - Kabinettsrang hatten, wurde die Besatzungspolitik im Kabinett wiederum vom Außenminister vertreten. Der jedoch verfügte nicht über unmittelbaren Zugriff auf die Arbeit der Kontrollkommission, sondern konnte lediglich den "Political Advisor to the Commander-in-Chief", William Strang, der als Vertreter des Foreign Office den Militärgouverneur in politischen Fragen beriet und der Political Division der Kontrollkommission vorstand, mit Instruktionen versehen.[37]

Schuld an der schlechten Informationssituation des Foreign Office hatte vor allem diese komplizierte und verworrene institutionelle Situation. Die Information, die durchaus zur Ver-

---

dersächsisches Hauptstaatsarchiv Hannover, 11 Bde, München 1993, S.viii-xv, hier: S.viii.

35 Reusch, Londoner Institutionen, S.380f. Zu Organisation und Arbeit des Control Office, ibid, S.386-399.

36 Zur Beurteilung der Kompetenzen des Chancellor of the Duchy of Lancaster als "Deutschlandminister" s. Ulrich Reusch, Das Porträt: John Burns Hynd (1902-1971), in: Geschichte im Westen, 1/86, S.53-78. Ders., Londoner Institutionen, S.381-386.

37 Eine graphische Darstellung der Zuständigkeiten bietet Reusch, John Burns Hynd, S.67.

fügung stand, floß nicht in geordnetem, breitem Strom nach London, sondern sickerte durch eine unübersehbare Zahl von offiziellen, halboffiziellen und inoffiziellen Kanälen. Sie wurde nirgends zentral gesammelt und nirgends zentral ausgewertet. Wohltuend geordnet stand allein die Verbindung zwischen "Political Advisor" in Berlin und German Department in London. Ansonsten herrschte fast vollständiges Chaos. Die Leiter der Divisions der Militärregierung und die Beamten im German Department wie in anderen mit deutschen Angelegenheiten befaßten Departments hielten sich nicht an den Dienstweg über das Control Office in London und das Hauptquartier in Berlin, sondern korrespondierten gern in persönlich gehaltenen Schreiben direkt miteinander. Auf verschlungenen Informationspfaden überkreuzten und duplizierten sich Depeschen und offizielle Reaktionen heillos mit halboffiziellen Erläuterungen und vorläufigen Antworten. Außenminister und Militärgouverneur - das war seit dem 1. Mai General Sir Brian Robertson -, die einander sehr schätzten, trugen zu dem Wirrwarr noch bei und korrespondierten direkt miteinander, den Dienstweg, der natürlich über das Control Office und den Chancellor of the Duchy of Lancaster John Hynd hätte führen müssen, außer acht lassend.[38] Das hatte zur Folge, daß Deutschland betreffende Information und auch Weisungen gelegentlich den Weg vom Foreign Office zum Control Office nahmen, statt in umgekehrter Richtung, wie es eigentlich hätte sein sollen.

Weitgehende Klärung fand der Kompetenzkonflikt zwischen Foreign Office und War Office erst am 17. April 1947. Das Control Office wurde als selbständige Behörde aufgelöst und ging nun unter der Bezeichnung "German Section" im Foreign Office vollständig auf. Der Chancellor of the Duchy of Lancaster blieb zwar weiterhin für die Angelegenheiten der briti-

---

38 Auf das gute Verhältnis zwischen Außenminister Bevin und General Robertson wird in der Literatur oft hingewiesen. Vgl. Lord Pakenham, Born to Believe. An Autobiography, London 1953, S.178. Alan Bullock nennt Robertson einen von "Bevin's men", ders., Ernest Bevin. Foreign Secretary 1945-1951, Oxford 1985, S.98. Außerdem: Reusch, Londoner Institutionen, S.402.

schen Besatzungszone zuständig, war nun aber dem Außenminister verantwortlich. Das Informationschaos jedoch blieb. Das lag schon an der schieren, verwaltungstechnisch fast nicht zu bewältigenden Größe der "German Section", deren 15 Departments rund ein Drittel aller Departments des Foreign Office darstellten.[39]

Erst noch einmal zwei Jahre später, nach dem Ende der uneingeschränkten alliierten Besatzungsherrschaft in Deutschland, nach der Gründung der Bundesrepublik und der Umwidmung der alliierten Besatzungsorgane in Alliierte Hochkommission unternahm das German Political Department den Versuch, die chaotische Informationsflut aus Deutschland zu bändigen und ihr die Form des institutionalisierten Austauschs zwischen einer beliebigen Botschaft und dem zuständigen "home department" zu geben. Am 23. September 1949 forderte Patrick Dean[40], Leiter des German Department, von seinen Mitarbeitern und von der Britischen Hochkommission nichts Geringeres als einen vollständigen Neubeginn: "the mass of information in these reports, despatches, letters etc. really cover all that we want in quantity, but are quite inadequate from the point of view of giving us a clear picture of trends in Germany ..."[41] Sowie die Britische Hochkommission sich in Bonn endgültig eingerichtet habe, sei es an der Zeit, forderte er, daß endlich "some regular form of political reporting" einsetze. Dean erbat zunächst eine Bestandsaufnahme und dann Empfehlungen zur Eindämmung der Informationsflut.

Denys Brown, "Private Secretary" des "Permanent Under-Secretary of State for the German Section", unterzog sich der Aufgabe und konnte auch bald erklären, wo vier Besatzungsjahre lang die eigentliche Ursache des permanenten Informationsdefizits gelegen hatte. Brown faßte dazu das Chaos in Zahlen:

---

39 Vgl. Reusch, Londoner Institutionen, S.405-415.

40 Patrick Henry Dean, geb. 1909, 1939 Assistant Legal Advisor des F.O., 1946-1950 Leiter des German Political Department, 1950/51 Chargé d'Affaires in Rom, 1953 Assistant Under-Secretary of State, 1956 Deputy Under-Secretary of State, 1960-1964 ständiger Vertreter der britischen Regierung bei den Vereinten Nationen.

41 Dean 23.9.1949, F.O.371/76524/C7237.

Allein während der ersten sechs Monate des Jahres 1949 hatten das Foreign Office zehn "official despatches" des Militärgouverneurs, beziehungsweise des Hochkommissars erreicht, sowie nicht weniger als 38 verschiedene regelmäßige, monatliche Berichte und nicht weniger als 10.752 Telegramme, davon 3165 aus Berlin, 6452 aus dem Zonenhauptquartier in Lübbecke und 1135 aus Frankfurt. Auch ohne den Versuch gemacht zu haben, die beträchtliche Zahl halboffizieller Schreiben statistisch zu erfassen, kam Brown zu eindeutiger Schlußfolgerung: "What seems wrong with the reports from Germany is not that they omit facts which the Foreign Office ought to know, but that such facts are often burried in a mass of undigested detail, and left without the comment and interpretation which we should find useful. The difficulty which the Foreign Office has in getting a clear picture of the German scene arises because the news is reported piece-meal on different levels instead of being concentrated and analysed in large-scale despatches; and also because there are too many routine periodical reports, sent rain or shine, instead of despatches specially written because something worth reporting has happened."[42] Eine weitere Ursache für den Mißstand machte Brown in der völlig ausgeuferten halboffiziellen Korrespondenz aus: "Instead of a well-thought-out summary addressed to the Secretary of State there are a number of letters on individual points addressed to Jones from Smith or to Dodsworth from Babbitt. Thus there may be a danger that, although all the separate pieces of the jigsaw puzzle have been seen by those whose concern they are both in Germany and London, no-one has seen the complete picture because no-one has put the pieces together."[43]

---

42 Brown 6.10. 1949, ibid.

43 Ibid.

1.2. Rückkehr zur Normalität in Berlin? Das Foreign Office unter dem Eindruck sowjetischer Propaganda.

Die grauenvollen Berichte befreiter britischer Kriegsgefangener ließen noch ihren Lesern im German Department das Blut in den Adern erstarren: "... the Russians are behaving towards the Germans with a barbarity and callousness which is almost beyond belief."[44] Rache und Verwüstung, das klang aus den Berichten, schienen sowohl Mittel als auch Zweck sowjetischer Besatzungspolitik zu sein.

In seltsamem Kontrast dazu standen aber die Sendungen Radio Berlins, das am 4. Mai 1945 den Sendebetrieb wieder aufgenommen hatte. In ihnen wurden unaufhörlich die Großmut der Sowjetunion hervorgehoben, die Rolle der Roten Armee bei den Anstrengungen zum Wiederaufbau Berlins und ihre Verantwortung für das Tempo, mit dem die Stadt sowie die gesamte sowjetische Besatzungszone zur Normalität zurückzukehren schienen. Die Versorgungslage in Berlin sei stabil, hieß es, Lebensmittelrationen würden großzügiger bemessen, Energie- und Wasserversorgung seien wiederhergestellt, in den Betrieben würde bereits die Arbeit wieder aufgenommen, "Unter den Linden" sei von Trümmern frei, Busse und Bahnen verkehrten wieder.

Glaubwürdiger als solche nicht verifizierbaren Nachrichten wirkten Meldungen über die von den Sowjets unternommenen Anstrengungen zur Wiederbelebung kultureller Aktivitäten in Berlin. Zehn kleine Theater- und Varietéensembles spielten bereits wieder, 15 weitere bereiteten Aufführungen vor, das Schiller-Theater werde demnächst "Die Räuber" aufführen, meldete Radio Berlin. Konzertsäle und Kinos seien wieder geöffnet, und, so lautete eine andere Meldung, die Fußballfelder in Berlin würden wieder instand gesetzt - eine Auswahl der Roten Armee werde demnächst gegen eine Elf des Berliner

---

[44] Harrison 24.5.1945, F.O.371/46914/C2449.

Stadtbezirks Moabit spielen.[45] Über den Äther, hieß es in einem Bericht der "Publicity & Psychological Warfare Division" der britischen "21st Army Group" treffend, würben die Sowjets förmlich um die Gunst der Deutschen.[46]

Ein wenig Glaubwürdigkeit verliehen diesen kaum glaublichen Meldungen über die Einkehr der Normalität 'harte' Fakten über die Wiederherstellung des politischen Lebens in Berlin. Nach 17 Tagen ohne Zeitung erschien am 15. Mai die "Tägliche Rundschau", herausgegeben von der Sowjetischen Militäradministration (SMAD), am 21. Mai gefolgt von der "Berliner Zeitung", die im Juni vom Magistrat der Stadt übernommen wurde. Am 17. Mai nahm ein von der SMAD eingesetzter Magistrat unter dem parteilosen Dr. Arthur Werner die Arbeit auf.

Am spektakulärsten aber wirkte der Befehl No. 2 des sowjetischen Militärgouverneurs, der am 10. Juni - einen Monat vor Beginn der Potsdamer Konferenz - die Bildung politischer Parteien und Gewerkschaften gestattete und der sowjetischen Besatzungsmacht einen Vorsprung bei der politischen Reorganisation Deutschlands verschaffte.[47] Schon am darauffolgenden Tag nahmen die Kommunistische Partei Deutschlands (KPD) für Berlin und die SBZ offiziell ihre Tätigkeit auf, am 15. Juni die Sozialdemokratische Partei Deutschlands (SPD), am 26. Juni die Christlich-Demokratische Union (CDU) und am 5. Juli die Liberal-Demokratische Partei (LDP).

Eindrücke und Fakten, welche Radio Berlin seinen Zuhörern vermittelte, hoben sich sehr vorteilhaft ab von dem Bild, das sich im Westen Deutschlands bot, wo in den ausgebombten Industriezentren die Versorgungslage sich zuzuspitzen drohte, die Militärregierungen die Einhaltung des Fraternisierungsverbots erzwangen und politische Parteien erst im Verlaufe des Spätsommers und des Herbstes zuließen. Mit wachsender

---

45 So vermerkt im "Weekly Intelligence Summary" v. 28.6.1945 der Psychological Warfare Division des Alliierten Hauptquartiers (SHAEF), F.O. 371/46933/C3133.

46 Memorandum v. 29.5.1945: "Summary of European Broadcast Trends", F.O.371/46933.

47 Vgl. Dokumente zur parteipolitischen Entwicklung in Deutschland, hg. v. Ossip K. Flechtheim, Bd.1, Berlin 1963, S.108.

Besorgnis vermerkte darum die britische Kontrollkommission, daß die Sendungen Radio Berlins auch in den Westzonen empfangen wurden und dort sowohl auf die normale Bevölkerung sowie auf kriegsgefangene ehemalige Regierungsbeamte und Offiziere Eindruck zu machen schienen.[48] Aus Flensburg berichtete ein Angehöriger des britischen Detachement der SHAEF Kontrollgruppe beim OKW von Äußerungen Admiral Dönitz', der gesagt hatte, wenn die Westmächte vorhätten, Deutschland zum Kommunismus zu bekehren und der Ausdehnung des Kommunismus bis zum Atlantik Vorschub zu leisten, dann seien sie auf dem richtigen Wege.[49]

Aber selbst die britischen Beobachter in Deutschland und in London vermochten sich der Wirkung der Sendungen Radio Berlins nicht völlig zu entziehen. In Kreisen der Kontrollkommission und des Political Intelligence Department des Foreign Office war man schließlich geneigt, den Meldungen über die bessere Versorgungslage in Berlin und der sowjetischen Besatzungszone teilweise Glauben zu schenken.[50] Dies um so eher, als es auch im Foreign Office ohnehin weitverbreitete Ansicht war, daß aufgrund des agrarischen Charakters großer Teile der sowjetischen Besatzungszone die Sowjetunion eher in der Lage sei, die Bevölkerung ihrer Zone zu versorgen.[51]

Den Planern im German Department fiel es sichtlich schwer, sich bei der Beobachtung des sonderbaren Zusammenwirkens von Rache, Propaganda und Fraternisierung einen Reim auf die Besatzungspolitik ihrer sowjetischen Verbündeten zu machen. Der qualitative Unterschied zwischen den Sendungen Radio Berlins und denen der Sender in den westlichen Besatzungszonen, die sich noch auf Übertragungen der Befehle der Militärregierungen beschränkten, war aber auch für sie unüberhörbar. Beunruhigend schien ihnen indes weniger die Wirkung sowjeti-

---

48 "Weekly Political Intelligence Summary No.1 from 21st Army Group" v. 5.7.1945, F.O.371/46933/C3951. J.I.C. "Political Intelligence Report", F.O.371/46732/C3539.

49 Maund Cypher v. 22.5.1945, F.O.371/46731/C2508.

50 P.I.D. German and Austrian Intelligence Memorandum v. 26.6.1945: "Germany: Weekly Background Notes: No. 3", F.O.371/46933/ C3329.

51 J.I.C. "Political Intelligence Report", F.O.371/46732/C3539.

scher Propaganda auf die Deutschen - dazu, so O'Neill, sei die Erinnerung an die Ausschreitungen der Roten Armee noch viel zu frisch. Potentiell gefährlicher sei vielmehr die Wirkung auf die über die Situation in der sowjetischen Besatzungszone völlig uninformierte Presse im eigenen Land, die ohnehin dazu neige, sowjetische Propaganda für bare Münze zu nehmen. Nichts sei darum wichtiger, als daß britische und amerikanische Journalisten möglichst bald Gelegenheit bekämen, sich selber ein Bild über die Zustände in der sowjetischen Zone zu machen.[52]

Für Kontrollkommission und Foreign Office veränderte sich die Informationslage schlagartig, als die Kontingente der Westmächte am 1. Juli in ihre Sektoren in Berlin einzogen. Gerade weil die sowjetische Besatzungszone westlichen Journalisten und Vertretern der drei westlichen Militärregierungen noch immer verschlossen blieb, erwies sich Berlin nun als überaus nützlicher Aussichtsturm. Die Kontrollkommission betrachtete denn auch sofort das Sammeln von Information über die politischen und wirtschaftlichen Bedingungen in der sowjetischen Besatzungszone als eine ihrer vordringlichsten Aufgaben. Es galt, soviel Information wie möglich so schnell wie möglich zu einem "authoritative picture" über die Absichten der Sowjetunion in Deutschland zusammenzufügen.[53] Da traf es sich gut, daß drei Wochen vor diesem Termin die Sowjetunion mit einer politischen Maßnahme in Deutschland aus der Deckung herausgetreten war.

---

52 Harrison 26.5.1945, F.O.371/46731/C2508; Franklin 1.6.1945, O'Neill 2.6.1945, F.O.371/46731/C2673.

53 J.I.C.(45)222 v. 16.7.1945: "Political Intelligence Report", F.O.371/46734/C4319.

1.3. Parteien für ganz Deutschland? Die Gründung von KPD, SPD, CDU und LDP in der SBZ.

Bis zum 10. Juni 1945 war sowjetischer Gestaltungswille in Deutschland der Beobachtung von außen durch den Eisernen Vorhang weitgehend entzogen gewesen, hatte lediglich im verborgenen oder in den tieferen Schichten beispielsweise der sowjetischen Reparationspolitik gewirkt und auf diese Weise immer wieder Raum für einander widersprechende britische Interpretationen gelassen. Mit Befehl No. 2 Marschall Schukows und der Zulassung politischer Parteien in ihrer Besatzungszone wurde die gestaltende Hand Moskaus in Deutschland zum ersten Mal an der Oberfläche des politischen Geschehens sichtbar. Auf einen solchen Schritt hatten die Beobachter im Foreign Office gewartet. Mit großer Aufmerksamkeit widmeten sie sich darum den neuen politischen Parteien, die, nach den Worten Strangs, in Berlin "wie Pilze" aus dem Boden schossen.[54]

Seit der Gründung des "Nationalkomitees 'Freies Deutschland'" und des "Bundes Deutscher Offiziere" im Sommer 1943 hatte das Foreign Office in regelmäßigen Abständen die Befürchtung heimgesucht, Moskau bereite die Einsetzung einer provisorischen "semi-kommunistischen Regierung aus Exil-Kommunisten und oppositionellen Offizieren vor.[55] Ganz direkt hatte Churchill in Jalta Stalin die Frage gestellt, ob Moskau beabsichtige, die kriegsgefangenen deutschen Generale für andere Zwecke denn die der Propaganda einzusetzen. Mit einem "God forbid!" hatte der Atheist Stalin sie kategorisch verneint.[56]

Die Antwort hatte das Mißtrauen des Foreign Office kaum besänftigt, da wurde es durch Ereignisse in Wien aufs neue geweckt. Dort hatte die Rote Armee, unmittelbar nach der Eroberung der Stadt am 29. April, unter dem Sozialdemokraten Dr. Kurt Renner eine provisorische, mehr oder weniger kommuni-

---

54 Strang an Bevin 11.8.1945, F.O.371/46969/C4758.

55 Sargent an Churchill 5.5.1945, F.O.371/50762/U3453. Eden an Churchill 8.2.1945, PREM 3/194/12.

56 6th Plenary Meeting am 10.2.1945, CAB66/63.

stische Regierung eingesetzt. Seit der Eroberung und Besetzung Berlins durch die Rote Armee suchten darum Kontrollkommission und German Department nach Anzeichen für ein politisches Hervortreten der NKFD-Prominenz. Noch im August überlegte der "Weekly Intelligence Report" der "21st Army Group", ob Moskau etwa die militärischen Elemente des NKFD und den BDO "in Reserve hielt".[57] Nur langsam setzte sich allmählich die Erkenntnis durch, daß dies doch nicht der Fall war. Äußerungen Stalins oder Marschall Schukows, die Frage einer weiteren Verwendung von NKFD, BDO und Marschall Paulus sei "nicht mehr aktuell"[58], wurden aufmerksam registriert. Und in der Tat, NKFD-Prominenz und BDO waren in Berlin auf geradezu auffällige Weise abwesend.

Anders die Kommunisten, die von den ersten Tagen der Besetzung an aus Exil und Untergrund auftauchten und schon vor der offiziellen Neugründung der Partei einen bemerkenswerten Organisationsgrad erreichten - durchaus nicht nur innerhalb der Sowjetischen Besatzungszone. Dies fiel in der Political Division vor allem Ivor Pink auf, der Ende April von Vorgängen im von den Amerikanern befreiten Konzentrationslager Buchenwald berichtete. Dort hatte ein kommunistisches Lagerkomitee - "a little Soviet composed of particularly choice ruffians, all of course ex-prisoners, mostly Jews, and many of them suspiciously well fed in appearence"[59] -, unterstützt von einem sowjetischen Verbindungsoffizier, die praktische Kontrolle übernommen, betrieb intensiv NKFD-Propaganda und terrorisierte nicht-kommunistische Lagerinsassen. Der überraschend gute Organisationszustand der Kommunisten, resümierte Pink seine Eindrücke aus Buchenwald, lasse befürchten, "that they may get off to a flying start in the new German political field. I

---

57 "Weekly Political Intelligence Summary" v. 10.8.1945, F.O.371/46934/ C4972.

58 Clark Kerr an F. O. 11.6.1945, F.O.1049/68.

59 Pink am 30.4.1945: "Prospects of Communist Party in Germany", F.O. 371/46910/C2069.

only hope we shall not be presented with a Communist German 'Central Government' in Berlin in a few weeks' time."[60]

In solche Befürchtungen, die im German Department geteilt wurden, platzte schon am 13. Juni, also nur drei Tage nach Ergehen des Befehls No. 2 des sowjetischen Militärgouverneurs, der Gründungsaufruf der KPD.[61] Zwischen stereotypen Wendungen über die "vollständige Liquidierung der Überreste des Hitlerregimes und der Hitlerpartei", die "Bestrafung der Kriegsverbrecher", die völlige Beseitigung "feudaler Überreste" und des "reaktionären altpreußischen Militarismus mit allen seinen ökonomischen und politischen Ablegern" zeichneten sich in ihm die Konturen eines überaus maßvollen politischen Programms für Deutschland ab. Ausdrücklich vertraten die 16 kommunistischen Funktionäre, die den Aufruf unterzeichnet hatten und von denen 13 gerade aus Moskau zurückgekehrt waren, die Auffassung, "daß der Weg, Deutschland das Sowjetsystem aufzuzwingen, falsch wäre, denn dieser Weg entspricht nicht den gegenwärtigen Entwicklungsbedingungen in Deutschland". Statt dessen forderten sie die "Aufrichtung eines antifaschistischen, demokratischen Regimes, einer parlamentarisch-demokratischen Republik mit allen demokratischen Rechten und Freiheiten für das Volk". Noch erstaunlicher als diese pauschale und darum etwas vage Distanzierung von Vorstellungen der Bolschewisierung Deutschlands war die sehr viel konkretere Garantie des Privateigentums. Denn des weiteren postulierte der Aufruf zwar die "Liquidierung des Großgrundbesitzes, der grossen Güter der Junker, Grafen und Fürsten und Übergabe ihres ganzen Grund und Bodens sowie des lebenden und toten Inventars an die Provinzial- bzw. Landesverwaltungen", betrachtete es aber gleichzeitig als selbstverständlich, "daß diese Maßnahmen in keiner Weise den Grundbesitz und die Wirtschaft der Großbauern berühren werde", und forderte

---

60 Ibid.

61 Flechtheim (Hrsg.), Dokumente, Bd.3, S.313-319. Der Aufruf trug das Datum vom 11.6.1945, wurde aber erst am 13.6. in der ersten Ausgabe der "Deutschen Volkszeitung" - dem Zentralorgan der neugegründeten Partei - veröffentlicht.

schließlich gar explizit die "völlig ungehinderte Entfaltung des freien Handels und der privaten Unternehmerinitiative auf der Grundlage des Privateigentums".

Mit doppelter Erleichterung wurde der Gründungsaufruf, der kaum noch als kommunistisches Programm erkennbar war, im German Department zur Kenntnis genommen - wenn auch mit über vierzehntägiger Verspätung, die als Maßstab für den mühsamen Informationsfluß vor dem Einzug der Kontingente der Westmächte in Berlin gelten darf. Das kommunistische Programm sei so moderat, daß es sich vom britischen Programm für Deutschland kaum unterscheide, urteilte verblüfft O'Neill, den Umstand ignorierend, daß es ein britisches Programm für Deutschland noch nicht gab.[62] Vor allem aber schien dieser Aufruf mehr zu sein, als nur ein beliebiges Parteiprogramm. Die Abhängigkeit der deutschen Kommunisten von Moskau war bekannt, und seit ihrem Hervortreten im NKFD hatte sich das Foreign Office angewöhnt, sie als deutschlandpolitisches Sprachrohr Moskaus zu betrachten. In ihrem Gründungsaufruf glaubten darum O'Neill und Troutbeck endlich den verbindlichen Hinweis auf die sowjetische Deutschlandpolitik gefunden zu haben, den das Foreign Office seit so langer Zeit schon suchte: "We think that this proclamation is a document of considerable importance, and probably comes as near as anything can to being a Soviet 'General Directive for Germany'."[63] Daß neun der Unterzeichner dem Foreign Office als Angehörige des NKFD bekannt und eben erst aus Moskau zurückgekehrt waren, schien die Vermutung zu bestätigen.

Harrisons skeptischer Einwand, daß schon das NKFD eine sehr "bourgeoise" Linie vertreten habe, für die aber Molotow, wurde er darauf angesprochen, stets jede Verantwortung abgelehnt hatte, blieb zunächst ungehört.[64] Die unmittelbare Anschauung, die nach dem Einzug der Westmächte in Berlin möglich wurde, führte jedoch sehr bald zu einer differenzierteren Beurteilung.

---

62 O'Neill 30.6.1945, F.O.371/46910/C3443.

63 Troutbeck an Strang 3.7.1945, ibid.

64 Harrison 30.6.1945, ibid.

Schon am 4. Juli kam das Political Intelligence Department zu dem Schluß, die KPD gäbe sich so moderat, um vom Image der Revolutionspartei loszukommen und statt dessen als Volkspartei alle Gesellschaftsschichten in Deutschland gleichermaßen ansprechen zu können und gewissermaßen die NSDAP zu beerben: "It means that the German Communists have learnt the lessons of 1933, when Hitler came to power largely because his was almost the only German party which could appeal to more than a minority section. ... they are making a bid to take the place of the National-Socialist Party, appealing to the whole population."[65]

Mit sehr gemischten Gefühlen betrachtete man im Foreign Office den offenkundig nationalen Anspruch der Berliner KPD. Wilhelm Pieck, ihr Generalsekretär, so beobachtete Ende August Christopher Steel, habe durchaus die Statur eines nationalen Parteiführers und verfüge bereits über Gefolgschaft auch in der britischen Besatzungszone.[66] In Berlin und im Foreign Office täuschte man sich dabei keineswegs über die wahren Machtverhältnisse in der KPD, die ebenfalls, je länger, desto mehr, zur Beunruhigung beitrugen. Pieck, urteilte im November eine Zusammenfassung von Gesprächen des britischen "Deutschlandministers" John Hynd mit allen vier Berliner Parteiführern, sei das "Aushängeschild" der KPD: "He is put up because he has a friendly manner and an appearence of honesty."[67] Die wirklichen Parteiführer hinter ihm seien Franz Dahlem und vor allem der offen anti-westliche Walter Ulbricht, der, wie Noël Annan in der Political Division später ergänzte, die Interessen seiner Partei und Deutschlands mit denen Rußlands identifiziere, sowjetisches Vertrauen genieße und Marschall Schukow politisch berate.[68]

---

65 P.I.D. Memorandum v. 4.7.1945: "Germany: Weekly Background Notes: No.4", F.O.371/46933/C3329.

66 Steel an F.O. 25.8.1945, F.O.371/46969/C5246.

67 Strang an Harvey 20.11.1945, F.O.371/46910/C8989.

68 Memorandum Noel Annans v. 20.12.1945: "The Growth of Political Parties in Germany", F.O.371/46910/C10128.

Beinahe mit Sorge betrachteten die Beobachter im German Department die Berliner SPD, deren Gründungsaufruf vom 15. Juni sich neben dem moderaten Programm der KPD sehr viel sozialistischer las.[69] Es paßte in dieses Bild, daß die SPD darin der KPD nicht nur Zusammenarbeit, sondern die "organisatorische Einheit der Arbeiterklasse" anbot. In der seit dem 7. Juli erscheinenden Parteizeitung "Das Volk" wurde das Thema der Zusammenarbeit mit der KPD weiter variiert. Als am 14. Juli, unter Anspielung auf die in Moskau ausgebildeten KPD-Funktionäre, gar von "Führung durch ausgebildete Genossen" die Rede war und die Zeitung sich heftig gegen anti-sowjetische Propaganda wandte, schloß im German Department Albert Franklin beunruhigt auf eine ostwärtige, kommunistische Orientierung der Partei - "another branch of the Communist party".[70] Nicht ohne Erleichterung registrierten darum die Political Division in Berlin und das German Department in London, daß die neugegründete Berliner SPD und ihr eher durchsetzungsschwacher Parteiführer Otto Grotewohl - "so mild a character" - bei ihren Bemühungen um Anerkennung ihres Berliner Zentralausschusses als Zentrum einer nationalen SPD am entschlossenen Widerstand Kurt Schumachers in Hannover scheiterten.[71]

Geringere Aufmerksamkeit schenkten Foreign Office und Kontrollkommission den beiden bürgerlichen Parteien - der am 26. Juni gegründeten CDU unter der Führung von Andreas Hermes und der am 5. Juli gegründeten LDP unter der Führung Waldemar Kochs. Das hatte mehrere Ursachen. Zum einen war es von vornherein unwahrscheinlich, daß in der Sowjetischen Besatzungszone die Parteien des bürgerlichen Lagers politisch bedeutsamer werden könnten als die beiden Links-Parteien. Zum anderen würde die offene Kritik, die sowohl CDU als auch LDP an der sowjetischen Besatzungsmacht äußerten, ihre Aussicht auf politischen Einfluß gewiß nicht erhöhen - Kritik, urteilte ohne

---

69 Flechtheim (Hg.), Dokumente, Bd.3, S.1-4.

70 Williams 20.7.1945. Franklin 20.7.1945, F.O.371/46910/ C3998.

71 Steel an F.O. 25.8.1945, F.O.371/46969/C5246.

jegliche Sympathie die Political Division, die den Deutschen im allgemeinen und den beiden Parteien im speziellen auch gar nicht zustand. Beschwerden der CDU über sowjetische Intransigenz in der Frage der Religionserziehung, über rigide sowjetische Zensur und Benachteiligung bei der Papierzuteilung quittierte William Strang noch im September mit dem so verständnislosen wie verharmlosenden Kommentar, daß ganz offensichtlich die CDU sich nur langsam an ihre neuen Herren gewöhnen könne und erst lernen müsse zu verstehen, "that many of the oddities of Russian policy and their continuous refusals spring from an ignorance of Western methods of administration and from a natural tendency to organise on their own model".[72] Für deutsche Kritik an der sowjetischen Besatzungsmacht - die in der britischen Besatzungszone untersagt war und die sie noch Mitte Oktober auch Kurt Schumacher nachdrücklich verboten[73] - hatten die Vertreter der britischen Militärregierung so kurz nach Kriegsende nicht das geringste Verständnis. Gefragt war von den Deutschen nicht Kritik, sondern Kooperation.

Entsprechend negativ fiel das Urteil des "Weekly Political Intelligence Summary" der "21st Army Group" auch über die LDP in der sowjetischen Besatzungszone aus, als deren Vorsitzender Waldemar Koch öffentlich über den Kriegsausgang lamentierte, der mit der Befreiung von der NS-Tyrannei auch das Ende Deutschlands gebracht habe: "Thus the attitude of the party towards the Allies and military government in general, whilst of necessity accepting the occupation, is already one of complaint and self-justification rather than co-operation."[74] Dazu kam, daß sowohl CDU als auch LDP als vollständige Neugründungen, die sich nicht auf bestehende Organisationen stützen konnten, schwer abschätzbare Größen waren, die, so

---

72 Strang an Bevin 23.9.1945: "Political Summary No.6", F.O.371/46969/C6220.

73 Strang an F.O. 26.10.1945, F.O.371/46910/C7492.

74 F.O.371/46934.

die britische Einschätzung, das bürgerlich-liberale Lager unnötigerweise teilten und schwächten.[75]

1.4. Koalition oder politische "Zwangsjacke"? Die Strategie der KPD in der "Einheitsfront der antifaschistisch-demokratischen Parteien".

Das Angebot sozialdemokratischer Funktionäre unmittelbar vor und nach den Parteigründungen, SPD und KPD zu einer einzigen Partei zusammenzufassen, um die Spaltung der Arbeiterklasse zu überwinden - nichts anderes meinte die Forderung nach "organisatorische(r) Einheit der Arbeiterklasse" im Gründungsaufruf der SPD -, war unter den Mitgliedern der Kommunistischen Partei in der Provinz durchaus auf Resonanz gestoßen. In einer ganzen Reihe von Ortsverbänden wurden Schritte zur Bildung einer solchen Einheitspartei unternommen. Gegen den Willen also eines nicht unerheblichen Teils der Mitgliedschaft der eigenen Partei wiesen Walter Ulbricht und das Zentralkomitee der KPD die sozialdemokratischen Angebote jedoch wiederholt und mitunter brüsk zurück und setzten ihre Linie auch überall in der Sowjetischen Besatzungszone durch.[76] Statt sofortiger Verschmelzung beider Parteien, bei der die SPD aufgrund ihrer sehr viel größeren Mitgliederstärke unausweichlicherweise ein Übergewicht erhalten hätte, strebten die Kommunisten eine Aktionseinheit beider Parteien an, die es ihnen erlauben sollte,

---

75 Ibid.

76 Vgl. Erich Gniffke, Jahre mit Ulbricht, Köln 1966, S.28. Albrecht Kaden, Einheit oder Freiheit. Die Wiedergründung der SPD 1945/46, Hannover 1964, S.31-49. Dietrich Staritz, Sozialismus in einem halben Lande. Zur Programmatik der KPD/SED in der Phase der antifaschistisch-demokratischen Umwälzung in der DDR, Berlin 1976, S.62ff. Ders., Die Gründung der DDR. Von der sowjetischen Besatzungsherrschaft zum sozialistischen Staat, München 1984, S.82-92. Frank Thomas Stössel, Positionen und Strömungen in der KPD/SED zwischen 1945 und dem IV. Parteitag der SED 1954, Diss. Würzburg 1982, S.33-44. Herrmann Weber, Geschichte der DDR, München 1985, S.76ff.

ihr politisches Gewicht weiterhin zur Geltung zu bringen. Am 19. Juni legten darum die Kommunisten der SPD-Führung den Entwurf einer Vereinbarung für einen gemeinsamen Arbeitsausschuß vor, der die Vereinigung vorbereiten und für die Zwischenzeit die Aktionseinheit beider Parteien organisieren sollte.

Die Einwilligung des Zentralausschusses der SPD brachte die Kommunisten dem im KPD-Gründungsaufruf verkündeten Ziel der "Schaffung eines Blocks der antifaschistischen demokratischen Parteien" erheblich näher. Denn die beiden bürgerlichen Parteien konnten sich der Sogwirkung der kommunistisch-sozialdemokratischen Aktionseinheit kaum entziehen, ohne sich im sowjetisch besetzten Teil Deutschlands gleichzeitig politisch an den Rand drängen zu lassen. Auch sie stimmten darum schon am 10. Juli der Bildung einer "Einheitsfront der Antifaschistisch-Demokratischen Parteien" zu, die sich am 14. Juli in Berlin konstituierte. "Unter gegenseitiger Anerkennung ihrer Selbständigkeit" bildeten die vier Parteien einen gemeinsamen Ausschuß und reduzierten die vier doch sehr unterschiedlichen Parteiprogramme auf ein vages Fünf-Punkte-Programm zum Aufbau Deutschlands "auf antifaschistisch-demokratischer Grundlage".[77]

Foreign Office und Control Commission beobachteten die Bildung der Einheitsfront, die sichtlich nachdrückliche Förderung durch die SMAD erfuhr, mit gemischten Gefühlen. Die Sowjets, so die Deutung der britischen Beobachter, bemühten sich, das Tempo der politischen Entwicklung in Deutschland zu bestimmen. Im German Department wies Franklin besorgt auf die "nationalen Aspirationen" der Einheitsfront hin: Der Umstand, daß die Sowjets in Berlin agieren konnten, verlieh jedem ihrer Schritte automatisch gesamtdeutsche Dimensionen.[78] Die erste Nummer des dann vierzehntägig zusammengestellten "Intelli-

---

77 Text der Gründungs-Erklärung des zentralen Einheitsfront-Ausschusses v. 14.7.1945 in: Siegfried Suckut, Blockpolitik in der SBZ/DDR 1945-1949. Die Sitzungsprotokolle des zentralen Einheitsfront-Ausschusses, Köln 1986, S.64f.

78 Franklin 27.7.1945, F.O.371/46910/C4195. Steel an F.O. 25.8. 1945, F.O.371/46969/C5246.

gence Summary" der Militärregierung las denn auch in die Gründung der Einheitsfront die sowjetische Bereitschaft zur Bildung einer Volksfront-Regierung für ganz Deutschland hinein.[79]

So sichtbar wie die auf ganz Deutschland abzielenden Absichten der Sowjets und die nationalen Aspirationen der Einheitsfront waren aber auch ihre gebrochene innere Struktur und die dem Zusammenschluß der vier so unterschiedlichen Parteien widerstrebenden Kräfte. Nur dem oberflächlichen Betrachter konnte es so scheinen, als marschierten die vier Parteien in die gleiche Richtung. Die sorgfältige Auswertung der Programme der vier Parteien dagegen ließ bereits im Juli ahnen, daß der Konflikt zwischen KPD und SPD auf der einen und den beiden bürgerlichen Parteien auf der anderen Seite - etwa in den jeweiligen Haltungen zu Verstaatlichungen und Privatbesitz wie zur Frage der Stellung des Individuums im Staate - schon angelegt war.[80] Wenig später brach er über der entschädigungslosen Landreform und der Abschaffung der Religionserziehung auch prompt auf. Sehr aufmerksam und vielleicht nicht ganz ohne Erleichterung verfolgte die Political Division die schwere Auseinandersetzung zwischen CDU und KPD, das Ausscheren der CDU aus der "Einheitsfront" und schließlich die Absetzung der beiden CDU-Führer Hermes und Schreiber durch die SMAD.[81]

Aber auch das Bündnis von SPD und Kommunisten in Berlin schien enger, als es tatsächlich war. Die Sozialdemokraten hatten sich auf nicht mehr festlegen lassen als auf ein Manifest, das als Grundlage loser Zusammenarbeit dienen mochte. Sie konnten auch nicht weiter gehen, überlegten die britischen Beobachter, ohne sich in den Westzonen zu kompromittieren und ihren Führungsanspruch zu verspielen.[82] Die Grundlage der

---

79 MITROPA No.1: "A Periodical Intelligence Summary on Events in Germany and Austria" v. 29.7.1945, F.O.371/46967/C4561.

80 21st Army Group, "Political Intelligence Summary No.4" v. 28.7. 1945, F.O.371/46933/C4363.

81 Strang an Bevin 6.10.1945, F.O.371/46969/C6921. Strang an Harvey 20.11.1945, F.O.371/46910/C8989. Annan, "The Growth of Political Parties in Germany".

82 MITROPA No.3 v. 25.8.1945, F.O.371/46967/C5209.

Zusammenarbeit der vier Parteien in der Einheitsfront bildete allein das Schlagwort vom "Antifaschismus". Nur solange, wie dieses Schlagwort seine Suggestionskraft behielt, würde auch die Einheitsfront halten. Darüber hinaus, glaubten German Department wie Political Division zu erkennen, konnte das unnatürliche Bündnis der vier Parteien kaum Bestand haben.[83]

Je deutlicher zutage trat, daß die "Einheitsfront der Antifaschistisch-Demokratischen Parteien" keinen natürlichen Zusammenhalt hatte, desto mehr stachen den britischen Beobachtern die Einflußnahme der SMAD und die dominierende Rolle der KPD ins Auge. Nach außen hin sichtbar machten das schon die ersten öffentlichen Auftritte der "Einheitsfront" bei denen, wie O'Neill im German Department bemerkte, kommunistische Redner stets sehr im Vordergrund standen: "The Communists are very much the senior partners in these joint meetings."[84]

In der Political Division fand Noël Annan nach eingehender Untersuchung des Zustandekommens der "Einheitsfront" und ihres Procedere diesen Eindruck mehr als bestätigt. In der Tat hatte sich die KPD vom ersten Tage an die Initiative gesichert. Den gänzlich unvorbereiteten Zentralausschuß der SPD hatte sie am 19. Juli mit einem vorbereiteten Zehn-Punkte-Programm überrascht, das als Grundlage der Zusammenarbeit der beiden Parteien dienen sollte. Die SPD hatte sich darauf eingelassen.[85] CDU und LDP hatten bei der Formulierung des Fünf-Punkte-Programms der Einheitsfront gegenüber KPD und SPD einige Zugeständnisse durchsetzen können - etwa über den Namen des Parteienbündnisses[86] -, sich aber dazu verstanden, die von KPD und SPD bereits vorvereinbarte Geschäftsordnung des Zentralausschusses der Einheitsfront zu akzeptieren.[87] Diese

---

83 Ibid. O'Neill 26.8.1945, F.O.371/46910/C4790.

84 O'Neill 27.7.1945, F.O.371/46910/C4195.

85 Vgl. Gniffke, Jahre mit Ulbricht, S.33.

86 Vgl. Johann Baptist Gradl, Anfang unter dem Sowjetstern. Die CDU 1945-1948 in der sowjetischen Besatzungszone Deutschlands, Köln 1981, S.25f. Werner Conze, Jacob Kaiser. Politiker zwischen Ost und West 1945-1949, Stuttgart 1969, S.25f.

87 Vgl. Suckut, Blockpolitik, S.19. Text der Geschäftsordnung des Zentralausschusses: ibid., S.69.

Geschäftsordnung verpflichtete alle Parteien auf das Prinzip der Einstimmigkeit. Vereinbarungen sollten für alle Parteien bindend sein. Auf der Grundlage dieser Geschäftsordnung, die jegliche Opposition ausschloß, vermochte nun die KPD als verlängerter Arm der SMAD Marschrichtung und -tempo vorzugeben. Denn Beschlüsse gegen die KPD konnten nun nicht mehr zustande kommen. Die Einheitsfront war darum nicht das Parteienbündnis, als das die KPD sie ausgab, sondern, wie Noël Annan treffend urteilte, politische "Zwangsjacke" für SPD und bürgerliche Parteien.[88]

Nicht übersehen konnten schließlich Political Division und German Department die Doppelstrategie, welche die KPD in und mit der Einheitsfront immer unverhohlener verfolgte: Brechung jeglichen politischen Widerstandes, den die bürgerlichen Parteien den Absichten der SMAD und ihres verlängerten Armes, der KPD, noch entgegensetzen mochten, bei gleichzeitiger Durchdringung und Vereinnahmung der SPD. Noël Annan faßte es Ende Dezember für das Foreign Office zusammen: "Within the united front their [the Communists, A.d.V.] tactics are simple; to discredit the Christian Democrat party and to amalgamate with and sap the power of the Social Democrats."[89]

Die Spannungen innerhalb der Einheitsfront, welche die britische Control Commission vorausgesehen hatte, traten denn auch schneller auf als erwartet. Am 30. August initiierte die KPD im Hauptausschuß der Einheitsfront die Debatte über eine radikale Landreform und veranlaßte die Einsetzung eines Sonderausschusses aus Vertretern der vier Parteien.[90] Dabei stieß sie auf den Widerstand der CDU-Führer Hermes und Schreiber, die das Vorhaben an sich unterstützten, aber für Entschädigung der enteigneten Landbesitzer eintraten. Die KPD setzte gleichwohl die radikale Landreform über Resolutionen der Antifa-Blöcke der Länder ins Werk, an der Berliner Einheitsfront und am Widerstand der CDU vorbei.

---

88 Annan, "The Growth of Political Parties in Germany".

89 Ibid.

90 Protokoll der Sitzung v. 30.8.1945, in: Suckut, Blockpolitik, S.85.

Die folgende Auseinandersetzung zwischen CDU und KPD führte schnell bis an den Rand des Bruches der CDU mit der Einheitsfront, die, wie Strang Anfang Oktober nach London berichtete, auseinanderzufallen begann.[91] Eine andere Meldung Strangs, die CDU sei aus der Einheitsfront ausgetreten, traf zwar nicht zu, aber sein Situationsbericht stimmte gleichwohl. Denn das Ausscheren der CDU aus der Einheitsfront schien in der Tat mehrmals bevorzustehen. Daß es dazu nicht kam, war allein auf das Eingreifen der SMAD zurückzuführen, die nun ganz offen ihre Hand und damit auch das unmittelbare sowjetische Interesse an der Aufrechterhaltung der Einheitsfront zeigte. Überall in der Besatzungszone stieg der Druck auf die CDU. Die SMAD kürzte die Papierzuteilung für die Parteizeitung "Neue Zeit", unterwarf sie verschärfter Zensur und zwang im Oktober Chefredakteur Emil Dovifat zum Rücktritt. In der Provinz durften sich CDU-Funktionäre gegen den lebensbedrohlichen Vorwurf, "Faschisten" zu sein, nicht zur Wehr setzen. Marschall Schukow selber, so wußte die Political Division im November, habe Walter Schreiber, dem Stellvertreter Hermes', öffentliche Stellungnahmen zum Thema Bodenreform verboten.[92] Vor der Versammlung der CDU-Vorstände, die die SMAD einberufen hatte, forderte Oberst Tulpanow, politischer Berater des sowjetischen Militärgouverneurs, schließlich Hermes und Schreiber zum Rücktritt auf. Als die der Aufforderung nicht nachkamen, setzte Tulpanow sie kurzerhand ab und schlug an ihrer Stelle die bisherigen dritten und vierten Vorsitzenden Jakob Kaiser und Ernst Lemmer vor.[93]

Charakteristisch für den Widerstand, den Political Division und Central Department dem eigenen Erkenntnisprozeß - der sie immer weiter von der Zusammenarbeit mit Moskau in Deutschland fortführen mußte - entgegensetzten, war, daß sogar in dieser Situation in der Political Division Noël Annan ein gewisses Verständnis für den Unwillen von SMAD und KPD an

---

91 Strang an Bevin 6.10.1945, F.O.371/46969/C6921. Strang an Bevin 23.10.1945, F.O.371/46969/C7495.

92 Strang an Harvey 20.11.1945, F.O.371/46910/C8989.

93 Vgl. Gniffke, Jahre mit Ulbricht, S.74f.

der alten CDU-Führung aufbringen konnte. Hermes habe bei seinem Widerstand gegen kommunistische Vorhaben immer wieder dafür plädiert, strittige Fragen vor den Kontrollrat zu bringen und auf Vier-Mächte-Basis entscheiden zu lassen, was die Kommunisten "natürlich" nur um so mehr erbittert habe. Die Christdemokraten in Berlin, warnte Annan schließlich, seien durchaus in der Lage, die Alliierten gegeneinander auszuspielen, wenn sich ihnen die Gelegenheit dafür böte.[94]

1.5. Druck auf die SPD.

Auf die Dauer konnten aber weder Political Division noch Foreign Office umhin zu erkennen, daß die Erhaltung der Einheitsfront Teil der sowjetischen Besatzungspolitik war. Anfang Dezember erhielt die Political Division über eine "reliable German source" Kenntnis von einer Konferenz der Leiter der neugegründeten Zentralverwaltungen der SBZ und der Regierungschefs der Provinzen und Länder, die Marschall Schukow Mitte November nach Berlin-Karlshorst, dem Hauptquartier der SMAD, einberufen hatte. Schukow, telegrafierte Strang nach London, habe dort betont, "that the United Front of the four political parties met with the approval of the Soviet authorities and must be maintained".[95] Im German Department sah O'Neill zur gleichen Zeit deutlich, daß das Kalkül der SMAD und der KPD dabei vor allem der stärksten der vier Parteien galt, der SPD: "It is clear that Ulbricht knows the Social Democrats in Berlin outnumber the Communists. Hence his determination to maintain the United Front."[96] Die KPD hatte die Posten, die SPD die Mitglieder.[97] Im Zentralausschuß der Einheitsfront, wo

94 Annan Memorandum, "The Growth of Political Parties in Germany".

95 Strang an F.O. 11.12.1945, F.O.371/46861/C9511.

96 O'Neill 7.11.1945, F.O.371/46910/C7197.

97 Noel Annan gab so für das F.O. ein ungenanntes KPD-Mitglied wieder, Annan, "The Growth of Political Parties in Germany".

jede der vier Parteien mit fünf Delegierten vertreten war, wo das Prinzip der Einstimmigkeit galt und wo jeder Beschluß für alle Parteien verbindlich war, war dieses Ungleichgewicht aufgehoben.

Schon einen Monat nach der Gründung der Einheitsfront registrierten britische Beobachter Anzeichen dafür, daß der KPD die Einheitsfront nicht mehr genügte und sie nach einem Weg suchte, die SPD und ihr Wählerpotential vollständig an die kommunistische Kaderpartei zu binden. Mitte August wurde sichtbar, daß die KPD-Führung seit ihrer Ablehnung der frühen Angebote der SPD zur Herstellung einer einzigen Partei der 'Arbeiterklasse' eine 180-Grad-Wendung vollzogen hatte. In seinem Bericht über die Kundgebung der Einheitsfront vom 12. August im Berliner Rundfunkhaus sprach Steel von einer "mild sensation", die Pieck mit dem Vorschlag verursacht habe, "that the Communist and Social Democrat parties may well amalgamate".[98]

Der Gesinnungswandel entsprang indes weniger den Sozialdemokraten nachempfundenem Bedürfnis nach "moralische[r] Wiedergutmachung politischer Fehler der Vergangenheit".[99] Der KPD ging es um den Besitz der Macht und um scheindemokratische Legitimierung in der Gegenwart. Die Rote Armee hatte der KPD die Macht gegeben, die SPD sollte ihr nun die Wählerstimmen geben. Denn wer bei dieser "Verschmelzung" der beiden Parteien das Heft in der Hand behalten würde, darüber konnten die Dominanz der KPD in der Einheitsfront und der Druck der Besatzungsmacht keinen Zweifel lassen.

Ein Umdenkprozeß hatte allerdings auch innerhalb der SPD eingesetzt, wo man sich sowohl der Machtverhältnisse wie auch des großen eigenen Wählerpotentials und der damit verbundenen, wenigstens potentiellen Stärke bewußt geworden war. Zur Herbeiführung der "Einheit der deutschen Arbeiterklasse" und deren maßgeblicher Beteiligung an der Macht bedurfte die SPD der KPD, die von Weimarer Mitgliederzahlen

---

98 Steel an F.O. 23.8.1945, F.O.371/46969/C5246.

99 Gründungsaufruf der SPD vom 15.6.1945.

weit entfernt war, eigentlich nicht mehr.[100] Was der SPD-Führung im Juni attraktiv erschienen war, konnte im August nur noch ein politisches Verlustgeschäft sein. Otto Grotewohl reagierte denn auch mit für die britischen Beobachter deutlicher Zurückhaltung auf das Angebot Piecks.[101] Allen Beteiligten, auch den Briten, war jedoch klar, daß dies das letzte Wort in dieser Angelegenheit noch nicht gewesen sein konnte. Denn der Druck, den SMAD und KPD auf die SPD-Führung ausübten, stieg, berichtete Ende Oktober William Strang: "The Communists now speak of the impending union of the two working-class parties as almost a *fait accompli* [Emphase i. Orig., A.d.V.], and during next months the strongest pressure will be exerted on the Social Democrat leaders to agree to union."[102] Ob die SPD ihren Widerstand dann noch würde aufrechterhalten können, war fraglich.

1.6. Das Foreign Office unterscheidet zwischen Antifaschismus und Antitotalitarismus.

Mit der Zeit sollten Political Division und German Department über der Beobachtung der Einheitsfront auch gewahr werden, daß "De-Nazifizierung" in der sowjetischen Besatzungszone etwas anderes bedeutete als in den Besatzungszonen der Westmächte und daß der Begriff "Antifaschismus", so, wie ihn die Kommunisten und die SMAD gebrauchten, keineswegs dekkungsgleich war mit westlichen Vorstellungen von "Antitotalitarismus".

Zunächst aber dauerte es eine Weile, bis die Beobachter im German Department die kommunistische Instrumentalisierung

---

100 Zahlen für die Mitgliederstärke der KPD 1945 nennt Georg Fülberth, KPD und DKP 1945-1990. Zwei kommunistische Parteien in der vierten Periode kapitalistischer Entwicklung, Heilbronn 1990, S.14.

101 Steel an F.O. 23.8.1945.

102 Strang an Bevin 23.10.1945, F.O.371/46969/C7495.

des "Antifaschismus"-Begriffes und der "Antifa-Bewegung" erkannten. Denn noch geraume Zeit nach der Liquidierung oder Gleichschaltung der während des Zusammenbruchs des NS-Regimes überall in der sowjetischen Besatzungszone entstandenen "Antifa"-Komitees durch die KPD unterschied John Troutbeck, der Leiter des German Department, zwischen Kommunisten und "Antifa"-Bewegung und hielt dabei, wohl noch unter dem Eindruck des moderaten kommunistischen Programms stehend, letztere für gefährlicher als die Kommunisten.[103] Der Aktivismus der "Antifa"-Bewegung - auch in den westlichen Besatzungszonen - schien Troutbeck derart zu beunruhigen, daß er schon zu diesem frühen Zeitpunkt Faschismus und Antifaschismus nebeneinanderstellte: "... the 'Antifa' seems to be full of the same kind of energy that brought the Nazi-Party to success."[104] Das schien um so bedrohlicher, als die sich anti-nazistisch gebärdenden "Antifaschisten" mit an Sicherheit grenzender Wahrscheinlichkeit auf die Unterstützung der "left-wing enthusiasts"[105] in Großbritannien würden zählen können. Gefeit gegen irrtümliche Identifizierung der in der sowjetischen Besatzungszone längst gleichgeschalteten Antifa-Bewegung mit Denazifizierung war indes auch das Foreign Office nicht. Das führte die Reaktion Oliver Harveys vor, als Superintending Under-Secretary des German Department Troutbecks Vorgesetzter. Harvey mochte die Zweifel seines Departments an der "Antifa"-Bewegung nicht nachvollziehen und forderte vielmehr Unterstützung für diese "Anti-Nazi"-Bewegung.[106]

Wenn er sich mit seiner Auffassung nicht durchsetzen konnte, so lag das auch daran, daß Foreign Office und Political Division just zu diesem Zeitpunkt einen weiteren Begriff in ihre Überlegungen einführten und zwischen 'Anti-Faschismus' und 'Anti-Totalitarismus' im westlichen Sinne zu differenzieren begannen. Orme Sargent, Superintending Under-Secretary des Northern Department, korrigierte in einem Schreiben an

---

[103] Troutbeck 18.7.1945, F.O.371/46933/C3858.

[104] Ibid.

[105] Ibid.

[106] Harvey 19.7.1945, ibid.

William Strang seinen Kollegen Harvey dahingehend, daß es natürlich britische Politik sein sollte, "to encourage all genuinly anti-totalitarian movements".[107] Ob allerdings "Antifa" als 'anti-totalitäre' Bewegung zu verstehen sei, bezweifelte Sargent, und der politische Berater des britischen Militärgouverneurs schloß sich diesen Zweifeln an.[108]

Deutlich erkennbar wurde die Instrumentalisierung des "Antifaschismus"-Begriffes durch SMAD und KPD auch im Falle der politischen wie unpolitischen Organisierung der Jugend. Auf Anordnung der SMAD vom 20. Juni wurden im Bereich der SBZ und Berlins bei den einzelnen Jugendämtern der Städte und Kreise Jugendgruppen gebildet: die "Antifaschistischen Jugendausschüsse". Die Besetzung der Vorstände erfolgte anders als bei der "Einheitsfront" nicht paritätisch, sondern allein nach "antifaschistischer" und "demokratischer" Gesinnung. Die hochaktive Rolle der KPD, die Jugendliche in die Ausschüsse delegierte, um Führung und Mitgliederwerbung zu übernehmen, war unübersehbar. Noch mehr aber beunruhigte das German Department die enthüllende Tatsache, daß die SMAD ausgerechnet auf dem Gebiet der Jugendorganisationen jenen Pluralismus, den sie bei der Zulassung politischer Parteien zu unterstützen schien, nicht dulden wollte.[109] Denn neben den als "überparteilich" und "frei" bezeichneten "Antifaschistischen Jugendausschüssen" wurden weitere politische oder unpolitische Jugendorganisationen nicht zugelassen.

---

107 Sargent an Strang 26.7.1945, F.O. 1049/75.

108 Strang an Sargent 18.8.1945, ibid.

109 O'Neill 10.8.1945, F.O.371/46910/C4504.

1.7. Die Gleichschaltung der Gewerkschaften.

Manifest wurden das unverhältnismäßige Gewicht der KPD und die schwere Hand der SMAD nicht nur auf der Ebene der politischen Parteien. Die kommunistischen Manipulationen galten genauso der Beherrschung und Kontrolle der Gewerkschaften.

Auch die an und für sich überparteilich neugegründeten Gewerkschaften wurden schnell ein Opfer kommunistischer Unterwanderung und Gleichschaltung. Die KPD hatte sich in den verschiedenen Gewerkschaften sofort ein Maß an Einfluß gesichert, das, konstatierte das "Fortnightly Intelligence Bulletin" der "British Army On The Rhine", ihre Mitglieder-Stärke weit überstieg.[110] Um ihre Vorherrschaft in den einzelnen Gewerkschaftsspitzen und vor allem im Zentralkomitee des "Freien Deutschen Gewerkschaftsbundes" zu erhalten, versuchte die KPD - gegen den Widerstand der Vertreter der anderen Parteien - die für den 23. September vorgesehenen Neuwahlen des Zentralkomitees auf ein bloßes Vertrauensvotum für das bestehende Zentralkomitee zu reduzieren. Über dessen Ausgang konnte bei dem bestehenden Übergewicht der Kommunisten in Betriebsräten und Bezirkskomitees kein Zweifel sein.

Über das Motiv ihrer Bemühungen wahrte die KPD keine übermäßige Diskretion. Vor Gewerkschaftlern in Halle erklärte Ulbricht am 29. August die Vorstellung von der politischen Neutralität der Gewerkschaften für unpraktikabel und gab die eigentlichen Absichten der Kommunisten zu erkennen: Die an und für sich überparteilichen Gewerkschaften sollten in die politische Arena hineingezogen werden und dort als Massenorganisationen dem Machtanspruch der KPD zusätzliche Legitimation verleihen.

---

110 BAOR, "Fortnightly Intelligence Summary No. 11", F.O.371/46935/C6268.

1.8. Das Pressemonopol der SMAD in Berlin.

Abgesichert wurde die politische Dominanz der Kommunisten und der SMAD in Berlin durch ein Quasi-Pressemonopol, das auch nach dem Einzug der Kontingente der Westmächte über längere Zeit hinweg nicht ernsthaft durchbrochen wurde. Von den vier offiziellen Organen der Besatzungsmächte hatte die Zeitung der SMAD, die "Tägliche Rundschau", die größte Auflage, und nur sie erschien täglich. Die britische "Der Berliner" und die amerikanische "Allgemeine Zeitung" erschienen nur dreimal die Woche. "Der Kurier", unter französischer Lizenz, erschien erst seit dem 12. November. An dieser Lage änderte auch der Umstand nichts, daß die "Tägliche Rundschau", wie Strang konzedierte, trotz ihrer Einseitigkeit "lesbar, informativ und interessant" war.[111] Entscheidend war, daß von den übrigen sieben Berliner Zeitungen nur eine außerhalb des sowjetischen Sektors verlegt wurde. Der amerikanisch lizenzierte "Tagesspiegel" erschien erst seit dem 27. September und richtete sich eher an einen gebildeten Leserkreis. Die vier Parteizeitungen, die Zeitung des FDGB "Die Freie Gewerkschaft" und die vom Magistrat herausgegebene "Berliner Zeitung" wurden allesamt im sowjetischen Sektor gedruckt, waren sowjetischer Zensur unterworfen, durften ihre Nachrichten lediglich von der sowjetischen Presseagentur beziehen und hingen überhaupt von der SMAD vollständig ab.

Die auffällige Pressekonzentration im sowjetischen Sektor Berlins war nicht zufällig, sondern ging auf einen raffinierten Schachzug der Sowjets zurück. Unmittelbar vor dem Einzug der Westmächte, berichtete Strang im November, hatte nämlich die SMAD jene Zeitungen, die in den den Westmächten zugewiesenen Sektoren ansässig waren, "höflich, aber bestimmt" aufgefordert, ihre Redaktionen in den sowjetischen Sektor zu verlegen.[112]

---

111 Strang an Bevin 14.11.1945, F.O.371/46969/C8454.

112 Ibid.

1.9. Marionettenregime oder Vorläufer einer deutschen Regierung? Die Zentralverwaltungen in der Sowjetischen Besatzungszone.

Die sowjetische Besatzungsmacht beließ es nicht bei der Gründung politischer Parteien, sondern ergriff auch auf administrativer Ebene die politische Initiative in Deutschland. Erstaunlich rasch - beinahe gleichzeitig mit der Gründung der Parteien - übergab sie Teile der administrativen Verantwortung an 'ihre' Deutschen. Zwischen dem 4. und dem 16. Juli bestätigte die SMAD nacheinander die Landes- beziehungsweise Provinzialverwaltungen für Mecklenburg-Vorpommern, Sachsen, Thüringen, die Mark Brandenburg und Sachsen-Anhalt. Drei Monate später, am 22. Oktober, räumte sie ihnen das Recht ein, Gesetze und Verordnungen mit Gesetzeskraft zu erlassen - die allerdings weder Kontrollratsbeschlüssen noch Befehlen der SMAD widersprechen durften -, und wertete sie damit gewissermaßen zu Landes- und Provinzialregierungen auf.

Den ersten dieser Schritte vermerkte das Foreign Office mit Interesse, aber ohne Überraschung. In London waren die mit der Besetzung Deutschlands befaßten militärischen und politischen Stellen ohnehin von der Vorstellung ausgegangen, daß Moskau sehr viel schlechter auf seine Rolle als Besatzungsmacht vorbereitet sein würde als die Westmächte und insbesondere nicht über genügend - wenn überhaupt - qualifiziertes Personal zur Kontrolle seiner Besatzungszone verfügen würde: "In general there is no official information that the Russians have an organised Civil Affairs administration or specially trained officers in military government."[113] Im German Department hatte man darum erwartet, daß die SMAD frühzeitig Deutsche in Schlüsselpositionen der Administration verwenden würde.[114] Die Übergabe legislativer Befugnisse an die deutschen Provinzial- und

113 CCG(BE) Note by Secretariat v. 3.5.1945: "Russian Military Government in Russian Occupied Areas of Germany", F.O.1049/68.

114 Harrison 11.7.1945, F.O.371/46733/C3764.

Landesverwaltungen wurde darum in London und Berlin als Bestätigung dieser Annahme empfunden.[115]

Die Geschwindigkeit jedoch, mit der die Sowjets auf untergeordneter Ebene administrative Autorität an die Deutschen übergaben, betrachtete William Strang nicht ohne Sorge. Denn zum einen würde dies, fürchtete er, den Einfluß der KPD wesentlich stärken, die auf kommunaler wie auf Landesebene die Mehrzahl der zentralen Verwaltungsstellen innehatte. Zum anderen mußte sich das so unterschiedliche Entwicklungstempo in den einzelnen Besatzungszonen auf den Gleichschritt der Alliierten in Deutschland auswirken: "Lastly it cannot but tend to widen the divergence between the conduct of German affairs in the Russian Zone and the Western Zone, where the development of German institutions run by Germans is less advanced."[116] Es war deshalb mehr als nur ein Versprecher, wenn Strang bereits zu diesem Zeitpunkt der Sowjetischen Besatzungszone eine "Western Zone" statt dreier westlicher Besatzungszonen gegenüberstellte. Die Maßnahmen der SMAD in der SBZ ließen die zonalen Unterschiede und die Demarkationslinien westlich der Elbe immer weiter in den Hintergrund rücken.

Aber die SMAD ging noch weiter und errichtete deutsche Administrationen nicht nur auf Landesebene, sondern auch auf zonaler Ebene: Am 27. Juli beschloß sie per Befehl Nr. 17 - der allerdings erst am 12. September bekanntgemacht wurde - die Errichtung elf ihr zugeordneter Zentralverwaltungen in Berlin.[117] Die ersten Berichte über die Realisierung des SMAD-Befehls erreichten die Political Division Ende August.[118] Von "reliable SPD and CDU sources from Berlin" erhielt sie Mitte Sep

---

115 Strang an Bevin 5.11.1945, F.O.371/46969/C8219.

116 Ibid.

117 Vgl. Weber, Geschichte der DDR, S.96-110. Wolfgang Benz, Potsdam 1945. Besatzungsherrschaft und Neuaufbau im Vier-Zonen-Deutschland, München 1986, S.132-135. Zuletzt: Helga A. Welsch/Wolfgang Zank, Zentralverwaltungen, in: SBZ Handbuch, S.201-206.

118 BAOR, "Weekly Intelligence Summary No. 10", F.O.371/46934/ C5729.

tember eine zutreffende 'Kabinettsliste' der elf von Marschall Schukow eingesetzten Direktoren.[119]

Für die Beteiligung Deutscher an der Verwaltung von Ländern und Kommunen ließen sich unter den besonderen Bedingungen der Sowjetischen Besatzungszone Gründe anführen, auch wenn dies der Entwicklung in den westlichen Besatzungszonen vorgriff. Aber mit der Errichtung zonaler Zentralverwaltungen hatte die SMAD nicht mehr nur das Tempo forciert, sondern einen qualitativen Sprung bei der politisch-administrativen Entwicklung der SBZ getan. Die britischen Berichte, die die neuen Zentralverwaltungen als "shadow cabinet" oder "Shadow Government" bezeichneten, empfanden dies durchweg so. Unklar war lediglich, ob die SMAD bei der Einrichtung der elf Zentralverwaltungen vor allem an die eigene Besatzungszone gedacht hatte oder schon an das ganze Deutschland. Beides wurde in London für möglich gehalten. Das German Department gab unter dem Eindruck des unverhohlenen Eingreifens der SMAD in der Frage der Einheitsfront und bei der Durchführung der Bodenreform zu diesem Zeitpunkt ersterer Interpretation den Vorzug: "Much of this rather looks as if the Russians are seeing, whether a puppet régime can now stand on its own feet."[120]

Aber auch eine Deutung, die das Vorgehen der SMAD vor dem Hintergrund gesamtdeutscher Absichten Moskaus sah, ließ sich begründen. Die Wahl des Zeitpunktes für die Errichtung der elf Zentralverwaltungen konnte die Vermutung nahelegen, Moskau beabsichtige, die Entwicklung in Deutschland zu präjudizieren und die "machinery for a form of central administration" für ganz Deutschland vorzubereiten.[121] Befehl Nr. 17 der SMAD war noch während der Potsdamer Konferenz ergangen. Am 30. Juli hatte der sowjetische Außenminister Molotow in Potsdam die Errichtung einer "central German Administration composed of secretaries for respective branches of administration" vorgeschlagen. Die Durchführung des SMAD-Befehls fiel zeitlich zu-

---

119 BAOR, "Fortnightly Intelligence Summary No.11", F.O.371/46935/C6268.

120 Franklin 14.12.1945, F.O.371/46861/C9511.

121 MITROPA No.4 v. 8.9.1945, F.O.371/46967/C5625.

sammen mit dem Beginn der Kontrollratsdiskussion über die Errichtung der vom Abschlußkommuniqué der Konferenz vorgesehenen deutschen Zentralverwaltungen. Die politischen Vorzüge des sowjetischen Vorgehens lagen auf der Hand, und seine Erfolgschancen waren gut. Verstärkt wurde dieser Eindruck durch die Wahl des Ortes. Denn wie im Falle der Parteigründungen kam dem Besitz der Hauptstadt, so hob eine Deutung des War Office hervor, zentrale Bedeutung zu: "... the tendency will inevitably be for German political and economic organs set up in BERLIN to feel themselves as potential national organs."[122]

Nur eine Möglichkeit wurde in London zu diesem Zeitpunkt bemerkenswerterweise noch nicht in Betracht gezogen: nämlich die, daß die Politik der SMAD auf Festigung sowjetischen Einflusses in der eigenen Besatzungszone <u>und</u> auf Ausdehnung des sowjetischen Einflusses auf ganz Deutschland zielte. Zu sehr war sich das German Department des Mangels eigener, britischer Deutschlandpolitik bewußt, und zu sehr herrschte das Gefühl vor, daß unter den Siegermächten allein die Sowjets genau wußten, was sie in Deutschland wollten, und sich auch beeilten, es ins Werk zu setzen: "... our policy towards Germany tends rather to be at the mercy of circumstances than to be consciously shaped. Not so, however, Russian policy."[123]

Regelrechtes Unterlegenheitsgefühl gegenüber der Sowjetunion, das in dieser Beobachtung Geoffrey Harrisons unmittelbar nach der Kapitulation des Reiches zum Ausdruck kam, hinderte während der gesamten zweiten Hälfte des Jahres 1945 die Beobachter im Foreign Office daran, offen zu sein für die Möglichkeit, daß auch Moskau sich möglicherweise auf eine Politik noch nicht festgelegt hatte, mehrgleisig vorging und neben dem Minimalziel der Sicherstellung sowjetischen Einflusses in der SBZ auch das Maximalziel seiner Ausdehnung auf ganz Deutschland verfolgte.

---

122 MITROPA No. 3 v. 25.8.1945, F.O.371/46967/C5209.
123 Harrison 24.5.1945, F.O.371/46914/C2449.

1.10. Nationale oder zonale Parteien? Die Gefahr kommunistischer Unterwanderung und die britische Abwendung vom Prinzip der Vier-Mächte-Kontrolle.

Das Gewahrwerden des wachsenden sowjetischen Vorsprungs bei der politischen und administrativen Organisation der sowjetischen Besatzungszone löste im Foreign Office - und nicht nur dort - Nachdenklichkeit und schließlich eine kurze Diskussion aus. Während die SMAD den Neubeginn politischen Lebens förderte, bei der Neuorganisation der Administration in Berlin auf der höchsten Ebene begann, sogar auf zonaler Ebene administrative Aufgaben an 'ihre' Deutschen übergab und politische Parteien für ganz Deutschland zuließ, ging die britische Militärregierung genau umgekehrt vor. In Übereinstimmung mit britischen Vorstellungen von "re-education", von der langsamen Wiederhinführung der Deutschen zu demokratischen Gepflogenheiten, war es, nach seiner eigenen Beschreibung, Field-Marshal Montgomerys Politik "to start from the bottom and work upwards".[124] Die britische Militärregierung hatte mit dem administrativen Wiederaufbau bei den Kommunal- und Kreisverwaltungen begonnen und ließ auch zunächst politische Aktivitäten, die darüber hinausgingen, nicht zu. An die Delegation administrativer Befugnisse an Deutsche auf zonaler Ebene oder an die Zulassung politischer Parteien für ganz Deutschland war nicht zu denken. Für unkritische Beobachter in Deutschland wie auch im eigenen Lande, denen entging, wie fest die Sowjets über KPD und "Einheitsfront" die Zügel in der Hand hielten, mußte sich in der Tat das autoritäre Auftreten der britischen Militärregierung auf das unvorteilhafteste vom Vorgehen der sich liberal gebenden SMAD abheben.

Montgomery selber hatte, als er im Juni seine Vorgehensweise beschrieb, bereits darauf hingewiesen, daß sie den Anforderungen in Deutschland nicht mehr genügte, und die Einrichtung deutscher Zentralverwaltungen oder, wenn sich das

---

124 Memorandum Feldmarschall Montgomerys v. 27.6.1945: "The Build Up of the German Administrations", F.O.371/46732/C3429.

nicht realisieren ließ, zonaler Administrationen gefordert.[125] Zu einer Entscheidung über die Einrichtung deutscher Zentralverwaltungen war es aber im Kontrollrat nicht gekommen, und zu einer einsamen Entscheidung für eine zonale Lösung - das hieß: zum Bruch mit dem Vier-Mächte-Prinzip - hatte London sich noch nicht entschließen können.

Die Phase des Interregnums in Deutschland, ohne Entscheidungen und mit immer unschärfer werdender Vier-Mächte Perspektive, in der offenbar allein Moskau ein Konzept verfolgte, während die Westmächte abwartend verharrten, verursachte im Foreign Office bald Kopfzerbrechen. Denn abgesehen von der Möglichkeit, daß die Deutschen auf den schönen Schein in der SBZ hereinfielen, sich von den scheinbar autoritäreren westlichen Besatzungsmächten ab- und der Sowjetunion zuwandten, wurde allmählich der Vorsprung, den die SMAD bei der politischen Entwicklung Deutschlands erzielt hatte, zum ernsten Problem. Gingen die Westmächte einer Entscheidung weiter aus dem Weg und beharrten sie auf dem administrativen und politischen Aufbau ihrer Zonen von unten nach oben, so liefen sie Gefahr, in der politischen Entwicklung Deutschlands den Anschluß endgültig zu verpassen.

Im German Department gingen die Auffassungen darüber auseinander, wie auf die sowjetischen Maßnahmen in der SBZ zu reagieren sei. Anfang Dezember setzte sich Albert Franklin, einer der jüngeren Beamten, dafür ein, auf ähnliche Weise in die Entwicklung der britischen Zone einzugreifen, und wandte sich dagegen, in Deutschland, einem Lande, in dem politisches Leben längst voll entwickelt gewesen sei, an der "doktrinären Torheit" vom Aufbau politischen Lebens von unten nach oben festhalten zu wollen: "Sending the political parties back to 'Kindergarten' is not going to get us or them anywhere."[126] Aus der Erkenntnis des sowjetischen Vorsprungs bei der politischen Entwicklung Deutschlands leitete Franklin nun die Notwendigkeit ab, es den Sowjets gleichzutun und Parteien für

---

125 Ibid.

126 Franklin 3.12.1945, F.O.371/46910/C8989.

ganz Deutschland in der britischen Besatzungszone zuzulassen. Es sei offensichtlich, daß sich alle deutschen Parteien auf einer "all German basis" entwickeln wollten. Machten die Westmächte dies unmöglich, so würden sie schließlich ihre Differenzen zurückstellen und sich geschlossen den Sowjets zuwenden. Abwarten und Wunschdenken genügten nun nicht mehr. Denn je länger die britische Besatzungsmacht sich weiter darauf beschränke, tatenlos zuzuschauen, wie die Sowjets bei der politischen Entwicklung Deutschlands ihr Gewicht in die Waagschale würfen, desto geringer, prognostizierte Franklin, werde ihr eigener Einfluß sein: "The longer we sit on the fence, the less our influence will be."[127]

Dem widersprach ganz energisch Franklins Vorgesetzter O'Neill, den eine grundsätzlich gleiche Lagebeurteilung zu entgegengesetzten Schlußfolgerungen führte. Gerade wenn London sich seines Einflusses auf die politische Entwicklung Deutschlands nicht begeben wollte, durfte es der kommunistisch beherrschten Berliner "Einheitsfront" die eigene Zone nicht öffnen und dort keine von Berlin abhängigen Parteien zulassen. Bevor die Potsdamer Forderung von der Behandlung Deutschlands als politischer Einheit Realität werden konnte, mußte der britischen Besatzungszone und ihrer Besatzungsmacht Gelegenheit und vor allem Zeit gegeben werden, der administrativen und politischen Entwicklung der SBZ etwas entgegenzusetzen. Vor der Formierung gesamtdeutscher Parteien in der britischen Besatzungszone mußte die Bildung widerstandsfähiger Parteiorganisationen auf zonaler Ebene kommen. Gerade weil die SMAD in Deutschland über einen so beängstigenden administrativen Vorsprung verfügte, konnte die britische Besatzungsmacht sich auf einen politischen Wettlauf, der schwerlich noch zu gewinnen war, gar nicht erst einlassen: "I disagree. ... I think political parties will soon be functioning on a zonal basis in our zone. No all-German party at present could

---

127 Ibid.

be effective, or lead to anything but Communist penetration of the British Zone."[128]

In die Richtung der Argumentation Franklins zielte zur gleichen Zeit eine Parlamentarische Anfrage des Abgeordneten Edelman. Der erkundigte sich nämlich bei "Deutschlandminister" John Hynd, der im Parlament das Control Office vertrat, ob seine Behörde beabsichtige, es den lokalen Parteiorganisationen der Christdemokraten, Sozialdemokraten, Liberalen und Kommunisten in der britischen Besatzungszone zu gestatten, sich mit den "central bodies" dieser Parteien in Berlin zu verbinden.[129] In einer lakonischen, zwei Sätze kurzen Antwort ließ das Control Office, bei Vermeidung jeglicher Festlegung, daraufhin erkennen, daß genau dies, zumindest im Moment nicht die Absicht der britischen Besatzungsmacht war. Im ersten Satz wurde noch einmal Montgomerys Vorgehensweise des Aufbaus politischer Organisationen von unten nach oben, beginnend auf dem "'Kreis'-level", hervorgehoben als dem geeignetsten Weg, den Deutschen ein Gefühl für die wirkliche Bedeutung von 'Demokratie' zu vermitteln. Im zweiten Satz wurde dann dem Parlament ziemlich unvermittelt mitgeteilt, daß es den drei hauptsächlichen Parteiorganisationen in der britischen Besatzungszone gestattet worden sei, sich zonenweit zu organisieren: "It has been our policy in Berlin first to foster the formation of political parties on the Kreis level as the best means of developing a sense of the meaning of democracy. Authority has been given for the formation of zonal committees of the three principal parties in the British zone, namely, Christian Democrats, Social Democrats, and Communists."[130]

Ein erster, ausführlicherer Entwurf dieser Antwort - die natürlich nicht im Control Office, sondern im German Department des Foreign Office formuliert worden war - gab Auskunft über vorangegangene Überlegungen. Unter den gegenwärtigen Bedin-

---

128 O'Neill 3.12.1945, ibid.

129 F.O.371/46910/C9230.

130 Final draft: F.O.371/46910/C9624.

gungen im Vier-Zonen-Deutschland, wo nicht nur die Freiheit der Bewegung und des Gedankenaustausches erheblich eingeschränkt sei, sondern alle Gesellschaftsschichten in erster Linie damit beschäftigt seien zu überleben, könnten, hieß es da, nationale Parteien nur sehr künstliche Konstruktionen sein.[131] Im Foreign Office, das machte dieser Hinweis deutlich, war man nicht gewillt, die Behandlung Deutschlands als politische Einheit mit der Bildung nationaler Parteien beginnen zu lassen, sondern verstand vielmehr die Behandlung Deutschlands als politische und wirtschaftliche Einheit als Voraussetzung für das demokratische Gedeihen nationaler Parteien. Für die Gefahr sowjetisch-kommunistischer Unterwanderung der britischen Besatzungszone, von der zu diesem Zeitpunkt das Foreign Office so öffentlich noch nicht sprechen wollte, fand das German Department die zurückhaltende Formulierung, es sei zum gegenwärtigen Zeitpunkt unweise, "to allow programmes and constitutions to be imposed from above by what are likely to be very unrepresentative central bodies."[132] Weggefallen war im endgültigen Antworttext auch die beinahe versöhnliche Erklärung, daß "Seiner Majestät Regierung" der Verbindung zonaler Parteien mit ihren "central bodies" zu einem geeigneten Zeitpunkt keine Hindernisse in den Weg legen würde.[133] Aber auch in diesem Entwurf hatte die Betonung auf 'zum geeigneten Zeitpunkt' gelegen und auf 'zonalen Parteien', von denen hier britischerseits zum ersten Mal die Rede war.

Im German Department stieß sich Franklin dennoch an der dann vom Control Office verlautbarten Auskunft, vor allem an der Betonung des alten Konzepts vom Aufbau politischen Lebens auf "Kreis level": "Do we in fact consider that political life can be re-activated on a Kreis level? Apply this answer to political organisation in any country in Europe including this country and it obviously fails to make sense. The same holds good for Germany."[134] Ungeachtet aller Verkehrsschwierigkei-

---

131 Ungezeichneter Entwurf v. 3.12.1945, F.O.371/46910/C9230.

132 Ibid.

133 Ibid.

134 Franklin 12.12.1945, F.O.371/46910/C9380.

ten gäbe es bereits Kontakte zwischen den politischen Parteien in Deutschland über die Zonengrenzen hinweg. Die britische Besatzungsmacht könne nun diese Entwicklung ermutigen oder entmutigen, aber sie könne sich nicht erlauben, sie zu ignorieren und die sich entwickelnden Parteien in den Provinzialismus zu verbannen.[135]

Franklin, der sich auf das "Kreis level"-Konzept eingeschossen hatte und die Phase britischer Unentschlossenheit in Deutschland beendet sehen wollte, übersah, daß die harmlos klingende Erklärung des Control Office nichts Geringeres enthielt als jene Entscheidung britischer Politik in Deutschland, die schon vor Potsdam Montgomery gefordert hatte, und auf die er selber nun so drängte. In einer knappen Entgegnung erläuterte ihm O'Neill die tiefer liegende Bedeutung der Antwort auf die Parlamentsanfrage Edelmans: "... Mr. Franklin is tilting at a fallen windmill. We are prepared for parties to operate on a zonal level, as the second sentence of the proposed reply shows. The 'Kreis only' idea is dead. The reply begins by saying 'it has been our policy', etc, etc."[136]

Die "'Kreis only' idea" gehörte der Vergangenheit an und mit ihr die Phase britischen Abwartens und Hoffens auf das Gelingen der Zusammenarbeit mit den Sowjets in Deutschland und Europa. Denn was das Foreign Office da formuliert hatte, war mehr als nur eine Entscheidung über die Behandlung politischer Parteien durch die britische Militärregierung. Es handelte sich um einen heimlichen Wendepunkt britischer Politik in Deutschland, um die Vorwegnahme einer Kabinetts-Entscheidung für eine zonale Lösung des deutschen Problems. Im Juni hatte Montgomery, für den Fall, daß die Hoffnungen auf alliierte Kontrolle Deutschlands sich zerschlügen, als zweitbeste Vorgehensweise die Zusammenfassung der drei Westzonen empfohlen und erst als dritten Weg die zonale Lösung.[137] Foreign Office und Attlee-Committee hatten beinahe entsetzt diese Prioritä-

---

135 Ibid.

136 O'Neill 13.12.1945, ibid.

137 Montgomery, "The Build Up of the German Administrations".

tenfolge umgekehrt und die zonale Lösung für den besseren der beiden schlechteren Wege erklärt und darauf vertraut, daß auf beide würde verzichtet werden können. Im Dezember 1945 zogen Foreign Office und Control Office die Konsequenzen aus dem Vorgehen der Sowjets in Deutschland, begannen die Überlegung vom Juni in die Tat umzusetzen, wandten sich ab vom Ziel der Zusammenarbeit der Vier Mächte und begaben sich auf einen Weg, auf dem die zonale Lösung nur Zwischenstation sein konnte.

1.11. "Eine ökonomische Wüste!" - Die Folgen der sowjetischen Reparationspolitik und die Frage der Behandlung Deutschlands als wirtschaftliche Einheit.

Eine Konstante britischer Planungen für die Besetzung Deutschlands war die Vorstellung gewesen, daß die agrarischen Überschußgebiete im Osten Deutschlands, die zum größten Teil von der Roten Armee besetzt werden sollten, auch während des Besatzungsregimes ihre traditionelle Rolle als Lieferant von Lebensmitteln und Rohstoffen für das ganze Reich behalten würden. Zu keinem Zeitpunkt vergaßen die Planer im Foreign Office und das mit der Durchführung der Besetzung beauftragte War Office nämlich, daß die britische Besatzungsmacht für die Versorgung ihrer bevölkerungsreichen und weitgehend industriellen Zone auf Lieferungen aus der sowjetischen Besatzungszone, auf die Behandlung Deutschlands als wirtschaftliche Einheit und auf sowjetischen 'goodwill' angewiesen blieb.

Es war dies zunächst nur ein pragmatischer Gesichtspunkt unter anderen, der die Spitze des Foreign Office solange an der Vorstellung von der Notwendigkeit der Fortsetzung britisch-sowjetischer Kooperation in Deutschland und Europa festhalten ließ. Erst in der Atmosphäre wachsender Zweifel an der Realisierbarkeit dieser Politik seit Beginn der 'post-Yalta crisis' schob dieser Gesichtspunkt sich langsam in den Vordergrund, bis er im Sommer 1945 beinahe allein übrigblieb. Seine Erledigung durch sowjetische Intransigenz und durch das Vorgehen der sowjetischen Besatzungsmacht in der eigenen Zone mochte darum mehr als andere Gesichtspunkte auslösende Wirkung für den Entschluß von Foreign Office und Kontrollkommission gehabt haben, das Ziel der Behandlung Deutschlands als wirtschaftliche und politische Einheit sowie der Fortsetzung der britisch-sowjetischen Zusammenarbeit in Deutschland und Europa einstweilen zurückzustellen.

Die erste Erschütterung erhielt das britische Vertrauen in die Verfügbarkeit der agrarischen Überschußregionen Mittel- und Ostdeutschlands, als die sowjetische Delegation in Potsdam an ihren hohen Reparationsforderungen unnachgiebig festhielt. Im Kompromißvorschlag des amerikanischen Außenministers Byrnes, der die Besatzungsmächte - in erster Linie die reparationshungrige Sowjetunion - zur Erfüllung ihrer Reparationsforderung auf die jeweils eigene Besatzungszone verwies, wurde denn auch die wirtschaftliche Teilung des besiegten Reiches vorweggenommen.[138] Es sollte allerdings noch einige Zeit vergehen, bis die papiernen Kompromißformulierungen des Konferenzkommuniqués sich in die wirtschaftliche Realität übersetzten. Die vagen Absichtserklärungen des Konferenzkommuniqués, betreffend die Behandlung Deutschlands als politische und wirtschaftliche Einheit, welche die effektive Teilung des Besatzungsgebietes in zwei Wirtschaftsräume zwar leugneten, sie allerdings schwerlich kompensieren konnten, trugen dazu bei, den wahren Sachverhalt eine Zeitlang zu verschleiern.

Ein übriges tat Wunschdenken auf britischer und amerikanischer Seite. Denn zu sehr beherrschte noch die Prämisse von den Überschußregionen im Osten die Köpfe nun vor allem der mit der Durchführung der Besetzung betrauten Männer im Con-

---

138 Vgl. Graml, Die Alliierten und die Teilung Deutschlands, S. 92-104. Benz, Potsdam, S.108-110. Rolf Steininger, Deutsche Geschichte 1945-1961, Bd.1, Frankfurt 1984, S.62ff. John H. Backer, The Decision to Divide Germany. American Foreign Policy in Transition, Durham, N.C. 1978, S.91.

trol Office in London und der britischen Militärregierung in Berlin. Zu real war die Versorgungskrise in den westlichen Besatzungszonen, als daß die britischen Beobachter der sowjetischen Propaganda über die Rückkehr zur Normalität und die im großen und ganzen erträgliche Versorgungslage in ihrer Zone nicht allzugern Glauben geschenkt hätten. Nur so ließ sich auch das angesichts der in Potsdam geschaffenen reparations- und wirtschaftspolitischen Realitäten unwirklich anmutende Insistieren General Clays auf rasche Herstellung der politischen und vor allem wirtschaftlichen Einheit Deutschlands verstehen.

Die zweite, nachhaltigere Erschütterung erlitt die Hoffnung auf Versorgungsgüter-Lieferungen aus der sowjetischen Besatzungszone, als die Offiziere der britischen Kontrollkommission nach dem Einrücken der westlichen Kontingente in Berlin mit der Realität sowjetischer Reparationspolitik konfrontiert wurden. Der Augenschein entlarvte die Behauptungen Radio Berlins über die Situation in Berlin als das, was sie waren: Propaganda. Die Versorgungslage in Berlin war nicht besser, berichtete William Strang nach London, sondern deutlich schlechter als in den westlichen Besatzungszonen: "Conditions in Berlin are markedly worse than in the British or American Zones. The food ration is still extremely low, though it is improving; the people are emaciated, cowed and exhausted; and the shortage of houses is appalling. In one week in August 550 odd births were recorded against a total of well over 3,000 deaths. Crime is rapidly on the increase."[139]

Strangs düstere Schilderung wurde nach und nach erweitert um Berichte über das Ausmaß und die Folgen der rücksichtslosen Reparationseintreibungen der sowjetischen Besatzungsmacht. Wie "Heuschrecken", hieß es in dem Bericht eines Oberstleutnants der Kontrollkommission, fielen die Russen über das Land her und entblößten es von allen beweglichen Gütern.[140] Nicht nur Maschinenparks, Ersatzteile, Prototypen,

---

139 Strang an F.O. 25.8.1945, F.O.371/46969/C5246.

140 Undatierter Report on the Visit to the British Zone in Germany and British Sector in Berlin by Lt. Col. J.H.B. Lowe, F.O.371/46935/ C6376. Unda-

Gleisanlagen und die rollende Ausrüstung der Deutschen Reichsbahn verschwanden nach Osten, sondern ganze Fabriken und mit ihnen vielfach auch die qualifizierten Arbeitskräfte, derer die sowjetische Besatzungsmacht habhaft werden konnte.[141] Zahlen über das Ausmaß etwa der Deportationen gab es nicht, aber, so hielt ein früher und detaillierter "Political Intelligence Report" des Joint Intelligence Committee fest, in Berlin seien nirgends mehr junge und kräftige Männer zu sehen.[142] Anders im Falle der Beschlagnahme von Lokomotiven und Güterwaggons, der die britische Besatzungsmacht ganz unmittelbar betraf und deren Bestand sie darum genau verfolgte: Während der ersten drei Monate alliierter Präsenz in Berlin "verloren" die Briten bei der Versorgung ihres Sektors mit Lebensmitteln nicht weniger als 2100 Waggons in der sowjetischen Besatzungszone. Der Verlust traf die britische Besatzungszone, deren Infrastruktur weitgehend zerschlagen war, schwer und trug dort zur Zuspitzung der Versorgungskrise bei.

Nach Anbruch der Erntezeit machten sich die Folgen der sowjetischen Reparationspraxis noch schmerzhafter bemerkbar: Überall in der sowjetischen Besatzungszone fehlte es nun an Personal und Maschinen, um die Ernte einzufahren.[143] Die Ernte in der Kornkammer Deutschlands war ernsthaft gefährdet. Das Wenige, das trotz der widrigen Umstände eingebracht werden konnte, war von Beschlagnahme bedroht und wurde oft genug ebenfalls in die Sowjetunion abtransportiert. Was dann noch blieb, mußte zur Versorgung der Roten Armee herhalten, die sich in der SBZ - wio überall in den sowjetisch besetzten Ländern Ost- und Südostmitteleuropas - aus dem Lando ernährte. Die sowjetischen Truppen schufen ein Versorgungsproblem, so erkannte man nun auch im Foreign Office, anstatt es zu lösen.[144] Die Entblößung des östlichen Deutschland von Versor-

---

tierter Report by a British Official in Soviet-occupied Germany, Mr. Bashford, F.O.371/46860/C4922.

141 J.I.C.(45)222 v. 16.7.1945: "Political Intelligence Report", F.O.371/46734/C4319.

142 Ibid.

143 Steel an F.O. 25.8.1945, F.O.371/46969/C5246.

144 Harry 16.8.1945, F.O.371/46860/C4922.

gungsgütern ging so weit, daß sich in Berlin und in der Sowjetischen Besatzungszone hartnäckig das Gerücht hielt, die Rote Armee werde sich mangels Nachschub noch vor Einbruch des Winters aus Deutschland zurückziehen. Das schien so einleuchtend, daß selbst Christopher Steel in Berlin sich außerstande sah, über den Wahrheitsgehalt der Vermutungen zu spekulieren.[145]

Vor den Augen der britischen Beobachter verwandelten sich die ehemaligen agrarischen Überschußgebiete östlich der Elbe mit beängstigender Geschwindigkeit in eine "ökonomische Wüste" - so die Formulierung Feldmarschall Montgomerys gegenüber Außenminister Bevin.[146] Damit schwand eine der letzten Grundkonstanten britischer Besetzungsplanung, und London fand sich vor einer wirtschaftlich wie politisch völlig veränderten Situation in Deutschland. Die Behandlung Deutschlands als wirtschaftliche Einheit durch die Besatzungsmächte - bislang notwendiges Ziel der Besetzungsplanung des Foreign Office - versprach nicht nur keinerlei Linderung der kritischen Versorgungslage in der eigenen Besatzungszone mehr, sondern wurde zum zusätzlichen wirtschaftlichen Risiko. Wirtschaftliche Einheit, das konnte unter diesen Umständen nurmehr bedeuten, daß aus den ohnehin defizitären Westzonen auch die ausgeplünderte sowjetische Besatzungszone würde versorgt werden müssen. Denn die Rechnung, warnte Montgomery, würden die westlichen Besatzungsmächte zahlen müssen: "Conditions there [in der Sowjetischen Besatzungszone, A.d.V.] are frightful and claims will be made upon us when the unified position is achieved."[147]

---

145 Steel an F.O. 7.9.1945, F.O. 1049/75.

146 Bevin 25.10.1945, F.O.371/46724/C7400.

147 Ibid. Zum Problem der Versorgung des besetzten Deutschlands aus britischer Sicht s. John E. Farquharson, Hilfe für den Feind. Die britische Debatte um Nahrungsmittellieferungen an Deutschland 1944/45, in: VfZ 2/89, S.253-278. Ders., Landwirtschaft und Ernährung in der Politik der Alliierten 1945-1948, in: Kalter Krieg und deutsche Frage. Hg. v. Josef Foschepoth, Göttingen 1985, S. 147-174. Carden, Robert W., Before Bizonia: Britain's Economic Dilemma in Germany, 1945-46, in: JCH Vol.14 No.3, S.535-551.

Zu den politischen Vorbehalten gegenüber der Behandlung Deutschlands als politische und wirtschaftliche Einheit, die sich in London angesichts des sichtbaren Vorsprungs der sowjetischen Besatzungsmacht bei der politischen Entwicklung ihrer Besatzungszone langsam verfestigt hatten, traten sehr pragmatische, wirtschaftliche Bedenken. Zusätzliche wirtschaftliche Belastungen in Deutschland konnte und wollte sich die ruinierte britische Wirtschaft zu diesem Zeitpunkt nicht aufbürden. In Potsdam hatten die westlichen Besatzungszonen - und mit ihnen die Volkswirtschaften der Westmächte - des Schutzes vor dem Zugriff sowjetischer Reparationsforderungen bedurft. Nun bedurften sie des Schutzes vor den Folgen der Ausplünderung des östlichen Deutschlands durch die sowjetische Besatzungsmacht. Die reparationspolitische Teilung Deutschlands erwies sich als das, was sie immer gewesen war: Vorwegnahme der wirtschaftlichen Teilung des besiegten Reiches. In den Köpfen der britischen Beobachter wurden aus den Demarkationslinien schon Grenzen, die das Übergreifen des zu erwartenden Massenelends östlich der Elbe auf die westlichen Besatzungszonen verhindern sollten. Der Umdenkprozeß wurde sichtbar in Gedankenspielen an der Spitze des Foreign Office, wo sich Permanent Under-Secretary of State Sir Alexander Cadogan auf die zu erwartende Hungersnot in der sowjetischen Besatzungszone und Massenexodus in die britische Besatzungszone einstellte: "If starvation sets in in the Russian zone, it may be that even the Russians will not find it agreeable to have a very large starving population on their hands. They may then relax their restrictions on movement and they may start up a trek into our Zones. It will be unpleasant to have to stop it."[148]

Einhellig charakterisierten die Berichte aus Deutschland die Reparationspolitik der Sowjets als "Politik der unverhüllten Ausplünderung". Nur langsam kam die Erkenntnis hinzu, daß für Moskau Reparationen nicht Zweck, sondern nur Mittel zum Zweck waren, daß es weniger um die Reparationsgüter, sondern

148 Cadogan 16.8. 1945, F.O.371/46860/C4922.

vor allem um die langfristige wirtschaftliche und politische Schwächung Deutschlands ging und dessen Entwertung für den Westen.[149] Zunächst aber zögerten Foreign Office und Kontrollkommission, die sowjetische Reparationspolitik in den Rahmen einer langfristigen und konsistenten Deutschlandpolitik zu stellen, gar mit anti-westlicher Spitze. Die Erfordernisse des Wiederaufbaus der vom Kriege verwüsteten westlichen Landesteile der Sowjetunion lieferten eine Erklärung für den sowjetischen Reparationshunger, deren Plausibilität sich auch die mißtrauischsten Beobachter nicht hätten entziehen können. Sogar die politischen Maßnahmen der SMAD - die offene Unterstützung der KPD, das Festhalten an der Einheitsfront und die nachdrückliche Ausschaltung politischer Opposition - mochten hier ihre Begründung als gewissermaßen präventive Abwehr des unausweichlichen deutschen Widerstands gegen die harte Reparationspolitik finden. Entscheidend für die Beurteilung der grundsätzlichen Richtung sowjetischer Politik in Deutschland mußte vielmehr sein, beruhigte Mitte Juli das Joint Intelligence Committee, wie Moskau in seiner Besatzungszone weiter verfuhr und ob es der Ausplünderung nun die Bolschewisierung folgen ließ oder nicht. Solange Moskau das sowjetische Modell - wie bereits in den besetzten Ländern Ost- und Südosteuropas - nicht auch auf seinen Teil Deutschlands übertrug, konnte der alliierte Konsens wenigstens in Deutschland als noch halbwegs intakt erscheinen: "There is therefore nothing particularly sinister about Russia's policy in her zone. It appears in fact to be a perfectly simple policy of using German industry as a means of rebuilding Russia and of eliminating all possible political opposition in their own territory. It remains to be seen how far the Russians will continue the economic policy which they have instituted in Eastern Europe of eliminating all large landowners and collectivising farms."[150]

---

149 Naval Intelligence Paper v. 8.10.1945: "Russian Policy in Germany", F.O.371/47917/N14490.

150 J.I.C.(45)222.

1.12. Die sowjetische Bodenreform in der SBZ 1945 - "Eckpfeiler sowjetischer Politik in Deutschland".

Auf die Beantwortung dieser Frage sollte London nicht lange warten müssen. Am 30. August schlug die KPD dem Hauptausschuß der Einheitsfront in Berlin den Beginn der Debatte über die Bodenreform vor. Als sie dabei auf Einwände der CDU stieß, ging sie zur Verwirklichung des Vorhabens den Umweg über die neu geschaffenen Administrationen der Länder und Provinzen und legte am 1. September dem Antifa-Block in Sachsen-Anhalt eine Resolution vor, welche die entschädigungslose Enteignung der "Naziaktivisten und Kriegsverbrecher" sowie allen Grundbesitzes über 100 Hektar forderte. Am 3. September erließ die Provinzialverwaltung der Provinz Sachsen-Anhalt eine entsprechende Verordnung. Die übrigen Provinz- und Landesverwaltungen zogen nach kurzer, aber intensiver Pressekampagne der KPD mit gleichlautenden Verordnungen nach. In der dann mit Nachdruck durchgeführten Bodenreform wurden etwa 3,1 Millionen Hektar Land entschädigungslos enteignet und zu zwei Dritteln unter Personen, zu einem Drittel unter Ländern, Kreisen und Gemeinden aufgeteilt.[151]

Unter Parteien und Bevölkerung in der SBZ fand die Bodenreform im Prinzip durchaus Zustimmung, Art und Weise der Durchführung allerdings stießen auf Kritik aller Parteien - sogar innerhalb der KPD. Am lautstärksten kritisierte die CDU zum einen die entschädigungslose Enteignung und zum anderen die Aufteilung der Güter in allzu kleine, völlig unwirtschaftliche Zwergparzellen. Jeglicher Widerstand gegen die Durchführung der Landreform wurde von SMAD und KPD jedoch rasch gebrochen. Andreas Hermes, der Vorsitzende der CDU, erhielt zuerst Redeverbot, und als das nichts half, setzte die SMAD ihn schließlich am 19. Dezember ab.[152]

---

[151] Vgl. Staritz, Gründung der DDR, S.108-112. Weber, Geschichte der DDR, S.110-113.

[152] Vgl. Werner Conze, Jakob Kaiser. Politiker zwischen Ost und West 1945-1949, Stuttgart 1969, S.45-52. Siegfried Suckut, Der Konflikt um die Bodenreformpolitik in der Ost-CDU 1945, in: Deutschland Archiv 15 (1983), S.1080ff.

Die Durchführung der Bodenreform in den Provinzen und Ländern der sowjetischen Besatzungszone traf Foreign Office und Control Office nicht gänzlich unvorbereitet. Die ersten Reaktionen der britischen Beobachter in Berlin und London waren ähnlich zwiespältig wie die der Parteien in der SBZ. Mit der Notwendigkeit, nach dem Kriege die Grundbesitzverhältnisse in Deutschland neu zu ordnen, um so vor allem dem ostelbischen, 'preußischen Junkertum' die Grundlage seines vermeintlichen politischen Einflusses zu entziehen, hatten sich während des Krieges Foreign Office und Kabinett immer wieder beschäftigt. Im letzten Kriegsjahre hatten sich auch das German Department - zu diesem Zeitpunkt noch als "German Advisory Section" firmierend[153] - und das "Armistice and Post War Committee" Attlees flüchtig mit dieser Frage befaßt. Im APW-Committee hatte vor allem der stellvertretende Premierminister selber drastische Maßnahmen gegenüber der "Prussian military land-owning caste" befürwortet.[154] Zu einer Entschließung oder einer Weisung des Attlee-Committees an die "European Advisory Commission" war es indes nicht gekommen, da das Foreign Office mit Rücksicht auf die zu erwartenden wirtschaftlichen Probleme umfassenden Reformen nur sehr vorsichtig zustimmen mochte und beinahe froh war, empfehlen zu können, das Thema den Sowjets zur Lösung zu überlassen, in deren Besatzungszone die fraglichen Gebiete ja fallen würden: "The fact that the greater part of the big estates lie in eastern Germany is a reason for leaving the initiative to the Russians."[155] Dabei war es geblieben.

Im September 1945 hätte das Projekt einer Bodenreform also durchaus auf wohlwollendes Interesse der britischen Besatzungsmacht rechnen können. Beinahe übereinstimmend hieß es in Berichten der britischen Kontrollkommission und in Kommentaren des German Department, daß die Landreform in der

---

153 Vgl. Reusch, Londoner Institutionen, S.325-331.

154 A.P.W.(44)43 v. 11.7.1944: "Policy Towards Germany". Memorandum by the Chairman, F.O. 1079/9.

155 Foreign Office Memorandum v. 29.11.1944: Policy Towards Germany", F.O. 1079/7.

SBZ nützlich und sogar wünschenswert hätte sein können und die übrigen Alliierten sicherlich nicht beunruhigt hätte, wäre sie aus alliierten Planungen und Verhandlungen im Kontrollrat hervorgegangen.[156] Genau das aber war nicht geschehen. Statt das Thema im Kontrollrat behandeln zu lassen, hatten sich die Sowjets in einer für die Behandlung Deutschlands "so wichtigen und langfristig so bedeutsamen Angelegenheit" zu unilateralem Handeln entschlossen.[157] Im German Department regte Bernard Burrows[158] an, im Kontrollrat förmlich gegen das unilaterale Vorgehen Moskaus zu protestieren und das Thema Bodenreform zur Sprache zu bringen.[159] Sein Vorgesetzter, John Troutbeck, riet indes zu Zurückhaltung im Umgang mit dem "delikaten Thema". Denn was sollte der britische Militärgouverneur entgegnen, falls er, was nicht auszuschließen war, im Kontrollrat von seinem sowjetischen Kollegen um konstruktive Kritik gebeten würde: "Whether we should raise a protest in the Commission is rather a delicate matter, as we might be asked what we [Hervorh. i. Orig., A.d.V.] proposed to do, and there has been no decision."[160]

Doch das war nicht der einzige Grund, der Troutbeck zögern ließ. Eine britische Entscheidung zum Thema Bodenreform lag noch immer nicht vor, und Troutbeck schien nun eher noch unwilliger als ein Jahr zuvor, sie herbeizuführen. Er rief sich und seinem Department die ein Jahr zurückliegenden, ergebnislosen Erörterungen im APW-Committee in Erinnerung und die Tatsache, daß es Attlee und Bevin gewesen waren, die vor allem sich für eine radikale Bodenreform in Deutschland stark gemacht hatten.[161] Unterdessen hatten angesichts der katastro-

---

156 Burrows 13.9.1945, F.O.371/46812/C5593; Intelligence Bulletin No. 5 v. 19.10.1945, F.O.371/46815/C7860.

157 Ibid.

158 Bernard Alexander Brocas Burrows, geb. 1910, German Department, 1947-1950 Leiter des Eastern Department, 1950 Counsellor in der britischen Botschaft in Washington, 1958-1962 Botschafter in Ankara, 1963-1966 Deputy Under-Secretary of State.

159 Burrows 2.11.1945, F.O.371/4812/C5593.

160 Troutbeck 3.11.1945, F.O.371/46812/C5593.

161 Ibid.

phalen wirtschaftlichen Lage in der britischen Besatzungszone und der Wirtschaftskrise in Großbritannien die Vorbehalte des German Department gegen eine radikale Bodenreform mit allen wirtschaftlichen Konsequenzen eher noch zugenommen. Troutbeck hielt offenbar für möglich, daß Attlee und Bevin - seit Ende Juli Premierminister und Außenminister -, über die Bedenken des Foreign Office hinweggehend, nun die Gelegenheit ergreifen würden, ein altes Kriegsziel zu realisieren, und gar darauf drängen würden, dem sowjetischen Beispiel auch in der britischen Besatzungszone zu folgen.

Solche Befürchtungen waren nicht völlig aus der Luft gegriffen. Nur vierzehn Tage nach Troutbecks Mahnung zur Vorsicht setzte das Control Office for Germany and Austria den stellvertretenden Militärgouverneur General Robertson von Überlegungen in Kenntnis, auch in der britischen Besatzungszone eine umfassende Bodenreform durchzuführen.[162] Die Maßnahme, telegrafierte Permanent Under-Secretary of State im Control Office Arthur Street, sei nicht nur in "accordance with the underlying intention of the Potsdam agreement", sondern bedeute außerdem einen Fortschritt bei der "Eliminierung eines Teils der deutschen Gesellschaft" und des deutschen Militarismus sowie einen Beitrag zur Lösung des Flüchtlingsproblems.[163] Vor einer Entscheidung wollte das Control Office aber immerhin den Rat der Militärregierung darüber einholen, ob und wie eine Bodenreform die Nahrungsmittelproduktion in der britischen Besatzungszone beeinflussen würde, und darüber, ob es möglich sei, in der britischen Besatzungszone unabhängig von den anderen Besatzungszonen vorzugehen.[164]

Noch bevor Robertson antworten konnte, reagierte das German Department. In einem kurzen Memorandum wies O'Neill noch einmal auf die zu erwartenden wirtschaftlichen Rückschläge vor allem während der Übergangsperiode und auf die unvermeidlichen Einbußen bei der Nahrungsmittelproduktion

---

162 Street an Robertson 17.11.1945, F.O.371/46815/C8540.

163 Ibid.

164 Ibid.

hin. Gegenüber diesen Nachteilen fiele der Beitrag, den eine Bodenreform zur Bewältigung des Flüchtlingsproblems in der britischen Besatzungszone leisten könne, kaum ins Gewicht, da der zu verteilende Großgrundbesitz zum größten Teil in der SBZ läge.[165]

Bei allem Ärger über das unilaterale Vorgehen der Sowjets hielt sich das German Department an seine eigene Empfehlung vom Vorjahr und überließ die vielen schwierigen mit der Bodenreform verbundenen Fragen nicht ohne Erleichterung der SMAD zur Bewältigung. Das Control Office - mit dem Problem der Versorgung der britischen Besatzungszone doch sehr viel unmittelbarer befaßt als mit dem des deutschen Militarismus - schloß sich der Argumentation des German Department an und teilte der Militärregierung schließlich mit, der Vorschlag, auch in der britischen Besatzungszone eine Bodenreform durchzuführen, werde in London aufgrund der zu erwartenden nachteiligen Wirkungen auf die Nahrungsmittelproduktion nicht weiter verfolgt.[166]

Dem ersten Ärger über das unilaterale Vorgehen der Sowjets folgte sofort die Kritik in der Sache. Die Bodenreform, hieß es im "Intelligence Bulletin" der britischen Kontrollkommission, sei schlecht geplant und durchaus nicht die fortschrittliche Maßnahme, als die SMAD und KPD sie darstellten. Sie sei erstens ökonomisch unvertretbar, da die neuen Land-Parzellen für eine vernünftige Bewirtschaftung viel zu klein seien, zweitens ungerecht, da keine Entschädigungen gezahlt würden, und käme drittens zum denkbar ungünstigsten Zeitpunkt, mitten in der Herbstaussaat, die nun unterbrochen worden sei.[167] Über genau solche und ähnliche Fragen hätte die britische Kontrollkommission im Kontrollrat gerne mit den Sowjets gesprochen. Dazu aber war es nun zu spät.

---

165 Memorandum O'Neills v. 16.11.1945: "Break-up of large estates in British Zone of Germany", ibid.

166 Street an Montgomery 11.12.1945, ibid.

167 Intelligence Bulletin No. 5 v. 19.10.1945, F.O.371/46815/C7860. Strang an Bevin 2.10.1945, F.O.371/46969/C6738.

Allein William Strang sah bereits in seinem ersten Bericht über die ökonomischen Fragwürdigkeiten der Bodenreform hinaus und schloß, wenn auch in vorsichtiger Formulierung, auf langfristige deutschlandpolitische Absichten Moskaus: "Whatever the long-term results of this sweeping measure of reform, its immediate effect is likely to be a reduction in agricultural production in the Russian Zone. In this, as in many other matters, the Russian policy appears to be that long-term reforms in the structure of German society must be carried through immediately, whatever the material losses they may involve."[168] Aber nach dieser Einsicht wandte sich auch Strang vornehmlich den in der SBZ drohenden wirtschaftlichen Verlusten und ihren Auswirkungen auf die britische Besatzungszone zu.

Etwa zwei Monate dauerte es, bis die britischen Beobachter aus der rücksichtslosen Gründlichkeit und dem "halsbrecherischen Tempo"[169], mit dem SMAD und KPD vorgingen, die richtigen Schlüsse zogen, die Bodenreform in einen deutschland- und europapolitischen Zusammenhang stellten und begriffen, daß die sowjetische Besatzungsmacht nun auch in der SBZ Sowjetisierungsmaßnahmen vollzog, die östlich der Oder schon längst im Gange waren. Eine Revolution habe in "Eastern-Germany" stattgefunden, die auch die westlichen Besatzungszonen nicht würde unberührt lassen können, urteilte Mitte November der "Intelligence Review" der Britischen Rheinarmee.[170] Nicht nur in der sowjetischen Besatzungszone, sondern im ganzen östlichen Europa, in Polen, Ungarn und auf dem Balkan - "den letzten Bastionen des Feudalismus in Europa", die nun verschwänden - fänden ähnliche Reformen statt.[171] Eine Rückkehr zur Vorkriegsordnung, dies die Schlußfolgerung des "Intelligence Review", werde es nicht mehr geben können.

---

168 Strang an Bevin 14.9.1945, F.O.371/46969/C5997.

169 P.I.D. Weekly Background Notes: No. 14 v. 12.9.1945, F.O.371/46812/C5800.

170 BAOR Intelligence Review No. 12 v. 19.11.1945, F.O.371/46935/C8867.

171 Ibid.

Marschall Schukow selbst bestätigte solche Interpretation. Mitte November bezeichnete er in einer Konferenz mit den Leitern der neuen Zentralverwaltungen und der Länderverwaltungen, wie Political Advisor William Strang zugetragen wurde, die Landreform als "cornerstone of Soviet economic Policy".[172] Im German Department führte dies Albert Franklin zu präziserer Sprachreglung und zu der Erkenntnis, daß es bei der "sowjetischen Landreform" nur vordergründig um wirtschaftliche Fragen ging: "The Soviet land reform was primarily a political and not an economic measure."[173]

Franklins Erkenntnis war fast so etwas wie das sprichwörtliche letzte Steinchen im Mosaik. Plötzlich paßte alles zusammen. Von den auf ganz Deutschland zielenden Parteigründungen, der Gleichschaltung der Parteien in der "Einheitsfront", den einer Kontrollratsentscheidung vorgreifenden Zentralverwaltungen bis zur "sowjetischen Landreform" schienen, so erklärte es auch Noël Annan dem Foreign Office wenig später noch einmal, alle Maßnahmen der sowjetischen Besatzungsmacht, politische wie wirtschaftliche, nur einem, großen politischen Ziel zu dienen: "In the administration, in the factories, in the trade unions and in de-nazification the Communist and Social Democrat parties have helped to carry out what amounts to a social revolution."[174] Moskau, darauf wiesen alle Indizien hin, betrieb die Sowjetisierung mindestens der SBZ, wenn nicht ganz Deutschlands.

---

172 Strang an F.O. 11.12.1945. F.O.371/46861/C9511.

173 Franklin 5.12.1945, F.O.371/46816/C9133.

174 Annan, "The Growth of Political Parties in Germany".

Zweites Kapitel

Die allererste Berlin-Krise: Zwangsvereinigung von SPD und KPD.

2.1. Vereinigungskampagne in Berlin. Die Political Division wiegelt ab.

In einem der ersten seiner "Political Summaries" für das Foreign Office hatte William Strang am 25. August 1945 aus Berlin von einer "kleinen Sensation" berichten können.[1] Auf der ersten Kundgebung der "Einheitsfront der antifaschistisch-demokratischen Parteien" im Berliner Funkhaus am 12. August hatte nämlich Wilhelm Pieck - "by far the most impressive speaker" - vorgeschlagen, die KPD mit der SPD zu verschmelzen. Otto Grotewohl, der Vorsitzende des Berliner Zentralausschusses der SPD, war auf den Vorschlag nicht eingegangen, sondern hatte, berichtete Strang, sichtbar vorsichtig abgewiegelt und sich darauf beschränkt, Pieck für das Angebot zukünftiger Zusammenarbeit zu danken.[2]

---

1 Strang an F.O. 25.8.1945, F.O. 371/46969/C5246. Zur Vereinigung von KPD und SPD in der sowjetischen Besatzungszone vgl. Gustav Dahrendorf, Die Zwangsvereinigung der Kommunistischen und der Sozialdemokratischen Partei in der russischen Zone, Hamburg o.J. (1946). Wolfgang Leonhard, Die Revolution entläßt ihre Kinder, Köln 1955. Erich W. Gniffke, Jahre mit Ulbricht, Köln 1966. Klaus-Peter Schulz, Auftakt zum Kalten Krieg. Der Freiheitskampf der SPD in Berlin 1945/45, Berlin 1965. Sergej Tulpanow, Deutschland nach dem Kriege (1945-1949). Erinnerungen eines Offiziers der Sowjetarmee, Berlin(Ost) 1986, S.72-86. Albrecht Kaden, Einheit oder Freiheit. Die Wiedergündung der SPD 1945/46, Hannover 1964. Frank Moraw, Die Parole der 'Einheit' und die Sozialdemokratie, Bonn-Bad Godesberg 1973. Staritz, Gründung der DDR, S.112-123. Luccio Caracciolo stilisiert Otto Grotewohl zum tragischen Strategen, ders., Der Untergang der Sozialdemokratie in der sowjetischen Besatzungszone. Otto Grotewohl und die Einheit der Arbeiterklasse, in: VfZ 2/1988, S.281-318. Für den weltpolitischen Rahmen aus heutiger Sicht besonders zutreffend: Ernst Nolte, Deutschland und der Kalte Krieg, Stuttgart 1985[2], S.161-171.

2 Strang an F.O. 25.8.1945, F.O. 371/46969/C5246.

Unmittelbar vor und nach der Gründung der Parteien im Juni waren es die Sozialdemokraten gewesen, die den Kommunisten Angebote zur Zusammenarbeit gemacht hatten. Nun schienen beinahe über Nacht KPD und SPD ihre Standpunkte in der Frage der "organisatorischen Einheit der Arbeiterklasse" vertauscht zu haben. Das war das eigentlich Sensationelle der Rede Piecks. Strang sah es wohl, maß dem aber vorläufig keine allzu große Bedeutung bei. Viel ließ sich über die gerade erst acht Wochen alten Parteien ohnehin noch nicht sagen. Während er Pieck immerhin das "Format eines Führers einer nationalen Partei" zugestand, schien es Strang mehr als zweifelhaft, ob die Sozialdemokraten in den britischen und amerikanischen Besatzungszonen Grotewohl - "so mild a character"[3] - folgen oder gar in ein Bündnis mit den Kommunisten einwilligen würden.

Strang revidierte seine Einschätzung auch nicht, als er im Oktober und November von der Zunahme des Druckes der Kommunisten auf die SPD berichten mußte. Dabei charakterisierte er Ende Oktober Piecks Versuche der Annäherung an die SPD als geradezu "peinlich intim": "The Communists now speak of the impending union of the two working-class parties as almost a *fait accompli* [Hervorh. i. Orig., A.d.V.], and during the next months the strongest pressure will be exerted on the Social Democrat leaders to agree to union."[4] Im November berichtete er von der Kundgebung der SPD anläßlich des Jahrestages der Revolution von 1918, auf der wieder Wilhelm Pieck, diesmal als Gastredner, zehn Minuten lang auf die Herstellung der "Einheit der Arbeiterklasse" und einer "vereinten Partei der Arbeiterklasse" gedrungen hatte.[5]

Strangs Gelassenheit schien begründet. In der britischen Besatzungszone versteifte sich der Widerstand der SPD. Kurt Schumacher und Carl Severing, die "wohlbekannte kommunistische Taktik des Trojanischen Pferdes"[6] fürchtend, lehnten jegliche Zusammenarbeit mit Kommunisten kompromißlos ab. Auf

---

3 Strang an F.O. 25.8.1945, F.O. 371/46969/C5246.

4 Strang an Bevin 23.10.1945 , F.O. 371/46969/C7495.

5 Strang an Bevin 14.11.1945, F.O. 371/46969/C8454.

6 Strang an Bevin 21.8.1945, F.O. 371/46969/C5032.

der Konfrenz der westdeutschen Sozialdemokratie in Wennigsen (5.-7. Oktober) stellten sie den Führungsanspruch Grotewohls offen in Frage - ganz so, wie Strang es in seinen ersten Urteilen über Grotewohl und die SPD erwartet hatte.[7]

Aber auch in Berlin selber schien die Einheitskampagne der KPD nicht recht vom Fleck zu kommen. Grotewohl zeigte sich in seiner Rede am 11. November von Piecks Ausführungen gänzlich unbeeindruckt. Zwar sprach auch er von der Vereinigung der Parteien und setzte sich mit Bedingungen auseinander, unter anderem mit der, daß keinerlei Zwang angewendet werde dürfe. Aber er beharrte doch auf dem Standpunkt, daß die Vereinigung der Parteien nur auf Reichsebene stattfinden dürfe und ihr also eine Entscheidung der SPD auf Reichsebene vorausgehen müsse. Nicht die allerkleinste Gemeinsamkeit zwischen SPD und KPD blieb schließlich in seiner Beschreibung der gesellschaftlichen Aufgabe der SPD, die "innenpolitisch eine mittlere Position zwischen den Bürgerlichen und der Kommunistischen Partei zu beziehen und außenpolitisch eine Mittlerrolle zwischen der Sowjetunion und den westlichen bürgerlichen Demokratien zu spielen" habe.[8] Das alles klang beruhigend. Überdies, wußte Strang am 14. November nach London zu berichten, hatte Grotewohl klargestellt, daß die SPD nicht bereit war, in kommenden Wahlen zusammen mit der KPD auf Einheitslisten zu kandidieren: "This is another move in the eventual struggle for support between the two parties which must one day come"[9].

Strang sah zunächst keinen Anlaß, sich um den Ausgang dieses "eventual struggle" zu sorgen. Er mißverstand die Einheitskampagne der KPD als schlichte Parteipolitik, als auf Berlin begrenzte "Berlin Politics"[10] mit eher gering zu veranschlagender Bedeutung für die übrigen Besatzungszonen und schien der KPD nicht einmal besondere Erfolgschancen einzuräumen. Denn nichts schien der Political Division in Berlin vorläufig dafür zu

---

7 Strang an Bevin 14.9.1945, 23.9.1945, F.O. 371/46969/C5997/C6220; Strang an F.O. 26.10.1945, F.O. 371/46910/C7492.

8 Zit. n. Leonhard, Revolution, S.482.

9 Strang an Bevin 14.11.1945, F.O. 371/46969/C8454.

10 Der Begriff taucht zum ersten Mal in Strangs "Political Summary No. 11" v. 14.11.1945 auf, ibid.

sprechen, daß den Kommunisten beim Versuch, die beiden Parteien zusammenzufassen, mehr Erfolg beschieden sein könnte als zwei Monate zuvor den Sozialdemokraten. Strang leistete sich darum Gelassenheit, und auch im German Department des Foreign Office wurden seine Berichte über die "Berlin Politics" zunächst nur spärlich kommentiert.

Um die Jahreswende schlug indes die Gelassenheit Strangs und des German Department ziemlich unvermittelt in Besorgnis um. Das hatte zwei Ursachen. Zum einen griff nun die sowjetische Besatzungsmacht ganz offen in die "Berlin Politics" ein, was der Einheitskampagne der KPD auch nach außen hin eine ganz neue, bedrohlichere Qualität verlieh. Zum anderen erhielt das German Department durch den ersten wirklich umfassenden Bericht aus Berlin über die Entwicklung der politischen Parteien im besiegten Deutschland zum ersten Mal eine Informationsgrundlage, die diesen Namen verdiente.

Als Signal wurde in London der rabiate Eingriff der SMAD in den politischen Streit um die Bodenreform in der SBZ empfunden. Am 19. Dezember hatte die SMAD die Vorsitzenden der CDU, Andreas Hermes und Walther Schreiber, kurzerhand abgesetzt.[11] Im German Department zeigte dessen stellvertretender Leiter O'Neill zunächst nur grenzenlose Verblüffung darüber, daß die SMAD "einen deutschen Parteifüher" so ohne weiteres "offiziell absetzen" konnte: "How can the Soviet Authority 'formally depose' a German party leader from leadership of his party? We might ask Berlin."[12] Das German Department war, so schien es, trotz Strangs inzwischen regelmäßiger Berichte, mit den Verhältnissen in Berlin und der sowjetischen Besatzungszone wenig vertraut. Aber dann reagierten die Beobachter in London bald besorgter als selbst die Political Division in Berlin und befürchteten, die SMAD würde am Ende ähnlichen Druck "sogar" auf die Parteiführung der SPD ausüben.[13]

---

11 Strang an F.O. 20.12.1945, F.O. 371/55360/C02. Pink an Bevin 27.12. 1945 F.O. 371/55360/C72. F.O. an Political Advisor 16.1. 1946, ibid.

12 O'Neill 1.1.1946, F.O. 371/55360/C02.

13 F.O. an Strang 16.1.1946, F.O. 371/55360/C72.

Wie begründet die Befürchtung war, zeigte sich schon zwei Tage später. Anfang Dezember hatte sich der Zentralausschuß der SPD, dem Drängen der KPD nachgebend, auf eine gemeinsame Konferenz der Parteiführungen und der Bezirksvertreter beider Parteien eingelassen, die dann am 20. und 21. Dezember - unter dem unmittelbaren Eindruck der Absetzung Hermes' und Schreibers - stattfand. Wieder hielten die Sozialdemokraten mutige Reden und gaben vor allem in der Frage der Einheitslisten nicht nach. In seinem Schlußwort bestand Grotewohl noch immer darauf, daß der Vereinigung die Beschlüsse von Reichsparteitagen würden vorausgehen müssen.[14] Aber unter dem Druck der Kommunisten wie der anwesenden Offiziere der SMAD ließen die Sozialdemokraten nicht nur zu, daß in dem von den Kommunisten vorbereiteten Kommuniqué alle Differenzen zwischen SPD und KPD übergangen wurden. Sie ließen sich darin auch auf "Erweiterung und Vertiefung der Aktionseinheit" mit der KPD festlegen, die den "Auftakt zur Verwirklichung der politischen und organisatorischen Einheit der Arbeiterbewegung, d.h. zur Verschmelzung der Sozialdemokratischen Partei Deutschlands und der Kommunistischen Partei Deutschlands zu einer einheitlichen Partei, bilden" sollte.[15] Die Political Division in Berlin maß der Resolution vergleichsweise wenig Bedeutung bei und beruhigte sich mit der Tatsache, daß die Sozialdemokraten dem Verlangen der Kommunisten nach Einheitslisten auch diesmal nicht nachgegeben hatten, und hob dies auch in ihrem Bericht nach London hervor: "... the battle was joined but not as yet the lists."[16]

---

14 Das Protokoll der Konferenz vom 20. und 21. 12.1945, an der jeweils 30 Vertreter beider Parteien teilnahmen und die darum als "Sechziger Konferenz" in die Literatur eingegangen ist, findet sich abgedruckt in: Gert Gruner/Manfred Wilke (Hg.), Sozialdemokraten im Kampf um die Freiheit, München 1981. Einen Teilnehmerbericht liefert Erich Gniffke, ders., Jahre mit Ulbricht, S.119-122. Vgl. Kaden, Einheit oder Freiheit, S.196-218. Moraw, Parole der 'Einheit', S.138-141. Schulz, Auftakt, S.54-64; Staritz, Gründung der DDR, S.116ff. Weber, Geschichte der DDR, S.125ff.

15 Text des Kommuniqués in: Berlin. Quellen und Dokumente, hg. im Auftrag des Senats von Berlin, bearb. v. Hans J. Reichard, Hanns U. Treutler, Albrecht Lampe, 1. Halbbd., Berlin 1964, S.788ff.

16 Pink an Bevin 27.12.1945, F.O. 371/55360/C72.

Im Foreign Office überzeugte die optimistisch-gelassene Sicht der Political Division immer weniger. Denn aus dem Political Intelligence Department, das das German Department regelmäßig mit Zusammenfassungen seiner Beobachtungen der Presse und des Rundfunks der sowjetischen Besatzungszone versorgte, gelangte auch der Wortlaut der gefährlichen Passagen jenes Kommuniqués auf die Schreibtische Troutbecks, O'Neills und Franklins.[17] Für sich allein genommen - und durch keinerlei beschönigende Interpretation der Political Division verwässert - las sich das Kommuniqué der Sechziger-Konferenz, mit den Namen der führenden Berliner Sozialdemokraten darunter, doch sehr anders, als es die Berichterstattung der Political Division glauben machen wollte. Von wirklichem Widerstand der Sozialdemokraten gegen die Verschmelzung beider Parteien war, wie als erstes Franklin mit spürbarer Irritation empfand, darin wenig zu sehen, allenfalls vom Beharren auf einem gewissen Aufschub: "This is rather a different story to the report from Political Division ... Agreement on an immediate merger in a single 'United Workers' Party' may have been deferred, but this resolution certainly commits the Social Democrats."[18] Dem Urteil schloß sich Franklins Vorgesetzter O'Neill, zweiter Mann im German Department, vorbehaltlos an.[19]

Öffentlich sichtbar wurde der Druck, der immer schwerer auf Grotewohl und der SPD in Berlin lastete, als am 3. Januar 1946 die KPD im Admiralspalast im sowjetischen Sektor Berlins den siebzigsten Geburtstag Wilhelm Piecks pompös feierte und dazu, so Strang, das ganze "politische Berlin" einlud. Unter den Gratulanten befand sich an prominenter Stelle auch Otto Grotewohl, der seine Glückwunsch-Rede mit jenem Händedruck abschloß, der, wie er es formulierte, "nicht nur für heute Bedeutung haben soll, sondern der einmal solange währen soll, daß die Hände sich nicht mehr trennen".[20]

---

17 F.O. 371/55360/C22.

18 Franklin 4.1.1946, ibid.

19 O'Neill 5.1.1946, F.O. 371/55360/C73.

20 Zit. n. Leonhard, Revolution, S.485.

Den anwesenden Offizieren der Political Division entging weder die politische Bedeutung der Feier noch die gespannte Aufmerksamkeit, mit der nicht nur die führenden Kommunisten, sondern auch Oberst Tulpanow, der politische Berater Marschall Schukows, an Grotewohls Lippen hing, "anxious to make immediate capital out of any signs of a compromise".[21] Strang gab zwar zu, daß Grotewohls Kurs inzwischen selbst unter dessen eigener Gefolgschaft innerhalb der Berliner SPD Besorgnisse ausgelöst hatte und daß in der Tat auf den ersten Blick Grotewohls Gratulationsansprache den Eindruck erwecken könne, als sei er bereit, seine Partei zu kommunistischen Bedingungen in einer "vereinten Arbeiterpartei" aufgehen zu lassen. Aber in der entscheidenden Frage der Einheitslisten, beruhigte Strang das Foreign Office wieder, habe Grotewohl kein Nachgeben erkennen lassen: "Closer scrutiny of his words, however, revealed nothing which binds his party to combined electoral lists."[22]

Doch die Anzeichen dafür, daß sich auf Grund sowjetischer Einflußnahme in Berlin die politische Atmosphäre veränderte, mehrten sich und wurden in London auch so verstanden. Anfang Januar verbot die SMAD den Verkauf von unter Lizenz der Westmächte herausgegebenen Zeitungen in der SBZ sowie im sowjetischen Sektor Berlins und wendete sich damit erstmals direkt gegen die westlichen Kontrollmächte.[23] Die Sowjets meinten es ernst, kommentierte Franklin im German Department düster den sowjetischen Befehl, gegen den die drei Westmächte im Kontrollrat prompt, aber erfolglos protestierten.[24]

---

21 Strang an Bevin 16.1.1946, F.O. 371/55360/C737.

22 Ibid.

23 Ibid. Vgl. Michael Balfour, Vier-Mächte-Kontrolle in Deutschland 1945-1946, Düsseldorf 1959, S.330.

24 Franklin 21.1.1946, F.O. 371/55360/C700.

2.2. Wem gehört die SPD?

Weit mehr noch als solch sichtbare Beweise sowjetischer Einflußnahme trug aber der erste wirklich ausführliche Bericht über "The Growth of Political Parties in Germany" aus der Feder Noël Annans, Offizier der Political Division und enger Mitarbeiter Strangs, dazu bei, den Beobachtern im German Department die Augen für die tatsächliche Bedeutung der "Berlin Politics" zu öffnen.[25] Annans sechzehn Druckseiten langer Bericht, der das Foreign Office am 29. Dezember 1945 erreichte, füllte eine auch im German Department selbst so empfundene Informationslücke. Das zeigten dort die geradezu enthusiasmierten Kommentare und O'Neills Empfehlung, ihn "urgently" und mit ungewöhnlich langem Verteiler drucken zu lassen.[26] Im Zentrum des Berichts Annans standen die SPD und die Erkenntnis, daß sie, wie Annan sich ausdrückte, als "potentiell stärkste Partei" in Deutschland über das "Gleichgewicht der [politischen] Kräfte entscheiden"[27] werde.

Nach der grundsätzlichen Erkenntnis, daß die SPD eben nicht nur irgendeine Partei war, beeinträchtigte es den Wert seiner Analyse nicht wesentlich, daß auch Annan sich in der Beurteilung der Vereinigungskampagne der KPD und ihrer Hintergründe irrte. Die massive sowjetische Einflußnahme noch nicht richtig wahrnehmend, glaubte er, die größere Gefahr für die SPD in der Auseinandersetzung zwischen Grotewohl und Schumacher zu erkennen. Denn die Spaltung, die Annan bereits gefährlich nahe sah, werde die SPD zumindest in der sowjetischen Besatzungszone ihres "solid working-class support" berauben und schließlich den Kommunisten in die Arme treiben. Aufgabe der britischen Militärregierung müsse es darum sein, schloß Annan, den Aufbau einer starken SPD,

---

25 Annan: "The Growth of Political Parties in Germany".

26 Franklin 3.1.1946, O'Neill 4.1.1946, Burrows 7.1.1946, F.O.371/46910/C10128.

27 Annan, "The Growth of Political Parties in Germany".

"resting solidly on working-class support", zu fördern und alles zu tun, um die Spaltung der Partei zu verhindern.[28]

In seinem Begleitschreiben ging auch Strang, die Ausführungen Annans in den größeren Rahmen widerstreitender alliierter Interessen in Deutschland rückend, auf das "very awkward problem" ein, vor das die Sozialdemokraten die Besatzungsmächte stellten.[29] Die SPD sei nicht nur in der britischen Besatzungszone politisches Gravitationszentrum, sondern auch in Berlin und befände sich außerdem in weitgehender Übereinstimmung mit den politischen Strömungen im westlichen Europa. Die Schlüsselposition, welche die Sozialdemokraten auf diese Weise im politischen Spektrum Deutschlands einnähmen, prädestiniere sie zum Streitobjekt zwischen den Alliierten: "We should probably like to see a strong Social Democrat party, but its key position in the political spectrum would be likely to make it a serious bone of contention between the Allies ..."[30]

Weder Briten noch Sowjets, sah Strang, konnten es sich erlauben, die bestimmende politische Kraft in Deutschland sich selbst oder der jeweils anderen Siegermacht zu überlassen, ohne sich zugleich ihres Einflusses auf die politische Orientierung Deutschlands zu begeben. Wem die SPD gehörte, dem würde langfristig auch Deutschland gehören. Die Auseinandersetzung um die politische Orientierung der SPD zwischen westlichem Sozialismus und östlichem Kommunismus - um nichts anderes ging es derzeit in Berlin - war in kaum noch verschleierter Form bereits die Auseinandersetzung der Siegermächte um Deutschland. Die aber wollte Strang zu diesem Zeitpunkt um beinahe jeden Preis vermieden sehen. Er riet darum dem Foreign Office, am instabilen Zustand der SPD nicht zu rühren, auf Zeit zu spielen und zu hoffen, daß sich doch noch ein Weg zur Errichtung deutscher Zentralverwaltungen auftun und das Problem SPD sich dann in alliiertem Einvernehmen auflösen lassen werde.[31]

---

28 Ibid.

29 Strang an Bevin 20.12.1945, ibid.

30 Ibid.

31 Ibid.

2.3. Konfliktvermeidung und indirekte Intervention.

Das immer unverhülltere Eingreifen der sowjetischen Besatzungsmacht in die "Berlin Politics" machte indes die Empfehlung Strangs über Nacht obsolet. Im German Department sahen O'Neill und Franklin nun deutlich, daß in Berlin nicht Parteipolitik oder "Berlin Politics" gespielt wurden, sondern "Power Politics".[32] Es sei nur noch eine Frage der Zeit, bis unter dem Druck der sowjetischen Besatzungsmacht der Widerstand der Sozialdemokraten und Christdemokraten in Berlin und in der sowjetischen Besatzungszone zerbrechen würde. Spätestens wenn den Politikern in Berlin klar wurde, "that we can't or won't call a show down on the democratic liberties issue", prophezeite Franklin, würden sie das "Handtuch werfen".[33] Der Ausgang des ungleichen Ringens in Berlin, zwischen SPD auf der einen und KPD und SMAD auf der anderen Seite, konnte London aber nicht gleichgültig sein. Denn es ging um die Zukunft der SPD und damit, wie spätestens seit den Ausführungen Strangs und Annans niemandem im Foreign Office mehr entging, um die Zukunft Deutschlands.

Den Beobachtern im German Department stellte sich darum ziemlich unvermittelt die heikle Frage, ob die britische Besatzungsmacht auf der Seite der SPD in die Auseinandersetzung eingreifen sollte und, wenn ja, mit welchen Mitteln: "The question for us is, whether or not we should attempt to intervene in the very important political struggle now going on in the Russian zone and Berlin, on the outcome of which may depend the decision whether Eastern Germany, and maybe Germany as a whole, is to be a Western Democracy or a Soviet Democracy."[34]

O'Neill stellte die Frage und gab auch gleich die nur zu offenkundige, negative Antwort. Zwei Wege der Intervention stünden der britischen Militärregierung offen: Sie konnte die Angele-

---

32 Memorandum O'Neills v. 12.2.1946: "German Communists and Social Democrats in Berlin and the Russian Zone", F.O. 371/55362/ C2969.

33 Franklin 21.1.1946, F.O. 371/55360/C700.

34 O'Neill 21.1.1946, ibid.

genheit im Kontrollrat zur Sprache bringen. Das, fürchtete O'Neill, würde zu nichts führen als zu ergebnislosen Diskussionen über die Bedeutung des Begriffes 'Demokratie', zu sowjetischen Dementis und Beschwerden über westalliierte Einmischung in parteipolitische Fragen ihrer Besatzungszone. Die britische Militärregierung konnte andererseits versuchen, "directly to strengthen Herr Grotewohl's hand and give him some encouragement".[35] Nur, was sollte sie ihm denn versprechen, inwiefern würde sie ihn denn überhaupt unterstützen können? Es sei gefährlich, warnte O'Neill sogleich, Grotewohl Versprechungen zu machen, die britischerseits nicht auch eingehalten werden konnten.

Mehr mangels gangbarer Alternativen denn aus Überzeugung riet O'Neill darum von offener Intervention vorläufig ab. Intervention in deutsche Parteipolitik sei ohnehin wenig verlockend, versuchte er zu trösten. Aber das klang wenig überzeugend; zumal O'Neill inzwischen erkannt hatte, daß es um mehr ging, und zumal er selber auf eine neue Dimension des Problems aufmerksam machte mit der Frage, ob denn nicht die Deutschen westalliierte Nicht-Intervention als westalliierte Kapitulation vor den Sowjets mißverstehen müßten, "um dann selber nur um so bereitwilliger zu kapitulieren".[36] Auch John Troutbeck, der Leiter des German Department, schien der Resignation nahe: "We have of course known for some time that this pressure on the Social Democrats was going on in the Russion zone, and for the life of me I don't see what we can do to stop it."[37]

Für britische Zurückhaltung sprachen aber auch übergeordnete Gründe, die etwas eher schon Franklin auf die griffige Formel gebracht hatte: "Intervention would mean first knowing what we want and then selling it to the Americans."[38] Von beidem war das Foreign Office im Januar 1946 weit entfernt. Im German Department mochte man gerade begonnen haben zu

---

35 Ibid.
36 Ibid.
37 John Troutbeck 19.1.1946, F.O. 371/55360/C418.
38 Franklin 3.1.1946, F.O. 371/46910/C10128.

lernen, was man *nicht* wollte - nämlich die Einverleibung der SPD durch die KPD und auf diese Weise am Ende die Ausdehnung sowjetischen Einflusses auf die eigene Besatzungszone - aber von einer durchdachten, konstruktiven britischen Deutschlandpolitik mit klar formulierten Zielen konnte keine Rede sein. Wo es Absichten und Ziele nicht gab - das galt in gleichem Maße auch für Amerikaner und Franzosen -, konnte es natürlich Abstimmung, gar zielstrebige Zusammenarbeit, genausowenig geben.

Eine sehr britische Erwägung ließ dann Militärregierung und Foreign Office aber doch im Sinne vorsichtiger Konfliktvermeidung tätig werden. Gerade weil London sich in Deutschland auf einen Konflikt mit Moskau nicht einlassen konnte oder wollte, konnte es sich auch nicht erlauben, untätig zuzusehen, wie die "Berlin politics" offener alliierter Konfrontation entgegentrieben. Unabhängig voneinander kamen German Department und Political Division zu dem Ergebnis, daß unter den gegebenen Umständen - "given the limitations of inter-allied solidarity"[39] - nur eine Art britischen Eingreifens denkbar sei: die Aufmerksamkeit der britischen und amerikanischen Presse auf die sowjetische Machtpolitik in Berlin zu lenken.[40]

Seit dem Ende der Potsdamer Konferenz hatte das Thema Deutschland ziemlich kontinuierlich an internationalem Nachrichtenwert verloren. Die sowjetische Besatzungszone war überdies westlichen Journalisten verschlossen geblieben. So hatten Kommunisten und SMAD in der sowjetischen Besatzungszone, gewissermaßen im publizistischen Halbdunkel, mehr oder weniger ungestört agieren können. Aufgeschreckt durch die Absetzung der CDU-Führung und durch die Befürchtung, die SMAD würde ähnlichen Druck als nächstes auf die SPD-Führung ausüben, wollte das German Department nun sozusagen die "publizistischen Scheinwerfer" auf die "Berlin Politics" gerichtet sehen.[41] Durch solchermaßen indirektes Ein-

39 Strang an Bevin 15.1.1946, F.O. 371/55360/C824.

40 O'Neill 21.1.1946; Troutbeck 21.1.1946, F.O. 371/55360/C700.

41 O'Neill 4.1.1946, F.O. 371/55360/C72. Franklin 24.1.1946, F.O.371/55360/C849.

greifen gedachte das Foreign Office, der Sowjetunion zu signalisieren, daß London erkannt habe, worum es in Berlin gehe, und daß Moskau auf britisches Stillehalten nicht würde rechnen dürfen: "I fear that unless we (possibly in conjunction with the Americans and the French) take some action to indicate our concern and displeasure the Russians will feel they can proceed with impunity to take similar action in other cases and may even bring the same sort of pressure to bear on leaders of the Social Democratic Party in Berlin and the Russian zone."[42]

An Strang erging darum Weisung, geeignete Korrespondenten in Deutschland mit den Fakten vertraut zu machen, "in the hope that they may receive full but objective publicity, both here and in America".[43] Wie sehr Konfliktvermeidung im Vordergrund stand und wie sehr die Briten sich bemühten, mit dem großen, unheimlichen Alliierten so behutsam wie möglich umzugehen, zeigte sich darin, daß Foreign Office und Political Division es indes ablehnten, eine "large scale press campaign against the Russians" zu entfachen.[44]

In Berlin stieß die Political Division bei der Umsetzung der Weisung aus London allerdings auf unerwartete Schwierigkeiten. Zeitpunkt und Umstände waren dem Bemühen der Political Division nicht günstig, behutsam die Aufmerksamkeit der Öffentlichkeit auf die Vorgänge in Berlin zu lenken. Die besseren Korrespondenten, telegrafierte Strang aus Berlin zurück, hielten sich zur Berichterstattung über die Nürnberger Prozesse in Nürnberg auf. Die in Berlin zurückgebliebenen Journalisten seien über die Vorgänge in Berlin völlig im Bilde, befleißigten sich aber in ihrer Berichterstattung über die sowjetische Politik in Deutschland ganz bewußt äußerster Zurückhaltung, um nicht ihre Teilnahme an einer für Ende Januar vorgesehenen Tour durch die sowjetische Besatzungszone zu gefährden. Diese Tour sei nun im Gange, konnte Strang lediglich trösten, "and as

42 F.O. an Strang 16.1.1946, F.O. 371/55630/C72.

43 Ibid. F.O. an Strang 5.2.1946, F.O. 371/55360/C849.

44 Strang an F.O. 22.1.1946, ibid. F.O. an Strang 5.2.1946, ibid.

soon as the correspondents have returned, conditions should be more favourable for the action you suggest".[45]

Der Versuch vorsichtiger und indirekter Intervention Londons zielte indes nicht allein auf Moskau, sondern auch auf Washington. Denn indem es die Aufmerksamkeit nicht nur britischer, sondern auch amerikanischer Korrespondenten auf die Ereignisse in Berlin zu lenken versuchte, hoffte das Foreign Office, das Bewußtsein von Öffentlichkeit und Administration in den Vereinigten Staaten im britischen Sinne zu erziehen und auf diese Weise der so schmerzlich vermißten britisch-amerikanischen Abstimmung in Deutschland näherzukommen: "I hope the American press will also write up the Berlin struggle."[46] Das Foreign Office wies darum die Political Division besonders auf die Notwendigkeit hin, auch die amerikanischen Korrespondenten mit Informationen zu versehen.[47]

Aber auch das war leichter angeordnet als bewerkstelligt. Ende Januar telegrafierte Botschafter Halifax aus Washington, daß in der amerikanischen Presse die Vorgänge in Berlin nicht kommentiert würden.[48] Das Interesse der amerikanischen Korrespondenten in Deutschland gelte neben den Nürnberger Prozessen vor allem den bevorstehenden Kommunalwahlen in der amerikanischen Besatzungszone. "Typical American myopia", lautete im German Department O'Neills enttäuschter Kommentar.[49] Erst sechs Wochen später sollte es dem ehemaligen Premierminister Winston Churchill gelingen, in Fulton, Missouri, die Aufmerksamkeit der amerikanischen Öffentlichkeit nachdrücklich auf die Zwangsvereinigung von KPD und SPD und deren Bedeutung zu lenken - zu spät, um noch im britischen Sinne der Konfliktvermeidung Wirkung zu erzielen.

---

45 Strang an F.O. 18.1.1946, F.O. 371/55360/C700.

46 O'Neill 21.1.1946, ibid.

47 O'Neill 4.1.1946, F.O. 371/55360/C72. F.O. an Strang 16.1.1946, ibid.. F.O. an Strang 5.2.1946, F.O. 371/55630/C849.

48 Halifax an F.O. 28.1.1946, F.O. 371/55360/C972.

49 O'Neill 29.1.1946, ibid.

2.4. Grotewohl - Londons Mann in Berlin?

Da der Versuch, den sowjetischen "power politics" in Berlin Publizität zu verleihen - die einzige, indirekte Maßnahme, zu der sich Foreign Office und Political Division in der Lage gesehen hatten -, die erwünschten Resultate nicht lieferte, blieb den in Berlin auf Konfliktvermeidung bedachten Briten nur eine Hoffnung: daß es dem Zentralausschuß der SPD und vor allem Grotewohl noch eine Weile gelingen möge, dem Druck der SMAD und der Kommunisten zu widerstehen. Einen kurzen Moment lang wurde Otto Grotewohl so zum Hoffnungsträger, wenn nicht des schon sehr viel pessimistischeren German Department in London, so doch der Political Division in Berlin.

In der Tat schienen die Umstände Grotewohl beinahe zum natürlichen Verbündeten Londons zu machen. Die sehr vorsichtige, hinhaltende Taktik, mit der sich Grotewohl in Berlin verhältnismäßig lange dem sowjetischen Druck zu entziehen suchte, war der defensiven Taktik der Briten nicht unähnlich und entsprang ähnlicher Zwangslage. Genau wie die Briten, konnte Grotewohl sich einen Konflikt mit der sowjetischen Besatzungsmacht nicht leisten und war auf Konfliktvermeidung angewiesen. Genau wie sie wußte er, daß er mit den Sowjets würde leben müssen. Genau wie sie schien er einen Modus der Kooperation ohne Selbstaufgabe zu suchen. Wie sie spielte darum auch Grotewohl auf Zeitgewinn.[50] Und wahrscheinlich ahnte auch er, was in Strangs Depeschen gelegentlich durchklang, daß dies die Taktik der allerletzten Hoffnung war und er eigentlich ein schon verlorenes Spiel weiterspielte: "It would be pleasurable to hope that Grotewohl can continue to hold out against Russian and Communist pressure; but he resembles a skater gliding round a hole in the ice in ever-decreasing circles ..."[51]

---

50 Vgl. die verblüffend parallele Charakterisierung der jeweiligen Taktik durch Strang und Gniffke: "Our only policy, given the limitations of inter-Allied solidarity, thus seems to be to try to maintain our influence by keeping up our contacts and playing for time", Strang an Bevin 15.1.1946, F.O.371/55360/C824. "Es war uns klar, daß wir alles daran setzen mußten, Zeit zu gewinnen", Gniffke, Jahre mit Ulbricht, S.115.

51 Strang an Bevin 15.1.1946, F.O. 371/55360/C824.

Was die Political Division über den Fortgang des "Berlin struggle" berichtete, schien zunächst zu vorsichtigem Optimismus zu berechtigen. Grotewohl hatte sich auch nach der Sechziger-Konferenz nicht auf die kommunistische Forderung nach Einheitslisten festlegen lassen.[52] Die Gewerkschaftswahlen in der SBZ und in Berlin, bei denen die KPD Mitte Januar nur durch massive Wahlfälschung eine Mehrheit hatte erringen können, führten nach Strangs Dafürhalten vor allem die relative Stärke der SPD vor: "These results should greatly strengthen Herr Grotewohl in his resistance to Russian pressure for the establishment of joint lists."[53]

Grotewohl zog sich dann auch anscheinend auf seine alte Position zurück, die endgültige Entscheidung über die Vereinigung der beiden Parteien müsse einem Reichsparteitag der SPD vorbehalten bleiben.[54] Bereits Ende Dezember hatte die Political Division überdies von einem Gespräch Grotewohls mit einem britischen Offizier berichten können, in dem Grotewohl erklärt hatte, er erwäge für den Fall, daß die sowjetische Besatzungsmacht auch ihn zum Rücktritt zwingen sollte, die Auflösung der SPD in der sowjetischen Besatzungszone.[55] Am 17. Januar bestätigte Jakob Kaiser, der neue Vorsitzende der CDU, einem Mitarbeiter Strangs, Grotewohl habe auch ihm gegenüber seine Entschlossenheit bekräftigt, im schlimmsten Falle eher die Partei aufzulösen, als in der Frage der Einheitslisten dem Druck der SMAD zu weichen.[56] Bei einem weiteren Gespräch Kaisers mit Grotewohl im Anschluß an die pompöse Geburtstagsfeier Piecks - ebenfalls von Kaiser der Political Division anvertraut und von Steel an Control Office und Foreign Office übermittelt - hatte Grotewohl auf die konsternierte Bemerkung Kaisers, "that he had either sold his party or was playing a very deep game", entgegnet: "you may rest assured,

52 Pink an Bevin 27.12.1946, F.O. 371/55360/C72. Strang an Bevin 15.1. 1946, F.O. 371/55360/C824.
53 Strang an F.O. 18.1.1946, F.O. 371/55630/C700.
54 Strang an F.O. 24.1.1946, F.O. 371/55630/C1003.
55 Pink an F.O. 27.12.1945, F.O. 371/55360/C72.
56 Strang an F.O. 18.1.1946, F.O. 371/55630/C700.

my friend, that I am playing a deep game."[57] Anders als in London, wo im German Department Franklin und Troutbeck nicht einen Moment glauben wollten, daß die SMAD sich von "Leuten wie Kaiser und Grotewohl hinter's Licht führen lassen würde"[58], gaben sich in Berlin Strang und Political Division tatsächlich der Hoffnung hin, Grotewohls Spiel auf Zeit könne aufgehen: "Time is on the side of democracy, and Grotewohl is clearly playing for it."[59]

2.5. Die Political Division unterstützt Grotewohl gegen Schumacher.

Enstprechend ungelegen kam der Political Division der Konflikt zwischen Schumacher und Grotewohl, der die Einheit der Partei gefährdete und, wie es den britischen Beobachtern schien, Grotewohl die unentbehrliche Grundlage seiner Verzögerungstaktik zu nehmen drohte. Denn, so stellte es sich Strang und seinen Mitarbeitern dar, Grotewohls Spiel auf Zeit konnte nur Aussicht auf Erfolg haben, wenn die SPD nicht an der Zonengrenze auseinanderbrach. Grotewohl mußte sich unbedingt auf den größeren, nicht dem Zugriff der SMAD ausgesetzten Teil der Partei in den Westzonen stützen können. Spaltung der SPD an der Elbe in eine Schumacher- und eine Grotewohl-Partei, das mußte zugleich das Ende allen Widerstandes gegen die Verschmelzung mit der KPD in der sowjetischen Besatzungszone und in Berlin bedeuten.[60]

---

57 Steel an Street 22.1.1946, F.O. 371/55630/C1106.

58 Franklin 5.2.1946, ibid.; Troutbeck 29.1.1946, F.O. 371/55630/C1003.

59 Strang an F.O. 24.1.1946, ibid.

60 Überraschenderweise macht zuletzt Werner Müller der SPD in den Westzonen und Schumacher den Vorwurf, der "SPD in der Sowjetischen Besatzungszone keine Hilfe oder Rückendeckung" gegeben zu haben und für das "Scheitern der Strategie des Zeitgewinns und der gesamtdeutschen Rücksichtnahmen, die der Zentralausschuß verfolgte", mitverantwortlich zu

Aber die Folgen einer Teilung der Partei und ihrer Einverleibung durch die KPD in der sowjetischen Besatzungszone würden über die SPD, über Grotewohl und Schumacher hinausgehen. Spaltung der SPD, das wäre der Beginn - eigentlich schon ein Ergebnis - des Ringens der Siegermächte um die SPD gewesen, das Strang unbedingt hatte vermieden sehen wollen.[61] Die Auseinandersetzung um die SPD, der Strang - und offenbar auch die Sowjets - im politischen Spektrum Deutschlands die "Schlüsselposition" zutraute, mußte genau darum auch das Ende aller Hoffnungen auf das Gelingen der Viermächte-Kontrolle Deutschlands sein und der Beginn der offenen Auseinandersetzung um die Zukunft Deutschlands.[62]

Colonel Annan hatte die Einsicht in die Notwendigkeit strikter Konfliktvermeidung in Berlin schon soweit verinnerlicht, daß er in seinem langen Bericht über "The Growth of Political Parties in Germany" Ursache und Folge verwechselte und im Konflikt zwischen Grotewohl und Schumacher beinahe die größere Gefahr für die Zukunft der SPD sah als im Vereinigungsdruck der Sowjets und der Kommunisten. Annan beschrieb den Konflikt als innerparteilichen Richtungsstreit, als Generationen-Konflikt und als persönliche Auseinandersetzung zwischen Grotewohl und Schumacher. Annans Sympathien galten Grotewohl: "The chairman of the Berlin Committee is the reverse of Schumacher. One is first impressed by Otto Grotewohl's charm; he is friendly and open in manner, with an easy smile, rather negligent in his dress and appearance, and of an independent frame of mind and of great integrity."[63]

Ausgesprochen negativ dagegen fiel Annans Beschreibung Schumachers aus, in dem er allein den rücksichtslosen Herausforderer Grotewohls und des Berliner Zentralausschusses sah,

---

sein, ders., Sozialdemokratische Partei Deutschlands (SPD), in: SBZ Handbuch, S.469.

61 Strang an Bevin 20.12.1945, F.O. 371/46910/C10128.

62 ibid.

63 Annan, "The Growth of Political Parties in Germany". Vgl. Caracciolo, S.283ff. Davon, daß die Offiziere der britischen Militärregierung "bis hinauf in hohe Positionen" Grotewohl Schumacher vorzogen, berichtet auch Michael Thomas, Deutschland, England über alles, München1987^{2}, S.153.

der allein um der Befriedigung persönlichen Ehrgeizes willen, bedenkenlos die Einheit der Partei aufs Spiel setzte: "The outstanding personality in the Western Zones, however, is Dr. Kurt Schumacher. One-armed, spare, intense, with cunning eyes, he has taken the lead in organising the party not only in the British but also in the American Zone. In his travels to Frankfurt, Cologne and Kiel, he has been concerned principally with building up support for himself as leader of the party in the west. ... He is planning for the time when he will challenge Grotewohl ... for leadership of the whole party, and one has the uneasy impression from his conduct at the October party conference in Hanover and at subsequent meetings that he would not be above splitting the party, if necessary, in order to achieve his ambition."[64]

Nicht der Vereinigungsdruck der SMAD und der Kommunisten trieb die Partei in die Spaltung, sondern, so mißverstand es zu diesem Zeitpunkt Annan, der persönliche Ehrgeiz Schumachers: "... there is also the danger that if Schumacher wins the leadership of the party in the west he will refuse to cooperate with Grotewohl, the abler and better man, and thus cause a schism in the party which would seriously affect the fate of the Social Democrats in the Russian Zone."[65] Eine Einschätzung, die - das ging aus den Berichten der Political Division an das Foreign Office hervor - William Strang und dessen Stellvertreter Christopher Steel im großen und ganzen teilten.[66]

Wenn das so war, wenn die hauptsächliche Gefahr für Grotewohl von der drohenden Spaltung der Partei ausging, dann war es nur logisch, wenn die Political Division, wie Annan Anfang Januar seinem Vorgesetzten Christopher Steel nahelegte, alles tat, um eben diese Spaltung zu verhindern: "If it is true that the Russians are determined to wreck the Social Democrat

64 Annan, "The Growth of Political Parties in Germany".

65 Ibid.

66 Strang an Bevin 2.10.1945, F.O. 371/46969/C6938. Strang an F.O. 26.10.1945, F.O. 371/46910/C7492.

Party, we should redouble our efforts to preserve its unity."[67] Was zu tun war, lag ebenfalls auf der Hand. Während es in Berlin und in der sowjetischen Besatzungszone keine Möglichkeit britischer Intervention gab, konnte in der eigenen Besatzungszone die Political Division sehr wohl versuchen, aktiv zu werden und Grotewohl wenigstens vom Druck aus den eigenen Reihen zu befreien. Ebenfalls auf Empfehlung Annans begann die Political Division, diskret auf Schumacher einzuwirken, um ihm die harte Kritik am Berliner Zentralausschuß als Torheit klar zu machen und ihn davon zu überzeugen, daß Grotewohl sich in Berlin in schwieriger Lage "redlich" mühte: "On the positive side we are taking what action we can in these party affairs. The appropriate officer in Hanover region has, in agreement with the political division, drawn Herr Schumacher's attention to the folly of the heavy criticism of the Berlin Social Democratic Party in which he has been indulging."[68]

Um zu verhindern, daß der Bruch zwischen Grotewohl und Schumacher sich weitete, und um in Schumacher, den Strang für unzureichend unterrichtet hielt, Verständnis für die schwierige Situation der Berliner Sozialdemokraten zu wecken, unternahm es die Political Division sogar, eine Begegnung zwischen den beiden Parteiführern zu arrangieren, zu der Schumacher im Februar eigens nach Berlin geflogen werden sollte: "... Schumacher will have an opportunity of taking the political air here, and will then be in a better position to appreciate the intricacies of Berlin politics and the difficulties under which the party leaders in the Soviet Zone are working."[69]

Wie sich schnell herausstellen sollte, hatten nicht Strang und Annan recht, sondern Schumacher. Nur vierzehn Tage nach der optimistischen Depesche Strangs - "Time is on the side of democracy, and Grotewohl is clearly playing for it"[70] - fielen

---

67 Annan an Steel 7.1.1946, F.O. 1049/322.

68 Strang an F.O. 18.1.1946, F.O. 371/55360/C700. Pink 7.1.1946, ibid. Steel an F.O. 11.1.1946, ibid.

69 Strang an F.O. 24.1.1946, F.O. 371/55360/C1003.

70 Ibid.

in Berlin die Hoffnungen der Political Division in sich zusammen. "Deprimiert" berichtete Steel, der Leiter der Political Division, dem Foreign Office am 7. Februar von einem Abendessen mit Grotewohl und Dahrendorf, in dessen Verlauf Grotewohl die Kapitulation des Zentralausschusses in der Frage der Einheitslisten angekündigt hatte. Die SPD-Führer in der sowjetischen Besatzungszone, hatte Grotewohl Steel anvertraut, würden "von sowjetischen Bajonetts gekitzelt". Von lukrativen Angeboten bis zu Entführungen hätten die Sowjets keine Verlokkung und keine Drohung ausgelassen. Vor allem aber hätte die SPD in der sowjetischen Besatzungszone ja von den Westmächten nichts zu erhoffen. Solange die Franzosen die Errichtung deutscher Zentralverwaltungen blockierten, könne sie aus den Westzonen keine Unterstützung erreichen. Der "eiserne Vorhang", so Grotewohls eigene Formulierung, sei endgültig heruntergegangen. Weiterer Widerstand sei zwecklos geworden.[71]

Noch immer aber hoffte die Political Division auf ein Wunder und weiteren Zeitgewinn. Steel versprach sich selbst nach diesen Äußerungen Grotewohls noch etwas davon, auf Schumacher - dem die Political Division offenbar noch immer die Schuld an der Entwicklung gab - Druck zur Mäßigung auszuüben, und berichtete im gleichen Telegramm von entsprechenden Schritten der Political Division in Hannover: "Albu and Lt. Col. Annan will also see Schumacher as soon as possible and point out to him the stupidity of forcing a break at this time."[72]

Wenig später aber kam die Bestätigung, daß es nichts mehr zu hoffen gab. Auf Antrag Grotewohls beschlossen der Zentralausschuß und Vertreter der Landesorganisationen der SPD in der sowjetischen Besatzungszone am 10. und 11. Februar die Vereinigung mit der KPD. Noch am 11. Februar setzte Gustav Klingelhöfer Steel davon in Kenntnis, daß Grotewohl die Forde-

---

71 Steel an F.O. 7.2.1946, F.O. 371/55586/C1480. Steels Telegramm findet sich in deutscher Übersetzung auszugsweise abgedruckt in: Rolf Steininger, Deutsche Geschichte 1945-1961. Darstellung und Dokumente in zwei Bänden, Bd. 1, Frankfurt/M 1984, S.164. S. den Hinweis Sir Christopher Steels, ders., Anglo-German Relations. II. A British View. in: I.A. Vol.39 No.4 (October 1963), S.521ff.

72 Steel an F.O. 7.2.1946.

rung nach Einberufung eines Reichsparteitages und damit die letzte Rückzugsposition des Berliner Zentralausschusses preisgegeben hatte. Auf Antrag Grotewohls hatte nämlich der Zentralausschuß in nachmittäglicher Sitzung beschlossen, die Frage der Einheitslisten lediglich einem zonenweiten Parteitag zu unterbreiten. Mit Zeitgewinn habe dieses Manöver nichts mehr zu tun, betonte Klingelhöfer, es solle lediglich dazu dienen, einen Schein des Anstands zu wahren.[73]

Die Political Division in Berlin war nun am Ende ihres Lateins: "I am very depressed about all this but it would seem that the Russians are now shedding even such threadbare gloves as they have hitherto worn."[74] Die Rechnung der Sowjets schien aufzugehen, die Erledigung der SPD zumindest in der sowjetischen Besatzungszone und in Berlin war nicht mehr aufzuhalten, und was die Political Division dem nun noch entgegenzusetzen hatte, waren allenfalls Gesten. Darüber war sich Steel vollständig im klaren, als er dem Foreign Office schließlich noch berichtete, er habe versucht, die Aufmerksamkeit der Korrespondenten von "Daily Herald", "Daily Telegraph" und "Observer" auf die weitreichenden Folgen der Entstehung eines Einparteien-Systems in der Sowjetischen Besatzungszone - "which must contribute powerfully to the splitting of Germany" - zu lenken.[75] Er bat das Foreign Office, entsprechend auch auf die Herausgeber in London einzuwirken, denn das Thema sei in der britischen Presse bisher eher übergangen worden.[76] Als letzte, schwache Maßnahme schlug Steel dem Foreign Office vor, 'Deutschlandminister' Hynd möge in einem "general statement", etwa als Antwort auf eine Parlamentsanfrage, zu den Vorgängen in Berlin Stellung nehmen.[77]

---

73 Steel an F.O. 11.2.1946, F.O. 371/55369/C1106.
74 Steel an F.O. 7.2.1946, F.O. 371/55586/C1480.
75 Steel an F.O. 11.2.1946, F.O. 371/55369/C1106.
76 Ibid.
77 Ibid.

2.6. London braucht einen deutschen Partner!

Im Foreign Office, wo man ungeachtet der optimistisch gefärbten Depeschen Strangs die Entwicklung geahnt hatte, löste die Nachricht vom Nachgeben Grotewohls und von den Entscheidungen des Zentralausschusses gleichwohl einen regelrechten Schock aus.[78] Im German Department zog vor allem Albert Franklin, der sich mit weitsichtigen Warnungen oft weit hervorgewagt hatte, weitreichende Schlußfolgerungen: "This is a major defeat ... The decision to adopt a joint list has now virtually been taken. ... A German puppet regime for the Soviet Zone will now soon be an accomplished fact. ... This decision in fact means that we can kiss good-bye to democracy on the Western pattern for what is practically half of pre-war Germany which politically is now being reduced to a Balkan level."[79]

So weit mochte Franklins Vorgesetzter O'Neill nicht gehen. Aber von einer "verlorenen Schlacht", vom Versinken eines Teils Deutschlands und der Deutschen in neuem "Totalitarismus" sprach auch er.[80] Die Schuld am Zusammenbruch des Widerstands der SPD und am Versagen der britischen Taktik des Zeitgewinns und der Konfliktvermeidung suchte man in London durchaus bei sich selbst. Das Versagen Grotewohls, sah im German Department wieder Franklin - und seine Vorgesetzten O'Neill und Troutbeck gaben ihm darin recht[81] -, war vor allem Folge des Versagens Großbritanniens und der Westmächte bei der Formulierung einer kohärenten britischen Deutschlandpolitik, die es eben noch immer nicht gab. Als Schlüsselsatz in der Depesche Steels empfand er den resignierten Vorwurf Grotewohls, vom Westen hätten sich die Sozialdemokraten nichts zu erhoffen. So war es, gestand Franklin sich ein, in der Tat: sowjetische Macht, sowjetischer Druck, sowjetische Zielstrebigkeit und sowjetischer Durchsetzungswille auf der einen,

---

78 Vgl. Thomas, Deutschland, England über alles, S.153.

79 Franklin 9.2.1946, F.O. 371/55586/C1480.

80 O'Neill 9.2.1946, ibid.

81 Troutbeck 9.2.1946, ibid.

Apathie, Unsicherheit und Ohnmacht auf der anderen, der Seite Großbritanniens und der Westmächte. Hatte Grotewohl überhaupt eine Wahl gehabt? - "The key sentence in this telegram seems to be 'they (the Social Democrats) had nothing to hope for from us'. On the one hand, they saw the reality of Soviet power backed by Soviet prestige and troops, by pressure, threats, persuasion, bribes and above all by active interest and intervention in political affairs. The Communist Party as usual was disciplined and dynamic and entirely unshackled by moral inhibitions. On the other hand, they saw the apathy, wavering and uncertainty, if not impotence of the Western Allies and above all, their absence of any unified or clear policy. There could clearly be no question of the choice they were forced to make."[82]

Auf sich gestellt war Großbritannien nach wie vor weder in der Lage, eine Deutschlandpolitik zu formulieren, noch sie umzusetzen. Nichts aber deutete vorläufig darauf hin, daß in Washington die britischen Sorgen geteilt wurden. Die Berichterstattung in der amerikanischen Presse blieb schleppend.[83] Das State Department schien die Tragweite der erzwungenen Vereinigung von SPD und KPD nicht nur nicht zu erfassen, sondern, so wurde dem German Department zugetragen, in dessen German and Austrian Section schien man sich sogar der Illusion hinzugeben, die Vereinigung von SPD und KPD in der sowjetischen Besatzungszone sei durchaus im Interesse der Westmächte, da langfristig sich in der neuen Partei die Sozialdemokraten gegen die Kommunisten durchsetzen würden.[84] Noch einmal wies darum das Foreign Office Strang an, ganz besonders die amerikanischen Journalisten in Berlin auf Absichten und Methoden der Kommunisten hinzuweisen. und beschloß au-

---

82 Franklin 9.2.1946, ibid.

83 O'Neill 12.2.1946, F.O. 371/55362/C2969.

84 Burrows 13.2.1946, F.O. 371/55362/2969. Indifferenz gegenüber der kommunistischen Vereinigungskampagne bewies in Berlin auch General Clay, vgl. Graml, Die Alliierten und die Teilung Deutschlands, S.129f. Backer, General Clay, S.174f.

ßerdem, in Berlin und Washington die Konsultation mit den Amerikanern zu suchen.[85]

Damit war, auch aus Sicht des Foreign Office, der britische Handlungsspielraum vorerst erschöpft.[86] Schon Steels Vorschlag, eine Parlamentsanfrage zu veranlassen, mochten aus Vorsicht weder Control Office noch Foreign Office folgen. 'Deutschlandminister' Hynd ließ das Foreign Office darauf hinweisen, daß es im Unterhaus eine ganze Anzahl von Abgeordneten gab, die die Vereinigung von KPD und SPD befürworteten, und riet davon ab, zu diesem Zeitpunkt eine politische Kontroverse über das Thema zu entfachen. Tatsächlich erhielt Grotewohl zum Vereinigungsparteitag der sowjetzonalen SPD am 20. April auch eine Glückwunschadresse aus Großbritannien, unterzeichnet von Gewerkschaftlern, Mitgliedern und eben 27 Unterhausabgeordneten der Labour Partei, von der sich allerdings die Labour-Parlamentsfraktion am 10. Mai, nach der Osterpause, offiziell distanzierte.[87] Hynd griff statt dessen den Gedanken auf, die Sozialdemokraten in Berlin durch eine entsprechende Erklärung der Labour Party zu unterstützen. Außerdem, gab der 'Deutschlandminister' schließlich zu bedenken, konnte dem Außenminister kaum daran gelegen sein, die ohnehin gespannten diplomatischen Beziehungen zu Moskau durch eine Erklärung von regierungsamtlicher Seite zusätzlich zu belasten.[88] Das war in der Tat der Fall. An der Spitze des German Department wollten weder Deputy Under-Secretary of State Harvey noch Troutbeck etwas von einer solchen Erklärung wissen.[89]

Mit Grotewohl war der deutsche Partner der britischen Strategie der Konfliktvermeidung und des Zeitgewinns umgekippt.

---

85 F.O. an Strang 12.2.1946, F.O. 371/55586/C1480. Troutbeck 14.2. 1946, F.O. 371/55362/C2969.

86 Harvey 20.2.1946, ibid.

87 The Times 22.4.1946, 11.5.1946. Undatierte [Begleitschreiben Burrows an Heppel 13.11.1946] Aufzeichnung Reddaways: "Fusion of the Social and Democratic Party with the Communist Party in Germany", F.O.371/ 55375/C14344.

88 Street an Mark-Turner 22.2.1946, F.O. 371/55361/C2305.

89 Harvey 20.2.1946, Troutbeck 14.2.1946, F.O. 371/ 55362/ C2969.

Die Political Division hatte auf die falschen Deutschen gesetzt. Daß britische Politik in Deutschland eines deutschen Partners überhaupt bedurfte, das war die eigentlich schockierende Erkenntnis, die die fatale Episode dem Foreign Office aufzwang: "The most depressing thing about these developments is that they already oblige us, only nine months after Germany's defeat, to consider, in common prudence, Germany as a potential factor in 'power politics'."[90]

Nur neun Monate nach der Kapitulation war Deutschland nicht länger bloße Verfügungsmasse und bloßes Objekt alliierten Willens. War es das je gewesen? O'Neill, der die Erkenntnis aussprach, ahnte wohl, daß die Vorstellung so sehr Illusion gewesen war wie die Hoffung auf Fortsetzung des Bündnisses mit Moskau. Die Konflikte, welche die Siegermächte in Europa voneinander trennten, machten die besiegten Deutschen wieder zu Figuren auf dem Schachbrett der Machtpolitik, zu Partnern, auf die zu verzichten keine der Siegermächte sich erlauben konnte. Das wenigstens hatten der Irrtum Strangs und die Hoffnungen der Political Division offenbart: Ohne die Deutschen, ohne deutschen Partner, konnte es keine britische Antwort auf die sowjetische Herausforderung in Berlin und Deutschland geben.

2.7. Keine offene Unterstützung für die Anti-Grotewohl-Faktion!

Unter solchermaßen veränderten Umständen traf am 19. Februar 1946 Kurt Schumacher zu seinem ersten Besuch in Berlin ein. Schumacher hatte recht behalten und kam nun als letzter Hoffnungsträger der Political Division, die ihn nicht nur von Bückeburg aus einfliegen ließ, in britischen Quartieren unter-

---

90 O'Neill 12.2.1946, ibid.

brachte und ihm eine britische Eskorte stellte, sondern ihm darüber hinaus auch prompt beinahe jeden Wunsch erfüllte.[91]

In der Tat vermochte Schumacher, wie Strang nach London telegrafierte, allein durch sein Erscheinen in Berlin die Pläne des Zentralausschusses für eine reibungslose Kapitulation gründlich zu ruinieren.[92] Am 22. Februar kam Schumacher in einem Sitzungszimmer des Schöneberger Ratskellers mit dem Zentralausschuß zusammen, um vielleicht doch noch zu einem Kompromiß über die zukünftige Linie der SPD in Berlin zu gelangen.[93] Wie der hätte aussehen können, umrissen Schumachers Fragen, ob der Zentralausschuß gewillt sei, "wenigstens in den drei nichtrussischen Sektoren Berlins eine selbständige SPD aufrechtzuerhalten" oder "die Auflösung der SPD zu verkünden".[94] Beide Fragen wurden verneint. Es zeigte sich, was Schumacher und Strang längst wußten, daß nämlich der Berliner Zentralausschuß bereits unwiderruflich auf die Verschmelzung mit den Kommunisten festgelegt war.[95] Während zweier Pressekonferenzen, ebenfalls am 22. Februar, verhalf Schumacher seinen Standpunkten in der Vereinigungsfrage zur notwendigen Publizität.[96] William Strang, mit dem er sich ausführlich austauschte, vertraute er an, daß er zwar westliche Teilnahme an dem für Karfreitag anberaumten Vereinigungsparteitag der Ost-SPD untersagen werde, aber selber als Gast

---

91 Annan an Tracy 18.2.1946, F.O. 1049/323. Schumachers Bestehen auf Begleitung durch einen deutschen Leibwächter - 1946 ein für einen deutschen Politiker ungewöhnliches Anliegen - führte zu eintägiger Verzögerung, da die britischen Authoritäten in Bückeburg eine zusätzliche Reiseerlaubnis zunächst nicht ausstellen wollten. Nachdrückliches telegrafisches Eingreifen Noël Annans regelte die Frage im Sinne Schumachers, Tracy an Stileman 18.2.1946, ibid. Annan an Tracy 18.2.1946, ibid.

92 Strang an F.O. 23.2.1946, F.O. 371/55361/C2197.

93 Strang 24.2.1946, F.O. 371/55361/C2199. Vgl. den Bericht Gniffkes, ders., Jahre mit Ulbricht, S.152ff.

94 Zit. n. Albrecht Kaden, Einheit oder Freiheit. Die Wiedergründung der SPD 1945/46, Hannover 1964, S.236f. Strang an F.O. 24.2.1946, F.O.371/55361/C2199.

95 Ibid.

96 Ibid.

aufzutreten plane, um Grotewohl die Abstimmung so schwer wie möglich zu machen.[97]

Schon vor Antritt seiner Reise hatte Schumacher auch der Political Division die Frage gestellt, ob die britische Militärregierung der Bildung einer unabhängigen Nebenstelle der West-SPD im britischen Sektor Berlins ihre Erlaubnis erteilen würde.[98] Austen Albu[99], der Leiter der German Political Branch der Political Division, und Oberstleutnant Annan sahen zwar die Notwendigkeit ein, in Berlin oppositionelle SPD-Mitglieder zu unterstützen, notfalls im Untergrund, waren der Frage Schumachers aber vorerst ausgewichen.[100] Früher als gedacht stellte sie sich den Briten aber nun in der Realität. Denn in den Berliner Parteibezirken der SPD begann sich im verborgenen bereits Widerstand gegen Grotewohl und den Zentralausschuß zu formieren.[101] Zwar scheiterte ein erster Versuch der oppositionellen Kräfte um Curt Swolinski, dem SPD-Vorsitzenden des Kreises Tempelhof, dem Bezirksvorstand der Berliner SPD das Mißtrauen auszusprechen und auf diese Weise "den Draht zwischen Zentralausschuß und Berliner Organisation"[102] zu zerschneiden und die Berliner SPD organisatorisch aus der sowjetzonalen SPD herauszulösen.[103] Aber die Entwicklung, die nur unter den besonderen Umständen des Vier-Mächte-Status Berlins überhaupt denkbar war, war damit vorgezeichnet, und sie mußte früher oder später die Besatzungsmächte auf den Plan rufen. Schumacher, in Berlin eingetroffen, trug entscheidend dazu bei, daß die Opposition gegen Grotewohl und den Zentralausschuß an Kontur gewann. In seiner Anwesenheit be-

---

97 Notes on conversation at the residence of Sir William Strang in Berlin on 21st February, 1946, F.O. 371/55361/C2368. Strang an F.O. 23.2. 1946, F.O. 371/55361/C2197.

98 Annan an Steel 16.2.1946, F.O. 1049/324.

99 Austen Harry Albu, 1946 Leiter der German Political Branch der Political Division, 1946-47 Deputy President, Governmental Sub-Commission, C.C.G.(B.E.), Unterhausabgeordneter (Labour), 1965 Minister of State.

100 Annan an Steel 16.2.1946, F.O. 1049/324.

101 Vgl. Schulz, Auftakt, S.105-119. Moraw, Parole der 'Einheit', S.158f.

102 Schulz, Auftakt, S.110.

103 Zur Funktionärskonferenz der Berliner SPD v. 17.2.1946 vgl. Schulz, Auftakt, S.107-119. Kaden, Einheit oder Freiheit, S.246f.

schlossen die Vorsitzenden aus dreizehn der zwanzig Berliner Parteibezirke am 21. Februar in geheimer Versammlung einstimmig, in Berlin eine unabhängige SPD-Organisation am Leben zu erhalten.[104]

Mit diesem Beschluß war aber der Spielraum der deutschen Akteure vorerst ausgeschöpft. Alles weitere mußte, wie Strang dem Foreign Office umgehend erläuterte, von der Haltung der Alliierten in Berlin abhängen, und indirekte Intervention würde nicht mehr genügen. Denn zum einen war, bevor sich aus SPD und KPD eine neue Partei konstituieren konnte, zumindest in Berlin die Zustimmung aller vier Stadtkommandanten notwendig. Das würde der britischen Besatzungsmacht Gelegenheit geben, ihr Unbehagen über die Art und Weise des Zustandekommens des Vereinigungsbeschlusses zum Ausdruck zu bringen. Zum anderen aber, und das war das Wichtigste, würde das Überleben der "recalcitrant elements of the Social Democratic Party in Berlin" allein davon abhängen, ob die Westalliierten ihnen Unterstützung zuteil werden ließen oder nicht. Der Beschluß der gegen Grotewohl und den Zentralausschuß opponierenden Kräfte der Berliner SPD stellte die britische Besatzungsmacht, wie Strang nach Hause telegrafierte, vor eine Entscheidung von nur schwer abzuschätzender politischer Tragweite: "We must therefore decide whether we are prepared to accord full political and if necessary physical support to an independent Social Democratic Party in our sector of Berlin."[105] Die Frage nach dem Überleben der SPD, das begann Strang zu verstehen, konnte wohl zugleich die nach der Fortdauer westalliierter Präsenz in Berlin sein.

Aber im Foreign Office, wo zu jenem Zeitpunkt defaitistische Stimmung vorherrschte, sah man vor allem die Risiken offenen britischen Engagements und wollte sich nicht von der Political Division in Berlin drängen lassen. Zwar stimmte es mit Strang darin überein, daß es notwendig sei, zu gegebenem

104 Strang an F.O. 24.2.1946, F.O. 371/55361/C2199. Klaus Peter Schulz datiert die geheime Versammlung auf den 23.2.1946, ders., Auftakt, S.120-128.

105 Strang 24.2.1946, F.O. 371/55361/C2199.

Zeitpunkt britischen Einfluß zur Geltung zu bringen, um wenigstens in den drei Westsektoren Berlins eine unabhängige SPD am Leben zu erhalten. Dennoch mochte sich London nicht "endgültig festlegen", sondern verpflichtete die Political Division auf drei- bis vierwöchige vorsichtige Zurückhaltung. Schließlich waren es, so die abwiegelnde Antwort des Foreign Office, bis zum Vereinigungsparteitag noch sieben Wochen hin: "I am inclined at this stage to strongly support your view that we should use our influence when the time comes to see that an independent Social Democratic Party survives at least in the three Western Sectors of Berlin. But I think we should not finally commit ourselves till we see how things go in the next 3 or 4 weeks. The Social Democratic meeting is after all still 7 weeks ahead."[106]

Im Foreign Office gedachte man erst einmal abzuwarten, ob die "anti-fusionists" sich gegen den Druck des Zentralausschusses, der Kommunisten und der SMAD überhaupt würden behaupten können, oder ob sie nicht doch schließlich den Weg Grotewohls gehen würden. Den Ausschlag allerdings gab die Furcht des Foreign Office, sich ohne Unterstützung aus Washington und Paris in Berlin zu exponieren.[107] Sichtbar wurde das in einem weiteren Telegramm an Strang, in dem sich der Leiter des German Department darum sorgte, ob London nicht in Gefahr sei, Schumacher zu sehr zum "britischen Protegé" zu machen und dadurch der Auseinandersetzung zwischen Sozialdemokraten und Kommunisten den Anschein einer rein britisch-sowjetischen Angelegenheit zu geben: "Are we not in danger of making Schumacher too much of a British protegé? ... There is, it seems, the risk that the Communist versus Social Democrats issue may become regarded too much as a straight fight between the Russians and ourselves."[108]

In Berlin konnte Strang nicht umhin, den Bedenken des Foreign Office recht zu geben: "It is early yet to say whether the independent elements in the Social Democratic Party in Berlin

---

106 F.O. an Strang 27.2.1946, F.O. 371/55361/C2199.
107 Franklin 6.3.1946, F.O. 371/55361/C2368.
108 F.O. an Strang 14.3.1946, F.O. 371/55361/C2368.

would be strong enough or bold enough to run a separate party even if we held the ring for them. We should moreover have to be assured of United States and french support which is by no means certain."[109] Strang sah sich gezwungen, die abwartende Haltung des Foreign Office wenig später auch gegenüber seinen eigenen Mitarbeitern in der Political Division zu rechtfertigen, die zum Teil bereits wesentlich optimistischer waren, sowohl was die Überlebenschancen der "anti-fusionists" betraf als auch das Maß an Übereinstimmung mit dem amerikanischen Verbündeten, und für unverhüllte britische Intervention plädierten: "... it is for consideration whether the time has not now arrived to show our hand ..."[110] Strang blieb auf der Linie des Foreign Office und hatte dafür sogar ein weiteres Argument parat - London durfte sich in Berlin nicht vom Erfolg oder Mißerfolg der Anti-Grotewohl-Faktion der SPD abhängig machen: "To conduct an all out campaign ... would be contrary to our well-founded principles, and would involve our prestige in the success or failure of our campaign."[111] Auch gegenüber seinen Mitarbeitern riet Strang darum, erst einmal abzuwarten, wie es den gegen Grotewohl opponierenden Teilen der Berliner SPD ergehen würde.[112] Denn daß die sich würden behaupten können, war ganz objektiv mehr als ungewiß. Die allgemeine Stimmung in Berlin ließ eher Skepsis angeraten sein. Das zeigte unter anderem der Umstand, daß die Political Division sogar Schwierigkeiten hatte, den Chefredakteur der britisch lizenzierten Zeitung "Der Berliner" auf eine redaktionelle Linie gegen die Vereinigung von KPD und SPD einzuschwören.[113]

---

[109] Strang an F. O. 1.3.1946, F.O. 371/55362/C2515.

[110] Stileman an Strang 6.3.1946, F.O. 1049/325.

[111] Strang 6.3.1946, F.O. 1049/325.

[112] Ibid.

[113] Annan an Steel 18.2.1946, F.O. 1049/324.

2.8. "Are the Americans taking any steps?"

Somit war es nun an den unabhängigen Kräften der Berliner SPD, politische Bonität vorzuführen und sich der Unterstützung Londons - und der anderen Westmächte - würdig zu erweisen. Ein erstes Mal wirklich öffentlich wurde der Widerstand von Teilen der Berliner SPD gegen den Zentralausschuß am 1. März 1946 im Admiralspalast im sowjetischen Sektor Berlins. Zentralausschuß und Bezirksvorstand hatten beabsichtigt, der eigens einberufenen Funktionärsversammlung den Beschluß zur Einberufung eines zonalen Vereinigungsparteitages sowie die zwischen SPD- und KPD-Führung inzwischen ausgehandelten Entwürfe der Parteistatuten der zu gründenden "Sozialistischen Einheitspartei Deutschlands" zur Zustimmung vorzulegen. Es kam anders. Tumult brach aus, und Grotewohl konnte sich kaum Gehör verschaffen. Es war unübersehbar, daß in der Berliner SPD die Einheitsgegner überwogen. Der Antrag des Zentralausschusses wurde niedergestimmt. Statt dessen beschloß die Funktionärsversammlung mit überwältigender Mehrheit, die Frage der Vereinigung von SPD und KPD am 31. März einer geheimen Urabstimmung aller Parteimitglieder zu unterwerfen.[114]

Im German Department, das von Strang detailliert über die turbulente Sitzung unterrichtet wurde, zeigten sich Franklin und O'Neill zwar beeindruckt vom "überraschenden Mut" der unabhängigen Kräfte der Berliner SPD - "the first piece of practical democracy yet reported from the far side of the iron curtain" -, sahen nach wie vor allerdings keinen gangbaren Weg, ihnen "wirksame alliierte Unterstützung" zukommen zu lassen.[115]

Indes wurde es für die Political Division in Berlin immer schwieriger, in der Frage der Unterstützung für die "anti-fusionists" - wie die opponierenden Kräfte innerhalb der Berliner SPD von Political Division und German Department inzwischen

---

114 Vgl. Gniffke, Jahre mit Ulbricht, S.159f. Schulz, Auftakt, S.134-149.

115 Strang an F.O. 2.3.1946, F.O. 371/55362/C2517. O'Neill 5.3. 1946, ibid. Franklin 5.3.1946, ibid.

genannt wurden - die abwartende Haltung des Foreign Office weiter zu vertreten. Ganz praktische Fragen forderten Antworten. Zur Vorbereitung der Urabstimmung und zur Bestreitung des damit verbundenen Quasi-Wahlkampfes gegen Zentralausschuß und KPD benötigten die "anti-fusionists" ein Minimum an logistischer Unterstützung und "belagerten" auch die Political Division mit Bitten um Quartier, Fahrzeuge, Benzin, Papier, Druckerschwärze und ähnliches mehr.[116] Christopher Steel, der nun nicht mehr warten mochte, schilderte dem Foreign Office die schwierige Lage der Berliner SPD, schlug Maßnahmen zu ihrer Unterstützung vor und drang auf eine Entscheidung: "I now feel that we must decide on our policy without delay."[117] Aus dem Foreign Office, wo O'Neill vor grundsätzlichen Entscheidungen auch jetzt noch am liebsten das Ergebnis der Urabstimmung abgewartet hätte[118], kam nur eine Gegenfrage: "Are the Americans and French also taking any steps ...? It seems highly desirable that they should play their part in any such measures."[119]

Strang und die Political Division, die unterdessen sehr viel optimistischer geworden waren, sowohl in bezug auf die Überlebenschancen der "anti-fusionists" - die sie nun bereits regelrecht zum Widerstand ermunterten[120] - als auch in bezug auf die Haltung der Amerikaner in Berlin, ließen keine Gelegenheit aus, das Foreign Office vor allem über letzteren Punkt zu beruhigen. Die Amerikaner, so Strang, hätten aus Washington Anweisung erhalten, den Sozialdemokraten in Berlin Schutz zu gewähren, und unterstützten nun die Berliner SPD schon sehr viel aktiver, als die britische Militärregierung dies tue. Strang deutete sogar an, es könne notwendig werden,

---

116 Steel an F.O. 16.3.1946, F.O. 371/55362/C2998.

117 Ibid.

118 O'Neill 13.3.1946, F.O. 371/5562/C2775. O'Neill 19.3.1946, F.O. 371/55362/C2998.

119 F.O. an Strang 22.3.1946, F.O. 371/55363/C3149.

120 Albu an Steel 21.3.1946, F.O. 1049/326.

in Berlin mäßigend auf die amerikanischen Alliierten einzuwirken.[121]

Tatsächlich traten gegen Ende März die Amerikaner in Berlin entschiedener auf. Am 23. März erklärte General Clay auf einer Pressekonferenz die Haltung der amerikanischen Militärregierung zur geplanten Vereinigung von SPD und KPD und betonte, daß sie amerikanischerseits nur dann anerkannt werden könnte, wenn sie tatsächlich dem Willen der Parteimitglieder entspräche. Die amerikanische Militärregierung bestehe darum in ihrer Besatzungszone und in ihrem Sektor Berlins auf einer Abstimmung nach demokratischen Regeln.[122] Gegenüber Pieck und Grotewohl, die er eigens zu sich zitierte, bestand Clay darauf, daß den Gegnern der Vereinigung Gelegenheit zur Darlegung ihrer Auffassungen gegeben werde.[123] Zwei Tage vor der Urabstimmung in Berlin drang auch General Baker, der amerikanische Stadtkommandant, in scharfer Formulierung, die an die Presse gegeben wurde, auf "fair play" bei der Urabstimmung und wiederholte diese Mahnung, wie er Strang wissen ließ, in deutlich formulierten Schreiben an Grotewohl und Fechner.[124]

Im German Department nahm Albert Franklin die entschlossene amerikanische Führung, die, wie Steel eigens betonte, die Gefahr ausschloß, daß Moskau in London den Hauptgegener der "forced fusion" erblickte[125], erleichtert zur Kenntnis: "The more the Americans take the initiative the better from our point of view."[126] Neue Weisung an die Political Division erging dennoch nicht - allerdings auch kein Einspruch auf Strangs Versicherung hin, die Political Division

---

121 Strang an F.O. 26.3.1946, F.O. 371/55363/C3434. Strang an F.O. 26.3. 1946, F.O. 371/55363/C3435.

122 Strang an F.O. 26.3.1946, F.O. 371/55363/C3434.

123 Albu an Steel 21.3.1946, F.O. 1049/326.

124 Strang an F.O. 30.3.1946, F.O. 371/55363/C3626. Deputy Military Governor an Control Office 30.3.1946, F.O. 371/55363/ C3762. Vgl. Schulz, Auftakt, S.226.

125 Steel an Troutbeck 29.3.1946, F.O. 371/55363/C3748.

126 Franklin 2.4.1946, F.O. 371/55363/C3699.

werde darauf achten, mit den Amerikanern in Berlin Schritt zu halten.[127]

2.9. Vertrauen in die Berliner.

Als die Urabstimmung am 31. März, einem strahlenden, warmen Frühlingssonntag schließlich stattfand, konnten lediglich die Parteimitglieder in den Westsektoren Berlins von ihrem Stimmrecht Gebrauch machen. Die sowjetische Besatzungsmacht hatte - durch das entschiedene Auftreten der Westmächte wohl selber beträchtlich verunsichert, wie im German Department Franklin im nachhinein diagnostizierte - bis zum letzten Moment Verbündete und Abstimmungsberechtigte über ihre Haltung im unklaren gelassen.[128] Klarheit brachte erst der Abstimmungstag. In vier der acht im sowjetischen Sektor gelegenen Bezirke öffneten die Wahllokale gar nicht erst. In den Bezirken Mitte, Pankow, Prenzlauer Berg und Lichtenberg, in denen die Kreisorganisationen sich trotz der ungeklärten Lage dazu entschlossen hatten, die Urabstimmung durchzuführen, erschienen eine halbe Stunde nach Öffnung der Wahllokale motorisierte Streifen der Besatzungsmacht, beschlagnahmten die Urnen, lösten die Wahlvorstände auf und schickten die wartenden Parteimitglieder nach Hause, mit der Begründung, die Urabstimmung sei von der sowjetischen Zentralkommandantur nicht genehmigt.[129] Berlin zeigte sich zum ersten Mal als geteilte Stadt.

---

127 Strang an F.O. 26.3.1946, F.O. 371/55363/C3434.

128 Franklin 3.4.1946, F.O. 371/55363/C3762.

129 Strang an F.O. 1.4.1946, F.O. 371/55363/C3694; undatiertes (Begleitschreiben Strang an Bevin 16.4.1946) Memorandum Noël Annans: "The Campaign for Fusion of the Social Democrat and Communist Parties in Eastern Germany", F.O. 371/55364/C4521, abgedr. bei: Reiner Pommerin, Die Zwangsvereinigung von KPD und SPD zur SED. Eine britische Analyse vom April 1946, in: VfZ 2/1988, S.319-338. Vgl. Schulz, Auftakt, S.234.

Auf die Aussagekraft des Abstimmungsergebnisses hatte dieses Manöver der SMAD allerdings keinen Einfluß mehr. Zwar hatte den Parteimitgliedern außer der eindeutigen Frage, "Bist Du für den sofortigen Zusammenschluß beider Arbeiterparteien?", noch eine zweite Frage zur Entscheidung vorgelegen, die Zentralausschuß und KPD erlauben sollte, das Gesicht zu wahren, und eben darum auch geeignet war, das Ergebnis zu verwässern: "Bist Du für ein Bündnis beider Parteien, welches gemeinsame Arbeit sichert und den Bruderkampf ausschließt?"[130] Das Abstimmungsergebnis ließ dennoch an Eindeutigkeit nichts zu wünschen übrig. Von den 33.247 Abstimmungsberechtigten in den Westsektoren nahmen 23.755 Parteimitglieder an der Urabstimmung teil. 82,2% der Abstimmenden stimmten auf die erste Frage mit "nein", nur 12,2% befürworteten die sofortige Vereinigung der beiden Parteien. Auf die Frage nach der Fortsetzung des Bündnisses zwischen SPD und KPD stimmten immerhin 62,2% mit "Ja".[131]

Die vergleichsweise schwache Abstimmungsbeteiligung von 71,3%, das Abstimmungsverbot in den Ostsektoren und das Resultat der Abstimmung über die zweite Frage ließen Spielraum für durchsichtige Zahlenspielereien, auf die sich Zentralausschuß und Kommunisten auch prompt verlegten: Von 59.000 Parteimitgliedern in Berlin, so verkündete am 1. April die Zeitung des Zentralausschusses "Das Volk" nicht einmal wahrheitswidrig, aber das Ergebnis dennoch völlig verzerrend, hätten sich nur 5.559 gegen Einheit und Bündnis ausgesprochen.[132] Die am 3. April nachgeschobene Entscheidung des Zentralausschusses und des noch amtierenden Berliner Bezirksvorstandes, im sowjetischen Sektor Berlins keine Urabstimmung durchzuführen, zeigte indes, daß das Ergebnis auch dort richtig verstanden worden war.[133]

---

130 Zit. n. Kaden, Einheit oder Freiheit, S.250.

131 Strang an F.O. 1.4.1946, F.O. 371/55363/C3694. Für eine Analyse des Abstimmungsergebnisses vgl. Schulz, Auftakt, S.234-239. Moraw, Parole der 'Einheit', S.161.

132 Strang an F.O. 1.4.1946, F.O. 371/55363/C3694. Vgl. Schulz, Auftakt, S.239-243.

133 Steel an F.O. 4.4.1946, F.O. 371/55364/C3841.

Im Foreign Office vermochten Strang und Steel nun alle Zweifel an der Überlebensfähigkeit und an der Unterstützungswürdigkeit der Berliner Sozialdemokraten zu zerstreuen: "It seems clear that the SPD will now survive as an independent party in the Western sectors of Berlin."[134] Denn Zweifel hatte es noch immer gegeben, wie im German Department Franklins Überraschung über den "bemerkenswerten moralischen Sieg der unabhängigen Sozialdemokraten" zeigte.[135] Wenige Tage später konnte Steel berichten, daß die unabhängigen Sozialdemokraten den in der Urabstimmung gewonnen Schwung nutzten und bereits begonnen hatten, organisatorische Konsequenzen zu ziehen. Die Kreisvorsitzenden der Westsektoren beriefen nämlich für den 7. April einen Berliner Parteitag ein, der dem alten Bezirksvorstand das Mißtrauen aussprechen und einen neuen wählen sollte.[136] Von 471 Delegierten folgten 465 der Einladung nach Zehlendorf sowie 18 von 20 Kreisvorsitzenden. Das entsprach einer Repräsentation von 80% der Partei ganz Berlins, berichtete Steel tags darauf in einem ausführlichen Telegramm, sichtlich beeindruckt vom Mut vor allem der Delegierten aus dem sowjetischen Sektor: "A very satisfactory feature was the improved morale of this meeting, particularly the courage shown by delegates from the Russian Sector. One man sitting next to a Russian officer called out to a solitary fusionist 'Send him back to Karlshorst' (Russian Headquarters). The Russian was only restrained by an American from falling on him."[137]

Zum geplanten offenen Mißtrauensantrag kam es in Zehlendorf, sehr zum Leidwesen Steels, nicht, wohl aber zur Wahl eines provisorischen Bezirksvorstandes, der bis zur Wahl eines regulären Vorstandes durch die Versammlung aller Delegierten

---

134 Strang 1.4.1946, F.O. 371/55363/C3699. Steel an F.O. 4.4.1946, F.O. 371/55364/C3841. Strang an F.O. 25.4.1946, F.O. 371/55364/C4575.

135 Franklin 3.4.1946, F.O. 371/55363/C3762.

136 Steel an F.O. 4.4.1946, F.O. 371/55364/C3841.

137 Steel an F.O. 8.4.1946, F.O. 371/55364/C3969.

im Amt bleiben sollte.[138] Nach Absprache mit der Political Division setzten die unabhängigen Sozialdemokraten die Alliierte Kommandatura förmlich von der Wahl des neuen Bezirksvorstandes in Kenntnis.[139]

In London verfehlten das Abstimmungsergebnis und die ermutigenden Telegramme aus Berlin ihre Wirkung nicht. Es sei wohl möglich, urteilte Franklin, daß die unabhängigen Sozialdemokraten in Berlin dem Druck auch weiterhin widerstünden, sofern nur die britische Besatzungsmacht und die westlichen Alliierten fortführen, ihnen "active as well as moral support" angedeihen zu lassen.[140] Die Bereitschaft, genau dies zu tun, stieg in London beträchtlich. Denn nun, da die Berliner Sozialdemokraten ihre Überlebensfähigkeit so überzeugend bewiesen hatten, entdeckte auch das German Department das britische Interesse in Berlin und Deutschland darin, "to build up the Social Democrats".[141]

Aber Vorbehalte gab es an anderer Stelle noch immer. Die Diskussion über das Maß an offener Unterstützung, das die britische Besatzungsmacht Schumacher und den Sozialdemokraten zuteil werden lassen konnte, ohne sich gegenüber dafür empfindlichen Alliierten - das waren nicht nur die Sowjets, sondern auch die Franzosen - zu kompromittieren, wurde nun nicht mehr zwischen Political Division in Berlin und German Department in London geführt, sondern verlagerte sich in das Foreign Office selbst hinein. Denn wie ein Vorgang zeigte, war Außenminister Bevin noch immer auf das äußerste bestrebt, die Zusammenarbeit der Vier Mächte in Deutschland so wenig wie möglich zu belasten. Anfang April unterrichtete nämlich die Labour Party das Control Office von ihrer Absicht, Kurt Schumacher für Ende Mai nach Großbritannien einzuladen. Das Control Office wandte sich daraufhin an den Leiter des German Department mit der Frage, ob es im Foreign Office gegen den Vor-

---

138 S. Protokoll vom Bezirksparteitag der SPD am Sonntag, dem 7. April 1946 in Berlin-Zehlendorf. Im Auftrag des Franz-Neumann-Archivs e.V. Berlin hg. v. Manfred Rexin, Berlin 1986. Vgl. Schulz, Auftakt, S.249-256.

139 Strang an F.O. 25.4.1946, F.O. 371/55364/C4575.

140 Franklin 15.4.1946, F.O. 371/55364/C4207.

141 Harvey 6.4.1946, F.O. 371/55364/C4068.

schlag irgendwelche Einwände gebe.[142] Troutbeck wies zwar auf die Möglichkeit hin, der Besuch Schumachers könne den "dispute" mit den Sowjets verschärfen und die Franzosen beunruhigen - "who are already suspecting us of preparing to do a deal with the German Social Democrats at the expense of French security interests" -, kam aber zu dem Schluß, man dürfe solche Besorgnisse nicht übertreiben bis zur Untätigkeit.[143] Sein Vorgesetzter, Deputy Under-Secretary of State Oliver Harvey, sah schon gar keine Veranlassung mehr, über sowjetische Reaktionen überhaupt noch nachzudenken, und legte - befürwortend - die Frage des Control Office Außenminister Bevin vor.[144] Nun zögerte Bevin, der sich noch immer gegen die Russen von Washington allein gelassen fühlte. Unmittelbar vor Beginn der Pariser Friedenskonferenz scheute er den Anschein offener Parteinahme für Schumacher.[145] "I am against this", lautete nach eintägiger Bedenkzeit seine Entscheidung.[146]

Nichts allerdings sprach dagegen, pünktlich zu den Vereinigungsparteitagen von SPD und KPD am 21. und 22. April Kurt Schumacher wieder nach Berlin fliegen zu lassen, wo er durch seine Präsenz der unabhängigen SPD sichtbar den Rücken stärkte. Wie schon im Februar tat er auch bei seinem zweiten Besuch in Berlin keinen Schritt ohne die Eskorte durch einen britischen Offizier. Die Political Division tauschte sich wiederum intensiv mit ihm aus und übernahm es auch, Attacken der sowjetischen Zeitung 'Iswestija' zurückzuweisen, die behauptete, Schumacher habe während seiner Dachauer KZ-Gefangenschaft 93 sowjetische Staatsbürger denunziert.[147] So wurden britische Unterstützung für Schumacher und die unabhängige SPD doch dort sichtbar, wo es darauf ankam: in Berlin.

---

142 Troutbeck 6.4.1946, ibid.

143 Ibid.

144 Harvey 6.4.1946, ibid.

145 Bevin 7.4.1946, ibid.

146 Bevin 8.4.1946, ibid.

147 Strang an F.O. 23.4.1946, F.O. 371/55364/C4492.

2.10. Zweifel an den Amerikanern.

Der Grund für Außenminister Bevins Zurückhaltung lag noch immer in Washington. Zwar war man sich im German Department bewußt, daß die robuste amerikanische Haltung und der amerikanische Entschluß "to come out into the open" entscheidend für den Ausgang der Vereinigungskampagne gewesen waren.[148] Dennoch überwogen im German Department noch immer die Zweifel an der Festigkeit der amerikanischen Haltung in Deutschland. Am treffendsten beschrieb das Schwanken seines Departments zwischen Zufriedenheit über den Ausgang der Urabstimmung und Sorge über die weitere Haltung des amerikanischen Alliierten Albert Franklin, der sein enthusiastisches Resumée mit dem eher ernüchternden Stoßseufzer abschloß: "Let us hope they ["the Americans", A.d.V.] don't swing back again."[149]

Die Berichte der Political Division aus Berlin trugen nicht dazu bei, die Zweifel des Foreign Office an der Konsistenz amerikanischer Haltung in Deutschland zu zerstreuen. Denn auch Christopher Steel schien, was die anbetraf, zwischen Skepsis und Zuversicht zu schwanken: "To my mind the only question is that of continued American support of which I am not entirely confident."[150] In der Tat gab unmittelbar nach der Urabstimmung in Berlin die amerikanische Seite wieder Anlaß zu Skepsis. Im Political Directorate der Alliierten Kontrollbehörde, wo gerade über die im aktuellen Berliner Streitfall höchst bedeutsame alliierte Direktive über die Bildung politischer Parteien verhandelt wurde, gab sich die amerikanische Seite unnötig nachgiebig gegenüber sowjetischen Positionen und ganz und gar desinteressiert an Zusammenarbeit mit den Briten. Im Bestreben, unbedingt eine Übereinkunft herbeizuführen, scheuten die Amerikaner, die für ihre ursprüngliche Formulierung der Direktive uneingeschränkte britische Unterstützung hatten, schließlich nicht einmal davor zurück, die

---

148 Franklin 3.4.1946, F.O. 371/55363/C3762.

149 Ibid.

150 Steel an F.O 4.4.1946, F.O. 371/55364/C3841.

britische Seite einem Mehrheitsvotum auszusetzen. Die inkonsistente Verhandlungsführung der amerikanischen Political Division - "the weakness and muddle-headedness of the Americans on this issue is most unfortunate" -, wußte Steel zu berichten, ging auf Weisungen General Clays zurück, und dessen Linie blieb den Briten rätselhaft.[151]

Als es unmittelbar nach der Vereinigung der SPD Grotewohls mit der KPD um die Frage ging, wie mit kommunistischen und sozialdemokratischen Delegierten aus den Westzonen zu verfahren sei, die trotz eines Verbots der westlichen Besatzungsmächte am Vereinigungsparteitag teilgenommen und sich gar in das Zentralkomitee der neuen SED hatten wählen lassen, hätte sich die Political Division gerne mit den Amerikanern abgestimmt. Allein, auch das erwies sich als unmöglich - wiederum, telegrafierte Strang, aufgrund der zweideutigen Haltung General Clays: "When forced into opposing the Russians General Clay takes care to avoid any greater degree of association with us than he can help."[152]

2.11. SED = NSDAP.

So sehr wie das Verhältnis der britischen Besatzungsmacht zu den Deutschen wandelte sich über der Vereinigungskampagne von KPD und SMAD in Berlin auch das zum sowjetischen Verbündeten - vom Bündnis hin zu immer unverhohlenerer Gegnerschaft. Der Lernprozeß, der im April noch lange nicht abgeschlossen war, wurde bei Political Division und German Department rasch sichtbar in neuen Sprachregelungen. Immer häufiger flossen in die Berichte aus Berlin und die Kommentare in London Gleichsetzungen von Erscheinungen der sowjetzonalen Gegenwart mit solchen der NS-Vergangenheit.

---

151 Steel an F.O. 5.4.1946, F.O. 371/55364/C3887.

152 Strang an F.O. 25.4.1946, F.O. 371/55364/C4574.

Angewidert beobachtete etwa William Strang im Januar den Propaganda-Auftritt eines kleinen Mädchens während jener Geburtstagsfeier für Wilhelm Pieck: "The similarity between this and Nazi abuse of youth was too obvious to be overlooked."[153] Stil und Aufmachung der Presseerzeugnisse im Sowjetsektor Berlins verhalfen den Lesern der Political Division immer öfter zu erhellenden Déjà-vu-Erlebnissen. Die Attacken der unter sowjetischer Lizenz erscheinenden Abendzeitung "Nacht Express" auf Kurt Schumacher erinnerten Strang an die nationalsozialistische Berliner Mittagszeitung "Angriff".[154] Steel berichtete Anfang März unter Beifügung eines Ausschnittes aus der "Deutschen Volkszeitung" vom 27. Februar von der Ähnlichkeit der "Berlin Press of today" mit der von 1933.[155] Die Art und Weise, wie in der sowjetisch lizenzierten Presse für die noch zu gründende Sozialistische Einheitspartei Propaganda gemacht wurde, ließ ihn von ihr als "National-Sozialistische[r] Einheitspartei"[156] sprechen. Die Berichterstattung der "Soviet controlled press" über die Urabstimmung am 31. März, schrieb er an das Foreign Office, sei "slavishly reminiscent of Goebbels".[157] In der Political Division setzte sich die Formulierung von den "totalitarian press methods"[158] fest.

Als am 26. Februar der "Manchester Guardian" ausführlich über das "neue totalitäre Regime" im Osten Deutschlands berichtete, von "Gestapo-Methoden" der Besatzungsmacht und von der Wiederinbetriebnahme der Konzentrationslager Sachsenhausen und Buchenwald durch die Russen, empfand auch im German Department Albert Franklin ausgesprochene Genugtuung.[159] Auf den Punkt brachte wiederum Oberstleutnant Nöel Annans Memorandum über die Zwangsvereinigung von SPD und KPD die Empfindungen der britischen Beobachter angesichts des Vorgehens von KPD und SMAD in der sowjetischen Besatzungszone:

---

153 Strang an Bevin 16.1.1946, F.O. 371/55360/C737.

154 Strang an F.O. 28.2.1946, F.O. 371/55361/C2342.

155 Steel an Troutbeck 2.3.1946, F.O. 371/55362/C2824.

156 Ibid.

157 Steel an F.O. 4.4.1946, F.O. 371/55364/C3841.

158 ibid.

159 Franklin 2.3.1946, F.O. 371/55361/C2357.

"Thus, within a year of the defeat of the Nazi régime, part of Germany will again be under totalitarian rule."[160] Political Division und German Department besannen sich auf den Totalitarismus-Begriff und erkannten im sowjetischen Noch-Verbündeten den alten Kriegsgegner wieder - den totalitären Zwilling des besiegten NS-Regimes.

2.12. "Das sowjetische Sicherheitsbedürfnis ist grenzenlos."

Das fügte sich nahtlos in umfassende Interpretationen des aggressiven Charakters sowjetischer Außenpolitik, die zur gleichen Zeit in Moskau und London entstanden. In einer Serie von Telegrammen unterzog Mitte März der britische Geschäftsträger in Moskau, Frank Roberts, die Außenpolitik Moskaus einer gründlichen Analyse. Robertson kam dabei zu sehr ähnlichen Schlußfolgerungen wie zur gleichen Zeit sein amerikanischer Kollege George F. Kennan, mit dem er sich auch gründlich ausgetauscht hatte.[161] Moskaus grundlegendes Bedürfnis nach äußerer Sicherheit, das Roberts wohlwollenderweise noch unterstellte, sprenge, übermittelte er dem Foreign Office, jeden Rahmen und sei potentiell grenzenlos. Jede sowjetische Sicherheitsforderung zöge sofort die nächste nach sich. Die Si-

---

160 Annan, "The Campaign for Fusion of the Social Democrat and Communist Parties in Eastern Germany".

161 Roberts an F.O. 14.3.1946, F.O. 371/56763/N4065. Roberts an F.O. 17. 3.1946, F.O. 371/56763/N4156. Roberts an F.O. 18.3. 1946, F.O.371/ 56763/N4157. Die Depeschen Frank Roberts finden sich abgedruckt in: Origins of the Cold War. The Novikov, Kennan, and Roberts 'Long Telegrams' of 1946, hg. v. Kenneth M. Jensen, Washington, D.C. 1991, S.33-67. Vgl. Frank Roberts, Dealing with Dictators. The Destruction & Revival of Europe 1930-70, London 1991, S.107-110. Sean Greenwood, Frank Roberts and the 'Other' Long Telegram: The View from the British Embassy in Moscow, March 1946, in. JCH Vol.25 No.1, January 1990, S.103-122. Ray Merrick, The Russia Committee of the British Foreign Office and the Cold War, 1946-47, in: JCH Vol.20 No.3 (July 1985), S.453f. Zum "Beginn der öffentlichen Polemik zwischen Ost und West" s. Nolte, Deutschland und der Kalte Krieg, S.171-183.

cherheit der neuen Ostgrenze entlang der Curzon-Linie verlangte aus der Sicht Moskaus nach einer Marionettenregierung in Polen, dessen Oder-Neisse-Grenze wiederum nach Kontrolle der sowjetischen Besatzungszone und kommunistischer Beeinflussung des übrigen Deutschland und sogar Frankreichs: "Soviet Security has become hard to distinguish from Soviet imperialism and it is becoming uncertain whether there is, in fact, any limit to Soviet expansion."[162]

In London wollte Christopher Warner, der Leiter des Northern Department, der Roberts Ausführungen als erster zu lesen bekam, von angeblichen sowjetischen Sicherheitsbedürfnissen schon gar nichts mehr wissen. In einem langen Memorandum über "The Soviet Campaign Against this Country and Our Response to It", das im Foreign Office alsbald in beachtlicher Auflage als "'Warner Memo" zirkulierte und als Rundschreiben des Permanent Under-Secretary of State die meisten Botschaften erreichte, betrachtete er sie Anfang April lediglich als "convenient excuse for an aggressive policy".[163] Überall auf der Welt kollidierten britische und sowjetische Interessen. Das sei kein Zufall. Ganz bewußt, so Warner, schoß sich die Sowjetunion auf die schwächere der beiden "imperialistischen und kapitalistischen Mächte" ein, Großbritannien nämlich, die unter ihrer gegenwärtigen Labour-Regierung zudem die Führungsrolle innerhalb der europäischen Sozialdemokratie einnahm - dem natürlichen Feind des Kommunismus, wie Moskau erklärt hatte. Überall auf der Welt kehre Moskau zur "pure doctrine of Marx-Lenin-Stalinism" zurück.[164] In Osteuropa, auf dem Balkan, in Persien, in der Mandschurei, in Korea, in Deutschland, im Sicherheitsrat der UN, in der Unterstützung ausländischer Kommunistischer Parteien und im Versuch der Unterwanderung so-

---

162 Roberts an F.O. 17.3.1946, F.O. 371/56763/N4156.

163 Memorandum Christopher Warners v. 2.4.1946: "The Soviet Campaign against this Country and Our Response to It", F.O. 371/ 55581/C9927. In einem leider wenig aussagekräftigen, kurzen Auszug finden sich Teile des Schlusses des Memorandums in deutscher Übersetzung abgedruckt bei: Steininger, Deutsche Geschichte, Bd. 1, S.193f. Der Hinweis, daß die Vorschläge Warners "vorläufig auf Eis gelegt" wurden, fehlt.

164 Ibid.

zialistischer Parteien sei die Sowjetunion längst dazu übergegangen, ihre bolschewistische Rhetorik in die Tat umzusetzen: "We should be very unwise not to take the Russians at their word, just as we should have been wise to take Mein Kampf at its face value."[165] Konzessionen und "appeasement" würden nur die Sowjetunion stärken und zugleich die britischen Positionen schwächen. Notwendig, forderte Warner, sei britischerseits die Besinnung auf eine "defensive-offensive policy".[166]

Warner griff indes der Entscheidungsfindung des Foreign Office voraus. Bis zum Umschwenken Londons auf "defensiv-offensive Politik" gegenüber Moskau sollte es noch gut ein Jahr dauern. Seine Empfehlungen wurden nie umgesetzt, und die Realisierungsvorschläge, die aus den Botschaften bei Sir Orme Sargent - als Nachfolger Cadogans nun Permanent Under-Secretary of State - eingingen, vorläufig "auf Eis gelegt".[167] Immerhin waren aber Anfang Mai auf diese Weise nicht nur die politische Konstellation in Deutschland, sondern auch die Köpfe im Foreign Office so hinlänglich geklärt, daß Außenminister Bevin die erste konsistente Formulierung britischer Deutschlandpolitik - im Grunde seit Ausbruch des Zweiten Weltkrieges - vorlegen konnte.

---

165 Ibid.

166 Ibid.

167 Sargent an Knatchbull-Hugessen 14.4.1947, F.O. 371/66367/ N4235.

Drittes Kapitel

Teilung oder Einheit? Der deutschlandpolitische Entwurf Londons.

3.1. Wer Berlin aufgibt, muß am Ende ganz Deutschland aufgeben!

Die Nachricht von der Kapitulation Grotewohls und von der Einwilligung des Zentralausschusses in Einheitslisten mit der KPD hatte im Foreign Office, das eigentlich hätte vorbereitet sein müssen, eingeschlagen wie ein Blitz aus heiterem Himmel. Im German Department faßte Albert Franklin den Schock in Worte: "This is a major defeat ... This decision in fact means that we can kiss good-bye to democracy on the Western pattern for what is practically half of pre-war Germany which politically is now being reduced to a Balkan level."[1]

Nur unzureichend erklärt das Ereignis an sich die fast panische Stimmung, die Anfang Februar vom Foreign Office Besitz ergriff. Die Kapitulation des Zentralausschusses der SPD war sicherlich Auslöser der deutschlandpolitischen Verzweiflung im Foreign Office, aber nicht ihre Ursache. Den eigentlichen Schock versetzte den Diplomaten in London vielmehr die Erkenntnis, selber vor einem deutschlandpolitischen Vakuum zu stehen. Allen Warnsignalen zum Trotz und ungeachtet steigenden britischen Mißvergnügens an der Politik Moskaus, wie sie in der sowjetischen Zone sichtbar geworden war, waren bis zu diesem Zeitpunkt die Potsdamer Beschlüsse und das Konzept

---

1 Franklin 9.2.1946, F.O. 371/55586/C1480. Zur Londoner Reaktion auf die Vereinigungskampagne vgl. Rolf Steiniger, Die britische Deutschlandpolitik in den Jahren 1945/46, in: Aus Politik und Zeitgeschichte. Beilage zur Wochenzeitung Das Parlament, 9.1.1982, S.28-47, hier: S.30-38. Falk Pingel, "Die Russen am Rhein?" Zur Wende der britischen Besatzungspolitik im Frühjahr 1946, in: VfZ 30 (1982), S.98-116. Martina Kessel, Westeuropa und die deutsche Teilung. Englische und französische Deutschlandpolitik auf den Außenministerkonferenzen von 1945 bis 1947, München 1989, S.52-60.

der Vier-Mächte-Kontrolle Deutschlands die Grundlagen britischen Nachdenkens über Deutschland geblieben.[2]

Um so schmerzhafter war in London das Erwachen, als die Sowjets in Berlin nun die "Glacé-Handschuhe auszogen", und SMAD und KPD in der Vereinigungskampagne britische Erwartungen an die Vier-Mächte-Kontrolle Deutschlands schwer beschädigten.[3] Galt Potsdam noch? Das Experiment der Vier-Mächte-Kontrolle Deutschlands, formulierte im German Department schonungslos wieder Albert Franklin, war gescheitert. Der Kontrollrat hatte sich lediglich als Fassade erwiesen, hinter der immer deutlicher Interessenkonflikte der Siegermächte in Deutschland zum Vorschein kamen: "We can now fairly assess this experiment in international - or rather four-power collaboration. There can be little doubt that it must be regarded as a failure. The Control Council pulls at sixes and sevens and is largely a sham. It thinly conceals, and that only to outsiders, the struggle of conflicting national interests. ... Germany has in fact collapsed under the quadripartite cross. Inflation, famine, economic chaos, political instabilitiy and an international tug-of war over her dead body is the gloomy picture as we see it today."[4] Und das Schlimmste: London war ohne deutschlandpolitische Alternative.

Die ersten Antworten, die in London auf die neue Situation gegeben wurden, spiegelten die Stimmungslage des German De-

---

2 Zur Entwicklung der britischen Deutschlandpolitik 1945/46 vgl. Bullock, Foreign Secretary, S.265-269. Victor Rothwell, Britain and the Cold War 1941-1947, London 1982, S.315-323. Ders., Großbritannien und die Anfänge des Kalten Krieges, in: Kalter Krieg und Deutsche Frage. Deutschland im Widerstreit der Mächte 1945-1952, hg. v. Josef Foschepoth, Göttingen 1985, S.88-110. Falk Pingel, "Die Russen am Rhein?" Die Wende der britischen Besatzungspolitik im Frühjahr 1946, in: VfZ 1982/1, S.98-116. Rolf Steininger, Westdeutschland ein "Bollwerk gegen den Kommunismus"? Großbritannien und die deutsche Frage im Frühjahr 1946, in MGM 2/85, S.163-208. Ders., Deutsche Geschichte, Bd.1, S.167-198. Martina Kessel, Westeuropa und die deutsche Teilung. Englische und französische Deutschlandpolitik auf den Außenministerkonferenzen von 1945-1947, München 1989, S.54-57.

3 Steel 7.2.1946, ibid.

4 Franklin 19.3.1946, F.O. 371/55362/C2968.

partment wieder. Drei Tage nach Franklins Aufschrei, halb Deutschland sei westlichen Vorstellungen von Demokratie nun verloren, zog dessen Vorgesetzter O'Neill die Konsequenz. London sollte sich, riet er kühl, von nun an ausschließlich dem Aufbau der eigenen Besatzungszone und West-Deutschlands widmen und Berlin und die sowjetische Besatzungszone den Sowjets überlassen: "I feel it is much better for us to cut our losses in Berlin and the Russian Zone - which after all are not primarily our concern - and let the Social Democrat Party there cut its own throat if it wants to."[5] Hatte Großbritannien in Berlin und der sowjetischen Besatzungszone noch Interessen oder nicht, das eben war die eigentliche Frage, die O'Neill hier stellte.

Ganz so einfach wie O'Neill wollte es sich eine Stufe höher der Superintending Under-Secretary des German Department, Oliver Harvey, nicht machen. Aber auch ihm bot sich die Situation als kaum lösbares "Dilemma" dar.[6] An der Beseitigung der Zonengrenzen, an der Herstellung von Zentralverwaltungen in Berlin, kurz: an der Realisierung der Bestimmungen des Potsdamer Protokolls, so sah es auch Harvey, konnte London, solange die alliierte Besetzung Deutschlands andauerte und solange die Sowjets in Berlin saßen, kein Interesse mehr haben. Unter den gegebenen Umständen konnte Zentralisierung Deutschlands nämlich nur den Sowjets und ihren Bemühungen förderlich sein, von Berlin aus das politische und wirtschaftliche Leben ganz Deutschlands zu beeinflussen. Aber folgte daraus, wie O'Neills einfacher Lösungsvorschlag es implizierte, daß London auf eine "Teilung Deutschlands in West und Ost entlang der Elbe" hinarbeiten mußte? Harvey verneinte auch das mit der Begründung, daß London es sich weder leisten konnte, vollständig mit Moskau zu brechen, noch die Gefühle der Deutschen und die Tatsache der nationalen Einheit Deutschlands zu ignorieren: "That would really be a declaration of war

---

5 Memorandum O'Neills v. 12.2.1946: "German Communists and Social Democrats in Berlin and the Russian Zone", F.O. 371/55362/ C2968.

6 Harvey 20.2.1946, F.O. 371/55362/C2968.

against Russia besides challenging German unity."[7] Am ehesten erfolgversprechend sei noch, riet er schließlich, ohne selbst überzeugt zu klingen, ein Spiel auf Zeit, das die zonale Verwaltung Deutschlands verlängerte und die westlichen Besatzungszonen so lange wie eben möglich vor sowjetischem Einfluß schützte.

Eine Antwort auf das eigentliche Dilemma war aber auch das nicht, sondern tatsächlich nur ein Spiel auf Zeit. Früher oder später, und wie Harvey es mit Blick auf die ungeduldigen amerikanischen Alliierten sah, eher früher, denn später, würde in Deutschland für die Westmächte die Stunde der Wahrheit doch kommen, nämlich dann, wenn die Besetzung des Landes endete und die Westzonen mit der inzwischen gründlich sowjetisierten Sowjetzone verschmolzen, unter einer ebenso gründlich sowjetisierten Hauptstadt Berlin: "Therefore admittedly to prolong Zonal government only postpones the evil day of unifying Germany under Russian influence through Berlin."[8] Wie das ausgehen würde, darüber machte sich Harvey keinerlei Illusionen: "We probably delude ourselves if we think that any unified Germany under Berlin will be anything but Eastern-minded and hostile to the West."[9]

Bei der Fortsetzung der zonalen Verwaltung Deutschlands konnte es, so Harvey, tatsächlich nicht um mehr gehen als um einen kleinen Zeitgewinn, der es den Briten gestattete, das Ruhrproblem in ihrem Sinne zu lösen und wenigstens den Versuch zu machen, demokratische Kräfte in ihrer Zone zu stärken, und außerdem Raum ließ für die Möglichkeit, daß die sowjetische Politik sich weiterentwickelte - vielleicht aufgrund interner Schwierigkeiten.[10] Daß Harvey selbst auf diese "entfernte Möglichkeit"[11] - mehr letzter Strohhalm, denn realistische Hoffnung - setzte, offenbarte das ganze Ausmaß seiner deutschlandpolitischen Verzweiflung.

---

7 Ibid.
8 Ibid.
9 Ibid.
10 Ibid.
11 Ibid.

Schon einen Tag später konfrontierte der ranghöchste Beamte des Foreign Office, Permanent Under-Secretary of State for Foreign Affairs Orme Sargent, seinen Außenminister mit dieser düsteren Sicht der Dinge. Harveys und O'Neills Memoranden, fand Sargent, arbeiteten gewisse Aspekte des deutschen Problems pointiert heraus, die in der unmittelbaren Zukunft der Bewältigung harrten.[12] In seiner kurzen Erläuterung an den Außenminister ging Sargent dann noch einen entscheidenden Schritt weiter als Harvey. Zwar griff er dessen pessimistische Formulierung vom "evil day", den es hinauszuschieben gelte, auf, zog aber, anders als Harvey, die Option weiteren britischen Hinarbeitens auf die Erfüllung des Potsdamer Abkommens und die Errichtung deutscher Zentralverwaltungen oder einer deutschen Regierung gar nicht mehr in Betracht. Sargent überlegte statt dessen, ob langfristig in Deutschland die Bildung einer kommunistischen, von den Sowjets kontrollierten Regierung überhaupt noch zu verhindern war. Wenn nicht, gab er zu bedenken, wäre London dann nicht besser beraten, wenn es sich darauf beschränkte, lediglich im Ruhrgebiet britische Minimalinteressen aus dem "Wrack" Deutschlands - oder britischer Deutschlandpolitik, das ließ Sargent offen - zu retten: "If we cannot prevent the German Government from becoming Communist-controlled, ought we to try and rescue at any rate the Ruhr from the wreckage by removing it from (a) the economic control; and (b) the political control of the German Government?"[13]

Was Sargent hier vorschlug, war nichts anderes als die Erwägung des Verzichts auf britische Involvierung nicht nur in der sowjetischen Besatzungszone und in Berlin, sondern in ganz Deutschland - erträglich gemacht allein durch wie auch immer geartete Abtrennung des Ruhrgebietes. Das klang am 21. Februar 1946 keineswegs absurd. Sargent hatte lediglich die

---

12 Sargent an Bevin 21.2.1946, F.O. 371/55362/C2969. Fast vollständig abgedruckt bei Rolf Steininger, Westdeutschland ein "Bollwerk gegen den Kommunismus"? Großbritannien und die deutsche Frage im Frühjahr 1946, in: MGM 2/85, S.167.

13 Ibid.

einleuchtend klingende Forderung O'Neills weitergedacht bis zu ihrem konsequenten Ende: Vom "cutting our losses in Berlin and the Russian Zone" war es nur ein kurzer gedanklicher Schritt bis zum "cutting our losses in Germany".

3.2. Hat Moskau überhaupt eine Deutschlandpolitik?

Trotz des drängenden Tones Sargents dachte niemand daran, die Entscheidung über das britische Verhalten in Deutschland sofort zu fällen. Einer grundsätzlichen Formulierung britischer Deutschlandpolitik mußten Memoranden, Konsultationen wichtiger Botschafter und Besprechungen auf höchster Ebene vorausgehen sowie die Vorbereitung einer Vorlage, die der Außenminister dann dem Kabinett zu unterbreiten hatte. All das brauchte Zeit und gab dem Foreign Office Gelegenheit, zu grösserer Besonnenheit zurückzufinden. Als die eingekehrt war, taten die Planer im Foreign Office zunächst das, was sie stets taten, wenn sie in Deutschland nicht mehr weiter wußten. Sie blickten nach Moskau und versuchten zu ergründen, was denn die Sowjets in Deutschland vorhatten.[14]

Was aber waren die Ziele Moskaus in Deutschland? Die Frage stellte sich das German Department nicht zum ersten Male. Seit geraumer Zeit hatten dort vor allem Franklin und O'Neill geargwöhnt, die Sowjetunion betreibe die soziale und wirtschaftliche Desintegration Deutschlands und versuche, auch die Westzonen wirtschaftlichem Chaos zuzutreiben, um dann über kommunistische Subversion um so leichter sowjetischen Einfluß in ganz Deutschland zur Geltung bringen zu können.

Aufgeschreckt durch die Vorgänge in Berlin versuchte nun Franklin, das sowjetische Vorgehen in einen größeren Zusammenhang zu stellen, und empfand Mitte März einen sowjeti-

---

14 Vgl. Rothwell, Cold War, S.307-314. Steininger, Deutsche Geschichte, Bd.1, S.171f.

schen Mehrstufenplan nach, der zur Ausdehnung sowjetischen Einflusses bis an den Atlantik führen würde.[15] In einer "ersten Phase der Balkanisierung" Deutschlands, so Franklin, habe Moskau hinter dem Eisernen Vorhang die alte soziale und wirtschaftliche Struktur seiner Besatzungszone zerschlagen, jede bürgerliche und sozialdemokratische Opposition unterdrückt und eine "Marionettenregierung auf die Beine gestellt".[16] In der zweiten Phase, die gerade angelaufen sei, strebe Moskau, unter der Kampfparole der 'Einheit' und im Besitze der Hauptstadt Berlin, nach Herstellung eines "totalitären Arbeiterstaates, der ganz Deutschland umfassen" sollte.[17] Ziel Moskaus in den alliierten Verhandlungen über das Industrieniveau für Deutschland sei der industrielle Kollaps des Ruhrgebietes, die Verschiebung des Eisernen Vorhanges bis zum Rhein und die Ausdehnung "of effective Communism" ins westliche Europa. In Kürze, prophezeite Franklin schließlich, werde die Sowjetunion im Verein mit Frankreich die Internationalisierung des Ruhrgebietes fordern. Über die Beteiligung an der Verwaltung des Ruhrgebietes würden die Sowjets sodann am Rhein Fuß zu fassen und ihre beherrschende Position in Deutschland auszubauen suchen: "In short, Communism would successfully have been extended to the Rhine, if not to the Atlantic."[18]

Daß die Sowjetunion sich bemühte, ihren Einfluß auf das ganze Deutschland auszudehnen, war im German Department 'common sense'. Zweifel weckte indes Franklins Unterstellung eines 'Masterplan' Moskaus zur Sowjetisierung Europas, den auch der Leiter des German Department, John Troutbeck, aus dem sowjetischen Vorgehen so nicht herauslesen konnte: "I wonder if they [the Russians, A.d.V.] are quite as superlatively purposeful and clever as Mr. Franklin represents."[19] Völlig ausschließen wollte er es allerdings auch nicht. "Mal sehen, wer

---

15 Franklin 19.3.1946, F.O. 371/55362/C2968.

16 Ibid.

17 Ibid.

18 Ibid.

19 Troutbeck, 22.3.1946, ibid.

recht hat", lautete der nun schon gelassenere Schlußsatz seines Kommentars.[20]

Die Skepsis Troutbecks teilten Frank Roberts in Moskau und William Strang in Berlin. Beide stellten die sowjetische Politik in den Zusammenhang eines Konflikts zwischen langfristigen und kurzfristigen Zielen Moskaus in Deutschland. Langfristig ginge es der sowjetischen Regierung in der Tat um die Beherrschung ganz Deutschlands. Kurzfristig, telegrafierte Roberts aus Moskau, sei sie aber entschlossen, ihre Besatzungszone nach Westen hin abzuschotten, nicht zuletzt, um sie später als Sprungbrett zur Ausdehnung ihres Einflusses auf das westliche Deutschland benutzen zu können. Das Hauptproblem für Moskau sei es, die Maßnahmen zur Verfolgung des langfristigen mit denen zur Verfolgung des kurzfristigen Zieles in Übereinstimmung zu bringen, und dabei in erster Linie die Entscheidung, ob die Zerstückelung Deutschlands beiden dienlich sei oder nicht. Während des Krieges, bis zur Konferenz von Jalta, habe Moskau die Zerstückelung Deutschlands favorisiert. In der alliierten Diplomatie seither habe es davon nichts mehr wissen wollen. Gleichwohl, beobachtete Roberts, liefen in der Praxis alle Maßnahmen der SMAD eher auf die Teilung Deutschlands hinaus, denn auf dessen Zentralisierung.[21]

Mit der geradezu gegenläufigen Zweigleisigkeit sowjetischer Politik in Deutschland beschäftigte sich in Berlin auch William Strang.[22] Er hatte für das sonderbare Phänomen eine schlichte Erklärung, die aber gerade im nach wie vor vollständig konsternierten Foreign Office überzeugte: "... the Russians are just as puzzled as we are what to do with Germany."[23] Moskau, erläuterte er weiter, weiche in Deutschland der Festlegung ganz bewußt aus und bemühe sich nicht ungeschickt, statt dessen die Vorzüge der Teilungslösung mit denen der Einheitslösung zu verbinden. Für die eigene Besatzungszone sollten die Bedingun-

---

20 Ibid.

21 Roberts an F.O. 27.4.1946, F.O. 371/55580/C4669.

22 Strang Memorandum vom 6.4.1946: "Soviet Policy in Germany", F.O. 371/55580/C4145.

23 Strang an Troutbeck 9.4.1946, ibid.

gen der Teilung gelten, für die Westmächte und die westlichen Besatzungszonen dagegen die Potsdamer Grundsätze der Einheit Deutschlands, die sowjetisches Mitspracherecht einschlossen: "... as a fairly long-term policy, they will try to make the best of both worlds, establishing themselves surely in their own zone and, if they can, in Berlin, to the exclusion, so far as possible, of the Western Allies, while at the same time asserting, and maintaining to the maximum degree, their interest in, and right of access to, the Western zones, and their demand for the integral application throughout Germany, of those provisions of the Potsdam agreement which suit them."[24]

3.3. Die Teilung Deutschlands "formalisieren"?

Die Erkenntnis, daß auch die Sowjets möglicherweise nicht recht wußten, was sie in Deutschland eigentlich wollten, erleichterte in London die Beschlußfassung über das weitere Vorgehen in Deutschland nur bedingt. Immerhin war im Foreign Office bis Mitte März eine gewisse Beruhigung eingetreten. Von den extremen Vorschlägen waren inzwischen auch deren ursprüngliche Vertreter abgerückt. Von der Aufgabe Berlins oder gar des "Wracks" Deutschlands war nicht mehr die Rede. Statt dessen kreiste die Debatte nun hauptsächlich um die Frage, ob britische Politik in Deutschland sich weiterhin am Potsdamer Abkommen und an dessen Forderung nach Behandlung Deutschlands als wirtschaftliche und politische Einheit orientieren, oder ob London nicht besser einen radikalen Schnitt tun und in Deutschland ohne weitere Rücksichten auf Potsdam und die Sowjets eigene Wege gehen sollte - am besten natürlich in Übereinstimmung mit Frankreich und vor allem den Vereinigten Staaten.

---

24 Strang Memorandum vom 6.4.1946: "Soviet Policy in Germany", F.O. 371/55580/C4145.

Unter dem Eindruck des Arguments Harveys und Sargents, daß der Tag der Erfüllung des Potsdamer Abkommens stets nur der "evil day of unifying Germany under Russian influence" sein konnte, wie lange man ihn auch hinausschob, mehrten sich im Foreign Office zunächst die Stimmen derer, die für ein Abgehen von den Potsdamer Bestimmungen eintraten. Ausformuliert und am konsequentesten vertreten wurde diese Lösung des deutschen Problems zuerst von O'Neill, und sie war ja auch im wesentlichen nichts anderes als eine modifizerte Version seines ursprünglichen Vorschlags. Die eleganteste Lösung, notierte er Anfang März, sei es, die faktisch bestehende Teilung zu "formalisieren" und in Übereinstimmung mit den Amerikanern und Franzosen westlich der Teilungslinie ein "Western Socialist (as opposed to an Eastern Communist) Germany" aufzubauen: "... if we recognise and formalise the existing split along the Lübeck-Göttingen-Hof line (the top half of the iron curtain) things might be better in the long run."[25] Die "Formalisierung" der Teilung würde weitere Konflikte der Alliierten in Deutschland ausschließen und vor allem das Ruhrgebiet sowjetischem Zugriff endgültig entziehen, dabei allerdings auch, gestand O'Neill ein, zwangsläufig das Ende des Alliierten Kontrollrates herbeiführen. Ähnlich pragmatisch argumentierte in Moskau auch Frank Roberts, der aus seiner Analyse sowjetischer Absichten die Notwendigkeit ableitete, in Deutschland sowjetischer Expansion eine definitive Grenze zu setzen.[26]

Die Argumentation O'Neills und anderer bestach. Sie war bündig und schlüssig und bot einen unkomplizierten Ausweg aus einer heillos komplizierten Situation an. Im German Department setzte sie sich rasch, wenn auch nicht ganz vollständig, durch. An der Spitze des Foreign Office schloß sich ihr Permanent Under-Secretary of State Orme Sargent, wie noch zu zeigen sein wird, uneingeschränkt an. Das muß ihm um so leichter gefallen sein, da auf den ersten Blick die Westmächte für die "Formalisierung" der Teilung Deutschlands nicht einmal einen

---

25 O'Neill, 11.3.1946, F.O. 371/55362/C2646. O'Neill 20.3.1946, F.O. 371/55362/C2968.

26 Vgl. Greenwood, Frank Roberts, S.113.

politischen Preis würden entrichten müssen. Jedenfalls erschienen weder O'Neill noch Sargent das Ende alliierter Kontrolle Deutschlands und das Ende des Kontrollrates als bedenkenswerte politische Folge. Hatte nicht die alliierte Kontrolle Deutschlands bereits jeden Sinn verloren? War nicht der Kontrollrat längst völlig ohne Einfluß auf das, was sich in den einzelnen Besatzungszonen abspielte? Denn das war ja der Vorzug jeder "Formalisierung" - sie implizierte nichts anderes als die Anerkennung der Tatsachen und den Abschied von Wunschdenken.

Bei näherer Betrachtung mußten indes Zweifel erlaubt sein, ob das wirklich alles war, oder ob es bei der Zementierung der Teilung Deutschlands nicht doch um mehr ging. Am politischen Preis, den London nicht nur in Deutschland, sondern in ganz Europa für die "Formalisierung" der Teilung würde entrichten müssen, entzündete sich darum im German Department zunächst vereinzelter Widerspruch, dem sich schließlich aber der Außenminister anschließen sollte.

3.4. Außenminister Bevin zögert.

Schon Ende Februar hatte im German Department Bernard Burrows die Alternative, wie Harvey und Sargent sie präsentierten - Herstellung der politischen Einheit Deutschlands oder Planung der Teilung - als "radikal" und in ihrer Zuspitzung irreführend verworfen.[27] Zu gefährlich sei im Augenblick in der Tat die Zentralisierung, zu endgültig aber wäre auch die Teilung Deutschlands. Gegen die Teilung Deutschlands sprach, daß, beschritte man diesen Weg, zuviel an ursprünglichen deutschen und europäischen Vorstellungen der Briten auf der Strecke bliebe. Die Teilung Deutschlands, warnte Burrows, wäre auch die Teilung Europas, denn in Deutschland entstünde dann eine

[27] Burrows 22.2.1946, F.O. 371/55362/C2968.

definitive Grenze zwischen Rußland und dem Westen. Deutschland würde außerdem die ihm vom Foreign Office zugedachte doppelte Rolle als Puffer wie als Katalysator, der die Sowjetunion und den Westen sowohl voneinander trennte als auch miteinander verband, nicht mehr spielen können: "If we decided to build up our own zone or the three Western zones together on our own lines, we should have to realize that the Russians would react by intensifying the absorption of their zone into the Russian system and we should be establishing a definite frontier line between Russia and the West on the Russian zonal boundary, instead of having Germany as a kind of glacis between the two systems but adhering wholly to neither."[28]

Anders als die meisten seiner Kollegen im German Department hielt Burrows es nicht für notwendig, sich zu diesem Zeitpunkt auf eine der beiden "radikalen Lösungen" endgültig festzulegen. Statt dessen empfahl er einen Kompromißkurs, der es London erlaubte, in der britischen Besatzungszone die drängenden wirtschaftlichen und administrativen Probleme in eigener Regie endlich anzupacken, ohne dabei die Behandlung Deutschlands als administrative Einheit vollständig auszuschließen: "A temporary compromise would be to continue and accelerate the administrative development of our own zone, on our own lines, transferring responsibility there to the Germans to the greatest possible extent, while not maintaining an objection of principle to Central Administrations where these could be shown to be of considerable administrative advantage and where there is a reasonable chance that they will be allowed to function in the Russian zone without being completely dominated by the Russians."[29] Burrows Stimme war in der Februar-Panik im Foreign Office zunächst untergegangen. Erst William Strangs Einsicht, daß auch die Sowjets wohl noch nicht genau wußten, worauf sie in Deutschland hinauswollten, verlieh Anfang April seinem Rat Gewicht, in Deutschland auch britischerseits definitive Festlegungen vorläufig zu vermeiden.

---

28 Ibid.
29 Ibid.

Am 26. März, die politische Auseinandersetzung um die Vereinigung von KPD und SPD trieb in Berlin gerade ihrem Höhepunkte zu, hielt auch Permanent Under-Secretary of State Sir Orme Sargent den Zeitpunkt für gekommen, zu dem London einer Entscheidung über seine zukünftige Politik in Deutschland nicht länger ausweichen durfte. Er regte, als geeignetstes Mittel, endlich Klarheit herbeizuführen, eine Foreign Office Konferenz auf höchster Ebene an und forderte Außenminister Bevin auf, selbst den Vorsitz zu übernehmen, was dieser auch zusagte.[30] Die Konferenz, die dann am dritten April stattfand, war so hochkarätig besetzt, wie es unterhalb der Ebene des Kabinetts nur irgend möglich war, und versammelte die meisten der in London mit Deutschland befaßten Köpfe. Neben Außenminister Bevin, seinem Private Secretary Pierson Dixon, Permanent Under-Secretary of State Sir Orme Sargent, Deputy Under-Secretary of State Hall-Patch, den Leitern des unter anderem mit der Sowjetunion befaßten Northern Department und des German Department sowie einem weiteren Beamten aus dem German Department - William Burrows - nahm mit 'Deutschlandminister' John Hynd, zwei Staatssekretären und einem weiteren Mitarbeiter praktisch auch die gesamte Spitze des Control Office for Germany and Austria daran teil.[31]

Sargent eröffnete das 'brain-storming' mit der nun schon geläufigen Darlegung der Alternative, die sich, seiner Auffassung nach, britischer Deutschlandpolitik stellte. Vom ersten Worte an lenkte er die Diskussion in Richtung der von ihm favorisierten Entscheidung, der "Formalisierung" der Teilung Deutschlands. Es müsse nun endgültig beurteilt werden, so seine erste Suggestivfrage, ob die zukünftige deutsche Regierung dem Westen freundlich gesonnen sein oder unter sowjetischem Einfluß stehen werde. Sei ersteres zu erwarten, könne man sofort damit beginnen, Verantwortung an die Deutschen zu übergeben,

---

30 Sargent 26.3.1946, F.O. 371/55364/C3905. Undatierte Marginalie Bevins, ibid.

31 "Note of a Discussion about Germany on April 3rd", F.O. 371/55586/C3997. Das Protokoll findet sich vollständig abgedruckt bei Steininger, 'Bollwerk', S.174f. Vgl. Pingel, "Die Russen am Rhein?", S.98-116. Rothwell, Cold War, S.316f.

um Personal und Geld zu sparen. Sei dagegen letzteres wahrscheinlicher, müsse London so lang wie möglich verzögern und die Teilung Deutschlands in zwei Staaten planen. Ähnliches, fuhr Sargent fort, galt für die Aussichten auf langfristige Zusammenarbeit mit Rußland. Könne man darauf zählen, dann solle man unverzüglich daran gehen, in Erfüllung des Potsdamer Abkommens Zentralverwaltungen zu errichten, andernfalls aber "Western Germany" im Alleingang aufbauen.[32]

Unterstützung erhielt Sargent von 'Deutschlandminister' Hynd, dessen Control Office am akutesten unter dem Schwebezustand in Deutschland und der damit verbundenen Perspektivlosigkeit britischen Vorgehens in der eigenen Besatzungszone litt. Hynd deutete an, bereits einen Plan für die Bildung zonaler Zentralverwaltungen in der Schublade zu haben, der von der Annahme ausging, daß es zur Bildung einer deutschen Zentralregierung für geraume Zeit nicht kommen würde.[33] Hynds Bedürfnis, in der eigenen Besatzungszone, für die seine Militärregierung schließlich die volle Verantwortung hatte, endlich freie Hand zu bekommen, war unverkennbar. Beinahe neiderfüllt verwies er auf die quasi "diktatorischen Vollmachten", deren sich in der amerikanischen Besatzungszone deutsche Länderregierungen erfreuten.[34]

Aber obwohl Sargents Zuspitzung ausweichende Beantwortung eigentlich ausschloß, fand auch diese Runde nicht zu einer Entscheidung. Denn, wie sich nun zeigte, schreckte in Foreign Office und Control Office nicht nur eine Minderheit noch immer vor dem endgültigen Bruch mit Potsdam und mit den Sowjets zurück, sondern eben auch Außenminister Bevin. Drei Punkte vor allem waren es, welche die Skeptiker um Bevin vor dem drastischen Schritt zurückschrecken ließen: das bisher noch ungedachte Problem der politischen Rolle des geteilten Deutschland in Europa, die Wirkung der Teilung Deutschlands auf Europa und die Erkenntnis vor allem Bevins, daß ohne Part-

---

32 "Note of a Discussion about Germany on April 3rd", F.O. 371/55586/C3997.

33 Ibid.

34 Ibid.

nerschaft mit Washington keine britische Entscheidung in Europa - schon gar keine derart weitreichende - irgendein Gewicht haben würde.

Die Teilung Deutschlands, gab aus dem Control Office Permanent Under-Secretary of State Arthur Street zu bedenken, würde sich später möglicherweise nur schwer rückgängig machen lassen.[35] Der Außenminister selber stellte sie sofort in den größeren Zusammenhang der dann unausweichlichen Teilung des gesamten europäischen Kontinents.[36] Wenn überhaupt, dann wollte er eine Entscheidung nur im Verein mit Washington fällen: "*The Secretary of State* said that we must carry the Americans with us and that he would like to put the facts to them frankly and suggest consultation in order that a joint decision might be reached."[37] Bevin ließ sich weder von der düsteren Prognose beirren, die Alternative zur Teilung Deutschlands und Europas "might mean Communism on the Rhine", noch zu der sofortigen Entscheidung nötigen, auf die Sargent es offenbar abgesehen hatte: "*Sir Orme Sargent* said that what he was afraid of was that we might, by failing to take a decision now, merely drift along until we found ourselves obliged, under American pressure added to our own manpower and financial difficulties, to hand over suddenly to a German Government which would be under Communist influence."[38] Der einzige Beschluß, der nach erstaunlich knapper Debatte doch gefaßt wurde, sah vor, das gesamte Problem dem Kabinett in Form eines Memorandums zur Beschlußfassung zu unterbreiten.[39]

---

35 Ibid.

36 Ibid.

37 Ibid.

38 Ibid. Von den Quellen nicht gestützt wird die Interpretation Falk Pingels, "daß Bevin entschlossen war, von der Orientierung an Potsdam abzugehen", ders., "Russen am Rhein", S. 107. Ähnlich Josef Foschepoth, Großbritannien und die Deutschlandfrage auf den Außenministerkonferenzen 1946/47, in: ders./Rolf Steininger (Hg.) Die britische Deutschland- und Besatzungspolitik 1945-1949, Paderborn 1985, S.65-86, hier S.67, Anm.11. Zutreffend ist die Einschätzung Victor Rothwells, Cold War, S.315 und die Alan Bullocks, Foreign Secretary, S.267.

39 "Note of a Discussion about Germany on April 3rd", F.O. 371/55586/C3997.

3.5. Argumente gegen die Teilung Deutschlands.

Zusammen mit Troutbeck hatte Burrows in jener Konferenz am 3. April 1946 das German Department vertreten. Obwohl das Protokoll des Foreign Office keine Wortmeldung Burrows verzeichnet, spricht einiges für die Annahme, daß er seine Vorstellungen Außenminister Bevin zur Kenntnis brachte. Denn als der einen Monat später zusammen mit einem ausführlichen Memorandum des Foreign Office über "Policy Towards Germany" dem Kabinett seine Entscheidung zur Bestätigung vorlegte, folgte er nicht den Auffassungen seines Permanent Under-Secretary of State, sondern denen Burrows.[40]

In Deutschland stünde die Frage an, trug nun auch Bevin seinen Kabinettskollegen vor, "whether we should be best advised to maintain and develop the present policy of Potsdam or throw it overboard and organise our zone as an independent unit according to our own ideas, bringing in the other western zones as we can".[41] Nach reiflicher Überlegung war sich Bevin jetzt über die Antwort klar: weder noch. Von der Teilung Deutschlands wollte er vorläufig ganz ausdrücklich nichts wissen. In Umkehrung der ursprünglichen Risikoabschätzung seines Ministeriums sah Bevin nämlich von der Teilung Deutschlands und vom "throwing overboard Potsdam entirely" größere Gefahr für die britischen Interessen in Europa ausgehen als von der Beibehaltung der gegenwärtigen Linie Londons, die auf die Behandlung Deutschlands als politische Einheit zielte: "My own feelings at present are that the general dangers of splitting Germany now are greater than those of continuing our present policy ..."[42]

---

40 C.P.(46)186 v. 3.5.1946: "Policy Towards Germany". Memorandum by the Secretary of State for Foreign Affairs, CAB 129/9. Das Memorandum findet sich vollständig abgedruckt bei Steininger, Bollwerk, S.163-207. Deutscher Text in Auszügen: ders., Deutsche Geschichte, Bd. 1, S.188-193. Vgl. Bullock, Foreign Secretary, S.267f. Rothwell, Cold War, S.317-321. Kenneth O. Morgan, Labour in Power 1945-1951, Oxford 1984, S.256ff.

41 C.P.(46)186.

42 Ibid.

Zur Untermauerung dieses "Gefühls" zählte Bevin in langer Liste die "sehr schweren" Konsequenzen auf, welche die Teilung Deutschlands nach sich ziehen würde: In Deutschland selber würde London die eigene Besatzungszone von politischen und wirtschaftlichen Einflüssen aus dem Osten abschotten und eine selbständige Aufbauarbeit leisten müssen, auf die es eigentlich nicht vorbereitet war. Der Westen Deutschlands würde eine eigene Währung brauchen und höchstwahrscheinlich sogar eine "separate nationality". Das war gleichbedeutend mit der Einbeziehung des westlichen Deutschland in einen "westlichen anti-sowjetischen Block", was wiederum zum "irreparablen" Bruch mit Rußland führen mußte. Dem Endgültigkeitscharakter, der im Osten dieser Konstellation innewohnte, standen im Westen lediglich Unwägbarkeiten gegenüber. Die Amerikaner, so sah es jedenfalls Bevin, waren für die Teilung Deutschlands und für den anti-sowjetischen Block wohl noch nicht reif. Sicher war allein, daß man auf dauerhafte amerikanische Unterstützung nicht würde zählen können, selbst wenn Washington sich zunächst zu radikalem Vorgehen in Deutschland herbei ließ - "but full American support would be essential".

Eher unsichere Kantonisten waren auch die europäischen Verbündeten. Frankreich stand unter dem Einfluß einer starken kommunistischen Opposition. Belgien und Holland ließen sich vor allem von ihrer Furcht vor Deutschland leiten. Mit Deutschland, oder besser dem westlichen Deutschland - Bevin wurde da bemerkenswert unpräzise - stand es nicht besser. Die Westmächte, deutschen Erpressungsversuchen ausgesetzt, würden sich bald mit einer deutschen Armee abfinden müssen. Zusätzlich zu allem natürlichen Widerwillen vor politischen Endgültigkeiten mochte sich Bevin überdies nicht der Illusion hingeben, daß die "jahrhundertealte Idee der Einheit Deutschlands" durch eine so "künstliche Konstruktion" wirklich zu beseitigen sei: "Sooner or later the east and the west would join up again." Unterdessen aber wäre dann der eine Faktor verlorengegangen, der "uns" und die Russen vielleicht doch hätte zusammenhalten können, nämlich "the existence of a single Germany", das niederzuhalten im Interesse sowohl der Westmächte wie der Sowjetunion lag.[43]

3.6. Die sowjetische Besatzungszone - Londons Tor zu Osteuropa.

Das allein war schon ein eindrucksvolles Plädoyer für Vorsicht im Umgang mit Teilungsplänen. Aber Bevin wäre nicht Außenminister der europäischen Großmacht Großbritannien gewesen, hätte er Deutschlandpolitik konzipiert, die nicht automatisch den europäischen Rahmen mitdachte. Und in der Tat, die gesamteuropäischen Implikationen - nicht zufällig stellte Bevin sie an die Spitze seiner Liste schwerer Bedenken - lieferten ihm die stärksten Argumente gegen die bewußte Herbeiführung der Teilung Deutschlands. Warfen nämlich die Westmächte Potsdam "vollständig über Bord", dann entzogen sie auch ihrer Präsenz in Berlin sowohl juristisch wie sachlich die Basis. Denn wenn selbst die Fassade der Vier-Mächte-Kooperation in Deutschland nicht hielt, wenn Deutschland in Ost und West zerfiel und niemand mehr von Zentralverwaltungen in Berlin etwas wissen wollte, welchen sachlichen Grund und welchen juristischen Anspruch hätten die Westmächte für die Fortdauer ihrer Präsenz in Berlin dann noch geltend machen können? Wer das Potsdamer Abkommen kündigte, der kündigte auch den Sonderstatus Berlins innerhalb der sowjetischen Besatzungszone. Die Westmächte, folgerte Bevin, würden sich alsbald aus Berlin "hinausgezwungen" sehen.[44]

Die Folgen dessen aber würden weit über Berlin und Deutschland hinausgehen. Berlin aufzugeben und die Teilungslinie entlang der Elbe zu "formalisieren" - um den ursprünglichen Gedanken O'Neills aufzugreifen - hieß nichts anderes, als die Tei-

---

43 Ibid.

44 Ibid.

lung *Europas* zu "formalisieren" und alle Hoffnung aufzugeben, den Eisernen Vorhang jemals niederreißen zu können. Zusammen mit Ostdeutschland, warnte Bevin, würde auch ganz Osteuropa britischem Gesichtskreis entschwinden und auf unabsehbare Zeit an die Sowjetunion verloren sein: "The hopes we still entertain of breaking down the iron curtain would have to be abandoned. The whole of eastern Germany and indeed of eastern Europe would be irretrievably lost to Russia."[45]

Die sowjetische Besatzungszone, wußte Bevin nun genau, war britisches "concern". Sie war Londons Tor zu Osteuropa. Die europäische Großmacht Großbritannien, konnte sich nicht bewußt an ihr desinteressieren ohne zugleich auch ein Stück ihres eigenen Geltungsanspruches aufzugeben.

3.7. Deutschland föderalisieren!

Potsdam pur, die Behandlung Deutschlands als politische und wirtschaftliche Einheit - "unification through Berlin" -, das kam unter den gegenwärtigen Umständen allerdings genausowenig in Betracht. Da Bevin die Beibehaltung der Einheit Deutschlands - selbst unter für London ungünstigen Vorzeichen - gegenüber der Teilung als das eindeutig geringere Übel betrachtete, mußte es ihm nun darum gehen, die Erfüllung der Potsdamer Vorgaben mit den deutschen Interessen Londons in Einklang zu bringen. Auch Bevin setzte darum auf Zeitgewinn.

Anders als Harvey und Sargent, befürchtete er Anfang Mai offenbar nicht mehr, daß der Tag, an dem in Berlin deutsche Zentralverwaltungen die Arbeit aufnahmen, unvermeidlicherweise der "evil day of unifying Germany under Russian influence" sein mußte. Aus Berlin hatte nämlich William Strang mittlerweile die Befürchtungen des Foreign Office zu zerstreuen gesucht, Deutschland werde am Tag der Wiederherstel-

45 Ibid.

lung seiner Einheit aufgrund totalitärer und anti-westlicher Neigungen sowie in Folge übermächtigen Einflusses der Sowjets automatisch dem Kommunismus zufallen. In der sowjetischen Besatzungszone würden zwar die Kommunisten die Oberhand gewinnen, in Berlin aber sei das schon zweifelhaft - jedenfalls solange die Westmächte dort präsent blieben -, und in den westlichen Besatzungszonen sei die politische Situation keinesfalls danach. Eine deutsche Regierung in Berlin, die dann auch nur halbwegs der politischen Geographie des Landes entsprach, werde weder gänzlich ostwärts noch gänzlich westwärts orientiert sein. Auch was die Frage nach der zukünftigen politischen Orientierung Deutschlands anging, sei es daher gut möglich, überlegte Strang, daß die Sowjets ganz ähnliche Befürchtungen und Zweifel hegten wie die Westmächte: "The Soviet Government may well have doubts which way the balance would swing, and may well be as prone to overestimate the influence of the Western Powers as we perhaps are to assume that a unitary Germany must inevitably be a Soviet-controlled Germany."[46] Überzeugender noch als die Worte Strangs wirkten die Ereignisse in Berlin. Dort hatten nur wenige Tage zuvor in der Urabstimmung der Berliner SPD - im Zentrum der sowjetischen Besatzungszone - die Deutschen selber anti-kommunistischen Abwehrwillen eindrucksvoll vorgeführt.

Bevin ließ sich überzeugen, übernahm die Sicht Strangs fast wörtlich in sein Kabinettsmemorandum und befürwortete nun die vorläufige Beibehaltung zonaler Administration der britischen Besatzungszone. Der Zeitgewinn sollte London die Gelegenheit geben, durch Maßnahmen in der britischen Besatzungszone die Wiederherstellung der Einheit Deutschlands im britischen Sinne vorzubereiten und die möglicherweise von ihr ausgehenden Risiken zu entschärfen. Von den Maßnahmen, um die es gehen sollte, hatte Bevin schon eine genauere Vorstellung: "Föderalisierung" hieß das Zauberwort in seinem deutschland-

---

46 Strang 6.4.1946: "Soviet Policy in Germany", F.O. 371/55580/C4145.

politischen Programm.[47] Die britische Besatzungsmacht, umriß er sein Vorhaben, sollte die Fortdauer der zonalen Verwaltung nutzen, um in der britischen Besatzungszone die Weichen zu stellen für die Entstehung eines föderativ verfaßten Deutschlands. Wichtigstes Ziel britischer Besatzungspolitik sollte es von nun an sein, "to accelerate constitutional development in our zone and to develop the local autonomy of the provincial governments, giving them the widest practical powers and organising them in such a way that they will fit into a federated structure either for the western zones or for Germany as a whole".[48]

Eine bundesstaatliche Verfassung für Deutschland, da war sich Bevin sicher, würde viele der mit der Aufhebung der Zonengrenzen und der Zentralisierung des Landes verbundenen Gefahren erheblich mildern: "...we can hope to avoid many of the dangers of centralisation by insisting on political development along federal lines."[49] Vor allem aber - und das war der eigentliche Clou - würde sie der britischen Militärregierung in der eigenen Besatzungszone ein politisches und administratives Ziel geben, das eben nicht die "radikale" Entscheidung zwischen Teilung einerseits und Zentralverwaltungen andererseits schon voraussetzte. Die Vorbereitung bundesstaatlicher Institutionen würde es möglich machen, in der britischen Besatzungszone zugleich sowohl die Einheit als auch die Teilung Deutschlands anzuvisieren. Ob die britische Besatzungszone sich schließlich in einen Bundesstaat einfügen würde, der sich aus vier oder aus nur drei ehemaligen Besatzungszonen zusammensetzte, konnte für den britischen Militärgouverneur zunächst unerheblich bleiben.

Denn ganz außer acht lassen konnte auch Bevin nicht die Möglichkeit, daß Moskau sich die Vorzüge eines bundesstaatlich verfaßten Deutschlands nicht einleuchten ließ und die sowjetische Politik mittelfristig oder gar langfristig die Teilung

---

47 C.P.(46)186.

48 Ibid.

49 Ibid.

Deutschlands unvermeidlich machte. Dann und nur dann war er bereit, dem Gedanken der Teilung näherzutreten - stets vorausgesetzt natürlich, daß London sich der "vollständigen und dauerhaften Unterstützung" Washingtons sicher sein konnte. In gar keinem Fall aber war er bereit, für die Teilung Deutschlands die Verantwortung zu übernehmen. Wenn die Teilung Deutschlands wirklich unvermeidlich wurde, so Bevin, dann mußte für jedermann erkennbar sein, daß die Verantwortung dafür in Moskau lag und nirgendwo sonst: "If it was felt that we had to abandon the idea of a unified Germany, even with a federal system, it would be most important to ensure that responsibility for the break was put squarely on the Russians."[50]

In der Versammlung der Kabinettsmitglieder am 7. Mai - und noch am gleichen Tage auch der Dominion Prime Ministers - war die vollständige Übereinstimmung Premierministers Attlee mit seinem Außenminister besonders augenfällig.[51] Außenminister Bevin, der zum Zeitpunkt der Kabinettsversammlung an der turnusmäßigen Außenministerkonferenz, diesmal in Paris, teilnahm, hatte sich des Rückhalts durch den Premierminister längst versichert und war tatsächlich entbehrlich.[52] Beinahe noch entschiedener, als Bevin selbst es hätte tun können, wendete sich der Premierminister im Kabinett gegen Gedankenspiele, Deutschland in Ost- und Westzonen zu teilen und einen westdeutschen Staat oder westdeutsche Staaten als

---

50 Ibid.

51 C.M.(46)43rd Conclusions, Minute 1, Confidential Annex, (7.5. 1946 - 10.45 a.m.), CAB 128/7. P.M.M.(46)13th Meeting. Die Kabinettsdiskussion findet sich abgedruckt bei: Steininger, Bollwerk, S.199ff. Vgl. Rothwell, Cold War, S.321.Der Bruch in den Deutschland betreffenden Auffassungen verlief nicht zwischen F.O. und Bevin auf der einen und Cabinet und Premierminister auf der anderen Seite, wie Foschepoth, Großbritannien und die Deutschlandfrage, S.67, Anm.11 glaubt, sondern innerhalb des F.O.

52 Die enge, geradezu freundschaftliche Zusammenarbeit zwischen Attlee und Bevin, der sich vor jeder Konsultation des Kabinetts der Unterstützung des Premierministers versicherte, wird in der Literatur stets hervorgehoben: Bullock, Foreign Secretary, S.55ff. Harris, Attlee, S.294. Francis Williams, Ernest Bevin. Portrait of a Great Englishman, London 1952, S.230f. Ders., A Prime Minister Remembers. The War and Post-War Memoirs of the Rt. Hon. Earl Attlee, London 1961, S.149ff. David Vital, The Making of British Foreign Policy, London 1968, S.54ff.

"bulwark against the spread of Communist influence from the east" aufzubauen.[53] Das Kabinett selber folgte den deutschlandpolitischen Vorschlägen Bevins insofern, als Widerspruch dagegen nicht geäußert wurde. Eine wirkliche Entscheidung fiel allerdings nicht, auch nicht darüber, ob mittelfristig oder langfristig die Einheit Deutschlands im britischen Interesse sei oder eher die Teilung: "I discussed at Cabinet and with Dominion Prime Ministers your paper on the Future of Germany. While no decisions were registered, there was general agreement that your line was right as against any attempt to divide Germany into Eastern and Western zones."[54]

Das entscheidungslose Kopfnicken im Kabinett entsprang auch dort der Einsicht, daß es eine eindimensionale, stimmige und konsistente Antwort auf das "deutsche Problem" gar nicht geben konnte. Parliamentary Under-Secretary of State Hector McNeil wies das Kabinett darauf hin: "The Parliamentary Under-Secretary of State for Foreign Affairs pointed out that any apparent inconsistencies in the policy suggested in C.P.(46) 186 were due to the need to steer a course among the conflicting aims and policies in Germany."[55] Denn das Problem selber war längst nicht mehr eindimensional und deutsch, sondern, wie Bevin seinen Kollegen erläutert hatte, die komplizierte und sich immer weiter komplizierende Verknotung zweier Probleme, eines deutschen und eines russischen. Die simple Frage nach Deutschland und nach Sicherheit vor Deutschland allein konnte dem wirklichen Sicherheitsproblem in Europa nicht mehr gerecht werden: "For the danger of Russia has become certainly as great as, and possibly even greater than, that of a revived Germany. The worst situation of all would be a revived Germany in league with or dominated by Russia. This, of course, greatly complicates an already complicated problem."[56]

---

53 C.M.(46)43rd.

54 Attlee an Bevin 8.5.1946, F.O. 371/55587/C5223.

55 CM(46)43rd.

56 C.P.(46)186. Vgl. Morgan, Labour in Power, S. 257.

Die provokante Formulierung, daß von der Sowjetunion eine größere Gefahr ausginge als von Deutschland, stieß zwar auf die Kritik des Lord President of the Council Herbert Morrison, des markant linksintellektuellen Schatzkanzlers Hugh Dalton und des radikalen Linksaußen, Gesundheitsminister Aneurin Bevan, aber weder bestritten selbst sie, daß die sowjetische Haltung ein Problem darstellte, noch verbanden sie ihre Vorbehalte mit grundsätzlichem Widerspruch gegen die von Bevin vorgeschlagene Linie.[57]

Eine Entscheidung über die Frage, ob die Sowjetunion das größere Problem war oder Deutschland, war auch gar nicht nötig. Denn darin bestand ja gerade der große Vorzug des Föderalisierungsprogrammes Bevins: Es machte alle schwierigen Entscheidungen vorläufig unnötig und schloß alle denkbaren Modelle zur Lösung des deutschen Problems, selbst einander diametral entgegengesetzte, wenigstens bis auf weiteres ein: das Bündnis mit Rußland und das Bündnis gegen Rußland, das Bündnis gegen Deutschland wie das Bündnis unter Einschluß Deutschlands, Deutschland als europäisches Glacis und als anti-kommunistisches Bollwerk, Drei-Zonen-Deutschland wie Vier-Zonen-Deutschland, Teilung und Einheit, Zentralverwaltungen wie Fortsetzung zonaler Administration, Zusammengehen mit Washington und - wenn es nicht anders ging - Fortsetzung unilateraler Politik. Das Wichtigste dabei war, daß es für die britische Besatzungszone das Potsdamer Abkommen zwar suspendierte, es London aber zugleich ermöglichte, an Potsdam und an der Fassade der Kooperation der Vier Mächte in Deutschland festzuhalten. Der Schlüssel aber zu jeder Politik, die an Potsdam festhalten wollte, lag, wie auch das Foreign Office erst mühsam zu lernen hatte, in Berlin.

---

57 C.M.(46)43rd.

3.8. Der alliierte Status quo in Berlin.

Bis zum Beginn des Jahres 1946 hatte Berlin scheinbar komplikationslos gleichzeitig drei politische Funktionen erfüllen können. Es war erstens Hauptstadt des besiegten Reiches, zweitens Sitz der sowjetischen Militärregierung sowie natürliches Zentrum der sowjetischen Besatzungszone und drittens Sitz der Alliierten Kontrollbehörde und - zumindest aus britischer Sicht - Verkörperung des Willens zur Vier-Mächte-Kontrolle Deutschlands.[58] Das zunächst spannungsfreie Neben- und Übereinander dieser drei Funktionen wurde auch nicht gestört, als im Verlaufe des halben Jahres nach der Kapitulation der Wehrmacht eine der drei Funktionen, die zweite nämlich, gegenüber den anderen Funktionen zwangsläufig an Gewicht gewann. Denn im Vier-Zonen-Deutschland blieb die Hauptstadtfunktion Berlins vorläufig suspendiert und die Vier-Mächte-Funktion mangels alliierten Konsenses in der Frage der Errichtung deutscher Zentralverwaltungen Fiktion. Real war vorerst allein die Funktion Berlins als Zentrum der sowjetischen Besatzungszone.

Aber das konnte in der Situation der zweiten Jahreshälfte 1945 vielleicht noch unverdächtig erscheinen. Um so mehr, als allein in der Alliierten Kommandatura Berlins das Prinzip der Vier-Mächte-Kontrolle tatsächlich zur Anwendung kam und reibungslos zu funktionieren schien. Vor dem Hintergrund dieser Berlin-Idylle war es nämlich nur allzuleicht zu übersehen, daß die Vier-Mächte-Kontrolle Berlins zu sowjetischen Bedingungen funktionierte und daß eben dies die Vorraussetzung ihres so reibungslosen Funktionierens war. Die Rote Armee hatte Berlin am 2. Mai erobert und bis zum Einzug der Westmächte genau zwei Monate Zeit gehabt, die Vier-Mächte-Kontrolle Berlins im sowjetischen Sinne vorzubereiten.

Als am 1. Juli die Vorausabteilungen der drei Westmächte in Berlin eintrafen, waren dort mit der Einsetzung eines Magistrats und eines Polizeipräsidenten durch die Rote Armee die

58 C.P.(46)186.

wichtigsten administrativen und personellen Entscheidungen bereits gefallen. Da mit Aufnahme der alliierten Kontrolle Berlins alle administrativen Entscheidungen Einstimmigkeit in der Alliierten Kommandatura erforderten, konnte die sowjetische Besatzungsmacht auch nach dem Einzug der Westmächte jeden Versuch einer Veränderung des von ihr geschaffenen Status quo durch ihr Veto blockieren. Ungeachtet des Vier-Mächte-Status der Stadt konnte sich die sowjetische Besatzungsmacht in Berlin also zu Recht als Herr im Hause fühlen und ließ dies die anderen Besatzungsmächte auch spüren. In Strangs Telegrammen aus Berlin klang das gelegentlich durch, so etwa in seinem Bericht über die alliierte Truppenparade in Berlin, Freitag den 7. September 1945, anläßlich des alliierten Sieges über Japan. In der Kommandatura war beschlossen worden, daß Kontingente der Briten, die in diesem Monat in Kontrollrat und Kommandatura den Vorsitz führten, die Parade anführen sollten. Ungeachtet der Tatsache, daß auch alle Vorübungen mit den Briten an der Spitze durchgeführt worden waren, setzte sich Marschall Schukow im letzten Moment über die Entscheidung der Kommandatura hinweg: "Late on Thursday evening Marshal Zhukov summoned the four commanders [die alliierten Stadtkommandanten Berlins, A.d.V.] and told them that there could be no question of any troops but his own leading the parade; they had captured Berlin and their's was the place of honour. ... Perhaps to make sure that no one should come beforehand, the Russian troops paraded the next morning at the Grosse Stern at 4 a.m.; from 7.30 to 11 a.m. they remained at attention waiting for the order to march. The parade itself was impressive; but perhaps its most impressive feature was Marshal Zhukov himself, who took the salute at the saluting base. In a Prussian blue uniform, his burly chest blazing with decorations from his belt to his epaulettes, he threw the other commanders completely into the shade. ... The Russians had evidently seized the opportunity of the parade to give an impressive display of their military power. They threw in their heaviest armour, including Marshal Zhukov, and one wonders what impression it made on the eight visiting American Congressmen, who in snap brim hats, chewing gum and smoking cigars looked as invincibly civilian as the Marshal looked warlike."[59] Die Russen, verstand in London Bevin erst nach einer Weile, betrachteten Berlin in der Tat als ihre Beute und waren nur sehr begrenzt bereit, sie mit ihren Alliierten zu teilen: "... it should be remembered that the city was captured by Soviet troops and, on the principle that takings are keepings, it is not surprising that they should regard it as more theirs than anybody else's."[60]

Eine neue, ganz offen bedrohliche Situation entstand erst, als die SMAD im Zuge der Sowjetisierung ihrer Besatzungszone sich in Berlin selbst unter Zugzwang setzte und nicht umhin konnte, am delikaten Gleichgewicht der drei politischen Funktionen der Stadt - das ohnehin zu ihren Gunsten war - zu rühren. Es sollte sich zeigen, daß Berlin, wenn es Hauptstadt nicht sein konnte, nur eines von beiden sein konnte - entweder "Sondergebiet", wie vom Londoner Protokoll vorgesehen, oder Zentrum der sowjetischen Besatzungszone, aber nicht beides zugleich. Denn die fortschreitende Sowjetisierung der SBZ konnte Berlin nicht aussparen, ohne dessen Status als Sondergebiet zu betonen und es vom Territorium der sie umgebenden SBZ regelrecht abzuheben. Das Interesse Moskaus aber wies in die entgegengesetzte Richtung. Die Sowjetisierung der sowjetischen Besatzungszone verlangte darum nach Einbeziehung Berlins, was zwangsläufig die weitere Betonung der politischen Funktion Berlins als politisches Zentrum der sowjetischen Besatzungszone zur Folge haben mußte.

Offenkundig wurde das, als KPD und SMAD die Probe aufs Exempel machten und den Versuch unternahmen, die SPD in der sowjetischen Besatzungszone - und eben in Berlin - per Verschmelzung mit der KPD gleichzuschalten. Die Vereinigungskampagne mußte nicht nur die Bolschewisierung und Gleichschaltung der SPD und damit des zukünftigen deutschen Parteiensystems zum Ziel haben, sondern beinahe mehr noch die Gleichschaltung Berlins und dessen politische Einbeziehung in

---

59 Strang an Bevin 14.9.1945, F.O. 371/46969/C5997.
60 C.P.(46)186, CAB 129/9.

die sowjetische Besatzungszone. Der Druck auf die Parteien in Berlin diente dem Zweck, erkannte die Political Division nun, "to dominate Berlin and to absorb it into the Russian zone".[61]

Dabei aber würde es nicht bleiben. Denn war Berlin erst einmal politisch Teil der sowjetischen Besatzungszone, dann war Moskau Herr auch über die Hauptstadtfunktion Berlins. Die Sowjetunion, folgerte in London schließlich Deutschlandminister Hynd vor einem Kabinettsausschuß, beabsichtigte, Berlin zur kommunistischen Hauptstadt zu machen, um die politische Zukunft Deutschlands zu präjudizieren: "In Berlin the situation has been, and still is, crucial. The Russians have shown that they attach high importance to securing the fusion of the Berlin parties; the United Workers Party would, it is generally assumed, be under Communist domination and so under Russian control: the Communists in their propaganda have made it clear that in gaining control of Berlin they hoped to place themselves in a commanding position over Germany as a whole and in this way to obtain a Communist-dominated Germany."[62]

3.9. Berlin aufgeben?

Mitte Februar 1946 - Grotewohl hatte sich gerade in das ihm unvermeidlich Scheinende geschickt, die unabhängige Berliner SPD gab es noch nicht und die Sowjetisierung Berlins und des Zentralausschusses der SPD schien unabwendbar - grübelten die Beobachter im German Department beinahe verzweifelt, wie London der drohenden Gefahr begegnen könnte. Das Nach-

---

61 Steel an F.O. 14.2.1946, F.O. 371/55360/C1782. "At the same time they [the Soviet, A. d. V.] desire to treat Berlin as part of the Soviet Zone from a political point of view", Report on Conditions in Germany during April 1946, F.O. 1032/1264.

62 Draft Memorandum for the Overseas Reconstruction Committee des Control Office for Germany and Austria v. 2.4.1946, F.O. 371/ 55364/C3905: Ähnlich: Draft Memorandum Burrows v. 22.2.1946: "Political developments in Germany and their relevance to Anglo-Soviet relations", F.O. 371/55362/C2968.

denken konzentrierte sich dabei bald auf Berlin und dessen Funktion als Hauptstadt des besiegten Reiches und des künftigen Deutschlands. Das sowjetische Vorgehen, hinter dem jetzt vor allem Franklin eine langfristige deutschlandpolitische Planung Moskaus zu erkennen glaubte[63], und in dessen Mittelpunkt Berlin zu stehen schien, rief O'Neill die keineswegs neue britische Erkenntnis in Erinnerung, daß Berlin ganz grundsätzlich eine - aus britischer Sicht - problematische deutsche Hauptstadt war: "There is a very great deal to be said for a new German Capital, as has of course always been recognised, though we deliberately forebore to create a crisis on this issue in the E.A.C."[64]

Während des Krieges hatten auch ernsthafte Analytiker im Foreign Office - und nicht nur dort - in Preußen, preußisch-militaristischen Traditionen und eben in dem Einfluß der preussisch-deutschen Hauptstadt Berlin die Wurzel allen deutschen Übels gesehen.[65] Nun war es vor allen Dingen die geographische Lage Berlins, die Political Division und German Department beunruhigte. Nach dem Verlust der Gebiete östlich von Oder und Neiße, gab Steel - ohne Namen zu nennen - das Raisonnement deutscher Politiker in der britischen Besatzungszone wieder, läge in Berlin der politische Schwerpunkt Deutschlands unnatürlich weit im Osten. Berlin, der neuen deutschen Ostgrenze so nahe gelegen, sei sowjetischem Einfluß viel zu unmittelbar ausgesetzt, hatten die ungenannten "Hanover politicians" argumentiert und Steel Hannover als neue Hauptstadt Deutschlands empfohlen.[66]

Im German Department griff O'Neill die Überlegung sogleich auf: "The extent to which the policy of an eventual unified Ger-

---

63 Franklin 9.2.1946, F.O. 371/55586/C1480; Franklin 19.3.1946, F.O. 371/55362/C2968.

64 O'Neill 11.2.1946, F.O. 371/55586/C1499. "... there is much to be said for a new capital of rump Germany more in the centre and further from Russia", Harvey 13.2.1946, ibid.

65 Vgl. Lothar Kettenacker, Preußen-Deutschland als britisches Feindbild im Zweiten Weltkrieg, in: Bernd Jürgen Wendt (Hg.), Das britische Deutschlandbild im Wandel des 19. und 20. Jahrhunderts, Bochum 1984, S.145-168.

66 Steel an Bevin 24.1.1946, F.O. 371/55586/C1499.

many, with its Eastern frontier on the Oder and Neisse, could be influenced by the location of its capital at Berlin should not be underestimated."[67] Sein Vorgesetzter, Deputy Under-Secretary of State Oliver Harvey, gab ihm recht mit der bündigen Feststellung, daß "any unified Germany under Berlin" zwangsläufig ostwärts orientiert und dem Westen feindlich sein müsse.[68] Wie O'Neill gelangte Harvey zu der Schlußfolgerung, daß es gute Gründe gebe, nach einer neuen Hauptstadt für Deutschland zu suchen: "There would be great advantage in a new capital, neither Prussian nor Russianized, in central Germany outside the Russian Zone."[69]

Aber im Februar 1946 standen die Chancen für alliiertes Einvernehmen - gar noch im britischen Sinne - eher noch schlechter als zwei Jahre zuvor. Es war, wie im German Department niemand verkannte, unrealistisch zu erwarten, daß der Alliierte Kontrollrat oder der Council of Foreign Ministers Übereinstimmung in einer Frage erzielen konnten, die schon die European Advisory Commission gesprengt hätte. Moskau würde sich an der Suche nach einer neuen deutschen Hauptstadt, wie sie das German Department sich wünschte - "neither Prussian nor Russianized" -, gewiß nicht beteiligen.

Anders aber als 1944 mochte sich das Foreign Office nun nicht mehr so einfach mit dieser Situation abfinden. Wenn es nicht mit den Sowjets ging, dann eben ohne sie. Im German Department war wenigstens O'Neill bereit, diese Konsequenz aus der ausweglos scheinenden Lage im Kontrollrat zu ziehen und vom Prinzip der Vier-Mächte-Verwaltung Deutschlands zu lassen. Wenn in Deutschland Einvernehmen mit den Sowjets sich nicht herstellen lasse, argumentierte er, dann sollten die Westmächte das hinnehmen und wenigstens versuchen, das Beste daraus zu machen. So nachteilhaft insgesamt gesehen eine fortdauernde Teilung Deutschlands in Ostzone und Westzonen auch sei, so gebe sie doch den Westmächten Gelegenheit und

---

67 O'Neill 11.2.1946, ibid.

68 Harvey 20.2.1946, F.O. 371/55362/C2968.

69 Ibid.

vor allem Zeit, das Gebiet der Westzonen zusammenzufassen und dort eine neue deutsche Hauptstadt gegen Berlin aufzubauen: "... if 'Quaternity' in Germany breaks down and [Hervorh. i. Orig., A.d.V.] a unified Western area of the 3 Western zones is established, our advantage of the process (which on balance at present would probably be disadvantageous) would be that a new German city would make a bid to be the capital of Germany."[70]

Die Westmächte, das meinte der drastische Vorschlag O'Neills, sollten Berlin schlicht die Hauptstadtfunktion bestreiten, um so die sowjetische Strategie, die darauf zielte, über die Sowjetisierung Berlins die Zukunft ganz Deutschlands zu präjudizieren, ins Leere laufen zu lassen. O'Neill ließ es auch nicht bei allgemeinen Erwägungen, sondern machte sich sogleich auf die Suche nach einer neuen, geeigneteren Hauptstadt für Deutschland und wurde - Mitte Februar 1946 - auf prophetisch anmutende Weise konkret: "Hanover would not be a bad choice. But I would prefer a town, like Hanover in being in the British zone, but unlike in being (a) smaller, (b) less destroyed and (c) with cultural rather than military and industrial traditions. What about Göttingen? If that is thought to be too near the 'iron curtain', what about Bonn?"[71]

Der Vorschlag O'Neills wurde im Foreign Office noch eine Weile durchaus ernsthaft verfolgt. Auf sein Ersuchen hin legte vier Wochen später das Foreign Office Research Department eine eingehende Untersuchung über die Frage vor, welche deutsche Großstadt sich am ehesten als neue Hauptstadt eignete. Anders aber als O'Neill verwarf das Research Department - ohne Angabe von Gründen - Bonn von vornherein und kam stattdessen zu dem Ergebnis, daß von den 43 in die Untersuchung

70 O'Neill 11.2.1946, F.O. 371/55586/C1499. Ein Hinweis dafür, wie weit O'Neill zumindest gedanklich bereits war, findet sich darin, daß er in seiner handschriftlichen Notiz zuerst "unified Western zone" geschrieben, das Wort "zone" dann aber zugunsten der zitierten Formulierung durchgestrichen hatte.

71 Ibid.

einbezogenen deutschen Großstädten Frankfurt die "natürlichste" Hauptstadt "Westdeutschlands" sei.[72]

So bestechend einfach der Gedanke auch war, Berlin schlicht der Hauptstadtfunktion zu entkleiden, so galt es doch, einige Implikationen zu bedenken. Wenn die Westmächte sich in Deutschland mit dem Zusammenbruch des Vier-Mächte-Prinzips abfanden, selbst an dessen Fiktion nicht mehr festhielten und Berlin den Hauptstadtanspruch bestritten, dann entzogen sie nicht nur Londoner Protokoll und Potsdamer Abkommen die Grundlage, sondern auch ihrer eigenen Präsenz in Berlin. Wenn Berlin nicht mehr Hauptstadt war, und die Fiktion der Vier-Mächte-Kontrolle Deutschlands sich erledigte, dann war Berlin nur noch Sitz der SMAD und natürliches Zentrum der sowjetischen Besatzungszone. Was aber sollte der Sinn britischer - oder jeglicher westlicher - Präsenz in der kommunistischen Zonenhauptstadt inmitten sowjetisch besetzten Territoriums sein? Die fortdauernde Präsenz der Westmächte in Berlin wäre dann im mildesten Falle überflüssig, sehr viel wahrscheinlicher aber ständiger Anlaß gefährlicher Auseinandersetzungen mit der Sowjetunion. Wenn Berlin nicht mehr Hauptstadt war und Potsdam nicht mehr galt, dann mußte es für die Westmächte der logische nächste Schritt sein, Berlin vollständig aufzugeben. In der Tat wurde über den naheliegenden Gedanken, Berlin zu verlassen, im Foreign Office auf höchster Ebene nachgedacht. In einem Memorandum, das Außenminister Bevin vorgelegt wurde, formulierte ihn wiederum O'Neill in drastischer Schonungslosigkeit: "I feel it is much better for us to cut our losses in Berlin and the Russian Zone - which after all are not primarily our concern - and let the Social Democrat Party there cut its own throat if it wants to."[73]

---

72 F.O.R.D. Memorandum v. 13.3.1946: "Location of a Capital for the Western Zones of Germany", F.O. 371/55586/C3013.

73 Memorandum O'Neills v. 12.2.1946: "German Communists and Social Democrats in Berlin and the Russian Zone", F.O. 371/55362/ C2969.

3.10. Die fünfte Zone.

Bevin wurde einer Stellungnahme zu diesem radikalen Vorschlag vorläufig enthoben, denn schon nach wenigen Tagen führten die Entwicklungen in Berlin vor, daß O'Neills Annahme nicht stimmte. Wenigstens der überwiegende Teil der Sozialdemokraten in den westlichen Sektoren Berlins dachte gar nicht daran, "sich selbst die Kehle durchzuschneiden", sondern bereitete noch im Februar die Trennung vom Zentralausschuß Grotewohls vor. Einstimmig beschlossen am 21. Februar die Vorsitzenden der Parteibezirke in den Westsektoren in geheimer Sitzung und im Beisein Kurt Schumachers, daß in Berlin eine unabhängige SPD-Organisation erhalten bleiben sollte. Schon in dieser ersten Sitzung der frondierenden SPD-Kräfte war auf deutscher Seite längst klar, was Political Division und German Department offenbar erst noch lernen mußten: Entscheidend für das Überleben der SPD in Berlin war die Antwort auf die Frage nach dem Status der Stadt und die Haltung der Westmächte.

Die Deutschen waren es auch, die nun ein Stichwort den Briten wieder in Erinnerung brachten, von dem im Grunde alles Weitere abhing: War Berlin Teil der sowjetischen Besatzungszone oder war es "eine fünfte Zone", wie die SPD-Bezirksvorsitzenden, berichtete Strang, hier zum ersten Mal formulierten: "The question whether Berlin would be treated as a fifth zone when the recognition of the new United Party was discussed was also raised."[74] Schumacher setzte die Antwort auf diese Frage gar schon voraus, als er gleichen Tags im Gespräch mit William Strang die Briten um Klarheit in der Frage bat, was denn die Situation der SPD "in der fünften Zone, nämlich in Berlin", sein werde.[75]

Dabei war dieser Sprachgebrauch keineswegs selbstverständlich. Lediglich in frühen britischen Entwürfen des Zonenprotokolls war von Berlin als einer "seperate Combined Zone"

74 Strang an F.O. 24.2.1946, F.O. 371/55361/C2199.

75 Notes on conversation at the residence of Sir William Strang in Berlin on 21st February, 1946, F.O. 371/55361/C2368.

die Rede gewesen. Im Londoner Protokoll vom 14. September 1944, wie in dessen letzter, nach der Aufnahme Frankreichs unter die Besatzungsmächte ergänzter Fassung vom 26. Juli 1945, war jedoch diese so klare wie zutreffende Formulierung der sehr viel verschwommeneren von der gemeinsam zu besetzenden "Berlin area" gewichen. Die präzise Beschreibung des Berliner Status quo war dabei verlorengegangen. Der verunklarende Sprachgebrauch in den alliierten Protokollen ließ nun völlig offen, was Berlin tatsächlich war, und schuf Spielraum für das, was später, unter wieder anderen Umständen, die "normative Kraft des Faktischen" heißen sollte. Das zynische Wort, Jahre später von den DDR-Machthabern oft gebraucht, beschrieb schon 1946 die Situation Berlins zutreffend: Berlin würde genau das sein, was die Westmächte daraus machten. Sie konnten der Sowjetisierung Berlins tatenlos zusehen - dann war Berlin faktisch Zentrum der sowjetischen Besatzungszone. Sie konnten ihr aber auch entgegentreten - und nur dann war Berlin faktisch 'fünfte Zone'. Die Westmächte würden Berlin durch ihr Tun zur 'fünften Zone' erst machen müssen.

Auf genau diesen Zusammenhang stieß Schumacher die Briten, als er am folgenden Tage während einer seiner Pressekonferenzen eigens hervorhob, daß in Berlin die Auflösung oder Bildung einer jeden politischen Partei von der Zustimmung der Vier Mächte in der Alliierten Kommandatura abhinge. Strang verstand den Wink. "This was clearly addressed to us", telegrafierte er an das Foreign Office.[76] Aber Schumacher war nicht der einzige Deutsche, der im Februar 1946 den Briten in Berlin gewissermaßen 'Nachhilfeunterricht' erteilte. Ganz unverblümt fragte am 14. Februar Jakob Kaiser seinen Gesprächspartner Christopher Steel, ob die Briten denn nicht merkten, daß sie "drauf und dran seien, aus Berlin herausgedrängt zu werden, und daß dies dann das Ende allen westlichen Einflusses in ganz Deutschland sein werde".[77]

---

76 Strang an F.O. 24.2.1946, F.O. 371/55361/C2199.
77 Steel an F.O. 14.2.1946, F.O. 371/55360/C1782.

Langsam begannen die Briten, zunächst die Political Division in Berlin, zu begreifen, und allmählich fanden sie zurück zur Formulierung von der "fünften Zone", die - das war das Entscheidende - den Entschluß zur Wahrung des Status quo implizierte. Aber damit sie rührig wurden, bedurfte es zuvor sichtbarer Konsolidierungserfolge der "anti-fusionists" in Berlin und weiterer sowjetischer und kommunistischer Zumutungen. Das positive Signal gaben am 1. März die Berliner SPD-Funktionäre und ihre Resolution, eine Ur-Abstimmung aller SPD-Mitglieder sowohl in Berlin als auch in der sowjetischen Besatzungszone über die Parteienvereinigung entscheiden zu lassen. Die Zumutung bestand darin, daß auf dem Parteitag der KPD auch Wilhelm Pieck die Urabstimmung ausdrücklich befürwortete, solange sie nur in Berlin *und* der sowjetischen Besatzungszone stattfand.

In der Political Division durchschaute nach einem Moment der Verblüffung Stileman, was Pieck im Sinne hatte. Die Kommunisten wollten bei der Urabstimmung die Berliner SPD als Teil der sowjetzonalen SPD behandelt sehen, um sie durch das Votum in der sowjetischen Besatzungszone - wo die SMAD das gewünschte Ergebnis schon herbeiführen würde - majorisieren zu können.[78] Über den Ausgang einer Abstimmung unter solchen Umständen machte sich auch Strang keine Illusionen.[79] Voraussetzung für das Überleben der SPD in Berlin war also, daß schon bei der Urabstimmung Berlin als von der sowjetischen Besatzungszone unabhängige fünfte Zone behandelt wurde. Als Antwort auf das Kalkül Piecks und Grotewohls empfahl darum Stileman britischerseits unmißverständliche Klarheit in der Frage des Status Berlins: "Our line of action is quite clear. We must insist, as we have every right to do, that Berlin be treated as a fifth zone, and that as far as political parties are concerned it is not an integral part of the the Soviet Zone."[80]

---

78 Stileman an Strang 6.3.1946, F.O. 1049/325.

79 Strang an F.O. 2.3.1946, F.O. 371/55362/C2517.

80 Stileman an Strang 6.3.1946, F.O. 1049/325.

Die Einsicht war, als Stileman sie aussprach, in der Political Division schon intellektuelles Allgemeingut geworden. Von ihren Überlebenschancen überzeugt, hatten Strang und sein Stab längst begonnen, in London für die unabhängigen Sozialdemokraten zu lobbyieren, und warben nun auch für britische Klarheit bezüglich des Status von Berlin. Am 16. März drang darum Steel mit Blick auf den näherrückenden Termin der Urabstimmung beim Foreign Office auf schleunige britische Initiativen, um den "separate status of Berlin" zu betonen, und kündigte entsprechende "Ideen" an.[81] Die folgten drei Tage später und waren ganz auf die noch eher skeptisch-abwartende Haltung des Foreign Office zugeschnitten. In einem Telegramm an das Foreign Office schlug Steel nämlich vor, das Political Intelligence Department möge doch Sorge tragen, daß in Presseberichten und vor allem im deutschen Dienst der BBC Berlin als "separate zone" hervorgehoben werde.[82]

Steels Vorschlag wurde überraschend schnell realisiert. Noch am gleichen Tag bereiteten Political Intelligence Department und German Department eine Meldung für die 21-Uhr-Nachrichten des deutschen Dienstes der BBC vor. Darin war dann zwar nicht von Berlin als der fünften Zone die Rede, aber immerhin, prononciert von der Vereinigung von KPD und SPD in *Berlin*, vom Willen der *Berliner* SPD, den es festzustellen gelte, sowie vom ausdrücklichen Interesse, das "official circles in London" an der fairen Durchführung der Urabstimmung geäußert hatten.[83] Solche Töne aus London verliehen den sehr viel konkreteren Zusicherungen, welche die Political Division deutschen Politikern in Berlin unter der Hand bereits gab[84], Substanz und stellten möglicherweise die wirkungsvollste Unterstützung dar, die unter den gegebenen Umständen die Briten den "anti-fusionists" überhaupt zukommen lassen konnten.

Das German Department hatte sich unter dem Eindruck der Telegramme aus Berlin in der Tat weit von kaum fünf Wochen

81 Steel an F.O. 16.3.1946, F.O. 371/55362/C2998.
82 Steel an F.O. 19.3.1946, F.O. 371/55363/C3136.
83 Burrows an Wilberforce 20.3.1946, ibid.
84 Strang an F.O. 13.4.1946, F.O. 371/555364/C4198.

alten Positionen entfernt. Wie weit, das zeigte sich darin, daß nun ausgerechnet O'Neill dafür eintrat, die Position der britischen Regierung bezüglich Berlins in aller Offenheit zu klären. Eine lancierte Parlamentsanfrage, regte er an, sollte 'Deutschlandminister' Hynd Gelegenheit zu der Klarstellung geben, "that Berlin is not a part of any German zone of occupation but forms a separate zone itself with its own rules and the right to have separate parties and political organisations".[85] Obwohl das German Department das Vorhaben prompt weiterverfolgte, Parlamentsanfrage und Antwort der Regierung vorformuliert wurden, gelangte es vorläufig nicht zur Ausführung. Ein Mißverständnis verhinderte, daß die Frage rechtzeitig auf die Tagesordnung des Parlaments kam.[86] Erst als Ende April das Control Office for Germany and Austria den Gedanken wieder aufgriff, erhielt 'Deutschlandminister' Hynd doch noch Gelegenheit zu einer regierungsamtlichen Stellungnahme, die dann aber doch nicht ganz so weit ging, wie O'Neill es sich vorgestellt hatte: "Berlin is not a part of any national zone of occupation but forms a separate administrative area under the joint control of the four occupying powers. It has the right to have its own political parties ... "[87] Hynds Erklärung vor dem Unterhaus beschrieb exakt die Grenze dessen, was die britische Regierung bezüglich Berlins aus dem Londoner Protokoll herauslesen und gegenüber dem sowjetischen Alliierten jederzeit vertreten konnte.

Intern allerdings hatte die britische Regierung zur Sprache von 1943 zurückgefunden. Berlin "is a sort of fifth zone - an international island in the Soviet zone of occupation", erläuterte Anfang Mai Außenminister Bevin seinen Kabinettskollegen die Lage Berlins.[88] 'Deutschlandminister' Hynd ergänzte gegenüber dem Kabinettsausschuß für "Oversea Reconstruction", daß sein Control Office und die ihm unterstellte britische Militärregierung in Deutschland nunmehr auch entschlossen

---

85 O'Neill 22.3.1946, F.O. 371/55364/C3905.

86 Troutbeck an Sargent 27.4.1946, F.O. 371/55365/C4696.

87 Ibid.

88 C.P.(46)186.

seien, diesen Status quo zu wahren, und aus diesem Grunde einen Beschluß zur Vereinigung von KPD und SPD, der die sowjetische Besatzungszone *und* Berlin umfaßte, niemals anerkennen würden: "... we shall insist on its [Berlin, A.d.V.] being protected from political domination by any other Zone, and accordingly we shall refuse to recognise any decision in favour of fusion which purports to embrace Berlin and the Russian Zone."[89]

3.11. Sokolowskis Drohung: "Berlin ist eine Insel!"

Der Sinneswandel in London kam nicht von ungefähr. Über zwei Monate, vom ersten Auftreten der unabhängigen Sozialdemokraten im Februar bis zum Vereinigungsparteitag von KPD und SPD Mitte April, hatten Strang und die Political Division ausführlich Gelegenheit gehabt, die Wirkung alliierter Präsenz auf die "Berlin politics", die sowjetische Besatzungszone und die sowjetische Besatzungsmacht zu beobachten und darüber nach London zu berichten. Immer deutlicher trat in diesem Zeitraum den britischen Beobachtern die Insellage Berlins vor Augen, mit all ihren Risiken, aber eben auch den Chancen, die sie britischer Politik in Deutschland eröffnete.

Die Sowjets selber wiesen schließlich auf das ganze Ausmaß ihrer Verlegenheit in Berlin sowie auf die latente Gefährlichkeit der Situation hin. Drei Tage vor dem geplanten Termin für die Urabstimmung suchte der stellvertretende sowjetische Militärgouverneur, General Sokolowski, seinen britischen Kollegen General Sir Brian Robertson auf, um mit ihm die politische Situation in Berlin und die jüngst "in der Stadt aufgetretenen Spannungen" zu besprechen.[90] Sokolowski gab sich besorgt und

89 "Draft Memorandum for the Overseas Reconstruction Committee" des Control Office for Germany and Austria v. 2.4.1946, F.O. 371/555364/ C3905.

90 Robertson an Street 28.3.1946, F.O. 371/55364.

bot sogar an, den sowjetischen Stadtkommandanten auszutauschen. Die SMAD, log er, werde die Vereinigung von KPD und SPD nicht von sich aus fördern. Aber Sokolowski ließ natürlich das Gespräch nicht mit einem Eingeständnis sowjetischer Verlegenheit ausklingen. Bei aller scheinbaren Konzilianz im Tone versäumte er es nicht, seinem britischen Gegenüber die sowjetische Lesart des Status' Berlins nachdrücklich zu vermitteln: "Since Berlin is an island in the Soviet Zone, it was inevitable that it should be very much influenced by what goes on in the surrounding country."[91] Sokolowski drohte also. Die Insellage Berlins, das meinten seine Worte, konnte sich auch gegen die Westmächte kehren, falls die sie über Gebühr strapazierten.

Die leise Drohung Sokolowskis wurde vor allem im Foreign Office nicht überhört. Jede Unterstützung der SPD durch die Westmächte, warnte noch nach der Urabstimmung im German Department Albert Franklin, enthalte das Risiko einer Konfrontation. Denn die Sowjets konnten in Berlin ein "permanent deadlock" kaum hinnehmen.[92] Für den Fall, daß die Berliner SPD den zu erwartenden Parteitagsbeschluß zur Fusion mit der KPD nicht anerkannte, prophezeite er "some kind of dramatic and unilateral action on the part of the Soviet authorities."[93]

Im Foreign Office, wo man offenbar eher ein Gefühl dafür hatte, auf wie dünnem Eis die Westmächte in Berlin agierten, als innerhalb der Political Division vor Ort, war man sichtbar bemüht, sich nur mit äußerster Vorsicht zu bewegen. Genau darum sahen sowohl Foreign Office als auch Control Office ganz bewußt von jeder auch nur entfernt provokativen Äußerung zum Status der Stadt ab. Die Vorsicht behielt auch dann noch die Überhand, als die befürchteten sowjetischen "fireworks"[94] ausblieben, und als nach einem weiteren Monat niemand in London mehr in Erwägung zog, die "fünfte Zone" den Sowjets zu überlassen. In Berlin, mahnte Anfang Mai Außenminister Bevin seine Kabinettskollegen, befanden sich die West-

---

91 Ibid.

92 Franklin 6.4.1946, F.O. 371/55364/C3841.

93 Ibid.

94 Ibid.

mächte in sehr exponierter Lage und würden, nicht zuletzt um der Versorgung der Stadt willen, stets auf eine Minimum an sowjetischem Wohlwollen angewiesen sein: "An island in the Soviet zone, Berlin is largely dependent on Soviet goodwill. The three Western Allies are responsible for the feeding of their respective sectors, but the food, the trains, the roads, must all pass through Soviet territory. For the Soviet Element it is the home ground. The western Allies are playing away."[95]

3.12. "Unsere politisch-strategische Position in Berlin".

Die Political Division in Berlin dagegen sah, je länger die "Vereinigungs-Schlacht"[96] andauerte, vor allem die Chancen, welche die Insellage Berlins der britischen Politik in Deutschland bot. Christopher Steel las aus Sokolowskis drohenden Worten zuallererst das "stille Eingeständnis" heraus, wie sehr "selbst geringste Unterstützung der SPD durch Briten und Amerikaner die Russische Hegemonie in Berlin erschüttert" habe.[97] Und genau darin, erkannte er, lag die politisch-strategische Bedeutung westalliierter Präsenz in Berlin. Für Steel war mit dieser Beobachtung die Frage der Unterstützung der unabhängigen SPD in Berlin, der zu diesem Zeitpunkt das Foreign Office noch auszuweichen suchte, zwingend entschieden. Die SPD in Berlin sich selbst zu überlassen, so Steels Schlußfolgerung, käme langfristig der Entscheidung gleich, Berlin und die eigene vorteilhafte Position dort aufzugeben: "To do so would be a long step towards abdicating our vital politico-strategic position in Berlin."[98]

Allein durch ihre Präsenz in Berlin, triumphierte nach dem Gründungsparteitag der SED auch Strang in einem Telegramm

---

95 C.P.(46)186.
96 Steel an F.O. 2.5.1946, F.O. 371/55365/C4865.
97 Steel an Strang 17.4.1946, F.O. 1049/325.
98 Ibid.

an das Foreign Office, sei es den Westmächten gelungen, die "kommunistische Dampfwalze" aufzuhalten.[99] In seinem ausführlichen Memorandum über "Soviet Policy in Germany" ging Strang indirekt auch näher auf den besonderen "politisch-strategischen" Wert westalliierter Präsenz in Berlin ein.[100] Wenn die Westmächte tatsächlich das doppelte, sowohl offensive wie defensive Ziel verfolgten, die demokratische Entwicklung Deutschlands zu fördern und die Ausweitung sowjetischen Einflusses auf ganz Deutschland zu verhindern, dann durften sie vor allem Berlin nicht preisgeben. Denn nichts behinderte die Entfaltung sowjetischer Politik in Deutschland so sehr, wußte Strang, wie die Präsenz starker amerikanischer und britischer Kontingente in den Westzonen und eben in Berlin.[101] In Berlin, wo die Westmächte durch ihre Präsenz sogar die Dominanz sowjetischen Einflusses in der sowjetischen Besatzungszone in Frage stellen konnten, gingen nämlich defensive und offensive Ziele Washingtons und Londons in Deutschland ineinander über.

Berlin, die Erkenntnis ergriff in der letzten Phase der "Schlacht" um die Zwangsvereinigung von der Political Division vollständig Besitz, war unverzichtbar, wenn die Westmächte in Deutschland der Sowjetunion überhaupt eine eigene Politik entgegensetzen wollten. Bald erreichte darum London aus Berlin kaum noch ein Telegramm oder Memorandum zu Fragen des weiteren britischen Vorgehens in Deutschland, das nicht jene "politisch-strategische" Bedeutung der Stadt unterstrich oder mit der eindringlichen Mahnung Strangs schloß, Berlin unter keinen Umständen jemals den Sowjets zu überlassen: "... we ... must never allow ourselves, whatever the circumstances, to be persuaded to withdraw our forces from Berlin in circumstances which would leave the Soviet authorities with the mastery there."[102]

---

99 Strang an F.O. 27.4.1946, F.O. 371/55365/C4872.

100 Strang 6.4.1946: "Soviet Policy in Germany", F.O. 371/55580/ C4145.

101 Ibid.

102 Ibid.

Die Depeschen aus Berlin verfehlten in London ihre Wirkung nicht. O'Neill, der im Februar am ausdrücklichsten dafür plädiert hatte, Berlin aufzugeben, mochte zwar noch immer nicht glauben, daß es möglich sei, Berlin als demokratische Insel inmitten der kommunistisch beherrschten sowjetischen Besatzungszone auf Dauer zu erhalten. Ende März hatte er sich die Vorzüge alliierter Präsenz in Berlin aber immerhin soweit einleuchten lassen, daß er nun dafür eintrat, im Sinne einer Verzögerungstaktik so lange wie möglich dort auszuharren und die Sozialdemokraten zu unterstützen.[103]

Sein Vorgesetzter, Under-Secretary of State Oliver Harvey, hatte zur gleichen Zeit Gelegenheit, auf einer Reise durch die britische Besatzungszone und nach Berlin die Argumente für und gegen die Fortsetzung britischer Präsenz in Berlin an Ort und Stelle einer Überprüfung zu unterziehen. Was er in Berlin sah und die Argumente, die ihm von Strang und dessen Mitarbeitern vorgetragen wurden, ließen ihn erkennen - wie es schien, zum ersten Mal -, daß Berlin nicht nur bedrohte Insel war, sondern eben auch einzigartiger Brückenkopf der Westalliierten hinter dem Eisernen Vorhang. Aus Berlin zurückgekehrt, wog Harvey die Risiken und das "politisch-strategische" Potential alliierter Präsenz in Berlin neu ab: "... all those who I saw in Berlin are convinced that we should hold on to our share of the occupation of Berlin for as long as possible. We have there a unique position in the middle of the Russian Zone for introducing our newspapers, putting Social Democrats from the West in touch with supporters in the East under protective conditions, and for generally upholding Western standards."[104]

Die allmähliche Gewahrwerdung des Wertes der "politico-strategic position" Londons in Berlin leitete im Foreign Office zwar einen Prozeß des Umdenkens ein, ohne indes sofort eine eindeutige Entscheidung für das Festhalten an britischen Positionen in Berlin herbeizuführen. Das belegten sowohl die fortdauernde Zurückhaltung in der Frage materieller Unterstützung

---

103 O'Neill 22.3.1946, F.O. 371/55364/C3905.
104 Harvey 25.3.1946, ibid.

für die unabhängige SPD als auch die besorgte Vermeidung allzu expliziter Stellungnahmen bezüglich des Status Berlins. Noch fehlte eine wirklich anschauliche und zwingende Demonstration des "politisch-strategischen" Wertes alliierter Präsenz in Berlin. Die lieferte am 31. März die Berliner SPD. Das für London unerwartet eindeutige Ergebnis der Urabstimmung, das zugleich ein Erfolg für die Westmächte und einen empfindlichen Rückschlag für die Pläne der Sowjets bedeutete, überzeugte auch im Foreign Office: "It should ... encourage us to keep our foothold in Berlin", resümierte am dritten April gänzlich überrascht Albert Franklin im German Department.[105]

3.13. "Einmal Hauptstadt - immer Hauptstadt".

Als einen Monat später Außenminister Bevin dem Kabinett schließlich seine und seines Ministeriums Entscheidung präsentierte, ließ er durchblicken, daß auch er sich mit dem Gedanken eines Rückzugs aus Berlin auseinandergesetzt hatte: "It might at first sight be argued that it would avoid friction all round if Berlin were left to the Russians, and that in remaining there we are only going out of our way to invite Allied quarrels in what seems essentially a German cause."[106]

Genau diese Annahme aber stimmte nicht. Der Kampf um die Zwangsvereinigung in Berlin war keineswegs lediglich eine interne politische Auseinandersetzung der Deutschen. Der politische Konflikt in Berlin, erläuterte Bevin seinen Kollegen, spiegelte im kleinen den Konflikt der nationalen Interessen der vier Besatzungsmächte in Deutschland wider: "The conflict of national interests in policy towards Germany is reflected in

---

105 Franklin 3.4.1946, F.O. 371/55363/C3762.
106 C.P.(46)186.

miniature in the quadripartite control of Berlin."[107] Jede Entscheidung in Berlin drohte darum, gewissermaßen als Vorentscheidung, die Entwicklung in ganz Deutschland zu präjudizieren.

Berlin war die Hauptstadt, und die Hoffnungen aller Deutschen und aller Parteien, die Einheit zu retten, konzentrierten sich auf Berlin. "Once a capital, always a capital" - mit der lakonischen Bemerkung schloß Bevin die Suche seines Ministeriums nach einer neuen, geeigneteren Hauptstadt nun endgültig ab.[108] Einmal Hauptstadt, immer Hauptstadt - und die durfte London nicht den Sowjets überlassen, wenn es über die Einheit und die politische Entwicklung Deutschlands mitverfügen wollte. Denn mit der Hauptstadt Berlin würden die Westmächte den Sowjets auch die Einheitshoffnungen der Deutschen überlassen, die dann kaum umhin konnten zu erkennen, daß Sicherheit - und eben die Einheit - nur noch aus der Hand der Sowjets erhältlich waren, um den Preis der Hinnahme des Kommunismus.[109] Wer war der Hüter der Einheit - die Sowjets allein oder die Vier Mächte zusammen? Das, implizierten die Überlegungen Bevins, war die Frage, um die es in Berlin eigentlich ging.

3.14. Berlin - britischer "foothold" in Osteuropa.

Zusammen mit den Einheitshoffnungen der Deutschen würden die Westmächte auch das Vertrauen der Deutschen verspielen. Denn an den Prestigeverlust, der mit der Preisgabe Berlins einhergehen mußte, würden sich, ahnte Bevin, weitergehende Befürchtungen der Deutschen knüpfen, über die Endgültigkeit der Teilung und die Sicherheit des westlichen Deutschlands vor

---

107 Ibid.
108 Ibid.
109 Ibid.

sowjetischer Expansion: "They would surely feel that Soviet domination in the East had come to stay and they would wonder how long the western Powers would continue to hold on in western Germany."[110]

Beide Befürchtungen lagen nur allzu nahe. Bevin selber hatte in den zurückliegenden acht Wochen erfahren, daß, wer die Preisgabe Berlins auch nur dachte, sich allzuleicht in ganz Deutschland auf eine abschüssige Bahn begab, an deren Ende der Abzug auch aus der eigenen Besatzungszone stehen konnte. In London, in Bevins Ministerium, war jene verhängnisvolle Gedankenkette vom "cutting our losses in Berlin" O'Neills bis zum "rescue at any rate the Ruhr from the wreckage" Sargents zu ihrem logischen Ende gedacht worden. Berlin preiszugeben, das konnte allenfalls eine Deutschlandpolitik der Verzweiflung ins Auge fassen. Auf die aber wollte Bevin sich nicht einlassen.

Auch die andere Befürchtung, die sich an die Preisgabe Berlins knüpfen mußte, die der Perpetuierung der Teilung Deutschlands und der Herrschaft der Sowjets über den Osten, war Bevin selber nur zu präsent. Denn gaben die Westmächte Berlin auf, dann begaben sie sich auch, eigentlich ohne Not, der inzwischen als einzigartig erkannten Möglichkeit westlicher Einwirkung auf das sowjetisch besetzte Deutschland: "If our foothold [in Berlin, A.d.V.] were lost, Eastern Germany would be completely sealed off from the west."[111] Gaben die Westmächte Berlin preis, dann war ihre "strategisch-politische Position" im Zentrum der sowjetischen Besatzungszone dahin und die Teilung Deutschlands tatsächlich "formalisiert".

Die Politik aber, die auf die Teilung Deutschlands und auf die endgültige Preisgabe des sowjetisch besetzten Teils Deutschlands als vorgeblich außerhalb des britischen "concern" liegend hinauslief, hatte Bevin bereits verworfen - und zwar zuallererst der europäischen Implikationen wegen. Die "Formalisierung" der Teilung Deutschlands, hatte Bevin seinen Kabinettskollegen an anderer Stelle erklärt, war nichts anderes als die

---

110 Ibid.

111 Ibid

"Formalisierung" der Teilung Europas und der endgültige Verzicht auf jede Hoffnung, den Eisernen Vorhang doch noch niederzureißen. So betrachtet erhielt die westalliierte Präsenz in Berlin nicht nur eine gesamtdeutsche Bedeutung, sondern eine gesamteuropäische. Berlin war nicht nur britischer "foothold" im sowjetisch besetzten Deutschland - Berlin war britischer "foothold" im sowjetisch besetzten Europa.

3.15. Berlin - Garant der Einheit.

Die Antwort auf alle Fragen, die sich mit den ungelösten und potentiell gefährlichen Problemen der Zukunft Berlins, Deutschlands und Europas verbanden, fand Bevin ebenfalls in Berlin, im suprazonalen Status der Stadt: "the suprazonal status of Berlin is, in a way, a guarantee of that [German political unity, A.d.V.] unity, for the presence of four Powers in Berlin acts as a guarantee against absolute domination by any single power."[112] Nur in Berlin und nur über den suprazonalen Status der Stadt konnten die Westmächte dem sowjetischen Einheits*versprechen* an die Deutschen die alliierte Einheits*garantie* entgegensetzen. Nur durch ihre Präsenz in der Hauptstadt konnten sie die einseitige Präjudizierung der politischen Zukunft Deutschlands durch die Sowjets ausschließen.

In Berlin und im suprazonalen Status der Stadt, das konnte die Kabinettsrunde in London aus dem Memorandum ihres Außenministers herauslesen, liefen die divergierenden und widersprüchlichen Ziele der Deutschlandpolitik Bevins zusammen, und dort hielten sie plötzlich zusammen. Nur wenn wenigstens die Fassade der Vier-Mächte-Administration Deutschlands hielt, war es möglich, auch in der britischen Besatzungszone das Potsdamer Abkommen außer Kraft zu setzen und dennoch die Einheit Deutschlands nicht aus den Augen zu verlieren. Nur

---

112 Ibid.

dann war es möglich, Teilung und Einheit Deutschlands gleichzeitig anzuvisieren. Damit diese Fassade aber hielt, bedurfte es der Fortdauer westalliierter Präsenz in Berlin und des suprazonalen Status der Stadt. Solange es dabei blieb, solange lebte in Berlin das Prinzip des alliierten Kondominiums über Deutschland weiter, und solange stand jede unilaterale Politik in Deutschland unter einem Vorbehalt - auch die der Sowjets. Blieben die Westmächte in Berlin, dann konnte am Ende die Fiktion der alliierten Administration Deutschlands stärker sein als selbst die Realität des Eisernen Vorhangs.

Der suprazonale Status Berlins hob die "apparent inconsistencies" in Bevins deutschlandpolitischem Entwurf so vollständig auf, daß der Außenminister seinen Kollegen die Notwendigkeit britischen Ausharrens in Berlin regelrecht einhämmerte: Wie immer auch die grundsätzlichen Probleme in Deutschland schließlich entschieden werden mochten, Axiom britischer Politik in Deutschland müßte es in jedem Fall sein, "to maintain our position in Berlin".[113] Denn in Berlin, das war die Lektion, die Bevin und sein Ministerium nach einem halben Jahr "Berlin politics" gründlich verstanden hatten, mußte britische Deutschlandpolitik gedanklich beginnen und enden.

---

113 Ibid.

Viertes Kapitel.

Wahlschlacht um Berlin.

4.1. Antagonismus in Berlin.

Nach der heftigen Auseinandersetzung um die Vereinigung von KPD und SPD in Berlin konnten die Vereinigungsparteitage von SPD und KPD und der Gründungsparteitag der Sozialistischen Einheitspartei Deutschlands am 21. und 22. April kaum anderes sein als 'anti-climax'. Die wirkliche Entscheidung war am 31. März in der Berliner Urabstimmung gefallen. Aufregend Neues war am Osterwochenende 1946 nicht mehr zu erwarten. Noch bevor über das Parteikürzel Klarheit bestand, hatte sich die Political Division längst angewöhnt, die noch zu gründende SED lediglich als Fortsetzung der KPD unter anderer Bezeichnung zu betrachten, und das German Department folgte ihr darin: "The S.E.P. [sic], when it appears, will be no more than the K.P.D. under another name."[1] Das Programm der neuen, alten Partei brachte Strang kurz und bündig auf den Begriff "Nationalismus": "The whole emphasis of the Socialist Unity Party is nationalistic. The new party newspaper is called 'New Germany'; federalism is termed national treachery; western territories must not be lopped off etc."[2] Aber auch das waren altbekannte Standpunkte, die bereits die KPD und die SPD Grotewohls vertreten hatten.

Problematisiert wurde im German Department am ehesten noch die Frage der britischen Haltung zu Fusionsbestrebungen in der eigenen Besatzungszone, so sich denn solche zeigten.[3] Des Propaganda-Effekts halber schlug darum Franklin vor, die SED für die Öffentlichkeit als "Ost- oder Osterdemokraten" lä-

---

1 Annan, "The Campaign for Fusion of the Social Democrat and Communist Parties in Eastern Germany". Franklin 29.4.1946, F.O. 371/55364/C4574.

2 Strang an F.O. 27.4.1946, F.O. 371/55365/C4872.

3 Strang an F.O. 25.4.1946, F.O. 371/55364/C4574.

cherlich zu machen.[4] Aber selbst das erwies sich als unnötig, da, wie Schumacher der Political Division versicherte, in der britischen Besatzungszone eine Verbindung mit den Kommunisten für die SPD kein Thema war.[5]

Dem Osterwochenende waren am 13. und 14. April in allen Parteibezirken der sowjetischen Besatzungszone und im sowjetischen Sektor Berlins vorbereitende Versammlungen und Fusionsbeschlüsse beider Parteien vorausgegangen. Um auch wirklich alle Überraschungen auszuschließen, waren die SPD-Delegierten aus dem sowjetischen Sektor Berlins zuvor genötigt worden, mit Unterschrift zu bestätigen, daß sie nicht an dem Zehlendorfer Parteitag der unabhängigen SPD teilgenommen hatten, und wurden dafür, berichtete Strang nach London, von der SMAD mit 48 Zigaretten - das waren vier Wochenrationen -, einem Pfund Wurst und Butterbrot belohnt.[6]

Überraschungen blieben denn am Osterwochenende auch aus. Die Gründung der SED verlief genau wie geplant.[7] In ihren Berichten über die Vereinigungsparteitage gab sich die Political Division denn auch eher gelangweilt.[8] Sowohl die Political Division in Berlin als auch das German Department in London waren gedanklich bereits weiter und beschäftigten sich schon mit den mittel- und langfristigen Folgen der "Vereinigungsschlacht" in Berlin.[9] Da gab es allerdings einiges zu überdenken. Denn innerhalb eines halben Jahres war in Berlin eine völlig veränderte politische Lage entstanden. Die Konturen neuer politischer Konstellationen zeichneten sich ab.

Am auffallendsten gewandelt hatte sich wohl das Verhältnis zwischen Deutschen und Alliierten. Zum Zeitpunkt der Vereinigungsparteitage fand das Zusammenspiel zwischen der Political Division auf der einen und der Berliner SPD und Kurt Schumacher auf der anderen Seite bereits auf quasi institutionali-

---

4 Franklin v. 29.4.1946, ibid.
5 Steel an F.O. 2.5.1946, F.O. 371/55365/C4865.
6 Strang an F.O. 27.4.1946, F.O. 371/55365/C4872.
7 Ibid.
8 Strang an F.O. 23.4.1946, F.O. 371/55364/C4492. Strang an F.O. 25.4.1946, F.O. 371/55364/C4574.
9 Steel an F.O. 2.5.1946, F.O. 371/55365/C4865.

sierter Basis statt. In Berlin hatten vor allem die Briten zu spüren bekommen, daß sie der Deutschen bedurften, wollten sie sich in Berlin behaupten. In den "anti-fusionists" und in Kurt Schumacher hatten sie glaubwürdige deutsche Mitspieler gefunden.

Gewandelt hatte sich aber auch das Verhältnis der Alliierten untereinander. Durch die Spaltung der SPD und die Gründung der SED stellte sich nun in Berlin eine Reihe administrativer Probleme, die zu lösen nur die Vier Mächte die Autorität hatten: die Fragen von Anerkennung oder Nichtanerkennung von SPD und SED in allen Sektoren der Stadt, das Problem der Vermögenswerte der alten SPD in Berlin, die Bestimmung eines Termins für die Kommunalwahlen in Berlin und die Ausarbeitung einer provisorischen Verfassung für Berlin, damit Wahlen überhaupt stattfinden konnten. Die "Berlin-Politics" erhielten eine neue Qualität. Von einer Angelegenheit der Deutschen wurde der Streit um die Zwangsvereinigung zu einer Angelegenheit der Vier Mächte, die ihn nun in Kommandatura und Kontrollbehörde austrugen.[10]

Beinahe über Nacht wurde auf diese Weise die Alliierte Kommandatura in Berlin zu einem höchst wichtigen alliierten Forum.[11] Und keineswegs nahmen in den alliierten Organen dabei nur die "unterirdischen Spannungen" zu.[12] Denn sehr schnell sollte sich in den entscheidenden Fragen grundsätzliche Übereinstimmung der Westalliierten herstellen. An die Stelle des einvernehmlichen Handelns der vier alliierten Stadtkommandanten trat zunehmend offener Dualismus zwischen sowjetischem und westalliierten Stadtkommandanten. So war es tatsächlich eine hauptsächliche Wirkung der von KPD und SMAD entfachten Vereinigungskampagne gewesen, wie unmittelbar

10 Philip Windsor sieht hier eine entscheidende Ursache für die Intensivierung des Kalten Krieges in Deutschland, ders., City on Leave. A History of Berlin 1945-1962, New York 1963, S.70.

11 Strang an F.O. 27.4.1946, F.O. 371/55365/C4693.

12 Hans Herzfeld, Berlin und das Berlinproblem vom Zusammenbruch bis zu den Stadtverordnetenwahlen des 20. Oktober 1946, in: Berlin. Kampf um Freiheit und Selbstverwaltung 1945-46, hg. im Auftrage des Senats von Berlin, Berlin 1961, S.9-40, hier S.37f. Vgl. ders., Berlin in der Weltpolitik 1945-1970, Berlin 1973, S.87f.

nach der Urabstimmung Franklin resümierte, "considerably to increase western allied solidarity".[13] Der erfolgreiche Widerstand der "anti-fusionists" gegen die Vereinigungskampagne hatte vorgeführt, so Franklin, was möglich war, wenn nur die Westmächte in Berlin und Deutschland an einem Strick zogen: "It all goes to show what can be done provided there is unity among the western allies."[14] Und genau das sollte nun in Berlin immer häufiger der Fall sein.

4.2. Der alliierte Streit um die Parteien-Direktive und die unsichere Haltung der Amerikaner.

Angedeutet hatte sich das Zusammenrücken der Westmächte im Kontrollrat sogar schon etwas früher, wenngleich die fortgesetzte Blockierungspolitik der französischen Repräsentanten und die schwankende Haltung der Amerikaner es noch eine Weile möglich gemacht hatten, die Zeichen der atmosphärischen Änderung in Berlin zu übersehen. Denn ausgerechnet die Amerikaner, die, für britischen Geschmack, in Berlin bislang eher zu sehr auf gleichen Abstand zu Sowjets und westlichen Alliierten geachtet hatten, hatten mit einer Initiative dazu beigetragen, in Berlin die Konstellation herbeizuführen - Westmächte vs. Sowjetunion -, die dann Normalfall bleiben sollte.

Am 6. Februar hatte der amerikanische Vertreter im Political Directorate des Alliierten Kontrollapparates den Entwurf einer alliierten Direktive zur Parteiengesetzgebung in Deutschland vorgelegt. Ihr Ziel sollte es sein, in allen vier Zonen eine Angleichung der Behandlung politischer Parteien durch die Besatzungsmächte herbeizuführen.[15] Der Zeitpunkt für einen solchen

13 Franklin 2.4.1946, F.O. 371/55363/C3626.
14 Franklin 3.4.1946, F.O. 371/55363/C3762.
15 Vgl. Dietrich Staritz, Parteien für ganz Deutschland? Zu den Kontroversen über ein Parteiengesetz im Alliierten Kontrollrat 1946/ 47, in: VfZ 2/1984, S.240-259. Ders., Gesamtdeutsche Parteien im Kalkül der

Vorstoß hätte nicht besser gewählt sein können. Gerade erreichte die Vereinigungskampagne in Berlin einen ersten Höhepunkt. Dazu paßte der Inhalt der amerikanischen Parteien-Direktive. In § 3 verpflichtete sie nämlich alle politischen Parteien auf einen detaillierten Kanon demokratischer Prinzipien.

Eine Erläuterung zu eben jenem § 3, vom amerikanischen Vertreter vor der nächsten Sitzung nachgereicht, machte den Bezug zu den Vorgängen in Berlin überdeutlich.[16] Besonderer Sinn des fraglichen Paragraphen, hieß es dort beispielsweise, sei es unter anderem "zu verhindern, daß die aktive Minderheit einer Partei die passive Mehrheit dominiere".[17] Die politische Geschichte Deutschlands der beiden zurückliegenden Jahrzehnte habe bewiesen, wurde an anderer Stelle hervorgehoben, daß es notwendig sei, "to prescribe for the Germans the most elementary rules of democratic procedure".[18]

Das klang harmlos, war aber - vor allem zu diesem Zeitpunkt - von bisher in der amerikanischen Deutschlandpolitik noch nicht zum Ausdruck gekommener Direktheit. Denn wo die Amerikaner von Deutschland sprachen, meinten sie - vielleicht zu offensichtlich - die Sowjetunion und die sowjetische Zone. Der amerikanische Vorstoß war darum, sah man genauer hin, nichts Geringeres als der Versuch einer Nachbesserung des Potsdamer Abkommens - durch die Hintertür - in einem entscheidenden Punkt. Denn hätten die Sowjets sich darauf eingelassen, so wäre zum ersten Mal den Begriffen "Demokratie" und "demokratisch" eine präzise alliierte Definition gegeben worden, auf welche die Westmächte ihren sowjetischen Alliierten dann immer wieder hätten festnageln können.

Siegermächte - die Kontroverse über eine Parteiengesetzgebung im Alliierten Kontrollrat, in: Kalter Krieg und Deutsche Frage, S.189-216.

16 Auf den Zusammenhang zwischen §3 der Direktive und der Vereinigungskampagne in Berlin, geht Staritz lediglich mit dem befremdlichen Vorwurf ein, der amerikanische Entwurf habe die "Organisationsformen des demokratischen Zentralismus [i.e. KPD und die entstehende SED, A..d.V.] ... nachgerade aus dem Spektrum demokratischer Verfahrensregeln aus[gegrenzt]", ders., Gesamtdeutsche Parteien, S.206.

17 DPOL/P(46)11: "Commentary on Paragraph 3 of the Draft Directive on Political Parties", Memorandum by the U.S. Member, F.O. 371/55361/C2164.

18 Ibid.

Der Entwurf fand auch prompt die uneingeschränkte Zustimmung der Briten und Franzosen. Allein, die Sowjets gingen nicht in die Falle. Es sei nicht notwendig, beharrte der sowjetische Vertreter im Political Directorate, den Parteien Richtlinien für ihr internes Prozedere zu geben, da die Besatzungsmächte in ihren Besatzungszonen gegenüber Parteien und Parteistatuten jederzeit von ihrem Vetorecht Gebrauch machen könnten. Die Vertreter der Westmächte widersprachen heftig und ungewohnt einhellig. Unter der Oberfläche der scheinbar akademischen Debatte ging es, wußte William Strang, um die kommunistische Vereinigungskampagne, um die Unterdrückung sozialdemokratischer Gegenwehr und um die Mißachtung aller demokratischen Grundsätze durch KPD und SMAD: "It is clear that as one of the aims of the paper is to secure a means however frail, of influencing Russian treatment of political Parties in Berlin and in their zone, this paragraph 3 is the crucial point, and the effect of the paper will be largely nullified if it is drastically amended."[19]

Der Streit über das Thema "Demokratie" brachte, vielleicht zum ersten Mal, auf untergeordneter Ebene an den Tag, wo die Konfrontationslinie, die den alliierten Kontrollapparat durchzog, tatsächlich verlief. Nach "heißer" Debatte konnten die Vertreter der Westmächte ihrem sowjetischen Kollegen immerhin das Eingeständnis entlocken, daß eine Partei, deren Statuten den Prinzipien des amerikanischen Entwurfs folgte, in der Tat demokratisch zu nennen wäre, aber mehr auch nicht. Es wurde schließlich nur beschlossen, § 3 neu zu formulieren und bei der nächsten Sitzung des Political Directorate noch einmal vorzulegen.[20]

Für diesmal sollte die westliche Solidarität allerdings nicht von Dauer sein. Gegen den britischen Widerstand ließen sich die Amerikaner schon am 14. März auf eine vollständig verwässerte sowjetisch-französische Kompromißformulierung ein, in der der Begriff "Demokratie" für sich stand und nicht mehr er-

19 Strang an F.O. 23.2.1946, ibid.
20 Ibid.

läutert wurde. Als Anfang April der Koordinierungsausschuß den Entwurf der Direktive zur Neuformulierung an das Political Directorate zurückreichte, schob dort der sowjetische Vertreter den nächsten Einwand nach. Jetzt ging es um eine Frage von unmittelbarer politischer Bedeutung, um den suprazonalen Status Berlins. Der sowjetische Vertreter stieß sich plötzlich an einer Formulierung, die sachlich und zutreffend festhielt, daß in den Besatzungszonen die jeweiligen Militärgouverneure verantwortlich für alle Parteien seien, in Berlin aber die Alliierte Kommandatura. Obwohl die Briten den amerikanischen Entwurf vollständig unterstützten, und obwohl natürlich die Frage für die Amerikaner nicht weniger wichtig war als für die Briten, gab der amerikanische Vertreter schließlich nach und drohte seinem britischen Kollegen sogar damit, eine 3:1 Empfehlung an den Koordinierungsausschuß weiterzugeben.[21]

Die Verhandlungen der Alliierten in Berlin, das führte der Fall der "Directive on Political Parties" noch einmal vor, folgten einem eingefahrenen Schema: Den konfliktscheuen Amerikanern war am Ende ein schlechter Kompromiß lieber als gar keine Direktive. Die Franzosen ergänzten den sowjetischen Gegenentwurf um einen nichtssagenden Satz zur dann scheinbar sowjetisch-französischen Kompromißformulierung. Die Sowjets setzten, nachdem die Westmächte in der ersten Runde nachgegeben hatten, in der zweiten noch eins drauf, und die unbeugsamen Briten sahen sich im schlimmsten Fall Minderheitsvoten ausgesetzt. William Strang hatte wahrlich Grund zur Verzweiflung über die amerikanischen Alliierten: "The weakness and muddle-headedness of the Americans on this issue is most unfortunate. There is now actually a danger, albeit a remote one, that the paper, which they had intended as a check on the Communists in the Fusion issue, may be converted into a means of weakening of our position on the vital issue of the Kommandatura's control over political parties in Berlin. We shall, of course, do our utmost to prevent this, but the Ameri-

21 Strang 5.4.1946, F.O. 371/55364/C3887.

can political division have to obey General Clay's instructions and his attitude remains enigmatic."[22]

4.3. Um die Zulassung von SPD und SED in Berlin.

Das alles änderte sich nach der Gründung der SED beinahe schlagartig. Denn die Fragen, die in Kommandatura und Kontrollrat nun der Beantwortung harrten - Anerkennung von SPD und SED, Wahltermin und provisorische Verfassung für Berlin -, waren plötzlich von existentieller Bedeutung. Es ging um das Überleben der unabhängigen SPD und damit, wie Briten und Amerikaner gerade erst gelernt hatten, eben auch um ihre eigene Präsenz in Berlin. Für laue Kompromisse war da kein Spielraum mehr.

Das erste der neuen Probleme, das nun auf die Tagesordnung der Kommandatura kam, ließ sich noch vergleichsweise problemlos im Kompromiß beilegen. Aber der Dualismus zwischen Westkommandanten und Ostkommandant, zwischen dem sowjetischen Militärgouverneur und seinen westalliierten Kollegen, der bis zum Auszug der Sowjets aus Kontrollrat und Kommandatura die Arbeit der Alliierten in Berlin prägen sollte, wurde bereits sichtbar.

Am 24. April befaßte sich die Kommandatura zum ersten Mal mit der Situation der SPD in der Stadt. Auf Anraten der Political Division hatten die unabhängigen Sozialdemokraten die Kommandatura nicht etwa um erneute Zulassung als Partei ersucht, sondern schlicht von der am 7. April in Zehlendorf erfolgten Wahl eines neuen Landesvorstandes unterrichtet.[23] Die westalliierten Stadtkommandanten vertraten nun den Standpunkt, daß eine Zulassung der SPD durch die Kommandatura nicht notwendig sei, da es sich um eine von der Kommandatura

---

22 Ibid.
23 Strang an F.O. 25.4.1946, F.O. 371/55364/C4575.

längst zugelassene - "legally recognized" - Partei handelte, die sich lediglich einen neuen Vorstand gewählt hatte. Nach hitziger Debatte, die dem sowjetischen Kommandanten einen Vorgeschmack auf seine von nun an ständige 1:3 Unterlegenheit gab, wurde die Frage auf die nächste Sitzung vertagt.[24]

Als die alliierten Kommandanten sich am 26. April - inzwischen lag auch der Antrag der SED auf Zulassung in Groß-Berlin durch die Kommandatura vor - wieder der Frage der Anerkennung des neuen Landesvorstandes der SPD zuwandten, stellte Generalmajor Kotikow, der sowjetische Kommandant, die Anerkennung der SPD in Aussicht, machte aber sofort klar, daß er beabsichtigte, diese Frage mit der der Anerkennung der SED zu verknüpfen.[25] Die Sowjets, vermutete Strang nicht einmal unzufrieden, waren offenbar stark daran interessiert, die Zulassung der SED in ganz Berlin noch vor den Kundgebungen zum 1. Mai zu erhalten.[26]

Zu dem von Kotikow in Aussicht gestellten Tauschgeschäft - Anerkennung der SED gegen Zulassung der unabhängigen SPD auch im sowjetischen Sektor - wäre es sicherlich auch gekommen, hätte nicht der französische Kommandant einen Strich durch die Rechnung gemacht. Mit schwer anfechtbarer Logik, so Strang, wies General Lancon darauf hin, daß sich die neue Partei "Sozialistische Einheitspartei *Deutschlands*" nannte und darum die Frage ihrer Anerkennung nicht in die Kompetenz der Kommandatura fallen könne, zumal in der Vergangenheit die sowjetischen Stadtkommandanten stets darauf bestanden hatten, daß alle Fragen betreffend die politischen Parteien und deren Anerkennung durch die Alliierten von der Alliierten Kontrollbehörde zu entscheiden seien.[27] Da sich General Lancon, der sich, vermutete Strang, lediglich an Weisungen aus Paris hielt, von seinem Standpunkt nicht abbringen ließ, zog General Kotikow seine Zusage über die Anerkennung der SPD zurück und bestand darauf, daß

---

24 Ibid.
25 Strang an F.O. 27.4.1946, F.O. 371/55365/C4693.
26 Ibid.
27 Ibid.

zusammen mit der Frage der Anerkennung der SED auch die der SPD dem Alliierten Koordinierungsauschuß zu übergeben sei.[28]

Infolgedessen mußte die große Demonstration zum 1. Mai, "bei schönstem 'Hitler-Wetter'", ohne allzu offensichtliche Präsenz der SED stattfinden.[29] Die Briten hatten, solange die Partei der Anerkennung durch die Alliierten ermangelte, in ihrem Sektor Berlins alle Auftritte der SED verboten. Als Organisator der Mai-Demonstration trat darum der FDGB auf. Faktisch wurde der 1. Mai aber doch eine SED-Veranstaltung, da das im sowjetischen Sektor aus Mitgliedern der SED, des FDGB und des Stadtrates eigens gebildete Mai-Komitee die SPD von der Teilnahme ausgeschlossen hatte.[30]

Die Political Division mochte angesichts dieser Entwicklung nicht so recht froh werden. William Strang war auf den Tausch, den General Kotikow vorgeschlagen hatte, vorbereitet gewesen und hatte darin sogar so etwas wie ein gutes Geschäft gesehen.[31] Nun, da der 1.-Mai-Termin verstrichen war, an dem Kotikow offensichtlich gelegen hatte, würden die Sowjets, fürchtete Strang, den Preis für die Zulassung der SPD im sowjetischen Sektor in die Höhe treiben. Die Sowjets konnten sich das leisten, da, je länger, desto mehr, die Frage der Anerkennung beider Parteien zu einer ziemlich akademischen Frage zu werden drohte. Denn während die SMAD im sowjetischen Sektor rücksichtslos gegen die unabhängigen Sozialdemokraten vorging, konnte sich die Propagandamaschine der SED in den Westsektoren ungehindert des Apparates der dort zugelassenen KPD bedienen.[32]

Ähnlich muß die Situation bei den zuständigen Stellen der Amerikaner und Franzosen beurteilt worden sein. Denn als am 19. Mai das Political Directorate sich der Frage aufs neue zuwandte, waren die Vertreter der drei Westmächte zuvor schon übereingekommen, den Sowjets nun ihrerseits das Tauschge-

---

28 Ibid.
29 Steel an F.O. 2.5.1946, F.O. 371/55365/C4866.
30 Ibid.
31 Strang an F.O. 25.4.1946, F.O. 371/55364/C4575. Strang an F.O. 27.4.1946, F.O. 371/55365/C4693.
32 Strang an F.O. 27.4.1946, F.O. 371/55365/C4872.

schäft - Anerkennung der SPD im sowjetischen Sektor gegen Anerkennung der SED in den westlichen Sektoren - noch einmal vorzuschlagen. Gerüchte, die besagten, die Sowjets wären noch immer bereit, sich darauf einzulassen, erwiesen sich als richtig. Im Political Directorate einigte man sich nun rasch auf den Kompromiß. Die Kommandatura wurde angewiesen, beiden Parteien zu antworten - das implizierte sowjetischerseits die Anerkennung der Spaltung der SPD -, beide Parteien in ganz Berlin zuzulassen und zu gewährleisten, daß beide Parteien in jedem Berliner Wahlkreis ungehindert arbeiten konnten. Die Kommandatura folgte der Anweisung am 31. Mai.[33]

4.4. Um den Wahltermin.

Schon schwieriger gestaltete sich die Suche nach einem Termin für die Stadtverordnetenwahlen in Berlin. Wieder wiesen die Interessen der Westmächte und der Sowjetunion in entgegengesetzte Richtungen. Wohl zu Recht konnten, das jedenfalls legten der für die Kommunisten unglückliche Verlauf der Vereinigungskampagne in Berlin und vor allem das eindeutige Ergebnis der Urabstimmung vom 31. März nahe, die Westalliierten von Wahlen in Berlin eine "sehr starke anti-kommunistische, hauptsächlich sozialdemokratische Mehrheit" erwarten.[34] Aus diesem Grunde lag ihnen an einem möglichst baldigen Wahltermin. Aus dem gleichen Grunde mußten dagegen die Sowjets bestrebt sein, den Wahltermin so weit wie möglich hinauszuschieben und den von ihnen eingesetzten und der SMAD vollständig hörigen Magistrat möglichst lange im Amte zu behalten.

Als die Alliierte Kommandatura sich der Frage am 26. April annahm, schlug dann auch jeder der drei westlichen Komman-

33 Strang an F.O. 20.5.1946, F.O. 371/55365/C5595.
34 Strang an F.O. 27.4.1946, F.O. 371/55365/C4693.

danten vor, einen Termin zu wählen, nicht später als August 1946.[35] General Kotikow wollte nicht nur von dem frühen Termin nichts wissen, sondern beharrte sogar darauf, daß noch nicht einmal der Zeitpunkt gekommen sei, um auch nur den Wahltermin festzulegen, solange nicht die notwendige Vorarbeit geleistet sei. Kotikow mochte allerdings, danach gefragt, auf die Natur dieser "preliminary work" nicht näher eingehen, sondern antwortete ausweichend mit dem bald schon stereotypen sowjetischen Hinweis auf angeblich "nicht vollständig durchgeführte De-Nazifizierung und Eliminierung reaktionärer Elemente aus verantwortlichen Positionen in der Stadtverwaltung."[36] Da Kotikow von seinem Standpunkt durch keine Zusicherung der drei westalliierten Kommandanten - weder, was den Stand der De-Nazifizierungsmaßnahmen in den Westsektoren, noch, was die Frage der technischen Vorbereitungen der Wahlen anging - abzubringen war, kam die Kommandatura notgedrungen überein, auch diese Frage der Alliierten Kontrollbehörde zur Entscheidung vorzulegen.[37]

Erst auf einer Sondersitzung des nun langsam überlasteten Political Directorate am 20. Mai gab der sowjetische Vertreter den Widerstand gegen die Festlegung eines Wahltermins auf und nannte seinerseits ein Datum: den 25. Dezember. Der sowjetische Termin lag zwar um gut vier Monate hinter dem von den Westalliierten anvisierten August-Termin, aber ein Kompromiß wurde jetzt immerhin denkbar. Nach weiteren Verhandlungen wurde der auch erzielt. Am 30. Mai empfahl das Political Directorate dem Koordinierungsausschuß der stellvertretenden Militärgouverneure einstimmig, die Kommandatura zu instruieren, einen Wahltermin für Oktober anzuberaumen und unverzüglich mit der Arbeit an einer provisorischen Verfassung für Berlin und dem Wahlgesetz zu beginnen.[38] Der Koordinierungsausschuß folgte der Empfehlung am 3. Juni. Nach zwei Monaten, am 9. August, erließen nach

35 Ibid.
36 Ibid.
37 Ibid.
38 F.O. 371/55367/C6430.

wochenlangen Verhandlungen im Local Government Committee der Kommandatura die vier Kommandanten die Provisorische Verfassung sowie das Wahlgesetz und legten den Wahltermin endgültig auf den 20. Oktober fest.[39] Am 23. August schließlich fanden die vier Stadtkommandanten zur letzten wichtigen, die Wahlen betreffenden Entscheidung und beschlossen die Aufstellung alliierter Wahl-Beobachtungsteams - eines für jeweils zwei Stadtbezirke -, die die Befugnis haben sollten, Unregelmäßigkeiten sofort zu korrigieren.[40]

4.5. Berliner Sumpf - Das Problem der SPD.

Die Anerkennung der unabhängigen SPD durch die Alliierte Kontrollbehörde brachte die Vereinigungskampagne in Berlin zu einem quasi-offiziellen Abschluß. Die Unterschrift muß General Kotikow schwergefallen sein. Sie war das Eingeständnis einer schweren politischen Niederlage. Die Kommunisten "and their hangers-on in the S.E.D.", beobachtete Strang, befanden sich ganz offensichtlich in der Defensive.[41] Ganz besonders unwohl in ihrer Haut müssen sich in der Tat die Männer der ehemaligen SPD-Führung um Grotewohl gefühlt haben. Sie konnten aber nicht mehr zurück und seien nun, so Strang weiter, vor allem damit beschäftigt, sich vor sich selber und vor der Öffentlichkeit zu rechtfertigen.[42]

Die unabhängigen Sozialdemokraten hatten einen schönen Sieg errungen, und die Political Division sparte nicht mit Anerkennung.[43] Für Selbstgefälligkeiten war allerdings keine Zeit. Es mußte jetzt unbedingt weitergehen, denn mit der Einigung des Koordinierungsausschusses auf den Wahltermin im

39 Strang an Bevin 2.9.1946, F.O. 371/55906/C10708.
40 Ibid.
41 Strang an Bevin 11.6.1946, F.O. 371/55367/C6525.
42 Ibid.
43 So z. B. Steel im Gespräch mit Schumacher am 30.4.1946, Steel an F.O. 2.5.1946, F.O. 371/55365/C4865.

Oktober war die Flaute, die durch die Verhandlungen der Alliierten in Kommandatura und Kontrollbehörde in den "Berlin Politics" entstanden war, zu Ende und der Wahlkampf eröffnet. Die Sowjets und die SED, wußte Strang, würden nicht in der Defensive verharren, sondern sich über kurz oder lang "mit allen Mitteln in eine Gegenoffensive stürzen."[44]

Zweifel, ob die SPD in Berlin überleben würde, konnte es vernünftigerweise nicht mehr geben. Aber die junge Partei war in keinem guten Zustand. Im Gegenteil, beim Gedanken an den bevorstehenden Wahlkampf und beim Blick auf die innerhalb weniger Wochen beinahe aus dem Boden gestampfte Parteiorganisation, in der jetzt neue und politisch unerfahrene Figuren um Positionen rangelten, wurde Strang etwas unheimlich: "The chief danger lies in the jockeying for position among new and unexperienced leaders."[45] So sehr ihm an der schleunigen Anerkennung durch die Kommandatura gelegen hatte, so hatte er Ende April einen Moment lang ernsthaft erwogen, sie noch etwas hinauszuzögern und vielleicht noch etwas auf Zeit zu spielen, um der jungen Partei Gelegenheit zu geben, sich zu ordnen und zu konsolidieren: "There may in fact be advantage in building up the Social Democratic party a little before they are launched officially."[46] Nach der Anerkennung der Partei durch die Kommandatura nahm Strangs Besorgnis ob der Unerfahrenheit der Partei, ihrer organisatorischen Unzulänglichkeiten und ihres Mangels an erfahrenen Führungskräften erst einmal eher zu, denn ab: "The danger to them lies in their immaturity and lack of properly organised and experienced leadership."[47]

Die Beunruhigung der Political Division war verständlich. Die Berliner SPD, kaum wiedergegründet, befand sich mitten in einer Führungskrise - der in Zehlendorf zum Vorsitzenden gewählte Franz Neumann zögerte noch, das ihm angetragene Amt zu übernehmen[48] - und war vornehmlich mit sich selbst be-

44 Strang an Bevin 11.6.1946, F.O. 371/55367/C6525.
45 Strang an F.O. 25.4.1946, F.O. 371/55364/C4575.
46 Ibid.
47 Strang an Bevin 21.6.1946, F.O. 371/55367.
48 Steel an F.O. 2.5.1946, F.O. 371/55365/C4865.

schäftigt. Die Hoffnungen der Political Division auf Stabilisierung des Zustandes der Berliner SPD richteten sich darum beinahe vollständig auf Kurt Schumacher. Mit ihm besprachen sie sich regelmäßig, und von ihm erhofften sie sich, er würde die Berliner SPD an die Hannoveraner Parteiorganisation heranführen, um ihr so das politische Gewicht zu leihen, das ihr in ihrem Berliner Sonder- und Inseldasein so abging.[49] Aber das war von den Briten leichter gedacht und von Schumacher leichter zugesagt als getan. Denn als Offiziere der Political Division Franz Neumann und Parteisekretär Otto Suhr ebenfalls die Notwendigkeit starker Anlehnung an Schumacher und die Parteiorganisation im Westen nahebringen wollten, stießen sie auf eisige Ablehnung.[50] Schumacher, so die Entgegnung Neumanns und Suhrs, verstünde nichts von der Situation in Berlin. Solange die SPD nicht auf nationaler, sondern auf zonaler Ebene arbeitete, und solange sie nicht ihr Hauptquartier in Berlin hatte, wollten Neumann und Suhr von einer Anbindung der Berliner SPD an die SPD im Westen und an Schumacher - von dem sie nicht abhängig werden wollten - nichts wissen.[51] Suhr vertrat gar die Auffassung, daß Schumacher, der Ostdeutschland aufgegeben und keinen ernsthaften Versuch gemacht habe, sich mit Grotewohl zu einigen, die Schuld an der Spaltung der SPD in Berlin trüge.[52]

Was Neumann und Suhr da vortrugen, entsprach beinahe wörtlich dem, was nur wenige Monate zuvor Grotewohl selber nicht müde geworden war, wieder und wieder zu wiederholen. Ivor Pink, Deputy Chief der Political Division, las den Bericht über das Gespräch denn auch mit Erschütterung über die Kürze der politischen Gedächtnisse Neumanns und Suhrs, die offenbar nichts dazugelernt hatten.[53] Man konnte nur hoffen, und das tat Pink nach einem Anflug des Zweifels auch, daß Neumann und Suhr nicht den Weg Grotewohls gehen würden: "I find these in-

---

49 Ibid.
50 Lasky 4.6.1946, F.O. 1049/328.
51 Ibid.
52 Ibid.
53 Pink 6.6.1946, ibid.

ternal jealousies and bickerings within the SPD extremely depressing. Suhr and Neumann are now taking much the same line about Schumacher as Grotewohl took before he succumbed to the 'tickling of Russian bayonets' and sold himself for free sausage and cigarettes. I don't think they will go the same way but they show an alarming tendency to ape the Bourbons in the shortness of their political memories."[54]

Kaum ein Zweifel konnte allerdings sein, daß Neumann und Suhr schlicht nicht das Format hatten, um es alleine mit so skrupellosen und rücksichtslosen Figuren wie Pieck und Ulbricht aufzunehmen.[55] Der Political Division blieb nichts übrig, als umgehend den nächsten Besuch Schumachers zu planen und zu hoffen, daß die Führung der Berliner SPD doch noch Vernunft annehmen würde.[56]

Zunächst aber fand die Führungskrise der Berliner SPD in der Affäre um den Rücktritt Karl Germers, der im Kampf gegen die Vereinigungskampagne der Kommunisten eine führende Rolle gespielt hatte und auf dem Zehlendorfer Parteitag zu einem der beiden stellvertretenden Parteivorsitzenden gewählt worden war, eine Fortsetzung.[57] Germer gehörte einem gemäßigteren Flügel der Partei an, befürwortete die Zusammenarbeit mit Jakob Kaiser und dem linken Flügel der CDU und wollte sich und die Partei insbesondere von der marxistischen Theorie des Klassenkampfes lösen. Zusammen mit einigen Zehlendorfer Parteifreunden hatte er ein entsprechendes Parteiprogramm formuliert, das aber im Parteivorstand aus sachlichen wie aus taktischen Gründen auf mehr Ablehnung, denn Interesse stieß. Mitten im ersten Wahlkampf der Partei und zu einem Zeitpunkt, zu dem die Partei sich mühte, sich als die eigentliche, alte SPD und eben nicht als neue Partei zu präsentieren, wäre es vielleicht tatsächlich unklug gewesen, das Programm zu wechseln und alte, noch aus Weimarer Zeiten stammende Inhalte aufzu-

---

54 Pink an Wilberforce 7.6.1946, F.O. 371/55367/C6554.

55 Lasky 4.6.1946, F.O. 1049/328. Pink an Wilberforce 7.6.1946, F.O. 371/55367/C6554.

56 Ibid.

57 Strang an Bevin 19.7.1946, F.O. 371/55368/C8365. Strang an Bevin, Political Summary No. 14 v. 12.8.1946, F.O. 371/55369.

geben. Germers Programm verschwand in der Versenkung. Über Umwege erhielt aber die SMAD davon Kenntnis. Ein sowjetischer Offizier sprach umgehend bei Germer vor und äußerte sowjetisches Interesse sowohl an dem Programm als auch an einer ausführlichen Diskussion mit Germer. Germer händigte dem Russen eine Kopie des Programms aus, setzte den Parteivorstand davon in Kenntnis und schlug vor, daß der Parteivorsitzende Neumann sowie weitere Parteimitglieder an der Diskussion mit den Russen teilnehmen sollten. Indes, auf der nächsten Begegnung des Parteivorstandes fand sich Germer mit dem Vorwurf des Verrats von Partei-Interessen konfrontiert. Ein Ehrengericht der Partei trat zusammen, entband Germer bis zu den nächsten Parteivorstandswahlen von allen Funktionen und gebot Stillschweigen in der ganzen Angelegenheit. Germer sprach von "Nazi-Methoden" und widersetzte sich dem Ehrengerichtsspruch.[58] Als der Parteivorstand daraufhin eine neue Untersuchung durch ein neues Ehrengericht anordnete, reagierte Germer am 5. Juni mit Rücktritt.

Schließlich stellte er sich aber doch einer weiteren Untersuchung durch ein neues Ehrengericht aus fünf Parteimitgliedern, von denen Germer selber zwei nominieren durfte. Das neue Ehrengericht erkannte auch prompt, daß Germer mit den besten Absichten gehandelt habe und das Partei-Interesse nicht habe schädigen wollen, nahm aber Germers Rücktritt an. Germer, der nun unschlüssig war, wie er weiter vorgehen sollte, entschied sich zunächst, auf dem bevorstehenden Landesparteitag nicht zu kandidieren, glaubte sich aber ausreichender Unterstützung für seine liberalere Linie sicher genug sein zu können, um dem Parteivorstand eine Revolte anzudrohen. Immerhin, konnte Strang London beruhigen, ließ Germer sich das Versprechen abnehmen, vor den Wahlen im Oktober nichts mehr zu unternehmen.[59]

Auf dem Landesparteitag der Berliner SPD kam es am 18. August dann aber doch zu einem Eklat.[60] In einem Redebeitrag

---

58 Strang an Bevin 19.7.1946, F.O. 371/55368/C8365.
59 Strang an Bevin, Political Summary No. 14.
60 Strang an F.O. 20.8.1946, F.O. 371/55369/C10236.

warb Germer für seine moderate, praktische und weniger dogmatische Linie, für eine Verständigung mit den Sowjets, mit denen die SPD in Berlin schließlich würde leben müssen, und für eine politische Funktion der Berliner SPD als "Brücke zwischen Ost und West".[61] Germer, dem aus dem Parteitag zunehmend feindselige Stimmung entgegenschlug, überzog die ihm zugestandene Redezeit, ließ sich auf einen Wortwechsel mit dem Vorsitzenden ein und mußte schließlich das Rednerpult räumen, ohne seine Rede beendet zu haben. Von Germer, mutmaßte Strang, würde man wohl für geraume Zeit nichts mehr hören.[62]

Die völlig überflüssige und von allen Seiten gleichermaßen unprofessionell behandelte Affäre schien alle Befürchtungen der Political Division zu bestätigen, deren Optimismus vom Frühjahr nun in ausgesprochenen Pessimismus umzuschlagen drohte. Die SPD war drauf und dran, so sah es unmittelbar nach dem Rücktritt Germers Christopher Steel, mit "kindischen Streitereien" ihre Chancen auf einen großen Wahlsieg aufs Spiel zu setzen.[63] Die Deutschen, lautete seine fast schon angewiderte Diagnose, seien ohne einen "Fuehrer" grundsätzlich unfähig zu Zusammenarbeit, und ein "Fuehrer" fehle der Berliner SPD eben.[64]

Aber mit der räumlichen Distanz von Berlin schien auf britischer Seite auch die Gelassenheit zu wachsen. Zwar konstatierte auch der neue Leiter des German Department, Patrick Dean[65], eine unheilvolle Neigung der SPD zu "unnötigen und gefährlichen Schismen".[66] Insgesamt aber ließ sich das Foreign Office von der Nervosität der Political Division nicht anstekken. Einmal von der Überlebensfähigkeit der Partei überzeugt, bewies im German Department Albert Franklin ganz im Gegen-

---

61 Ibid.
62 Ibid.
63 Steel an F.O. 6.7.1946, F.O. 371/55368/C7625.
64 Ibid.
65 Patrick Henry Dean, 1946-1950 Leiter des German Department, 1950-1951 Chargé d'Affaires in Rom, 1953 Assistent Under-Secretary of State, 1956 Deputy Under-Secretary of State, 1960-1964 Permanent U.K. Representative at U.N.
66 Dean 9.7.1946, F.O. 371/55368/C7625.

teil sogar positives Denken. Auch er war natürlich nicht glücklich über die innerparteilichen Querelen der Berliner SPD, wies aber Steels generalisierende Rückschlüsse auf den deutschen Volkscharakter beinahe scharf zurück: "I think we are a bit too easily inclined when things go a bit wrong to start talking about the 'fundamental inability of Germans to cooperate without a Fuehrer' and to generalize rather wildly about the German character."[67] Erstaunlich sei doch vielmehr, notierte er, daß die Berliner SPD überhaupt eine Organisation habe aufbauen können.[68] Erst Mitte August, als die Situation der Partei sich wieder etwas stabilisiert hatte, vermochte sich auch Strang, der ursprünglich Germers moderate Vorstellungen gerne auf die Berliner SPD hätte fortwirken sehen, mit der Erkenntnis zu trösten, daß der Abtritt Germers zumindest nicht gerade den Verlust eines politischen Talents bedeutete.[69]

Genau hier lag ein ganz spezifisches Problem, das Steel und Strang vor Ort vielleicht richtiger erkannten als Franklin in London: der Berliner SPD fehlte es an Männern und Frauen mit wirklicher politischer und organisatorischer Erfahrung, eben an politischen Talenten. Auf ältere Politiker von Format, auf bewährte Reichs- und Landespolitiker und Parteifunktionäre aus Weimarer Zeiten, konnte die Berliner SPD, wie all die sich neu formierenden Parteiorganisationen nach 1945 überall in Deutschland, nur in einigen wenigen Fällen zurückgreifen. Denn die befanden sich entweder noch im Exil, waren in den Konzentrationslagern umgekommen oder physisch und psychisch zugrunde gerichtet worden. 1945 standen darum plötzlich Männer und Frauen in vorderster Front, die zu Weimarer Zeiten beinahe ausnahmslos Politiker der zweiten und dritten Reihe gewesen waren. Das Problem betraf ganz Deutschland, aber in Berlin trat es in verschärfter Form auf. Denn dort, auf dem nach 1945 gewiß allerschwierigsten politischen Pflaster, war für politische Lernprozesse weder Zeit noch Gelegenheit. Anschaulichstes Beispiel dafür, wie es ausging, wenn in Berlin verhältnis-

---

67 Franklin 9.7.1946, ibid.
68 Ibid.
69 Strang an F.O. 20.8.1946, F.O. 371/55369/C10236.

mäßig kleine politische Lichter auf die rücksichtslosen und wohlvorbereitet aus Moskau zurückgekehrten kommunistischen Kader stießen, war das Schicksal Grotewohls, Fechners, Gniffkes und anderer.

Für die Berliner SPD verschärfte sich nach der Spaltung der Partei und der Gründung der SED das Problem weiter. Nicht weil ihr durch die Spaltung etwa die politischen Talente entzogen worden wären - das war nicht der Fall -, sondern weil ihr durch die Auslöschung der SPD in der sowjetischen Besatzungszone plötzlich das partei-politische Hinterland abhanden gekommen war. Ohne Basis in der sowjetischen Besatzungszone und noch ohne sichere Anbindung an die SPD Kurt Schumachers befand sich die Berliner SPD, beinahe über Nacht, in einer in jeder Hinsicht unguten und ungesunden politischen Abgeschlossenheit. Anders als für die CDU Jakob Kaisers war für die Berliner SPD schon 1946 die Situation der politischen Insellage da, die später, in West-Berlin, jene so spezifische Erscheinung des "Berliner Parteienfilzes" hervorrufen sollte.[70] Affären, Erschütterungen und Torheiten der Berliner SPD, die im Sommer 1946 die Offiziere der Political Division so in Verzweiflung geraten ließen, waren erste Symptome.

4.6. Die Political Division betreibt die Rückkehr Ernst Reuters.

Von besonderer Bedeutung für Berlin wurde darum eine Maßnahme, mit der schon im Frühjahr 1946 die Political Division, das Control Office und das German Department zur Linderung der personellen Nöte der SPD in Deutschland beizutragen suchten. Die Initiative kam von der SPD selber. Mit der Bitte, die

---

70 Zur Erscheinung des "Berliner Filz" vgl. den kurzen Hinweis bei Peter Bender, Wenn es West-Berlin nicht gäbe, Berlin 1987, S.67.

Repatriierung emigrierter Sozialdemokraten, die zum Wiederaufbau der Partei benötigt würden, zu beschleunigen, wandte sie sich an die Political Division und überreichte auch gleich eine Liste mit sieben Namen: Karl Kern, Erich Lindstaedt, Rudolf Möller-Dostali, Siegfried Ortloff, Karl Raloff, Professor Ernst Reuter, Helmut Wickel.

Die Political Division, die wohl auch die Situation in Berlin vor Augen hatte, unterstützte gegenüber dem Control Office die Bitte mit der Begründung, daß jene sieben Sozialdemokraten "zum Nutzen des politischen Lebens in Deutschland tätig werden könnten".[71] Ende Mai wandte sich darum das Control Office an das German Department mit dem Vorschlag, auf die allgemeine Rückführung der Emigranten nicht länger zu warten, sondern den sieben Sozialdemokraten "spezielle Einladungen" zukommen zu lassen, wies aber darauf hin, daß die britische Militärregierung ihnen nicht etwa Arbeitsplätze würde garantieren können.[72] Das German Department nahm sich der Sache nach einmonatiger Verzögerung an, forderte nun seinerseits die britischen Botschaften in Schweden, Dänemark, den Vereinigten Staaten und der Türkei auf, an die sieben Emigranten heranzutreten, und schob drei Wochen später den Hinweis nach, daß auch deren Familien in die britische Besatzungszone zurückkehren könnten.[73]

Aber die Interessen der betroffenen Emigranten schienen weder mit denen der Sozialdemokraten in Deutschland noch mit denen des German Department, das die Angelegenheit unter dem Aktenvermerk "Return of Social Democrats" mit wachsendem Interesse vorantrieb, übereinzustimmen. Karl Raloff, ließ aus Kopenhagen wissen, daß er von "political re-education bei 1000 Kalorien am Tag" nichts hielte.[74] Er war zwar prinzipiell zur Rückkehr nach Deutschland bereit, aber nur für begrenzte

---

71 Masel an Brown 28.5.1946, F.O. 371/55366/C6043.

72 Ibid.

73 Brown an Masel 25.6.1946, ibid. German Department an Chancery, British Embassy, Angora 25.6.1946, ibid. German Department an Chancery, British Embassy, Angora 16.7.1946, F.O. 371/55368/ C7628.

74 Chancery, British Embassy, Kopenhagen 26.7.1946, F.O. 371/55368/ C8869.

Zeit und unter der Bedingung, daß seine Frau und seine beiden Töchter in Kopenhagen versorgt würden. Dazu aber waren weder die Partei in Deutschland noch die beteiligten britischen Stellen bereit oder in der Lage. Zurückhaltend war aus ähnlichen Gründen auch Helmut Wickel, der zudem gerade auf Zuerkennung der amerikanischen Staatsbürgerschaft hoffte.[75]

Anders reagierte allein Ernst Reuter. Reuter tat sofort kund, daß er "very keen" darauf sei, nach Deutschland zurückzukehren, und sich seit zwölf Monaten darauf vorbereite.[76] Ein Problem sorgte allerdings zunächst für weitere Verzögerung, auf eine Weise, die der Skurrilität nicht völlig entbehrte. Reuter behauptete nämlich, über nicht genügend Geld für die Rückreise zu verfügen.[77] Das German Department, das über eigene Mittel natürlich nicht verfügte, überließ es dem Control Office, zu beurteilen, ob ihm die Gegenwart Reuters in Deutschland die Reisekosten in Höhe von £200 wert war.[78] Das war wohl der Fall, aber in Anbetracht der fraglichen, nicht unbeträchtlichen Summe wollte das Control Office die Angaben Reuters überprüft sehen, zumal Reuter in Ankara eine lukrative Position innegehabt hatte und sich zur gleichen Zeit "für seinen Sohn Edgar" [sic] um Visum und Studienplatz in Cambridge bemühte.[79] Im German Department hatte man zwar Verständnis für Reuters allzu menschlichen Versuch, sich die Reise vom Control Office bezahlen zu lassen, wies aber die Botschaft in Ankara an, der Sache nachzugehen.[80] Reuter zahlte schließlich

75 Washington Embassy an German Department 13.9.1946, F.O. 371/55371/C11344. Von den Reaktionen Kerns, Lindenstaedts, Möller-Dostalis und Ortloffs konnte der Verf. in den Unterlagen des German Department keine Spuren finden. Angesichts des ausgedehnten Schriftverkehrs, den etwa die Rückkehr Reuters notwendig machte, läßt das aber den Schluß zu, daß auch sie an einer Rückkehr nach Deutschland nicht ernsthaft interessiert waren.

76 Chancery, British Embassy, Ankara an F.O. 1.8.1946, F.O. 371/55369/C9193.

77 Ibid.

78 Brown an Masel 13.8.1946, F.O. 371/55369/C9193.

79 Masel an Fraser 28.8.1946, F.O. 371/55369/C10372.

80 Fraser 2.9.1946, F.O. 371/55369/C10372.

selber und trat nach Fertigstellung eines letzten Auftrages für das türkische Innenministerium die Rückreise endlich an.[81]

Das sollte noch nicht das Ende der schwierigen Rückkehr Reuters aus dem Exil sein. Nach einem Dreiviertel der Strecke ging ihm tatsächlich das Geld aus. Reuter strandete in Paris und konnte dort weder für die Hotelrechnung noch für die Weiterreise nach Hannover aufkommen.[82] Aber nun schaltete sich aus Berlin die Political Division ein, die inzwischen allergrößtes Interesse an der schleunigen Rückkehr Reuters hatte und allmählich ungeduldig wurde. In Berlin hatte nämlich am 20. Oktober die SPD die Wahlen gewonnen, und Reuter war bereits für einen wichtigen Magistratsposten vorgesehen, den er nach Möglichkeit am 25. November antreten sollte. Ohne den Umweg über das Foreign Office zu nehmen, telegrafierte daher Steel am 20. November direkt an die Botschaft in Paris und ersuchte sie, alles zu unternehmen, um Reuters Rückkehr nach Berlin zu beschleunigen.[83] Das geschah nun endlich auch. Die Botschaft streckte Reuter 20.000 Francs vor, die zu übernehmen das Control Office sich widerwillig bereiterklärt hatte[84], und Reuter konnte am 25. November die letzte Etappe seiner langen Reise antreten.[85]

Noch nicht ganz abgeschlossen war damit allerdings der Aktenvorgang "Return of Social Democrats" in London. Am 4. Dezember forderte das Foreign Office vom Control Office Rückerstattung der Auslagen seiner Pariser Botschaft.[86] Das Control Office hatte unterdessen "friends of Prof. Reuter in this Country" dazu veranlassen können, die in Paris angefallenen Kosten zu übernehmen.[87] Am Nikolaustag 1946 erhielt schließlich alles eine Ordnung und das Foreign Office vom Control

---

81 Chancery, British Embassy, Angora an German Department 24.9.1946, 9.10.1946, F.O. 371/55371/C11500/C12137.
82 Fraser 21.11.1946, F.O. 371/55375/C14215.
83 Steel an Paris 20.11.1946, ibid.
84 Fraser 21.11.1946, ibid.
85 F.O. an Strang 23.11.1946, ibid.
86 F.O. an COGA 4.12.1946, ibid.
87 Mellis an Fraser 27.11.1946, F.O. 371/55376/C14591.

Office den geforderten Verrechnungsscheck über £41, 13 Shilling und 10 Pence.[88]

4.7. "Politische Kalorien" für die SPD in Berlin.

Ein dreiviertel Jahr lang, Frühjahr, Sommer und Herbst 1946, war indes Kurt Schumacher Hauptpartner der Political Division und vorrangiger deutscher Partner der britischen Militärregierung. Daß dem so war, hing in erster Linie mit der schwierigen Situation in Berlin zusammen, die eben die dortige SPD zu meistern hatte. Immer wieder flog die Political Division Schumacher nach Berlin - zwischen Februar und Oktober 1946 immerhin viermal - und konnte sich gar nicht oft genug mit ihm besprechen. Und meist ging es in diesen Gesprächen um Berlin. In Berlin, mehr als in der britischen Besatzungszone selber, waren die Briten - eigentlich alle drei Westmächte - auf Kurt Schumacher angewiesen. Denn vom Einsatz Kurt Schumachers konnte das Bestehen der SPD und damit eben auch das der Westmächte in Berlin abhängen. Mit gutem Grund begann darum die Political Division, sich Anfang Juni so ernsthaft um den Gesundheitszustand Schumachers zu sorgen, daß sie ihm das Versprechen abnahm, über Pfingsten wenigstens einen Tag auszusetzen.[89] Schumacher seinerseits sah die politischen Chancen, die seine privilegierte Position ihm bot, und versuchte, oft nicht ohne Erfolg, die Political Division in seinem und der SPD Sinne zu beeinflussen.[90]

---

88 COGA an F.O. 6.12.1946, F.O. 371/55376/C15300.

89 Annan an Steel 5.6.1946, F.O. 1049/328.

90 Die Rolle des Berlin-Faktors bei der Erklärung des starken britischen Interesses an der SPD und an Kurt Schumacher während des Sommers und Herbstes 1946 tritt in der Literatur gerne zugunsten angeblicher parteipolitischer Affinitäten zwischen SPD und Labour-regierten Briten zurück. So z.B. Lewis J. Edinger, Kurt Schumacher. A Study in Personality and Political Behaviour, Stanford 1965, S.176f. Nolte, Deutschland und der Kalte Krieg, S.165. Hans-Peter Schwarz, Adenauer. Der Aufstieg: 1876-1952, Stuttgart 1986, S.534ff. Unklar zuletzt auch Horstwalter Heitzer,

So auch während seines zweiten Aufenthaltes in Berlin (19. bis 22. April), als Schumacher Strang um substantiellere Unterstützung "der Regierung Seiner Majestät" für die SPD anging. Um der Propaganda der Kommunisten wirkungsvoller begegnen zu können, so Schumacher, bedürfe die SPD in der britischen Besatzungszone ganz dringend "politischer Kalorien."[91] Political Division und German Department leuchteten das Problem und der Gedanke Schumachers, der, in Berlin geäußert, besondere Überzeugungskraft hatte, sofort vollständig ein.[92] Schumachers Wort von den "politischen Kalorien" wurde, vor allem im German Department, zu einem häufig zitierten Stichwort. Aber während Schumacher, vorsichtig unterstützt von William Strang, darunter in erster Linie ein klares britisches Bekenntnis zu sozialistischer Politik und zu Sozialisierungen verstand[93], dachte das German Department weiter. Das Problem, argumentierte dort vor allem Albert Franklin, war grundsätzlicher Natur. Denn während die Involvierung der KPD und dann der SED in die Entwicklung der sowjetischen Besatzungszone offensichtlich war, litt die SPD darunter, an der politischen und wirtschaftlichen Entwicklung in der britischen Besatzungszone so gut wie gar nicht und wenn überhaupt, dann nur auf kommunaler Ebene beteiligt zu sein. Der SPD fehlte es - wie allen Parteien in den westlichen Besatzungszonen - an politischer Macht und Verantwortung. Ihre Politiker waren, wie Franklin es formulierte, "Papier-Politiker" und das in zunehmendem Maße.[94] Denn das Verantwortungsdefizit der SPD wurde nur um so offenkundiger, je größere Fortschritte die Partei, die vom 9. bis zum 11. Mai in Hannover ihren ersten Nachkriegsparteitag für den gesamten Bereich der Westzonen abhielt, beim Aufbau ihrer Parteiorganisation machte. Der gegenwärtige, unklare Zustand, warnte darum unmittelbar nach dem Parteitag Franklin, dürfe nun nicht länger anhalten. Die Politi-

---

Die CDU in der britischen Zone. Gründung, Programm und Politik, Düsseldorf 1988, S.721f.

91 Strang an F.O. 23.4.1946, F.O. 371/55364/C4492.

92 Ibid. Franklin 24.4.1946, ibid. Troutbeck 26.4.1946, ibid.

93 Strang an F.O. 23.4.1946, F.O. 371/55364/C4492.

94 Franklin 17.5.1946, F.O. 371/55365/C5494.

ker der SPD müßten endlich auch an die Regierungsverantwortung herangeführt werden und die Gelegenheit erhalten, wirkliche Politiker zu werden. Andernfalls drohe der Partei die Auflösung.[95]

Aber auch das war nur ein Teil des Problems. Es war nämlich gar nicht möglich, die SPD mit politischer Verantwortung zu betrauen, solange die britische Militärregierung selber - mangels klarer deutschlandpolitischer Vorgaben aus London - konzeptionell von der Hand in den Mund lebte. Der Mangel einer "positiven" britischen Deutschlandpolitik mit klar definierten Zielen war, wie gezeigt, von Political Division und German Department schon seit längerem beklagt worden. Mit der Gründung der SED, die den politischen und administrativen Vorsprung der Sowjets in Deutschland noch weiter ausgebaut hatte, war nun die Schmerzgrenze erreicht. Die Forderungen des German Department[96], der Political Division, des Militärgouverneurs[97], des britischen Geschäftsträgers in Moskau[98] und sogar von Teilen der Presse[99] nach konstruktiver britischer Deutschlandpolitik wuchsen zum Crescendo: "... talk of democratic development and of a Germany economically and politically sound ... is largely lost so long as the food situation remains critical and the Germans have so little responsibility for the economic development of the British Zone under a bold, positive and progressive policy."[100]

Außenminister Bevin, der nicht zufällig just zur gleichen Zeit mit seinem Plan, in der britischen Besatzungszone auf einen deutschen Bundesstaat hinzuarbeiten, "positiver Politik" - die Formulierung kam auch in Bevins Kabinettsmemorandum

95 Ibid.
96 Franklin 24.1.1946, F.O. 371/55360/C849. Franklin 9.2.1946, F.O. 371/55586/C1480. Franklin 13.3.1946, F.O. 371/53362/ C2968. Franklin 30.4.1946, F.O. 371/55580/C4669. Franklin 7.5.1946, F.O. 371/55365/C4903. Franklin 20.5.1946, F.O. 371/55580/C5057.
97 Field-Marshal Montgomery,"Notes on the German Situation: 1st May, 1946", PREM 8/216.
98 Roberts an F.O. 27.4.1946, F.O. 371/55580/C4669.
99 Vgl. z.B. "The Economist" v. 6.4.1946, S.527f. u. v. 18.5.1946, S.785ff.; "The Times" v. 3.5.1946, S.5.
100 Strang an Bevin 23.5.1946, F.O. 371/55366/C5841.

vor[101] - in der britischen Besatzungszone erst Grundlage und Ziel gab, reagierte auch auf einen allenthalben als unerträglich empfundenen Zustand. Wenn Großbritannien in Deutschland überhaupt eine "'positive' Politik" realisieren wollte, forderte im German Department Mitte Mai wieder Franklin, dann sei jetzt die Zeit dazu gekommen.[102] Denn ließe sich London mit der Implementierung einer "bold positive and progressive policy" in der eigenen Besatzungszone und mit der Heranziehung der SPD zu politischer Mitverantwortung zuviel Zeit, dann bliebe der Partei nur die Wahl, sich entweder als "Papier-Partei" diskreditiert zu sehen und das Feld politischen Extremisten überlassen zu müssen, oder aber selbst eine Oppositionshaltung gegenüber der Besatzungsmacht zu beziehen.[103] Kämen die "politischen Kalorien" für die SPD nicht schnell, so Franklins drastische Warnung, dann sei vielleicht bald keine SPD mehr vorhanden, mit der die britische Militärregierung würde zusammenarbeiten können: "If the 'political calories' are too slow in coming the SPD may well die on our hands as a powerful or useful ally."[104]

4.8. Moralische Unterstützung für die Berliner SPD und ihre Grenzen.

Bis zur Implementierung positiver britischer Politik in Deutschland, gemäß den Vorstellungen Bevins, würde allerdings noch etwas Zeit vergehen. Noch standen in der britischen Besatzungszone grundsätzliche Entscheidungen über die Zukunft des Ruhrgebietes aus, und noch hoffte Bevin auf ein Er-

---

101 C.P.(46)186. Aufgegriffen wurde die Formulierung auch vom Kabinett: C.M. (46) 43rd. Während der F.O. Besprechung v. 3.4.1946 hatte auch 'Deutschlandminister' Hynd von der Notwendigkeit gesprochen, "to formulate a policy of our own in the west", F.O. 371/ 55586/C3997.

102 Franklin 17.5.1946, F.O. 371/55365/C5494.

103 Franklin 28.5.1946, F.O. 371/55366/C5841.

104 Ibid. Franklin 17.5. 1946, F.O. 371/55365/C5494.

gebnis der Pariser Außenministerkonferenz oder, wenn das ausblieb, auf ein Zeichen der Amerikaner. Was Foreign Office und Political Division der SPD und vor allem der SPD in Berlin unterdessen bieten konnten, waren kaum wirkliche politische Kalorien, allenfalls Gesten. Um die aber bemühten sie sich redlich.

Vom 9. bis 11. Mai 1946 kamen 261 Delegierte aus den drei westlichen Besatzungszonen sowie zwölf Gast-Delegierte aus Berlin in den Hanomag-Werken in Hannover zum ersten überzonalen Parteitag der SPD zusammen, um eine Parteiorganisation auf die Beine zu stellen, die alle drei Westzonen umfassen sollte - in der sowjetischen Besatzungszone existierte die SPD ja nicht mehr. Ein fünfköpfiger, hauptamtlicher Parteivorstand mit Kurt Schumacher als Vorsitzendem wurde gewählt, ein fünfundzwanzigköpfiger Parteiausschuß sowie ein Ausschuß zur Kontrolle der Parteifinanzen. Das war im Grunde ein klarer Verstoß gegen die Auflagen der Militärregierung, welche die Bildung von Parteiausschüssen mit überzonalem Verantwortungsbereich vom Einverständnis der Militärregierungen der betroffenen Besatzungszonen abhängig machten. Im gerade anhängigen Konflikt über die Parteien-Direktive in Political Directorate und Kontrollrat verteidigten die Briten selber - mit Blick auf den gesamtdeutschen Anspruch der SED in der sowjetischen Besatzungszone - genau dieses Prinzip.[105] Nur drei Wochen zuvor hatte die Political Division es auch durchgesetzt, im Falle jener Kommunisten aus der britischen Besatzungszone, die sich auf dem Gründungsparteitag der SED in das Zentralkomitee hatten 'wählen' lassen und von Oberstleutnant Annan schriftlich zum Rücktritt genötigt worden waren.

Mit der SPD, an deren Stärkung sie in jeder Hinsicht interessiert war, verfuhr die Political Division indes anders. Schumacher erhielt den diskreten Hinweis, daß die Vorstände der Parteiorganisationen in den drei Besatzungszonen ihre Militärregierungen um nachträgliche Billigung der Wahl des trizonalen Parteivorstandes angehen sollten. Des Einverständnisses we-

---

105 Strang an Bevin 23.5.1946, F.O. 371/55366/C5841.

nigstens der Amerikaner war sich die Political Division sicher und ließ dies Schumacher auch wissen.[106] Gegenüber dem Foreign Office rechtfertigte Strang das Vorgehen der Political Division mit dem Hinweis auf die schwierige Lage der SPD gegenüber der SED: "It is important that we should not frustrate the legitimate free development of the Social Democrats at a time when that is the aim of the Socialist Unity party."[107]

Als vergleichsweise einfache, aber doch wirksame Geste politischer Solidarität mit der Berliner SPD erwies sich stets die Anwesenheit britischer politischer Prominenz in Berlin. Immer wieder arrangierte die Political Division auf Ersuchen der Berliner SPD in der zweiten Hälfte des Jahres 1946 Besuche prominenter Labour-Abgeordneter oder gar Angehöriger der Regierung. Sie bediente sich dieses Mittels zuerst zurückhaltend, mit zunehmender Intensität des Wahlkampfes aber immer unbefangener.

So bemühte sich beispielsweise die Berliner SPD in Vorbereitung ihres Landesparteitages unter anderem um ein sichtbares Zeichen der Unterstützung durch die britische Labour Party. Schriftlich bat sie die britische Bruder-Partei um Entsendung eines Parteiangehörigen, der dann auf dem Berliner Parteitag möglichst auch sprechen sollte, oder, wenn das nicht möglich war, um die Übermittlung einer Grußadresse. Die Political Division unterstützte gegenüber dem Control Office den Vorschlag, machte allerdings die wichtige Einschränkung, daß der britische Gast, wenn er denn käme, nur die britische Labour Party vertreten dürfe, nicht aber die "Regierung Seiner Majestät". Um gar keine Zweifel aufkommen zu lassen, schlug sie vor, auf den Parteitag der Berliner SPD passenderweise vielleicht einen Repräsentanten der Londoner statt der nationalen Parteiorganisation zu entsenden.[108] Noch während im Londoner Control Office das Anliegen überdacht wurde, erhielt die Berliner SPD aber ein Schreiben der Sozialistischen Partei Frankreichs, in dem drei französische Gäste für den Landesparteitag

---

106 Strang an F.O. 14.5.1946, F.O. 371/55365/C5494.
107 Ibid.
108 Control Commission an Control Office, F.O. 371/55369/C9449.

in Berlin angekündigt wurden.[109] Diese Entwicklung machte sowohl der Political Division, die nun die Entsendung des prominenten Abgeordneten Gordon-Walker vorschlug, als auch dem Control Office die Entscheidung leichter.[110] 'Deutschlandminister' Hynd stimmte schließlich der Entsendung des nicht ganz so prominenten Abgeordneten George Hicks in Begleitung des deutschen Exildemokraten Wilhelm Sanders zu, allerdings nicht ohne eigens zu betonen, daß Hicks nicht im Namen der "Regierung Seiner Majestät" sprechen werde.[111]

Im German Department, wo man sich daran stieß, daß das Control Office es nicht für nötig gehalten hatte, das Department in der Angelegenheit zu konsultieren, fand die Entscheidung vor allem im Hinblick auf den schärfer werdenden Wahlkampf in Berlin und angesichts der bisher eher dürftigen britischen Unterstützung für die Berliner SPD uneingeschränkte Zustimmung: "We failed to give much support at HANNOVER and in general have been very 'timid' about 'political calories' which in view of the coming Berlin elections are all the more important. The Soviets are putting all their weight behind SED."[112]

Der Landesparteitag am 17. und 18. August im britischen Sektor Berlins und die kurze Rede Hicks', die dem Hauptereignis, nämlich der Rede des Vorsitzenden Neumann unmittelbar voranging und in Übersetzung von Wilhelm Sander verlesen wurde, wurde denn auch - abgesehen von der verunglückten Darbietung Karl Germers - ein vollständiger Erfolg und trug sehr zur Beruhigung Strangs über den Zustand der Berliner Parteiorganisation bei. Die Organisation des Landesparteitags, telegrafierte Strang nach Hause, sei hervorragend, und die Demonstration der Geschlossenheit, selbst über dem Germer-Zwischenfall, sei regelrecht beeindruckend gewesen. Es bestünde nun wohl keine Gefahr mehr, daß die Partei vor den Wahlen auseinanderbreche: "There will, no doubt, be further friction among some of the Party leaders but one gets the de-

---

109 Ibid.
110 Ibid.
111 Ibid.
112 Franklin 14.8.1946, ibid.

finite impression that the Party has now got over its teething troubles and that it will show unity, vigour and initiative in the coming electoral campaign."[113] Fortgesetzt wurde die Reihe britischer Besuche in Berlin unter anderem von 'Deutschlandminister' John Hynd, der im Juli und im September nach Berlin kam, und von dem britischen Sozialpolitiker Lord William Beveridge, der Anfang August in Berlin über die Reform der britischen Sozialgesetzgebung referierte.[114]

Als schwieriger erwies sich dagegen die Frage, ob eine offizielle Delegation der Labour Party, die sich seit dem 28. Juli unter der Leitung des Vorsitzenden Harold Laski auf einer "good-will mission"[115] in der Sowjetunion befand, auf dem Rückweg in Berlin mit Vertretern der SPD zu einer privaten und inoffiziellen Begegnung zusammenkommen konnte. Der Berliner SPD war sehr an der Begegnung mit Laski und seiner Delegation gelegen, und Strang riet vorsichtig dazu, sie stattfinden zu lassen.[116] Strangs Zögerlichkeit in der banal klingenden Angelegenheit kam nicht von ungefähr. Im schärfer werdenden Wahlkampf in Berlin, der immer ausschließlicher zwischen SPD und SED ausgetragen wurde, mußte jede noch so kleine Geste der Unterstützung für die SPD auch eine antisowjetische Spitze enthalten. Es war darum eher fraglich, ob Laski - prononciert pro-sowjetischer Hauptkritiker der Außenpolitik Bevins - da freiwillig mitspielen würde, und ob das Foreign Office sich mit ihm und seinem Parteiflügel würde anlegen wollen. Und tatsächlich, für diesmal hatte anfänglich selbst der sonst so wenig zimperliche Albert Franklin Bedenken und riet davon ab, Laski und seine Delegation zu einer Geste zu nötigen, die von ihr als "anti-sowjetisch" empfunden werden würde und ihr das Gefühl geben konnte, Ergebnisse ihrer Reise nach Moskau in Frage zu stellen.[117] Am Schluß

---

113 Strang an F.O. 20.8.1946, F.O. 371/55369/C10236.

114 Vgl. Berlin. Kampf um Freiheit und Selbstverwaltung 1945-1946, hg. im Auftrage des Senats von Berlin, Berlin 1961, S.482, 496, 537.

115 Vgl. Bill Jones, The Russia Complex. The British Labour Party and the Soviet Union, Manchester 1977, S.131f.

116 Strang an F.O. 12.8.1946, F.O. 371/55369/C9457.

117 Franklin 15.8.1946, ibid.

setzte sich im German Department aber doch das Bedürfnis durch, der Berliner SPD alle verfügbare moralische Unterstützung zukommen zu lassen. Ein Treffen mit den Berliner Sozialdemokraten sei für eine Delegation der Labour Party, wenn sie schon einmal nach Berlin käme, eine völlig normale Sache und müsse nicht unbedingt als "anti-sowjetische Geste" aufgefaßt werden. Da der Political Division die Sache offenbar wichtig sei, solle man die Begegnung in Berlin stattfinden lassen und Laski telegrafisch entsprechend benachrichtigen.[118]

Vollends erreicht war die Grenze britischer Unterstützungsbereitschaft aber auch im Sommer und Herbst 1946 stets dann, wenn es um Reisepläne Schumachers in entgegengesetzter Richtung ging. Im April hatte, wie gesehen, Außenminister Bevin selber es mit Rücksicht auf sowjetische Gefühle und auf die Pariser Außenministerkonferenz verhindert, daß Schumacher eine von der Labour Party eingefädelte Reise nach London antrat. Schon im Mai tauchte die Frage wieder auf. Schumacher selber hatte von Plänen der Labour Party gehört, ihn unmittelbar nach Beendigung der Konferenz der Sozialistischen Internationale nach London einzuladen, wußte bereits von einem Datum und setzte nun die Political Division davon in Kenntnis. In der Annahme, das Foreign Office habe die Einladung Schumachers bereits gebilligt, schlug die Political Divison ihrerseits vor, die Einladung auf Franz Neumann und einen Vertreter der SPD aus der amerikanischen Besatzungszone auszudehnen, um dem Eindruck gegenzusteuern, "that the British were treating Schumacher as their tool".[119]

Allein die Annahme der Political Division traf nicht zu. So sehr Foreign Office und Control Office inzwischen auch daran liegen mochte, daß Labour und SPD Kontakte knüpften, noch immer hielten sowohl Bevin als auch 'Deutschlandminister' Hynd einen Besuch Schumachers in London für inopportun, wieder aus Rücksicht auf die gerade im Gange befindliche Pariser

118 Noel Baker 19.8.1946, ibid.
119 Steel an F.O. 3.5.1946, F.O. 371/55365/C4897.

Außenministerkonferenz. Immerhin begrüßte Hynd das Vorhaben ausdrücklich und versprach auch, es zu unterstützen - "a little later in the year".[120] Der Vorgang wiederholte sich ein drittes Mal, als das Executive Committee der Labour Party Schumacher einladen wollte, Mitte November als ihr Gast einem internationalen Sozialistenkongreß in Bournemouth beizuwohnen.[121] Aber wieder erzwang Bevin eine Verzögerung der London- und Englandreise Schumachers. Diesmal, weil in London wichtige deutschlandpolitische Entscheidungen anstanden und Bevin, erläuterte der Parlamentarische Staatssekretär Hector McNeil, weder in Deutschland noch sonstwo den Eindruck erweckt haben wollte, Schumacher habe an ihnen Anteil: "... We are engaged at present in making important decisions about our policy towards Germany, and it would be undesirable to let it appear that Schumacher had any special connexion with them. If he came over just now, it would almost inevitably appear to the Germans that he was connected with our policy decisions. We are unwilling to undermine his own credit in the British zone by making him appear to be a 'collaborateur'."[122] An der Entscheidung Bevins konnte auch der unglückliche Umstand nichts ändern, daß in Berlin Franz Neumann seine und Schumachers Reise nach London voreiligerweise bereits angekündigt hatte.[123] Erst Ende November, einen Monat nach den Wahlen in Berlin, konnte Schumacher schließlich mit Bevins Billigung die zu diesem Zeitpunkt schon sechs Monate alte Einladung nach London wahrnehmen.

---

120 Control Office an Control Commission 9.5.1946, F.O. 371/ 55365/ C5190.

121 Healy an Hynd 9.10.1946, F.O. 371/55374/C12831.

122 McNeil an Denis Healy 24.10.1946, ibid. McNeil an Bevin 26.10. 1946, F.O. 371/55375/C13236. Healy an McNeill 28.10.1946, ibid.

123 Control Commission an Control Office 24.10.1946, F.O. 371/55374/ C12831.

4.9. Materielle Unterstützung für die SPD in Berlin.

Die moralische und politische Unterstützung, die "politischen Kalorien", welche die Briten der SPD in ihrer Besatzungszone und in Berlin zuteil werden ließen, waren viel wert. Ein Ersatz für materielle und logistische Unterstützung konnten sie jedoch nicht sein. Denn je näher in Berlin der Wahltermin rückte, und je intensiver dort der Wahlkampf wurde, desto gravierender drohte der materielle und logistische Vorteil der SED sich auszuwirken. Dabei war das Problem ja keineswegs neu. Schon vor der Gründung der SED hatten sich Grotewohl und der Grotewohl-Flügel der Berliner SPD der rückhaltlosen materiellen Unterstützung der SMAD erfreuen können.

So war Mitte März die Political Division in den Besitz eines entlarvenden Schreibens Grotewohls gelangt, in dem dieser General Bokow, dem Stabschef des stellvertretenden sowjetischen Militärgouverneurs, den Plan eines Propagandafeldzuges gegen die unabhängige SPD erläuterte und ihn um 40t Papier für Flugblätter, einen Lastwagen und 2000 Liter Benzin anging.[124] Obwohl nur wenig später "katastrophaler Papiermangel"[125] die gesamte Verwaltungsarbeit aller Berliner Behörden, die Ausgabe der Lebensmittelkarten und sogar schon die Durchführung der Wahlen zu gefährden drohte, gab es keinen Grund, daran zu zweifeln, daß Grotewohl das erbetene Material von der SMAD auch erhalten hatte. Die Briten hatten zwar das "monströse Dokument"[126] publizistischer Verwertung durch die westlich lizensierte Presse zugänglich gemacht, ihrerseits aber der unabhängigen SPD nicht entfernt vergleichbare Unterstützung zukommen lassen.

An dem Ungleichgewicht hatte sich auch nach der Gründung der SED und nach Beginn des Wahlkampfes nichts geändert. Im Gegenteil, erschwerend war immer mehr noch der Umstand hin-

---

124 Die Political Division erhielt eine Kopie des Schreibens Grotewohls an General Bokow vom 5.3.1946 von einer Sekretärin Grotewohls. Eine Übersetzung des Schreibens befindet sich unter F.O. 1049/325. Begleitnotiz Stileman an Steel 14.3.1946, ibid.

125 Berlin. Kampf um Freiheit und Selbstverwaltung 1945-1946, S.478f.

126 Steel an F.O. 16.3.1946, F.O. 371/55362/C2998.

zugekommen, daß die SMAD und der nun hauptsächlich mit SED-Mitgliedern und 'parteilosen' alten Kommunisten besetzte Magistrat samt untergeordnetem Verwaltungsapparat vor allem im sowjetischen Sektor Berlins der SPD das Leben auf jede erdenkliche Weise erschweren konnten und es auch taten.[127]

Der SPD fehlte es an allem. Vorschläge zur Behebung der vielen materiellen Defizite und Hilfsangebote kamen nicht nur von den mit Deutschland befaßten Dienststellen in London und Berlin, sondern auch von den britischen Labour-Delegierten der Konferenz der Sozialistischen Internationale, die im Mai in Clacton tagte. Die Anregung der Briten zur Unterstützung der SPD mit Zeitungen, Büro- und Druckmaterialien und durch Rückgabe 1933 enteigneten Parteibesitzes wurde von der Konferenz zwar bezeichnenderweise abgelehnt, von den Briten auf eigene Faust aber intensiv verfolgt. Der sicher nicht ganz eindeutiger Motivation entspringenden Mahnung der französischen Delegierten, "that we must be careful not to make the German Party [i.e. die SPD, A.d.V.] appear to be the protégés of the Western Democracies"[128], hätten Control Office und German Department dabei nicht bedurft.[129] Stets dieser Gefahr eingedenk, ließen beide Stellen dennoch fast nichts unversucht, um die materielle Not der SPD zu lindern, und übersahen dabei nicht einmal scheinbare Kleinigkeiten. Anfang September griffen sie so zum Beispiel die Anregung der Political Division auf, Labour Party und Trade Union Congress, die Dachorganisation der britischen Gewerkschaften, um Überlassung deutsch- und englischsprachiger Literatur für die Wiederaufstockung sozialdemokratischer Bibliotheken zu bitten.[130]

---

127 Strang an Bevin 25.7.1946, F.O. 371/55368/C8870.
128 Noël Baker an Bevin 25.5.1946, F.O. 371/55366/C5922.
129 Wilberforce an Burrows 26.6.1946, F.O. 371/55368/C7418.
130 Flanders an Wilberforce 2.9.1946, F.O. 371/55370/C10862. Dean an Wilberforce 18.9.1946, ibid..

4.10. Die Westmächte brechen das kommunistische Pressemonopol in Berlin.

Besonders bedenklich allerdings war die materielle Unterlegenheit der demokratischen Parteien gegenüber KPD und SED auf dem Gebiet der Presse, und das nicht nur in Berlin. Das Defizit in der britischen Besatzungszone beunruhigte schließlich auch im Foreign Office derart, daß am 22. Mai Minister of State Philip Noël Baker Außenminister Bevin eigens darauf hinwies: "... our newspaper production there is of indifferent qualitiy and our friends fear that we are not making as good a propaganda appeal through them as is necessary."[131] Die Situationsbeschreibung traf, nicht nur was die Qualität, sondern mehr noch was die Quantität der Zeitungsproduktion unter westalliierter Lizenz anging, auch auf die Verhältnisse in Berlin uneingeschränkt zu. KPD und Grotewohl-SPD hatten dort nach dem Vereinigungsparteitag ihre beiden Parteizeitungen in der neuen SED-Tageszeitung "Neues Deutschland" aufgehen lassen, die vom 23. April an zunächst wöchentlich fünfmal erschien und, schätzte William Strang, sofort eine Auflage zwischen 500.000 und 750.000 erreichte.[132]

Dagegen war der Plan der unabhängigen SPD, eine eigene Parteizeitung herauszugeben und zu diesem Zwecke den alten, 1933 verbotenen "Vorwärts" wiederzubeleben, gescheitert. Denn KPD und Grotewohl-SPD okkupierten, sowie sie Kenntnis von dem Vorhaben der SPD erhielten, den Namen des "Vorwärts" von einem Tag auf den anderen für ihre eher minderwertige Abendzeitung "Sozialistische Einheit", die vom 9. April an sechsmal in der Woche unter dem neuen Namen erschien. Insgesamt erreichten die sowjetisch lizenzierten Presseerzeugnisse in Berlin und der sowjetischen Besatzungszone, wiederum nach der Schätzung Strangs, eine Auflagenhöhe von über 8.500.000 und begannen bereits, so Strang, die westlichen Besatzungszonen, vor allem die

131 Noel Baker an Bevin 22.5.1946, F.O. 371/55366/C5922.
132 Strang an Bevin 23.5.1946, F.O. 371/55366/C5841.

britische, zu "überschwemmen".[133] Sehr ernst nahmen darum zwei Monate später Political Division und German Department die beinahe gleichlautende Mahnung Ernst Lemmers, der in Braunschweig erlebt hatte, wie Menschen in einer mehrere hundert Meter langen Schlange für die sowjetische "Tägliche Rundschau" anstanden, die sie für ein Presse-Erzeugnis aus der britischen Besatzungszone hielten: "Lemmer was insistent that we were not making nearly all the use we should of press, film and radio to put across British ideas, policy and achievements."[134]

Mit dem Materialeinsatz der SMAD, die in ihrem Sektor Berlins über 65 Prozent der Kapazität an Druckerschwärze verfügte, konnten die westlichen Besatzungsmächte kaum Schritt halten. Nicht zufällig aber unternahmen sie nach der Gründung der SED immer sichtbarere Anstrengungen, dem sowjetisch-kommunistischen Übergewicht doch etwas entgegenzusetzen, und das, wie sich zeigen sollte, durchaus mit Erfolg. Mit britischer Hilfe erschien ab 3. Juni dreimal wöchentlich und mit einer Auflage von 60.000 endlich "Der Sozialdemokrat", die neue Parteizeitung der SPD.[135] Ende August konnte Strang nach London berichten, daß es gelungen sei, die Erscheinungsfrequenz des "Sozialdemokrat" von drei- auf sechsmal die Woche zu verdoppeln und daß es zumindest bis zu den Wahlen im Oktober dabei bleiben sollte.[136]

Zwei weitere Veränderungen der Berliner Presselandschaft - eine kleinere und eine bedeutendere - führten wiederum die Briten auf dem Gebiet der parteiunabhängigen Presse herbei. Seit dem 5. März erschien in Spandau, ebenfalls unter britischer Lizenz, dreimal wöchentlich das vor 1933 sozialistisch orientierte "Spandauer Volksblatt" mit einer Auflage von 30.000 Exemplaren. Ausgesprochen erfolgreich wurde die neue Tageszeitung "Telegraf", die unter britischer Lizenz am 22. März zum ersten Mal erschien, vorerst dreimal wöchentlich,

---

133 Ibid.
134 Steel an Dean 31.7.1946, F.O. 371/55368/C9185.
135 Strang an Bevin 11.6.1946, F.O. 371/55367/C6525.
136 Strang an Bevin 24.8.1946, F.O. 371/55369/C9821.

alternierend mit der Zeitung der britischen Militärregierung "Der Berliner", die am 1. Mai ihr Erscheinen einstellte. Der "Telegraf" übernahm, nunmehr als wirkliche Tageszeitung, mit einer Startauflage von 260.000, die, so Strang, sobald wie möglich auf 400.000 Exemplare gesteigert werden sollte.

Zusammen mit dem amerikanisch lizenzierten "Tagesspiegel" und dem französischen "Kurier" erfreute sich der "Telegraf" sofort größter Beliebtheit, auch außerhalb Berlins und in der sowjetischen Besatzungszone. Bis Ende Mai hatten außerhalb Berlins über hundert Zeitungsverkäufer - die Hälfte von ihnen in der sowjetischen Besatzungszone ansässig - 300.000 Exemplare geordert. "Telegraf" und "Tagesspiegel", wußte Strang zu berichten, dienten den Berlinern als begehrte Tauschobjekte im Handel mit der Landbevölkerung in der sowjetischen Besatzungszone und konnten Preise zwischen drei und zwölf Mark erzielen.[137] Welch große Wirkung die westlich lizenzierte Presse in den Ostsektoren Berlins und in der sowjetischen Besatzungszone erzielte, ließ sich auch daran ablesen, daß Mitte August die SMAD im Ostsektor Berlins Exemplare des "Tagesspiegel", der ebenfalls amerikanisch lizenzierten "Neuen Zeitung" sowie des "Telegraf" und des "Sozialdemokrat" beschlagnahmen ließ.[138]

4.11. Sonderrationen für Berliner SPD-Politiker?

So wertvoll all diese Maßnahmen zur Unterstützung der SPD auch waren, abhängen würde das Ergebnis ihrer politischen Anstrengungen in Berlin und der britischen Besatzungszone weniger von britischen Besucherdelegationen, Schreibmaschinen, Büchern und Zeitungen, sondern vom Einsatz ihrer viel zu wenigen wirklich erstrangigen Politiker und nicht zuletzt von

137 Strang an Bevin 23.5.1946, F.O. 371/55366/C5841.
138 Vgl. Berlin. Kampf um Freiheit, S.510.

deren physischem Durchhaltevermögen. In der Mangelsituation des Jahres 1946, in der es auf wirkliche Kalorien beinahe mehr ankam als auf "politische Kalorien", war dies ein ernstzunehmendes Problem, das keineswegs nur den schwerkranken Kurt Schumacher betraf. Es erhielt eine höchst politische Komponente dadurch, daß, wie Political Division und German Department genau wußten, die SMAD ihr hörige Politiker in beachtlichem Umfang mit zusätzlichen Lebensmittelrationen belohnte, während die Politiker in den Westsektoren und in der britischen Besatzungszone mit 1300 Kalorien am Tage auskommen mußten. Das bedeutete nicht nur eine unfaire Bevorzugung der SED-Politiker, sondern einen Vitalitätsvorsprung, der, so fürchtete gegen Ende des Berliner Wahlkampfes sogar an der Spitze des Foreign Office Permanent Under-Secretary Sir Orme Sargent, politisch entscheidend sein konnte: "There is no doubt at all that the Russians lavish food upon Communists and S.E.D. politicians and with the ordinary rations at its present level this gives an unfair advantage to a party which we are anxious should not succeed in capturing Berlin."[139]

Zwischen Political Division, Control Office und German Department entspann sich deshalb seit Anfang September eine Korrespondenz über die Frage, ob man den Politikern der SPD in Berlin und der britischen Besatzungszone Extra-Rationen zukommen lassen sollte, "in order to give them increased strength for the forthcoming elections".[140] Da es natürlich völlig ausgeschlossen war, den SPD-Politikern der britischen Besatzungszone eine derartig bevorzugte Behandlung zukommen zu lassen, war dieser Teil des Vorschlages schnell vom Tisch. In Berlin dagegen, befand im German Department Duncan Wilson, lagen die Dinge anders. Dort hatten vor allem die Politiker der SPD, die nicht nur hungerten, wie alle Berliner auch, sondern zudem unter der ständigen Bedrohung leben mußten, von SMAD-Schergen verschleppt zu werden, einen physisch wie psychisch besonders anstrengenden Wahlkampf zu führen: "If

139 Sargent an Jenkins 17.9.1946, F.O. 371/55370/C10533.
140 Ibid.

they are to keep up their present scale of activity, extra food may well be a necessity."[141]

Zwar war man sich im German Department der moralischen Fragwürdigkeit solcher "Bestechung" sehr wohl bewußt, aber sowohl bei Wilson als auch bei dem neuen Leiter des Department, Patrick Dean, überwog das Interesse am Wahlsieg der SPD und darum das Gefühl, daß man sich in diesem speziellen Falle nicht von allzu rigorosen Prinzipien beirren lassen dürfe. Der Überlegung schloß sich auch Sargent mit einem simplen, wenn auch unbritisch klingenden Argument an: "... since our opponents are breaking the rules freely I think we should not hesitate to do the same."[142] Als Problem erschien den Beamten im German Department plötzlich nicht einmal mehr die Gefahr, daß die SPD in der Öffentlichkeit vielleicht in ihr politisch abträglichem Maße mit der britischen Besatzungsmacht identifiziert werden konnte. Die SPD, stimmten Wilson und Sargent überein, werde von den Sowjets und der öffentlichen Meinung ohnehin als "official British Party" betrachtet, und warum sollte sie nicht auch einmal einen Vorteil davon haben?[143] Sargent ersuchte schließlich das Control Office, die Political Division so schnell wie möglich mit der Verteilung von Extra-Rationen an ausgewählte SPD-Politiker, "who in the view of the Political Division most deserve it because of their importance in the struggle and the difficulties under which they at present labour", beginnen zu lassen.[144]

Das Control Office beurteilte das Problem ähnlich wie das German Department, ging aber der heiklen Frage der Bevorzugung einer Partei aus dem Wege, indem es die Political Division anwies, Extra-Rationen an "ausgewählte Parteiführer aller Parteien im britischen Sektor Berlins auszugeben, soweit sie nicht bereits von der anderen Seite bedacht wurden".[145] Am sachlichsten verhielt sich in der ganzen Angelegenheit die Po-

---

141 Wilson 13.9.1946, ibid.
142 Wilson 13.9.1946, ibid. Dean 14.9.1946, ibid. Sargent an Jenkins 17.9.1946, ibid.
143 Ibid.
144 Ibid.
145 Jenkins an Sargent 21.9.1946, F.O. 371/55371/C11575.

litical Division vor Ort, die sich erst Ende September, vier Wochen vor der Wahl, dazu zum ersten Mal äußerte. Die Notwendigkeit, nicht-kommunistische Politiker in Berlin mit zusätzlichen Lebensmittelrationen zu versorgen, ließ Ivor Pink, der stellvertretende Leiter der Political Division, Control Office und German Department wissen, bestünde durchaus noch, "both because they [die nicht-kommunistischen Politiker, A.d.V.] are finding real difficulty in carrying on on their present rations and because the contrast between their position and that of the Socialist Unity Party leaders is so glaring".[146] Gegen ein quasi institutionalisiertes britisches Programm zur Versorgung nicht-kommunistischer Politiker, wie es das Control Office wünschte, sprachen indes gute Gründe. Zum einen hatte die Political Division selber gerade die Sowjets wegen der Zusatzrationen, die sie der SED zukommen ließen, scharf angegriffen und im "Telegraf" einigen publizistischen Wirbel verursacht und konnte darum nun schlecht selber zum gleichen Mittel greifen. Zum anderen, gab Pink zu bedenken, war die Political Division nicht in der Lage, ein solches Programm auf unbestimmte Zeit aufrechtzuerhalten, und würde es darum nach den Wahlen wieder aussetzen müssen: "The effect of this might well be worse than if we had never given extra supplies at all."[147] Überdies verfügte die Political Division in Berlin eben nicht über einen "bribery pool", wie ihn die SMAD besaß, so daß ein institutionalisiertes Programm kaum noch rechtzeitig hätte anlaufen können. Pink entschied sich aus diesen Gründen für eine gänzlich irreguläre und vor allem diskrete Lösung des Problems: Nicht-kommunistische Politiker - "the most deserving cases" - würden hin und wieder in das Haus Major Lancashires eingeladen werden, wo die Political Division über Räumlichkeiten zur Bewirtung deutscher Gäste verfügte, und sich dort aus Armee-Beständen satt essen dürfen.[148]

---

146 Pink an Wilberforce 25.9.1946, ibid.
147 Ibid.
148 Ibid.

4.12. Plant die SMAD die Einsetzung einer zonalen Regierung?

Am 20. Juni nahm die Political Divison aus der "sowjetisch kontrollierten Presse" die Ankündigung der SMAD vom Vortag zur Kenntnis, daß im September in den Ländern und Provinzen der sowjetischen Besatzungszone Gemeindewahlen durchgeführt werden sollten: am 1. September in Sachsen, am 8. September in Thüringen und der Provinz Sachsen-Anhalt, am 15. September in den Provinzen Mecklenburg und Brandenburg.[149] Besondere Aufmerksamkeit schenkte Strang der manipulatorischen Bestimmung der SMAD, daß neben den Politischen Parteien auch "anti-faschistische demokratische Organisationen" - örtliche Jugend-, Frauen- oder Bauernverbände sowie der Freie Deutsche Gewerkschaftsbund - Wahl-Listen aufstellen durften, die sich alle fest in kommunistischer Hand befanden. Die SMAD, folgerte Strang, bezweifelte offenbar, daß die SED alleine eine unangefochtene Mehrheit würde gewinnen können.[150]

Auf ausgeklügelte sowjetische Taktik schien auch die Wahl Sachsens als Ort der ersten Wahlen hinzuweisen: "The Soviet authorities, by holding the elections first in the State of Saxony, evidently hope that Saxony will again prove for them the model region which they have been industriously attempting to make it in every other field."[151] Die Betonung der Erlaubnis von Listenverbindungen im Kommuniqué der SMAD ließ Strang sogleich fürchten, die SED könne nun versuchen, der CDU für die Gemeindewahlen Einheitslisten aufzuzwingen. Von CDU-Führern in Berlin erhielt er aber sofort die zufriedenstellende Auskunft, daß Kaiser sich dem gewiß widersetzen würde.[152]

Die Lage der CDU in der sowjetischen Besatzungszone, die Befürchtung, der Wahlkampf könne den Druck auf sie steigen

---

149 Strang an F.O. 22.6.1946, F.O. 371/55367/C7031. Zu den Gemeinde-, Kreis- und Landtagswahlen in der SBZ 1946 vgl. Weber, Geschichte der DDR, S.138-144. Zuletzt: SBZ Handbuch, S.383-388.

150 Strang an F.O. 22.6.1946, F.O. 371/55367/C7031.

151 Ibid.

152 Ibid.

lassen, ließ die Briten immerhin einen gewissen, wenn auch vergleichsweise geringen Anteil an den Gemeindewahlen nehmen. Von Kaiser und Lemmer, mit denen sie in ständigem Kontakt standen, ließen sie sich über den Fortgang des Wahlkampfes auf dem laufenden halten, über Kaisers fruchtlose Bemühungen, die Wahlen auf die politischen Parteien zu beschränken, oder über die wirkungsvollen Behinderungen, mit denen SMAD und SED der CDU den Wahlkampf erschwerten.[153] Kennzeichnend für die tendenziöse Art, in der die SMAD die Durchführung der Wahlen leitete, war zum Beispiel die Bestimmung, daß Parteien nur dort Listen aufstellen konnten, wo sie auch über vollständige Ortsverbände verfügten. Das Prinzip mochte auf den ersten Blick durchaus einleuchten, bevorzugte aber die SED, die sich zum Teil ganze SPD-Ortsverbände einfach einverleibt hatte oder sich auf die zur Wahl ebenfalls zugelassenen "anti-faschistischen demokratischen Organisationen" verlassen konnte. So konnte die CDU, deren Anträge auf Zulassung örtlicher Parteiorganisationen die SMAD bewußt verschleppte, in Thüringen nur in 500 von 2500 Gemeinden zur Wahl überhaupt antreten.[154]

So wenig infolge all dessen die Briten sich für die Wahl selber und den Wahlausgang, der kaum zweifelhaft sein konnte, interessierten, so wenig konnten sie dennoch verhindern, daß das Wahlkampfgetöse auch sie erreichte. Die westalliierte Präsenz in Berlin, im Zentrum der sowjetischen Besatzungszone, erwies sich zum ersten Mal als zweischneidige Angelegenheit. So zwangsläufig, wie sie zuvor den Vereinigungscoup der Kommunisten hatte scheitern lassen und in Berlin der SPD das Überleben gesichert hatte, zog sie nun auch die Westmächte eher gegen ihren Willen in den Wahlkampf in der sowjetischen Besatzungszone. Im alliierten Kontrollapparat wurde die Stimmung zwischen Sowjets und Westmächten zusehends gereizter. In Political Directorate und Koordinierungsausschuß führten die Sowjets mehrfach wütend und ausführ-

153 Steel an Dean 31.7.1946, F.O. 371/55368/C9185.

154 Steel bezieht sich hier auf Zahlen Lemmers, ibid. Vgl. SBZ Handbuch, S.384f.

lich Beschwerde über angeblich "anti-sowjetische Propaganda" westlich lizenzierter Presse und der Berliner SPD, vor allem "im britischen Sektor Berlins".[155] Amerikaner und Briten, letztere ließen ersteren dabei gerne den Vortritt, antworteten auf die Vorwürfe Sokolowskis mit ebenso umfangreicher Auflistung verbaler Attacken Ulbrichts, Piecks, Grotewohls und der "Täglichen Rundschau", des Organs der SMAD, gegen die Westmächte oder Politiker in den Westzonen.[156]

Völlig unrecht hatten die Sowjets bei alledem nicht einmal, wenngleich natürlich keinen Grund zur Beschwerde. Denn die SPD versuchte tatsächlich und offenbar nicht gänzlich ohne Wirkung, von Berlin aus Einfluß auf den Wahlkampf in der sowjetischen Besatzungszone zu nehmen. Ganz besonders erbitterte die Sowjets der Aufruf des Landesparteitags der Berliner SPD an ihre zwangsvereinigten Anhänger in der sowjetischen Besatzungszone, nicht oder ungültig zu wählen. In diesem Zusammmenhang sah sich dann auch General Robertson, wie von Political Division und Control Office vorausgesehen, genötigt, gegenüber Marschall Sokolowski im Koordinierungsausschuß die Anwesenheit des Abgeordneten Hicks auf dem Landesparteitag mit dem völlig inoffiziellen Charakter seines weder die britische Regierung noch Labour verpflichtenden Besuches zu verteidigen.[157] Mit der Erklärung gaben sich die Sowjets nicht zufrieden. Im Political Directorate forderte der sowjetische Vertreter am 4. September von den Briten, in deren Sektor der Parteitag stattgefunden hatte, eine Entschuldigung für den SPD-Aufruf.[158]

Die Präsenz der SPD in Berlin und ihre sehr spürbare Ausstrahlung auf die sowjetische Besatzungszone schienen in der Tat, wie Strang am Vorabend der Wahlen zur Stadtverordnetenversammlung treffend resümierte, die SMAD zunehmend zu beunruhigen: "There is no question that the Soviet authorities are beginning to be worried by the presence in Berlin, in the geo-

155 F.O. 371/55369/C10277, C10528.
156 Strang an F.O. 23.8.1946, F.O. 1049/333.
157 Ibid.
158 Strang an F.O. 5.9.1946, F.O. 371/55370/C10694.

graphical centre of their zone, of a vigorous Social Democratic Party whose existence in their zone they have been at pains to declare unnecessary."[159]

Von solchen Beunruhigungen der SMAD sprach auch deren überraschende Ankündigung Mitte September, am 20. Oktober, dem Tag der Wahlen in Berlin, zugleich auch Land- und Kreistagswahlen in ihrer Besatzungszone durchführen zu lassen, nach nur gut einem Monat Wahlkampf und Wahlvorbereitung. Die Sowjets, spekulierte Strang, fürchteten offenbar sowohl einen längeren Wahlkampf als auch eine schwere Niederlage der SED in den Berliner Wahlen und deren psychologische und politische Auswirkungen auf alle folgenden Wahlen in der Zone.[160]

Strang übersah allerdings auch nicht, daß neben solchen Unsicherheiten deutschlandpolitische Motive die Sowjets zu dem schnellen Entschluß veranlaßt haben mochten. Für die amerikanische Besatzungszone waren Landtagswahlen erst für den November vorgesehen, für die Britische Besatzungszone erst für das folgende Frühjahr. Die Sowjets würden also, auch was die Errichtung parlamentarischer Vertretungen anging, in ihrer Besatzungszone die politische Entwicklung Deutschlands anführen. Strang rechnete damit, daß die Sowjets ihren Vorsprung bei der politischen Entwicklung Deutschlands zu weiteren deutschlandpolitischen Vorstößen nutzen würden. Es sei möglich, überlegte er für das Foreign Office, daß die Sowjets "some more general relaxation of the zonal barrier between Eastern and Western Germany" in Erwägung zögen und darum nun die Konsolidierung und Sowjetisierung ihrer Besatzungszone zum Abschluß bringen wollten.[161] Vielleicht, rätselte er sodann, beabsichtigte Moskau, noch weiter zu gehen, und plante schon die Bildung einer deutschen Regierung in ihrer Besatzungszone, für die die Errichtung von Landesparlamenten allerdings natürliche und notwendige Vorbereitung sein mußte: "The election of land assemblies would be a natural preliminary to

---

159 Strang an F.O. 18.10.1946, F.O. 371/55373/C12591.
160 Strang an F.O. 13.9.1946, F.O. 371/55370/C11103.
161 Ibid.

the establishment of a full scale German Government in the Soviet Zone."[162]

Strangs Argumentation leuchtete im German Department vor allem Albert Franklin sehr ein. Des amerikanischen Außenministers Stuttgarter Rede am 6. September, die Ankündigung des wirtschaftlichen Zusammenschlusses der amerikanischen und der britischen Besatzungszonen, gab er außerdem zu bedenken, zwängen die Sowjets förmlich, schnell zu handeln, wenn sie in Deutschland die Initiative behalten wollten: "The announcement on a German Government may even come before the Berlin elections are held."[163]

4.13. Die weltpolitische Bedeutung der Wahlen in Berlin.[164]

So deutbar und erkenntnisfördernd die Ergebnisse der Gemeinde- und Landtagswahlen in der sowjetischen Besatzungszone im Detail auch sein mochten, vor dem Hintergrund der "Wahlschlacht in Berlin" verblaßten sie beinahe zur Irrelevanz. Denn fast wie in einem Box-Ring fand in der Vier-Sektoren-Stadt, herausgehoben aus der sie umgebenden sowjetischen Besatzungszone, ein Duell von übernationaler Bedeutung statt. In Berlin ging es sowohl für die Sowjets wie für die Westmächte um einen hohen Einsatz, um den höchsten Einsatz in Deutschland: Für Moskau stand die kommunistische Mehrheit in Stadtverordnetenversammlung und Magistrat und damit die Fortdauer sowjetischer Beherrschung der alten Reichshauptstadt und des Zentrums der sowjetischen Besatzungszone auf dem Spiel, für die Westmächte deren Präsenz in Berlin.

---

162 Ibid.

163 Franklin 16.9.1946, ibid.

164 Von der "welthistorische(n) Relevanz des Widerstandes gegen die 'Zwangsvereinigung'" spricht treffend Ernst Nolte, Deutschland und der Kalte Krieg, S.XI.

Aber nicht nur der hohe Einsatz, sondern auch die einzigartigen Berliner Umstände hoben die Wahlen in Berlin heraus. Allein in Berlin nötigten die Präsenz der Westmächte und die publizistischen Scheinwerfer der Weltöffentlichkeit SMAD und SED zur Hinnahme eines halbwegs fairen Wahlkampfes und manipulationsfreier Wahlen. Allein in Berlin erhielten auch die der SMAD unterworfenen Deutschen die Möglichkeit zu freier Wahl - und, was das Wichtigste war, zur Wahl auch der SPD. Denn nur in Berlin mußte die SED gegen die sonst in der sowjetischen Besatzungszone vollständig ausgelöschte SPD antreten. Zwangsläufig geriet darum der Wahlkampf in Berlin zum Duell zwischen SED und SPD und die Wahlen zur nachträglichen demokratischen Abstimmung über die Verschmelzung von KPD und SPD. Wahlkampf und Wahlen in Berlin waren so gewissermaßen Revisionsinstanz für die vorangegangenen Gemeinde- und die gleichzeitig stattfindenden Kreis- und Landtagswahlen in der sowjetischen Besatzungszone, an denen die SPD eben nicht hatte teilnehmen dürfen. Das Wahlergebnis in Berlin, an dem die anderen Wahlergebnisse zu messen waren, würde die wirklichen Mehrheitsverhältnisse in der sowjetischen Besatzungszone offenlegen.

Aber nicht nur SPD und SED, Schumacher und Grotewohl standen am 20. Oktober in Berlin zur Wahl, sondern mit ihnen auch die vier Besatzungsmächte und deren deutschlandpolitische Entwürfe. Denn, und auch das machte Berlin zum Sonderfall im vierzonalen Deutschland, Sowjetunion und Westmächte hatten sich dort beinahe auf Gedeih und Verderb mit dem Schicksal jeweils einer der beiden Parteien verbunden: Mit der SED, der die SMAD Mittel, Macht und das ganze Drohpotential der sowjetischen Besatzungsmacht zur Verfügung gestellt hatte, stand oder fiel die Bolschewisierung der sowjetischen Besatzungszone - und alle Hoffnung auf die Bolschewisierung ganz Deutschlands -, mit der SPD und der westalliierten Präsenz in Berlin das demokratische Gegenbild einer Zukunft in Freiheit und Selbstbestimmung.

Durch diese Konstellation sahen sich die Berliner unversehens in die Lage versetzt, nicht nur über die Siegermächte, sondern zugleich auch über ein Jahr alliierter Politik in Deutschland ein Votum fällen zu dürfen. Für die Sowjets hieß das, daß am 20. Oktober in Berlin alle Bolschewisierungsmaßnahmen der SMAD, von der Bodenreform bis zur Zwangsvereinigung von KPD und SPD, nun doch genau jene demokratische Wahlentscheidung zu bestehen hatten, die SMAD und KPD/SED bislang mit gutem Grund unterlaufen hatten.

Umstände und Vorgeschichte verwandelten auf diese Weise die Wahlen zur Stadtverordnetenversammlung in Berlin von einem kommunalen in ein deutsches, ja europäisches Ereignis. In der alten Reichshauptstadt fanden nämlich, wenn man so will, am 20. Oktober 1946 seit langer Zeit und auf noch längere Zeit die ersten und letzten freien, gesamtdeutschen Wahlen statt. Denn es ging nicht um Berlin, sondern um SED oder SPD, um Grotewohl oder Schumacher und um die Bilder von der Zukunft Deutschlands, für die sie standen, um Kommunismus oder Demokratie und schließlich: um Rußland oder die Westmächte.

Der Atmosphäre äußerster Spannung, die sich daraus ergab, konnten sich weder Berliner noch Alliierte entziehen, auch Strang nicht, aus dessen dramatischer Schilderung der Stimmung in Berlin am Vorabend der Wahl sie noch fünfzig Jahre später spürbar wird: "The stage is now set for the Berlin elections on 20th October ... There is no doubt that the Berlin population is deeply concerned about the outcome of the elections. For most people it is a question of deciding between Communism and non-Communism: between Russia and the western powers."[165]

4.14. Haben die Berliner Angst vor der SMAD?

Was die Siegeschancen der SPD anging, so war Strang seit der Zulassung der SPD in ganz Berlin durch die Alliierte Komman-

165 Strang an F.O. 18.10.1946, F.O. 371/55373/C12591.

datura beinahe mit jedem Telegramm optimistischer geworden. Mit westallierter Hilfe hatte die SPD gegen die materielle und organisatorische Überlegenheit der SED schließlich doch bestehen können. Die Auftritte Schumachers vor insgesamt 30.000 - 40.000 enthusiastischen Zuhörern am 16. Oktober, dem Höhepunkt des Wahlkampfes der SPD, waren über alle Maßen erfolgreich.[166]

Und doch sprach Strangs Telegramm, zwei Tage später, von eher zurückhaltender Zuversicht. Denn es blieb eine große Unwägbarkeit: Die Furcht der Berliner vor der sowjetischen Besatzungsmacht und vor möglichen Repressalien. Mit ihr hatte die SED ganz bewußt gespielt, als sie im Wahlkampf ihre Nähe zur Besatzungsmacht geradezu hervorhob und sich als diejenige Partei darstellte, die allein auch für die Zukunft die Versorgung Berlins mit Lebensmitteln, Kleidung, Treibstoff und Elektrizität garantieren konnte: "... promises of further benefits, combined with a vague but deep-seated fear of possible reprisals in an unforseeable future, are by no means negligible factors for tired and hungry citizens. It is especially the uncertainty of the future which makes prediction difficult."[167]

Genau diese Sorge hatte Strang wenigstens einmal sogar dazu veranlaßt, in den den Wahlkampf begleitenden Propagandalärm mäßigend einzugreifen. Am 8. August hatte der unter britischer Lizenz erscheinende "Telegraf" auf der ersten Seite über mysteriöse Kindesentführungen in der sowjetischen Besatzungszone berichtet und von der hartnäckigen Weigerung der SMAD sowie der örtlichen SED-Büros, den Vorgängen nachzugehen. Es folgte eine heftige publizistische Auseinandersetzung zwischen dem "Telegraf" und anderen westlich lizenzierten Zeitungen auf der einen und der SMAD, der sowjetischen Presseagentur S.N.B. und den sowjetisch lizenzierten Zeitungen auf der anderen Seite, in deren Verlauf die Vorwürfe des "Telegraf" durch weitere Hinweise aber eher erhärtet wurden. Auch Strang zweifelte schließlich nicht mehr

---

166 Ibid.
167 Ibid.

daran, daß seit der Kapitulation der Wehrmacht in der sowjetischen Besatzungszone in der Tat eine große Zahl von Kindern und Jugendlichen verhaftet und entführt worden waren und zu Zwecken der Indoktrinierung in Lagern festgehalten wurden: "Their appears no reason to doubt that large numbers of children and youths have, in fact, been seized in the Soviet Zone during the whole period from last summer until the present time. The British intelligence authorities have for some time been receiving reports which tend to confirm this, in addition to the material obtained by the *Telegraf* and D.P.D. It also seems reasonably certain that the children thus arrested are taken to camps for Communist indoctrination. The very fact that the stories printed by the *Telegraf* are true is no doubt the reason why the reaction of the Soviet authorities and of S.N.B. has been so violent."[168]

Es beeindruckte Strang wenig, daß die Veröffentlichungen des "Telegraf" auch in der Alliierten Kommandatura böses Blut bei den Sowjets gemacht hatten. Er hielt es im Gegenteil für richtig, daß die Aufmerksamkeit der Weltöffentlichkeit auf die schlimmen Vorgänge gelenkt worden war. In wohl richtiger Einschätzung der ohnehin nervösen Seelenlage der Berliner und der Deutschen in der sowjetischen Besatzungszone und im Hinblick auf die kommenden Wahlen unterband er schließlich aber doch endlose Vertiefung des Themas durch die britisch lizenzierte Presse: "I do not, however, think that the matter should receive further publicity in the German press, and the Political Division have therefore advised D.P.D. and the editor of the *Telegraf* not to print any more articles on the subject. On tactical grounds alone this is advisable, for the Russians and the Socialist Unity Party rely largely on fear, and if this story of arrests and abductions is carried beyond a certain point it will only increase the anxiety of the Germans. This in turn may make them more hesitant about voting against Communists both in Berlin and in the Soviet Zone."[169]

---

168 Strang an Bevin 17.8.1946, F.O. 371/55582.
169 Ibid.

4.15. In Berlin Moskaus Deutschlandpolitik wenden.

Die Anstrengungen Strangs und der Political Division, der SPD zum Wahlsieg in Berlin zu verhelfen, dienten längst nicht mehr nur defensiven Zielen. Es ging, zumindest für die Political Division, nicht mehr allein um das Überleben der SPD und um die Präsenz der Westmächte in Berlin. Im politischen Kalkül der Briten hatte sich während des langen Wahlkampfes nämlich auch die Einschätzung der politisch-strategischen Bedeutung alliierter Präsenz in Berlin fortentwickelt.

Geplant hatten die Briten die alliierte Besetzung Berlins als Anfang und Symbol alliierter Nachkriegskooperation nicht nur in Deutschland, sondern in Europa. Zum Zeitpunkt des Einzugs der Westmächte in die Viersektorenstadt war ihnen Berlin wichtiger Aussichtsturm im sowjetisch besetzten östlichen Europa gewesen und die Kommandatura einziges Beispiel leidlichen Funktionierens alliierter Verwaltung in Deutschland. Mit der kommunistischen Vereinigungskampagne war in Berlin zugleich auch der erste Versuch der Sowjets gescheitert, die Westmächte aus dem Zentrum der sowjetischen Besatzungszone hinauszudrängen. In ihrem Verlaufe hatten Political Division und German Department die politisch-strategische Bedeutung westalliierter Präsenz in Berlin entdeckt, der einzigen westlichen Position hinter dem Eisernen Vorhang, von der aus die sowjetischen Kreise sich trefflich stören ließen und die es darum um fast jeden Preis zu bewahren galt. Aber vorerst hatte in Berlin für die Westalliierten die blanke Selbstbehauptung im Vordergrund gestanden.

Am 20. Oktober war das, zumindest im Kalkül William Strangs, nicht mehr der Fall. Die defensive war einer ausgesprochen offensiven Zielsetzung gewichen. Denn die Wahlentscheidung zwischen "Communism" und "non-Communism" sollte, so sie denn im Sinne Strangs ausfiel, für die Sowjets nicht ohne politische Konsequenzen bleiben. Die Niederlage der SED, so Strang, sollte zum Wendepunkt alliierter Politik in Deutschland werden, indem sie alle um die SED herumgewebten gesamtdeutschen Pläne der Sowjets endgültig zunichte machte und Moskau in Deutschland zur politischen Umkehr zwang: "A defeat for the Socialist Unity Party in the Berlin elections would be a turning point in the fortunes of occupied Germany. By endorsing the rejection of Communism, manifested in the recent elections in the western zones, it would upset Soviet calculations of a United Germany controlled by the Socialist Unity Party and lead them to a critical review of the policy they have hitherto pursued."[170] Die Sowjets sollten, das meinten die Worte Strangs vom "critical review" sowjetischer Deutschlandpolitik, über Berlin in Deutschland und in ihrer eigenen Besatzungszone ausgehebelt werden.

Herbeiführen mußten freilich die Wähler in Berlin diesen "Wendepunkt im Schicksal des besetzten Deutschland", und deren war sich Strang, wie gezeigt, nicht völlig sicher. In Berlin hatten darum während des Wahlkampfes die Beziehungen zwischen den Deutschen und den Westalliierten nochmals eine neue Qualität erreicht. Am Vorabend der Wahlen - und auch das machte ihre Besonderheit aus - fanden sich Berliner und Westalliierte plötzlich voneinander abhängig. In Berlin waren die Westalliierten nicht mehr nur Besatzungsmächte, sondern bereits Schutzmächte, und eigentlich schon Verbündete der Deutschen gegen die Sowjetunion. In den Berlinern wiederum erhielten nur gut ein Jahr nach Kriegsende die Deutschen das erste Mal Gelegenheit, sich des heraufziehenden westlichen Bündnisses würdig zu erweisen und anti-totalitäre Zuverlässigkeit vorzuführen.

4.16. Berlin - Ausfalltor oder belagerte Festung?

Unter der Aufsicht eigens zusammengestellter alliierter Wahlbeobachtungsteams verlief der Wahltag, dem Berliner wie Alliierte so lange entgegengefiebert hatten, ohne wahltechni-

170 Strang an F.O. 18.10.1946, F.O. 371/55373/C12591.

sche Unregelmäßigkeiten, wenn auch nicht ganz ohne Zwischenfälle: Im sowjetischen Sektor wurden mehrfach westalliierte Soldaten und Offiziere, die Wahllokale betreten hatten, für kurze Zeit verhaftet. Ein amerikanischer Beobachter, der sich nach Mißachtung eines Photographierverbots der Verhaftung zu entziehen suchte, wurde von einem sowjetischen Soldaten erschossen. Selbst der tödliche Zwischenfall hielt sich offenbar noch im Rahmen Berliner Normalität Ende 1946, so daß auch Christopher Steel, der davon berichtete, geneigt war, das Fehlverhalten des amerikanischen Opfers in den Vordergrund zu stellen.[171]

Wahlschlacht und Wahlfieber folgte die Sensation: Bei einer Wahlbeteiligung von 92,3% erhielt die SPD 48,7%, die CDU 22,2%, die SED 19,8% und die LDP 9,3% der Stimmen.[172] Am Wahlsieg der SPD hatte im Ernst niemand gezweifelt. Sensationell dagegen war, telegrafierte Strang nach London, die vernichtende Niederlage der SED, die sich nicht einmal gegen die CDU, die im Wahlkampf-Duell zwischen SPD und SED beinahe untergegangen war, hatte behaupten können.[173] Die Wähler, analysierte Strang, angetan von der Unerschrockenheit vor allem der Wähler im sowjetischen Sektor, hatten sich weder von der überwältigenden Materialüberlegenheit der SED noch von den massiven Einschüchterungsversuchen der SMAD beeindrucken lassen und nicht so sehr der SED als vielmehr deren Schutzmacht eine Abfuhr erteilt: "... the voters had not only had the courage to go to the poll but they showed their detestation of the Russian connexion in the most emphatic manner."[174] Das jedenfalls las Strang aus dem schlechten Abschneiden der SED auch in Wahlkreisen heraus, die in den Zwanziger Jahren stets starke kommunistische Wählerschaften verzeichnet hatten.[175]

---

171 Steel an F.O. 25.10.1946, F.O. 371/55375/C13258.
172 Zahlen nach: Berlin. Kampf um Freiheit und Selbstbehauptung, S.558f.
173 Strang an F.O. 21.10.1946, F.O. 371/55374/C12732.
174 Ibid.
175 Ibid.

Das wichtigste an diesem Wahlausgang aber waren die Rückschlüsse, die er auf die wahren Verhältnisse in der sowjetischen Besatzungszone zuließ. Denn kein Zweifel konnte es nach dieser vollständigen Niederlage der SED in Berlin mehr darüber geben, wie die Wahlen in der sowjetischen Besatzungszone ausgegangen wären, wenn die SPD auch dort wählbar gewesen wäre. Schon so wiesen die Ergebnisse der Kreis- und Landtagswahlen, die ebenfalls am 20. Oktober stattgefunden hatten, gegenüber den vorangegangenen Gemeindewahlen einen deutlichen Rückgang des Stimmenanteils der SED aus. In Brandenburg und in Sachsen-Anhalt hatten die Landtagswahlen trotz der starken Behinderung, der die beiden bürgerlichen Parteien überall in der sowjetischen Besatzungszone ausgesetzt gewesen waren, sogar eine rechnerische absolute Mehrheit für CDU und LDP ergeben.[176] Wären die Berliner Ergebnisse vor den Wahlen in der sowjetischen Besatzungszone bekannt gewesen, so wäre, glaubte Strang, der Rückgang der SED-Stimmen noch deutlicher ausgefallen.[177]

Die beiden Wahlergebnisse, resümierte Strang, waren ein schwerer Schlag für die sowjetische Politik in Deutschland. Es kam nun darauf an, ob dieser Rückschlag die Sowjets tatsächlich, wie von Strang unmittelbar vor den Wahlen erhofft, dazu veranlassen würde, ihre Linie in Deutschland zu überdenken und, wenn ja, ob es ihnen möglich sein würde, die Zwangsvereinigung von KPD und SPD wieder zurückzunehmen: "Interest must now be centered on whether this defeat leads the Soviet Government to reconsider their line, and if so, how they can retreat from the definite position they took up when they forced through the fusion of the Communists and Social Democrats in March."[178]

Dafür, daß solches Umdenken auf sowjetischer Seite eingesetzt hatte und daß Moskau die Wiederannäherung an die SPD vielleicht schon begonnen hatte, glaubte Strang sogar bereits

---

176 Für die Wahlergebnisse der Kreis- und Landtagswahlen s. SBZ-Handbuch, S.396ff.

177 Strang an F.O. 21.10.1946, F.O. 371/55374/C12732.

178 Ibid.

"sichere Anzeichen" zu sehen. Kurt Schumacher, berichtete er, habe sich am Wahltag nicht nur völlig ungehindert im sowjetischen Sektor bewegen dürfen, sondern sei von verschiedenen sowjetischen Offizieren "auf das freundlichste empfangen worden".[179]

Mit Verblüffung registrierte man auch im Foreign Office die "staggering majority" der SPD.[180] Wie sollte es nun weitergehen in Berlin? Sollten SPD und Political Division angesichts der offenkundig prekären Lage von SED und SMAD sofort nachstoßen oder sollte man die SPD mahnen, den Wahlsieg eher behutsam zu nutzen? Das war die Frage, um die es nun gehen mußte und die im German Department auch prompt zu kurzem, heftigem Grundsatzdisput führte. Bemerkenswerterweise waren es die jüngeren Mitarbeiter im German Department, Reddaway und Wilson, die auch über dem schönen Wahlsieg nicht vergaßen, auf wie dünnem Eis sich in Berlin sowohl SPD wie Westmächte immer bewegten. Sie rieten darum zu ganz behutsamem Vorgehen und wollten vor allem die siegreiche, aber so furchtbar junge und unerfahrene SPD vor unüberlegtem Aktionismus und vor Arroganz gegenüber SED und SMAD unbedingt bewahrt sehen.[181] Gewiß, die zwei, drei wirklichen Schlüsselpositionen im Magistrat - Reddaway nannte das Amt des Stellvertretenden Oberbürgermeisters und die Ressorts Erziehung und Jugend - standen der SPD zu. Bei der Besetzung aller anderen Positionen aber, rieten Reddaway und Wilson übereinstimmend, sollte die SPD "soviel Mäßigung und Höflichkeit walten lassen, wie nur irgend möglich".[182] Im großen und ganzen, führte Reddaway aus, habe der alte Magistrat nämlich zufriedenstellende Arbeit geleistet. Ob das aber so bliebe, würde ganz allein von der Haltung der Sowjets abhängen, die das Leben in Berlin sehr schwer machen und einen mißliebigen Magistrat ohne weiteres diskreditieren konnten, indem sie die Versorgung Berlins erschwerten. Das aber würden sofort auch die

---

179 Ibid.
180 Reddaway 22.10.1946, F.O. 371/55373/C12661.
181 Ibid. Wilson 22.10.1946, ibid.
182 Reddaway 22.10.1946, ibid.

Westmächte zu spüren bekommen, die dann nämlich würden einspringen müssen.[183]

Als ausgesprochene Scharfmacher erwiesen sich indes die an und für sich erfahreneren Köpfe im German Department. Von Rücksichtnahmen auf die Sowjets oder deren Protégés in Berlin wollten Patrick Dean, der neue Leiter des German Department, und der zum zweiten Mann aufgerückte Bernard Burrows nichts hören: "Being nice to the Russians or their protégés at the Berlin level will surely not affect Russian policy."[184] Mit der beinahe wegwerfenden Bemerkung wischte Burrows die Überlegungen seiner jüngeren Kollegen vom Tisch und entwarf statt dessen ein Telegramm an Strang, in dem die Political Division aufgefordert wurde, den Wahlsieg der SPD auf jede erdenkliche Art und Weise auszuschlachten, bevor die SED sich von der Niederlage erholen konnte.[185] Burrows hatte auch bereits sehr konkrete Vorstellungen davon, was in Berlin zu tun war, und teilte sie Strang in ausführlicher Aufzählung mit: Die SPD sollte sich den "Löwenanteil" der Schlüsselpositionen im Magistrat sichern, den kommunistischen Zugriff auf die Berliner Polizei lockern, das kommunistische Monopol im Berliner Radiosender "Radio Berlin" brechen und nach Möglichkeit der SED den Gewerkschaftsbund entziehen, bevor SED oder Sowjets den F.D.G.B. dazu benutzen konnten, einem nicht-kommunistischen Magistrat Schwierigkeiten zu bereiten.[186]

Aber Burrows Strategie des sofortigen Nachstoßens war nicht auf Berlin beschränkt. Burrows, der schon den Eisernen Vorhang wanken sah, dachte, wie Strang, bereits an Auswirkungen auf die sowjetische Besatzungszone und da vor allem an die Wiederzulassung der SPD: "In general I am sure you will advise both the British authorities and German politicians to make the greatest possible positive use of the new situation which may, if properly handled, turn out to be an important break in the iron curtain. ... Can we now make any move

183 Ibid.
184 Burrows 23.10.1946, ibid.
185 F.O. an Strang 22.10.1946 (Draft), ibid.
186 Ibid.

towards securing recognition of SPD in Russian Zone?"[187] Den Erwartungen Burrows schlossen sich Dean, der Superintending Under-Secretary für das German Department Harvey und Permanent Under-Secretary of State Sir Orme Sargent vorbehaltlos an.[188] Das Telegramm ging noch am 22. Oktober an Strang, Kopien an die Botschaften in Moskau, Washington und Paris.

In Berlin teilte Strang, der nach einer Konferenz der Political Division mit der britischen Militärregierung Berlins über die Folgerungen aus dem Wahlergebnis nun schon sehr viel klarer sah, den Aktionismus und sehr weitgehenden Optimismus Burrows und Deans. Die Sowjets, telegrafierte er schon einen Tag später zurück, würden die Wiederzulassung der SPD in der sowjetischen Besatzungszone wohl von ganz alleine konzedieren müssen. Die SED mache bereits erste vorsichtige Versuche der Annäherung an die SPD. Strang hielt es allerdings für angebracht, daß sich die Political Division in dieser Frage vornehm zurückhielt, um den Sowjets Gesichtsverlust zu ersparen und um ihnen den Rückzug nicht unnötig zu erschweren.[189]

Auf keinen Fall sollte das allerding heißen, betonte Strang, daß die Political Division etwa darauf verzichten wollte, die Situation in Berlin "auf das äußerste auszuschlachten".[190] Ganz im Gegenteil - Berlin, das war nun offenbar, war der Ort, wo die Westmächte den Hebel ansetzen mußten, wenn sie Wirkung auf die sowjetische Politik hinter dem Eisernen Vorhang erzielen wollten, und wo sie es auch konnten: "We have always regarded Berlin as a political Tobruk behind the iron curtain, and there can be no doubt of the huge influence which can be exerted from it in the Russian zone."[191] In Berlin, erläuterte Strang wenig später in einem weiteren Telegramm seinen Vergleich Berlins mit Tobruk, war es den Westmächten gelungen, hinter dem Eisernen Vorhang eine politische Bastion aufzubau-

187 Ibid.
188 Dean 23.10.1946, ibid. Harvey Marginalie 23.10.1946, ibid. Sargent Marginalie v. 25.10.1946, ibid.
189 Strang an F.O. 23.10. 1946, F.O. 371/55374/C12873.
190 Ibid.
191 Ibid.

en, an der sich die traditionellen Waffen totalitärer Unterdrükkung brachen. Weder Grenzposten noch Zensoren oder Geheimpolizei vermochten zu verhindern, daß aus Berlin Neuigkeiten und intellektuelle Konterbande durch ungezählte und unkontrollierbare Kanäle ihren Weg in die umgebenden Provinzen der sowjetischen Besatzungszone fanden.[192] Und daß die Westmächte dort Wirkung erzielten, dafür gab es mehr als bloße Hinweise. Der starke Stimmenverlust, den die SED bei den Kreis- und Landtagswahlen erlitten hatten und die Tatsache, daß jeden Tag 70.000 Exemplare des britisch lizenzierten "Telegraf" auf illegale Art und Weise ihren Weg in die sowjetische Besatzungszone fanden, zeigten, so Strang, woher dort der Wind wehte.[193]

Berlin, ein "politisches Tobruk hinter dem Eisernen Vorhang". Die Analogie aus gerade fünf Jahre zurückliegenden Afrika-Feldzügen war, um es milde auszudrücken, heikel. In gewissem Sinne - wenn auch nicht in Strangs Sinne - mochte sie genau darum aber auch um so zutreffender sein. Als letzte britische Bastion hatte die libysche Hafenstadt Tobruk den deutschen Vormarsch auf Ägypten und den Suezkanal 1941 in der Tat mehrfach vereitelt. Ende 1941 war es den britischen Verbänden von Tobruk aus sogar gelungen, Rommels Afrikakorps zurückzutreiben. Diesen Teil des Geschehens muß Strang, als er die Analogie wählte, wohl vor Augen gehabt haben. Was er in sehr britischer Anwandlung allerdings zu vergessen vorzog, war der Umstand, daß die Deutschen Tobruk ein halbes Jahr später doch im Handstreich genommen und bis zur Kapitulation des Afrikakorps auch gehalten hatten.

Im German Department ging Reddaway auf den gefährlichen Doppelsinn der Analogie Strangs zunächst nicht ein. Seine neuerliche Warnung vor unüberlegten Provokationen in Berlin wies aber schon in die Richtung des von Strang unterschlagenen Teils der Tobruk-Analogie. Aus sowjetischer Sicht mußte Berlin als "faulender Kern" der sowjetischen Besatzungszone er-

---

192 Strang an Attlee 1.11.1946, F.O. 371/55584/C13748.
193 Strang an F.O. 23.10. 1946, F.O. 371/55374/C12873.

scheinen, der in der Tat Moskaus gesamte deutschlandpolitische Hoffnungen in Frage stellen konnte: "The Russians did everything possible to please the Berliners, but nevertheless the core of their zone, and of the Germany they hoped to dominate, has gone rotten on them, and at the moment looks like staying rotten."[194] Aus westlicher Sicht indes, mahnte er noch eindringlicher als zwei Tage zuvor, war Berlin eben nicht nur Ausfall-Bastion, sondern - und das eine ging ja nicht ohne das andere - belagerte, allzu exponierte westliche Position hinter dem Eisernen Vorhang: "... Berlin is a highly artificial administrative island in a Russian sea - and an island on which the four allies have to live on comparatively good terms."[195]

Erst als Strang auf seinem Vergleich mit der Bastion insistierte, ging Reddaway auf ihn ein und zeichnete ein Bild von der tatsächlichen Lage Berlins hinter dem Eisernen Vorhang, das kaum zwei Jahre später Wort für Wort Realität werden sollte: "Sir William Strang's despatch stresses the value of Berlin as a political strongpoint behind the Russian lines. It is well to remember how extremely vulnerable, from the point of view of supplies, this strongpoint is, and to anticipate that the Russians may well make its victualling and maintenance extremely expensive to us."[196]

Die Warnungen Reddaways hätten seinen Kollegen im German Department eigentlich in den Ohren klingen müssen. Denn solange war es noch nicht her, daß, unmittelbar nach dem Umkippen Grotewohls, O'Neill und andere in sehr ähnlichen Formulierungen auf genau diese latent gefährdete, eigentlich unhaltbare Position der Westmächte in Berlin hingewiesen hatten und die Stadt am liebsten gleich freiwillig geräumt hätten. In der überschäumenden Euphorie, in dem sich am Wahlabend nicht nur die Berliner SPD, sondern auch Political Division und Foreign Office wohltaten, mochten aber weder Strang noch die führenden Planer im German Department an die eigenen Zweifel erinnert werden. Das Blatt schien sich in Berlin ja auch gewendet

194 Franklin 12.11.1946, F.O. 371/55584/C13748.
195 Reddaway 24.10.1946, F.O. 371/55374/C12873.
196 Reddaway 12.11.1946, F.O. 371/55584/C13748.

zu haben. Wieder - und noch kürzer angebunden als das vorangegangene Mal - tat Burrows die Sorge Reddaways und Wilsons als geradezu defaitistisch ab.[197]

4.17. Wiederaufnahme der Demontagen in der SBZ und in Berlin.

In der Nacht vom 21. auf den 22. Oktober fand die Euphorie der Berliner und der Briten ein jähes Ende. Schneller als erwartet nämlich demonstrierten die Sowjets, wer in der sowjetischen Besatzungszone - und wenigstens im sowjetischen Sektor Berlins - noch immer Herr im Hause war. Ohne Vorwarnung nahmen die Sowjets die Politik rücksichtsloser Ausplünderung wieder auf. Eine Welle von Deportationen und Demontagen fegte durch die gesamte Zone. Die Siebel-Werke in Halle und Zeiss in Jena seien praktisch entblößt von Facharbeitern und Technikern, wußte Strang nach London zu berichten, in Jena seien auch Professoren deportiert worden.[198] Nicht nur in der Zone, auch im sowjetischen Sektor Berlins wurde wieder in großem Stile demontiert, Facharbeitern und Spezialisten wurden in "Arbeitsverträgen" Anstellungen in der Sowjetunion aufgezwungen.

Die Rückkehr zur sowjetzonalen Normalität wirkte, so kurz nach dem berauschenden Wahlsieg der SPD, nicht nur auf die Berliner, sondern auch auf die Political Division wie eine kalte Dusche. Vom Ausschlachten der Niederlage der SED, vom Nachstoßen war schlagartig keine Rede mehr. Allererster Reflex der Political Division war vielmehr Deeskalation, Beruhigung und Mäßigung der aufgeputschten Stimmung in Berlin. Der "Telegraf" durfte die "full story" über die Deportationen und Demontagen erst bringen, als sie bereits im amerikanischen

---

197 Wilson 25.10.1946, ibid. Burrows 25.10.1946, F.O. 371/55374/C12873.

198 Strang an F.O. 23.10.1946, F.O. 371/55583/C12874.

"Tagesspiegel" stand.[199] Als der Political Division Erwägungen ungenannter "leaders of the SPD" zu Ohren kamen, als Reaktionen auf die Deportationen in Berlin einen Generalstreik anzuzetteln, war Strang, der das Vorhaben als "violent action" gegen die Besatzungsmächte insgesamt bezeichnete, sofort auf das äußerste alarmiert und ließ der SPD das Vorhaben auch umgehend wieder ausreden: "The folly of such a step, which could only be regarded as direct defiance of the Allies as a whole has been pointed out to them and they are now somewhat sobered."[200]

Strangs Zurückhaltung leuchtete dagegen im Foreign Office nur begrenzt ein. "Why ?", fragte eine Marginalie neben Strangs Bericht, die Political Division habe die "full story" über die Deportationen zunächst zurückgehalten. Natürlich, telegrafierte Sargent an Strang zurück, müsse Übertreibungen und Entstellungen gegengesteuert werden, ansonsten aber sollte, nach der Auffassung des Foreign Office, die Angelegenheit ganz im Gegenteil in Berlin und Deutschland unbedingt "soviel Publizität wie möglich" erhalten.[201]

Aber auch dabei wollte Sargent es nicht bewenden lassen. Berlin gab den Westmächten den Vorwand, eigentlich zum ersten Mal, den Sowjets Rechenschaft für ihr Vorgehen auch innerhalb ihrer eigenen Besatzungszone abzuverlangen. Denn da die Deportationen und Demontagen Berlin einschlossen, war unzweifelhaft auch westalliierte Zuständigkeit berührt. Sargent wies darum Strang an, die Angelegenheit im zuständigen alliierten Organ aufzunehmen. Die Sowjets sollten um "unverzüglichen und vollständigen Bericht" über die Vorgänge, über die Zahl der Betroffenen ersucht werden, sowie um Vorlage einiger jener "Arbeitsverträge", in denen Betroffene ihrer Verschikkung in die Sowjetunion zugestimmt hatten.[202]

Als das Telegramm des Foreign Office in Berlin eintraf, hatte die Political Division bereits aus eigenem Antrieb entspre-

---

199 Ibid.
200 Strang an F.O. 28.10.1946, F.O. 371/55583/C13120.
201 F.O. an Strang 25.10.1946, F.O. 371/55583/C12874.
202 Ibid.

chende Maßnahmen eingeleitet. General Robertson hatte seinen drei Kollegen im Koordinierungsauschuß noch am 25. Oktober ein britisches Papier zukommen lassen über "Alleged Removal of German skilled workers from the Soviet zone of Germany", und beabsichtigte, die Angelegenheit in der nächsten Sitzung des Ausschusses zur Sprache zu bringen.[203] Bemerkenswert war wieder das hohe Maß an Zurückhaltung, das er dann in der 86. Sitzung des Koordinierungsauschusses an den Tag legte. Bestimmt in der Sache, dabei aber sehr verbindlich im Tone, bat er General Kurochkin um Fakten über das sowjetische Vorgehen, "das er nicht kritiseren wolle, das aber den Eindruck einer Unrechtmäßigkeit erweckt habe".[204]

Zu einer kleinen Krise kam es aber dann doch, als Robertsons weit weniger verbindlicher amerikanischer Kollege General Clay - zum spürbaren Unbehagen Strangs - das sowjetische Vorgehen in die Nähe nationalsozialistischer Deportationsverbrechen rückte, die gerade in Nürnberg verhandelt wurden.[205] Wieder war es Robertson, der mit dem Hinweis auf "undesirable publicity" den Eklat abbog und verhinderte, daß die Angelegenheit an den Kontrollrat abgegeben wurde. Clay nahm seine Bemerkung zurück, Kurochkin beruhigte sich, und die ganze Frage wurde auf der nächsten Sitzung des Koordinierungsausschusses, unter wesentlich geringerem öffentlichen Aufheben, dem alliierten Manpower Directorate übergeben.[206] Die öffentliche Empörung und der starke gemeinsame Druck der drei Westmächte in den alliierten Gremien hatten immerhin erreicht, daß zumindest in Berlin die Deportationen - und fast vollständig auch die Demontagen - bereits am 25. Oktober eingestellt worden waren.[207]

---

203 Strang an F.O. 26.10.1946, F.O. 371/55583/C13044.
204 Strang an F.O. 30.10.1946, F.O. 371/55583/C13147.
205 Ibid.
206 Ibid.
207 Strang an F.O. 28.10.1946, F.O. 371/55583/C13120. Strang an F.O. 29.10.1946, F.O. 371/55375/C13593.

4.18. Will Moskau die SBZ abstoßen?

In der Political Division setzte nun das Nachdenken über die Bedeutung der Wiederaufnahme der Demontagen in der sowjetischen Besatzungszone, die sicher mehr waren als bloße Repressalie, erst richtig ein. Am 28. Mai, wußte William Strang, hatte Marschall Sokolowski den Direktoren der sowjetzonalen Zentralverwaltungen versichert, daß es, von einigen wenigen Rüstungsbetrieben abgesehen, in der sowjetischen Besatzungszone keine Demontagen mehr geben würde.[208] Es war allerdings gut möglich, daß die Sowjets die Wiederaufnahme der Demontagen dennoch von langer Hand vorbereitet und nur mit Rücksicht auf die Wahlen und die Wahlchancen der SED vorläufig zurückgestellt hatten. Zu solchen Rücksichtnahmen gab es nach dem 20. Oktober keinen Grund mehr.

Die Unvereinbarkeit der beiden politischen Linien, die Moskau in seiner Besatzungszone nebeneinander zu verfolgen schien, nämlich Bolschewisierung und Ausplünderung, hatte Political Division und German Department seit Beginn der alliierten Besetzung Deutschlands Rätsel aufgegeben. Strang glaubte nun Hinweise dafür zu erkennen, daß die Wiederaufnahme der Demontagen nicht nur Anzeichen einer neuerlichen Akzentverschiebung, sondern von grundsätzlicher Bedeutung war: "These developments are an indication of the conflict, which looks like coming to a head, between the Soviet policy of economic exploitation of their zone and the policy of communisation which it was hoped would be attained by the Socialist Unity Party, the Trades [sic] Unions and the Peasants' Co-operatives."[209] Zuverlässige Berichte sprachen für die Annahme, daß im Konflikt zwischen den Interessen der SMAD in Karlshorst und denen der von Moskau gesteuerten Reparationskommandos die SMAD diesmal in besonders auffälligem Maße den kürzeren zog: "We have had reliable confirmation of reports that, on the question of these deportations and dismantlings there is con-

208 Strang an Attlee 1.11.1946, F.O. 371/55584/C13748.
209 Strang an F.O. 29.10.1946, F.O. 371/55375/C13593.

siderable conflict between the Soviet authorities responsible for the administration of their zone and the representatives of economic agencies in the Soviet Union who take their oders direct from Moscow. There is reason to believe that the Soviet officials in Karlshorst, Soviet Zonal Headquarters, are gravely disturbed by the possible implications of the dismantlings and deportations for Soviet policy in Germany."[210]

Die neuerlichen Demontagen, obwohl insgesamt gesehen von geringerem Umfang als zuvor, waren, so schien es der Political Division immer mehr, offenbar von neuer politischer Qualität. Moskau, spekulierte Strang schon bald, hatte deutschlandpolitische Konsequenzen aus dem Wahldebakel der SED gezogen und die Politik der Sowjetisierung zugunsten der ihrer Ausplünderung endgültig als gescheitert aufgegeben: "The conclusion which inescapably suggests itself is that the Soviet Government have to some extent discounted their failure to communize their zone and are despairing of its permanent attachment to the Soviet economic system as being only possible if the proper political conditions could be created."[211]

Für die These schien auch die "echte Überraschung und Bestürzung" zu sprechen, mit der, wie Strang ebenfalls wußte, das Wahlfiasko der SED in Karlshorst und in Moskau - "in well-informed Russian quarters" - aufgenommen worden war.[212] Die Sowjets hatten sich für die Sowjetisierung ihrer Besatzungszone vollständig auf die SED verlassen, ihr alle nur denkbare Unterstützung zukommen lassen und ihr offenbar auch einiges zugetraut. Nun, so interpretierte die Political Division die Vorgänge, standen sie vor einem deutschlandpolitischen Trümmerhaufen. Denn Voraussetzung für die Sowjetisierung der sowjetischen Besatzungszone mußte sein, daß Moskau die vollständige politische Kontrolle hatte. Die aber sah Strang, vor allem nach dem Wahldebakel der SED in Berlin, in Frage gestellt.[213]

---

210 Strang an F.O. 18.11.1946, F.O. 371/55375/C14377.
211 Strang an F.O. 23.10.1946, F.O. 371/55583/C12874.
212 Strang an Attlee 1.11.1946, F.O. 371/55584/C13748.
213 Strang an F.O. 29.10.1946, F.O. 371/55375/C13593.

Es konnte der Political Division, die genau auf eine solche Entwicklung ja schon vor den Wahlen gehofft hatte, nicht schwer fallen, weitere Anzeichen dafür zu entdecken, daß Moskau in der Tat die SED, die so vollständig versagt hatte - und mit ihr die Politik der Sowjetisierung der sowjetischen Besatzungszone - fallenließ. Mit den Demontagen einherginge, berichtete Strang, "eine Welle" von Rücktritten und Entlassungen innerhalb der Zentralverwaltungen der sowjetischen Besatzungszone, die sich zur Krise auswachse.[214] Hugo Buschmann, einer der gerade Zurückgetretenen, bestätigte der Political Division Hinweise, daß die Sowjets in erster Linie Ulbricht für die Niederlage der SED verantwortlich machten und daß dessen Position gefährdet sei. Strang erwartete denn auch, daß Ulbricht von seinen Parteiämtern würde zurücktreten müssen: "There is reliable evidence confirmed by Dr. Buschmann ... that Ulbricht is in serious trouble with the Soviet authorities. He has made a conspicuous failure of the S.E.D. of which he was the real mainspring and may be expected to go."[215] Anfang November hielt er sogar die Spaltung der SED nicht mehr für ausgeschlossen.[216]

Sowohl Motive als auch Weiterungen des sowjetischen Richtungswechsels, so er denn vorlag, wiesen über die sowjetische Besatzungszone und sogar über Deutschland hinaus. Die Sowjets, baute Strang seine These aus, waren aufgrund ihrer Weigerung, Deutschland als wirtschaftliche Einheit zu behandeln, während des ganzen Sommers starkem alliierten Druck ausgesetzt gewesen. Seit Molotows Ablehnung eines alliierten Export-Import-Planes für Deutschland auf der Pariser Außenministerkonferenz seien sie regelrecht in diplomatische Isolation geraten, und die zynische Falscheit ihres Anspruches, die

---

214 Strang an F.O., Tel. No. 1357 v. 26.10.1946, F.O. 371/55583. Strang berichtete zutreffend vom Rücktritt des Präsidenten der Verwaltung für Handel und Versorgung Dr. Hugo Buschmann (SPD/SED) und von der Entlassung des Präsidenten der Zentralverwaltung für Brennstoffindustrie Dr. Ferdinand Friedensburg (CDU). Unzutreffend war dagegen der Bericht über den Rücktritt des Präsidenten der Zentralverwaltung für Industrie Leo Skrzypczynski (parteilos).

215 Ibid.

216 Strang an F.O. 29.10.1946, F.O. 371/55375/C13593.

Einheit Deutschlands vertreten zu wollen, sei entlarvt worden. Die Sowjets, sah Strang, hätten in den alliierten Diskussionen zwar nie nachgegeben, aber doch "viele Anzeichen ernster Verlegenheit gezeigt".[217] Es sei gut möglich, daß all dies zusammengenommen - die diplomatische Isolation, die angespannte Lage zu Hause und schließlich der störrische Antikommunismus der Deutschen - Moskau dazu bewegt hatte, vorläufig den Versuch aufzugeben, "to gain control of the wreck of Germany".[218]

Das sei ohnehin nicht Moskaus ursprüngliches Ziel in Deutschland gewesen, sondern vielmehr die Bereicherung mit allem, was sich aus Deutschland abtransportieren ließ, und die gründliche und dauerhafte Schwächung des Landes. Diesem Ziel vor allem dienten nun die Deportationen und Demontagen, und angesichts des wirtschaftlichen Chaos, in dem sich das Land befand, konnten die Sowjets wohl annehmen, daß sie es erreicht hatten. Dagegen hatte der Versuch der Ausdehnung sowjetischen Einflusses nach Westen nur die höchst unerwünschte Wirkung gehabt, daß Briten und Amerikaner näher zusammenrückten und sich gemeinsam um die Rehabilitation ihrer beiden Besatzungszonen bemühten. Was konnte aus sowjetischer Sicht näherliegen, folgerte Strang, als die sowjetische Besatzungszone von allem zu entblößen, was in der Sowjetunion nur irgendwie verwendbar war, und die ausgeplünderte Besatzungszone sodann den Westmächten zu öffnen, um das wirtschaftliche Chaos auch in den westlichen Besatzungszonen perfekt zu machen: "What, then, more natural than to strip the Soviet Zone of all that can still serve Soviet needs and throw the remainder into the pool to add to Western embarrassments?"[219]

Die Sowjets, so Strang weiter, würden dabei nicht einmal ihrem Ziel, "to regain influence over a unified Germany", unbedingt entsagen müssen. Denn zum einen würden die Westmächte viel Glück brauchen, um ein solchermaßen mit der ausgeplün-

217 Strang an Attlee 1.11.1946, F.O. 371/55584/C13748.
218 Ibid.
219 Ibid.

derten sowjetischen Besatzungszone belastetes Deutschland wirtschaftlich wiederherzustellen. Zum anderen würde die Akzeptanz für westalliierte Zwangsmaßnahmen unweigerlich sinken, und die Chancen für kommunistische Unterwanderung würden steigen, wenn im Osten die Drohung des Schicksals der sowjetischen Besatzungszone fehlte.[220]

All dies war allerdings nicht mehr als eine Theorie "of what the Soviet Government might do next", für deren Richtigkeit auch Strang selber sich ohne weitere Belege nicht uneingeschränkt verbürgen wollte.[221] Es konnte alles auch ganz anders und viel einfacher sein. Die Sowjets hatten unmittelbar nach dem Einmarsch in Deutschland sehr viel mehr demontiert, wußte Strang, als sie hatten verdauen können. Die demontierten Maschinenparks lagen in der Sowjetunion auf Halde und verrotteten. Möglicherweise hatten sich die Sowjets, sozusagen aus Kapazitätsgründen, gezwungen gesehen, die Demontagen vorläufig einzustellen - daher die entsprechende Ankündigung Marschall Sokolowskis vom 28. Mai -, und nahmen sie nun, nachdem der Überhang abgebaut war, wieder auf.

So einfach diese Erklärung für die Vorgänge in der sowjetischen Besatzungszone war, restlos überzeugen konnte auch sie nicht. Denn selbst wenn es so war, langfristig würde Moskau doch einen Ausweg aus dem Dilemma der Unvereinbarkeit von Ausplünderung und Sowjetisierung ihrer Besatzungszone finden müssen: "This dilemma becomes more and more obvious as time goes on, and one would have thought that the Russians would be bound to do something in order to try and escape from it. It will therefore be well to watch carefully for signs of what their course of action will be."[222]

Die widersprüchlichen Deutungsversuche Strangs schlossen sich nicht gegenseitig aus. Denn selbst wenn die Ausplünderung ihrer Besatzungszone von den Sowjets als langfristiges Unternehmen geplant war, 1948 oder 1949, sah Strang voraus, würde sie abgeschlossen sein, und Moskau konnte sich dann noch im-

---

220 Ibid.
221 Ibid.
222 Ibid.

mer für den von ihm vorgezeichneten Weg aus dem Dilemma entschließen. Genau wußte Strang aber nur eines, und auch dafür waren die Wiederaufnahme der Demontagen und die Verlegenheit, welche die Sowjets bei ihrer Verteidigung im Alliierten Koordinierungsausschuß und im Political Directorate offenbarten, Beleg: "What is clear, however, is that the Russians in Germany are now politically on the defensive. This is a situation of which we should do our best to take advantage."[223]

223 Ibid.

Fünftes Kapitel

Wem gehört Berlin?

5.1. Wem gehört der Berliner Magistrat?

Die Rote Armee hatte Berlin erobert. Die sowjetische Besatzungsmacht hatte sich sofort der Hauptstadt des besiegten Deutschland versichert und noch vor dem Einzug der westlichen Besatzungsmächte einen Magistrat eingesetzt. Briten, Amerikaner und Franzosen hatten sich damit abgefunden. Und auf dieser Grundlage - wie sich zeigen sollte: nur auf dieser Grundlage - hatte in Berlin, und nur in Berlin, Vier-Mächte-Verwaltung ganz leidlich funktionieren können. Die Niederlage der SED in den Wahlen zur Stadtverordnetenversammlung vom 20. Oktober 1946 stellte nicht nur die Grundlage des Berliner Miteinanders der Besatzungsmächte in Frage. Der Wahlsieg der SPD und die Regierungsablösung drohten, den Sowjets die Kriegsbeute wieder zu entwinden.

In der Political Division in Berlin wurde das so offen zwar nicht ausgesprochen. Die Hoffnungen Christopher Steels bewegten sich jedoch in genau diese Richtung. Gemäß der nur Wochen zuvor von den Besatzungsmächten ausgehandelten provisorischen Verfassung Berlins waren die Magistratsposten entsprechend dem Wahlergebnis unter den Parteien aufzuteilen. Die SPD würde also den "Löwenanteil" der Regierungsämter erhalten. Steels Absichten reichten weiter. Die Political Division, telegrafierte er drei Tage nach der Wahl nach London, werde nachdrücklich darauf hinwirken, daß politische wie nicht politische Posten der Stadtverwaltung "von den zweifelhaften und vielfach kriminellen kommunistischen Elementen, die ihre Ämter unmittelbar nach der Kapitulation erhalten hatten, gesäubert würden".[1] Besonders im Auge hatte Steel die Polizei. Er sah aber voraus, daß es da im sowjetischen Sektor

---

1 Steel an F.O., Tel. No. 1357 v. 23.10.1946, F.O.371/55374/ C12873.

Schwierigkeiten geben würde. Steels Veränderungswunschliste erstreckte sich außerdem auf den Sender Radio Berlin, den, obwohl im französischen Sektor befindlich, bislang die Sowjets kontrollierten, der nun aber der Aufsicht aller Vier Mächte unterstellt werden sollte, sowie auf den kommunistisch beherrschten Gewerkschaftsverband FDGB.[2]

Aber so leicht würden sich die Sowjets in Berlin nicht enteignen lassen. Schon bald nach der Wahl übten sie Druck auf die Parteien aus, das innerparteiliche Prozedere der Kandidatenaufstellungen rasch zu beenden. Im November führten nämlich die Sowjets den Vorsitz in der Kommandatura und offenbar, vermutete jedenfalls Strang, lag ihnen daran, die Stadtverordnetenversammlung noch während des Turnus des sowjetischen Kommandanten zusammentreten zu lassen, der dann die Gelegenheit erhielt, an die Stadtverordneten ein paar passende Worte zu richten.[3]

Die Ansprache General Kotikows sollte jedoch das geringste Problem bleiben, und Strang kam auch nicht mehr auf sie zurück. In der Tat ließ die sowjetische Besatzungsmacht keine Zweifel daran aufkommen, so Strang in seinem "Weekly Political Summary" für den Außenminister, "that they intended to keep a close grip on the Council".[4] Das Mittel dazu bot sich an, und die Sowjets machten sofort davon Gebrauch: Noch bevor die Stadtverordnetenversammlung am 26. November zu ihrer konstituierenden Sitzung zusammentreten konnte, insistierten die Sowjets, daß personelle oder administrative Veränderungen in der Stadtverwaltung der Genehmigung der Kommandatura bedürften, bevor sie in Kraft treten konnten. Die Frage wurde das erste Mal akut, als die Stadtverordneten über die Geschäftsverteilung des künftigen Magistrats beraten wollten.

Die Political Division war entschlossen, sich "dieser Tendenz" zu widersetzen und in der Kommandatura darauf zu be-

---

2 Ibid.

3 Strang an F.O., Saving Tel. No. 174 v. 18.11.1946: "Weekly Political Summary", F.O.371/55375/C14377.

4 Strang an Bevin, Saving Tel. No. 179 v. 26.11.1946: "Weekly Political Summary", F.O.371/55376/C14384.

stehen, daß sowohl Stadtverordnetenversammlung als auch Magistrat Handlungsfreiheit im Rahmen der Vorläufigen Berliner Verfassung vom 20. Oktober 1946 erhielten.[5] Das schien zunächst zu glücken. Am 29. November ließ sich der stellvertretende sowjetische Stadtkommandant tatsächlich auf den britischen Standpunkt ein, unter der Bedingung, daß davon das uneingeschränkte Vetorecht der Kommandatura nicht berührt würde. "Eine zufriedenstellende Lösung", telegrafierte Strang nach London, "vorausgesetzt die Russen halten sich daran."[6]

Die Skepsis Strangs sollte sich als berechtigt erweisen. Als am 6. Dezember der am Tag zuvor gewählte Magistrat seine Dienstgeschäfte aufnehmen und Oberbürgermeister Ostrowski (SPD) seinen parteilosen Vorgänger Werner ablösen wollte, beharrten die Sowjets wieder darauf, daß, bevor der neue Magistrat seine Arbeit aufnehmen konnte, zuvor der Rücktritt des alten sowie die Wahl des neuen Magistrats der Zustimmung der Alliierten Kommandatura bedürften. Britische und amerikanische Argumentation, daß nach erfolgter Wahl und Vereidigung der neue Magistrat den alten automatisch zu ersetzen habe, führte zu nichts: Der sowjetische Kommandant untersagte dem alten Magistrat den Rücktritt. Oberbürgermeister Werner verwehrte seinem Nachfolger auf sowjetisches Geheiß die Amtsübernahme. Der alte Magistrat führte die Regierungsgeschäfte, der neue Magistrat tagte in einem Nebenraum.

Die Situation war absurd, das Prinzip, um das es ging, von entscheidender Bedeutung: Setzte sich der sowjetische Standpunkt des 'prior approval' durch, dann bedurfte die Ernennung des Magistrats oder einzelner Magistratsmitglieder der vorherigen Zustimmung der Kommandatura, und die Sowjets konnten durch simples Veto jede Ernennung und jede personelle Veränderung verhindern. Unterlagen hingegen Ernennungen lediglich dem von Briten und Amerikanern vertretenen Prinzip des 'post approval', dann bedurfte es zu ihrer Rückgängigmachung ein-

---

5 Ibid.

6 Strang an Bevin, Tel. No. 181 Saving v. 5.12.1946: "Weekly Political Summary", F. O. 371/55367/C10511.

stimmiger Entscheidungen der Kommandatura. Die herbeizuführen würde den Sowjets in den meisten Fällen schwerfallen.

Obwohl Strang und sein Stellvertreter Christopher Steel genau sahen, was auf dem Spiel stand, war ihnen der eigene, britisch-amerikanische Standpunkt alles andere als behaglich. "Die Russen", telegrafierte Steel am 7. Dezember nach London, Verständnis für die russische Position bekundend und die britische Seite vom westlichen Standpunkt lösend, "appear to be as anxious as ourselves to find a solution but neither they nor the Americans are at present prepared to retreat from the stand they have each taken".[7] Die Frage war auch weniger eindeutig, als sie scheinen mochte. Zum einen war tatsächlich die Vorläufige Verfassung Berlins widersprüchlich. Die Sowjets konnten sich, so sah es Steel, durchaus auf Artikel 36 berufen. Andere Artikel untermauerten die britisch-amerikanische Sicht. Zum anderen war Steel nicht recht wohl bei dem Gedanken, dem Berliner Magistrat Freiheiten einzuräumen, wie sie sonst noch kein deutsches Parlament hatte: "we might in the end ourselves have cause to regret it."[8] Nur allzu leicht konnte er sich vorstellen, daß die SPD Kandidaten präsentierte, welche auch die Political Division dann lieber verhindert sehen würde.

Dagegen stand allerdings, daß in der gegenwärtigen Situation die Westmächte viel zu verlieren hatten, wenn sie zusahen, wie die Sowjets "die antikommunistischen Mehrheiten" in Stadtverordnetenversammlung und Magistrat unter Druck setzten. Steel schlug darum vor, der stellvertretende britische Kommandant, Brigadier Hinde, sollte seinen sowjetischen Kollegen aufsuchen, um herauszufinden, was die Sowjets eigentlich bezweckten und welchen Kompromiß sie akzeptieren würden. Ihm selber erschien es als die beste Lösung, das von den Sowjets vertretene Prinzip des "prior approval" sozusagen zu splitten - für Personalfragen sollte es gelten, für die täglichen Regierungsgeschäfte des Magistrats sollte es nicht gelten: "If this principle could be established both we and the

---

7 Steel an F.O., Tel. No. 1577 v. 7.12.1946, F.O.371/55906/ C15188.

8 Ibid.

Russians could block individual appointments but could not bring the whole of the City Administration to a standstill."[9]

Überraschenderweise gab am 9. Dezember der sowjetische Vertreter im Local Government Committee der Alliierten Kommandatura das Prinzip des "prior approval" sogar völlig preis, vorausgesetzt die Kommandatura behielte das Recht, "unakzeptable Personen" per Beschluß zum Rücktritt zu zwingen. Letzteres hatten Briten und Amerikaner ohnehin nie bestritten. Mehr als fraglich war für Steel allerdings, ob auf der für den folgenden Tag anberaumten Sitzung der Kommandatura der sowjetische Kommandant, General Kotikow, sich der Linie seines Untergebenen anschließen würde. Unterdessen drohte die SPD mit kollektivem Rücktritt ihrer Stadträte, für den Fall, daß in der "prior approval"-"post approval"-Frage der alte sowjetische Standpunkt sich durchsetzte.

Die Situation spitzte sich zu, und bei Steel wuchs das Unbehagen am eigenen Standpunkt. Es sei unwahrscheinlich, telegrafierte er dem Foreign Office, daß die Sowjets den Magistrat bewußt ruinieren wollten. Wahrscheinlich sei vielmehr, daß sie der grundsätzlichen Frage, um die es hier ging, großes Gewicht beimäßen, "and on this we have much sympathy with their view". Ihnen dann ausgerechnet in Berlin eine nicht einmal ganz lupenreine Lösung aufzwingen zu wollen, warnte er, mochte am Ende das Fortbestehen der Vier-Mächte-Regierung der Stadt gefährden: "Berlin is the only part of Germany in which Four Power rule has hitherto worked with reasonable success. It seems a great pity to risk this on an issue about which we do not feel too sure of our ground."[10]

Steel sollte wieder recht behalten. Tatsächlich wollte tags darauf General Kotikow von der im Local Government Committee erzielten Einigung nichts mehr wissen. Statt dessen verständigten sich die Stadtkommandanten schließlich auf einen Kompromiß, der zwar das Nebeneinander von altem und neuem Magistrat beendete, zugleich aber einer Anerkennung des Prin-

---

9 Ibid.

10 Steel an F.O., Tel. No. 1585 v. 9.12.1946, F.O.371/55906/ C15216.

zips des "prior approval" ziemlich nahekam: der alte Magistrat wurde beauftragt, lautete der Kommandatura-Befehl, die Geschäfte an den neuen Magistrat - "which has the approval of the Allied Kommandatura" - zu übergeben.[11] Ein Stadtrat wurde wegen politischer Bedenken abgelehnt. Die Wahl Ernst Reuters zum Stadtrat für Verkehr und Versorgungsbetriebe wurde nur unter Vorbehalt angenommen. Zwei andere Stadträte, Karl Delius (LDP) und Erna Maraun (SPD) erhielten vorerst keine Bestätigung.

Die Political Division empfand die Einigung als erträglichen Kompromiß. Der neue Magistrat war im Amt, die Vier-Mächte-Verwaltung Berlins funktionierte weiter, und der sowjetische Standpunkt des "prior approval" hatte sich nicht vollständig durchgesetzt. Denn die Formulierung des Kommandatura-Befehls, damit trösteten sich die Briten, ließ offen, wie in Zukunft zu verfahren sein würde.[12]

Es dauerte denn auch nicht lange, bis die Frage von "prior approval" oder "post approval" die Alliierten in der Kommandatura wieder gegeneinander stellte. Ende Dezember vertrat die amerikanische Seite den Standpunkt, Ernst Delius, Stadtrat für Post und Fernmeldewesen, müsse als im Amt befindlich betrachtet werden, solange ihn die Kommandatura nicht einstimmig per Befehl aus dem Amt entfernte. Der sowjetische Vertreter bestand dagegen darauf, daß Delius und jeder andere Stadtrat erst nach Alliierter Bestätigung sein Amt antreten konnte. Fünfstündige Diskussion in der Kommandatura führte zu keinem Ergebnis.

Gefährlicher als die Personalfrage erschien den Briten, daß die Sowjets unter extensiver Auslegung des Artikel 36 der Provisorischen Verfassung Berlins wieder die Auffassung vertraten, auch alle Entscheidungen des Magistrats und der Stadtverordnetenversammlung bedürften, um wirksam zu werden, zuvor alliierter Bestätigung. Im Local Government Committee ließ sich der sowjetische Vertreter zwar wieder dazu herbei,

---

11 W.P.I.S. No. 373 v. 18.12.1946.

12 Steel an F.O., Tel. No. 1592, F.O.371/55906/C15309.

die sowjetische Interpretation des Verfassungsartikels auf Gesetze und Erlasse zu beschränken und die Tagesgeschäfte davon auszunehmen. Man würde aber abwarten müssen, so Steel wieder skeptisch, ob die Russen sich daran hielten. Immerhin würde sich das Zugeständnis in Kommandatura und Alliiertem Koordinierungsausschuß verwenden lassen.[13]

Heikler als diese beiden Fragen war Steel ein dritter Punkt, um den es Streit noch gar nicht gegeben hatte: die Frage der hochrangigen und politischen oder eben nicht politischen Angestellten der Stadtverwaltung. Artikel 36 der Vorläufigen Verfassung Berlins legte nämlich fest, daß Ernennung oder Entlassung von "leading officials" der Stadtverwaltung der Sanktion der Alliierten Kommandatura bedurften, um Gültigkeit zu erlangen. Als "leading official" wollten die Briten nur den Polizeipräsidenten, den Präsidenten des Kammergerichts und den Oberstaatsanwalt verstanden wissen. Die Sowjets, fürchtete Steel, würden sicherlich eine sehr viel großzügigere Interpretation anwenden wollen, "in order to cover the numerous Communist officials who were given posts in the Administration under the old Council".[14] Die Entlassung der, so Steel, "obstruktiven und ineffizienten" kommunistischen Angestellten der Stadtverwaltung war aber zwingend notwendig, wenn die Arbeit des neuen Magistrats nicht behindert werden sollte.

Die Amerikaner, berichtete Steel, gingen davon aus, daß in der Kommandatura alliiertes Einverständnis nicht zu erzielen war und daß die Frage an den Alliierten Koordinierungsausschuß würde weitergeleitet werden müssen. Den Briten war das recht: "The Berlin Council and Assembly are now functioning and delay in reaching a decision will do no harm."[15] Weder Russen noch Amerikaner, so Steel regelrecht distanziert, würden in der nächsten Kommandatura-Sitzung nachgeben. Die britische Seite wollte dann vorschlagen, die Frage der Interpretation des Artikel 36 der Verfassung an den Alliierten Koordi-

---

13 Steel an F.O., Tel. No. 1654 v. 24.12.1946, F.O.371/55906/ C15953.

14 Ibid.

15 Ibid.

nierungsausschuß weiterzugeben. Über die weitere Vorgehensweise wollten Steel und die Political Division dann wieder zunächst die Amerikaner konsultieren.[16]

5.2. In Berlin können wir uns Verhandlungsfehler nicht erlauben!

Mit durchaus gemischten Gefühlen verfolgten die Planer im Foreign Office die Verhandlungskünste Strangs und Steels. Die Westmächte, gestand man sich in London verärgert ein, hatten sich die "prior approval"-"post approval"-Diskussion im Grunde selbst eingebrockt: Anderthalb Jahre lang, kommentierte im German Department Bernard Burrows, hatten sie sich mit Erfolg darum bemüht, zu verhindern, daß der von den Sowjets eingesetzte Magistrat eine ausschließlich kommunistische Linie verfolgte; alliierte Kontrolle über den Magistrat hatte ihnen vor dem Regierungswechsel in Berlin gar nicht weit genug gehen können: "We had apparently never anticipated that we might at some stage have a Magistrat well-disposed to ourselves whose independence we should wish to encourage."[17] Von den Sowjets konnte kaum erwartet werden, daß sie nun eigene Zugeständnisse, die ihnen seinerzeit schwergefallen waren, sowie den ziemlich eindeutigen Artikel 36 der Berliner Verfassung vergaßen, "just because it suits our book". Wenn am Ende ein Kompromiß herauskam, wie zunächst von Steel skizziert - "prior approval" für Personalfragen, "post approval" für die Tagesgeschäfte des Magistrats - dann, so Burrows, konnte man zufrieden sein.[18]

Wo dann allerdings in der Reglung, die am 10. Dezember zur Ablösung des alten durch den gewählten Magistrat führte, der

16 Ibid.

17 Burrows 10.12.1946, F.O.371/55906/C16025.

18 Ibid.

Kompromiß stecken sollte, den die Political Division pries, vermochte in London Duncan Wilson nicht zu erkennen. Von London aus betrachtet, sah es vielmehr so aus, als habe sich nun doch der sowjetische Standpunkt zur Gänze durchgesetzt. Das Prinzip des "prior approval" werde nun noch schwerer zu bekämpfen sein als zuvor. Wenn jedoch, tröstete sich Wilson, die Sowjets in bezug auf die alliierte Regierung Berlins so kooperativ blieben wie bisher - "no great harm will be done".[19] Dem Urteil schloß sich nach einigem Zögern auch Patrick Dean, der Leiter des German Department, an. Entscheidend sei, schrieb er etwas säuerlich an Steel, daß der neue Magistrat arbeitete, "even if in strict point of law we might have done better".[20]

Das Mißvergnügen im German Department wuchs, als im Laufe der weiteren Verhandlungen in der Alliierten Kommandatura die westliche Seite wieder unnötig Punkte zu verschenken schien. Am 31. Januar etwa regelte die Kommandatura in Befehl BK/O (47) 34 endlich die Frage des "prior approval" dahingehend, daß nicht nur von der Stadtverordnetenversammlung angenommene gesetzliche Bestimmungen, sondern alle vom Magistrat erlassenen Verordnungen und Anweisungen der Bestätigung durch die Alliierte Kommandantur bedurften. Dabei hätte sich argumentieren lassen, wie Stadtverordnetenvorsteher Otto Suhr es bei Bekanntgabe des Befehls tat, daß in den vergangenen anderthalb Jahren von 75 Beschlüssen des alten Magistrats nur drei der Kommandatura überhaupt vorgelegt worden waren. In den Zahlen spiegelte sich, wie erfolgreich die Sowjets in den Unterausschüssen der Kommandatura alle westalliierten Versuche bekämpft und blockiert hatten, in die Arbeit des von den Sowjets eingesetzten Magistrats einzugreifen.

Eine regelrechte Dummheit begingen die britischen Vertreter in der Kommandatura beim Disput um die Frage, welche Magistratsbeamten als "leading officials" zu betrachten waren, deren Entlassung oder Ernennung laut Verfassung ebenfalls des

---

19 Wilson 13.12.1946, F.O.371/55906/C15309.

20 Dean an Steel 31.12.1946, F.O.371/55906/C16025.

"prior approval" durch die Kommandatura bedurfte. Kommandatura-Befehl BK/O (46) 141 vom 27. März 1946 hatte die Freiheit des Oberbürgermeisters, Angehörige der Stadtverwaltung zu entlassen und einzustellen, lediglich im Falle der Stadträte und seiner eigenen Stellvertreter eingeschränkt. Statt nun schlicht am Status quo und am alten Befehl festzuhalten, schloß sich der britische Kommandant weitergehenden Forderungen seines amerikanischen Kollegen an und ließ damit zu, daß die Frage neu verhandelt wurde. Die Sowjets legten prompt eine Liste von 28 "leading officials" vor - die Stadträte nicht gerechnet - und willigten sofort ein, als die Westmächte ihrerseits eine Liste mit 22 "leading officials" - die 16 stellvertretenden Stadträte, der Polizeipräsident und dessen Stellvertreter - anboten. Das Ergebnis war geeignet, den Wahlerfolg der SPD gründlich in Frage zu stellen: Denn nun mochte zwar die SPD ihre Stadträte nominieren, die dann aber nicht in der Lage waren, sich ihrer noch von den Sowjets eingesetzten kommunistischen Stellvertreter zu entledigen. Dabei, so sah man es im Foreign Office, war seit einem Jahr offensichtlich, daß die stellvertretenden Stadträte die eigentlichen "Schlüsselfiguren" der Stadtverwaltung waren.[21]

Im German Department explodierte Norman Reddaway regelrecht, als William Strang in seinem "Weekly Political Summary" an den Außenminister dieses Verhandlungsergebnis auch noch als Erfolg verkaufen wollte: "We have consistently bungled Berlin questions since the October elections and lost every major trick to the Russians. It should be emphasized again that we have a very stupid regular soldier as our Commandant and another as our COS in Berlin, while the Russians have a political General, deputy and COS."[22] Auch Strang und Steel entgingen nicht herber Kritik. Steels sowjetisches Gegenüber, wußte Reddaway, hatte seit Einrichtung der Alliierten Kom-

---

21 W.P.I.S. No. 384 v. 12.3.1947.

22 Strang an Bevin, Saving Tel. No. 21 v. 8.3.1947: "Weekly Political Summary", F.O.371/64269/C3942. Reddaway 10.3.1947, ibid.

mandatura an jeder Sitzung teilgenommen: "Kein Wunder, daß die Russen mit uns machen, was sie wollen."[23]

Etwas zurückhaltender drückte sich Bernard Burrows aus, der zweite Mann im German Department. In einem "geheimen und persönlichen" Schreiben an Strangs Stellvertreter Steel ließ er aber deutlich die Besorgnis durchblicken, "that in the affairs of the Berlin Municipality, which has proved to be a very important forcing house for thorny issues between the Allies, we are not doing as well as we might and are loosing ground to the Russians".[24] Offenbar, kritisierte Burrows, bemühe sich die britische Seite in Berlin allzusehr um Kompromisse, statt sich des Vier-Mächte-Systems so zu bedienen, daß die Sowjets sich in wichtigen Fragen nicht immer durchsetzten. Der Umgang der Sowjets mit Magistrat und den Gewerkschaften in Berlin, ihr rücksichtsloses Spiel auf Zeit in der Kommandatura, riet er, "fully justifies us in holding on ruthlessly to ground which is important".[25] Er sähe wohl ein, nahm Burrows dann sogar Reddaways Kritik an den britischen Generalen und der Political Division in Berlin auf, daß es "conscientious British Officers and officials" schwerfallen mußte, politische Spielchen zu spielen, anstatt sich auf die administrativen Fragen zu konzentrieren. Indes, mahnte er Steel, durften "British officials" in Berlin sich nicht erlauben, weder die besondere Situation der Stadt, noch die Bedeutung aller Berliner Entscheidungen sowohl für Deutschland als auch für die Beziehungen der Siegermächte insgesamt aus den Augen zu verlieren: "... unfortunately whatever is done in Berlin inevitably has political repercussions not only in that city itself, nor even only in Germany, but in the whole world-wide play of conflicting forces and ideologies."[26]

---

23 Ibid.

24 Burrows an Steel 26.3.1947, F.O.371/64455/C4707.

25 Ibid.

26 Ibid.

5.3. Die Ostrowski-Affaire: Die Berliner SPD spielt den Sowjets in die Hände.

In einem langen Antwortschreiben räumte die Political Division zwar ein, selber Fehler gemacht zu haben. In erster Linie verantwortlich für den Stillstand der Berliner Stadtverwaltung wie für schwierige Verhandlungssituationen in der Alliierten Kommandatura machte sie jedoch die Berliner SPD, die sich in nicht endenwollende Skandale und persönliche Querelen verwickeln ließ.

In der Tat, so sehr man sich fragen konnte, ob der unerfreuliche Zustand der Berliner SPD Ursache des westlichen Verhandlungsungeschicks in der Kommandatura war oder nicht auch dessen Folge, leicht machte die SPD es ihren westlichen Schutzmächten nicht. Der Abgeordnete Swolinski etwa konnte den Verdacht nicht zerstreuen, während des Dritten Reiches arisiertes jüdisches Eigentum erworben zu haben, und schien außerdem in Schwarzmarktgeschäfte verwickelt zu sein. Schwierig wurde die Angelegenheit dadurch, daß die Sowjets in der Kommandatura auf seine Entfernung aus der Stadtverordnetenversammlung drängten, als Begründung aber "antirussische Haltung" anführten und von den Franzosen auch noch unterstützt wurden. So untragbar Swolinski auch war, auf das sowjetische Argument durfte die Political Division sich nicht einlassen. Sie verlegte sich schließlich darauf, bei Kurt Schumacher "inoffiziell" auf den Hinauswurf Swolinskis aus der SPD hinzuwirken.[27]

Wenig später lösten eine politische Torheit des frischgewählten Oberbürgermeisters Ostrowski und darauffolgende Überreaktion seiner Partei eine regelrechte Regierungskrise aus. Im German Department hatte man darum Verständnis für den Stoßseufzer der Political Division, "that a geat deal of the difficulty is certainly caused by the incompetence of most of the SPD-leaders. It is scarcely an exaggeration to say that the

---

27 Steel an F.O., Tel. No. 57 v. 13.1.1947, F.O.371/64454/C622.

honest men amongst them are all fools, while the able men are all crooks."[28]

Besonders schmerzlich waren solche Zustände in Berlin, der westlichen Bastion hinter dem Eisernen Vorhang, so das Research Department, wo es um so mehr darauf ankam, daß die SPD die Initiative an sich riß und eine kraftvolle und effiziente Verwaltung auf die Beine stellte.[29] Im German Department empfahl Norman Reddaway entnervt, sich im Umgang mit den Berliner SPD-Führern am besten russischer Methoden zu bedienen: "... the only practical way of improving matters is by weeding out the duds and introducing better men à la Russe."[30]

Zunächst jedoch schien in Berlin die sowjetische Rechnung aufzugehen. "Aktive Obstruktion und passiver Widerstand" der SED angehörender stellvertretender Stadträte, hatte schon im Januar die Political Division berichtet, führten zum Stillstand der Stadtverwaltung. Die SED verspottete den SPD-Magistrat nicht ohne Wirkung als "Club der Weihnachtsmänner".[31] Mitte Februar forderte die eigene Partei Oberbürgermeister Ostrowski ultimativ auf, vier besonders renitente kommunistische stellvertretende Stadträte zu entlassen. Indes, ein Ausweg war nicht in Sicht. Das Patt in der Kommandatura dauerte an. Ostrowski wandte sich schließlich an den sowjetischen Kommandanten General Kotikow. Der verwies ihn an den SED-Funktionär Hermann Matern. Ohne seine Partei davon in Kenntnis gesetzt zu haben, traf sich Ostrowski daraufhin am 22. Februar 1947 mit Matern und drei weiteren SED-Funktionären, darunter Karl Maron. In "freundschaftlicher Diskussion", berichtete er später der Political Division, handelte Ostrowski mit den beiden Stalinisten aus - Matern war mit der Gruppe Ackermann, Maron mit der Gruppe Ulbricht aus Moskau nach Deutschland zurückgekehrt -, zwei der kommunistischen stellvertretenden Stadträte aus dem Amt entfernen zu dürfen,

---

28 Political Division an F.O. 31.3.1947, F.O.371/64455/C5310.

29 W.P.I.S. No. 384 v. 12.3.1947.

30 Reddaway 3.4.1947, F.O.371/64455/C5310.

31 Pink an Bevin, Saving Tel. No. 5 v. 18.1.1947: "Weekly Political Summary", F.O.371/64268/C1202.

wenn im Gegenzug die SPD nicht mit der CDU zusammenarbeitete, sondern sich zu einem dreimonatigen "working agreement" mit der SED verstand. Ostrowski versprach, seiner Partei den Vorschlag zu unterbreiten, ließ ein Protokoll des Gesprächs anfertigen und unterzeichnete es.[32]

Tags darauf unterrichtete er Otto Suhr und Franz Neumann. Am 24. Februar tadelte zunächst die Politische Abteilung der amerikanischen Militärregierung Ostrowskis Vorstoß. Auf einer eigens einberufenen Vorstandssitzung der SPD kritisierten ihn auch Suhr, Reuter und Klingelhöfer heftig. In der Öffentlichkeit kursierte schon das Gerücht, dem zunächst auch die Briten aufsaßen[33], Ostrowski sei für seine Partei Verpflichtungen eingegangen. Als Quelle der böswilligen Verzerrung glaubte Ostrowski, und die Briten ließen sich das später einleuchten, Otto Suhr zu erkennen, der seinerzeit die Wahl Ostrowskis zum Oberbürgermeister hatte verhindern wollen.

Richtigstellung half Ostrowski wenig. Seine Partei, so beurteilte es William Strang Anfang März, suchte nach einem Grund, ihn durch Ernst Reuter zu ersetzen.[34] In einer Resolution, welche auf Betreiben der SPD die CDU vorlegte, bedauerte am 3. April die Stadtverordnetenversammlung, daß der Magistrat mit der Kommandatura Kontakte über Verfassungsfragen unterhielt, ohne sie darüber unterrichtet zu haben. In interner Sitzung sprach die eigene Fraktion bei nur einer Gegenstimme Ostrowski das Mißtrauen aus. Doch alle Überredungsversuche fruchteten nichts. Ostrowski weigerte sich zurückzutreten. Am 11. April beantragte die SPD-Fraktion in der Stadtverordnetenversammlung zunächst den Rücktritt des gesamten Magistrats und dann, als das zu scheitern drohte, ein Mißtrauensvotum gegen Ostrowski. Aufgrund einiger Abwesenheiten verfehlte aber auch das Mißtrauensvotum die

---

32 Spencer an Political Division 6.3.1947: "Discussion with Dr. Ostrowski on the 5th March 47", F.O. 1049/2204.

33 Strang an Bevin, Saving Tel. No. 21 v. 8.3.1947: "Weekly Political Summary", F.O.371/64269/C3942.

34 Ibid.

notwendige Zweidrittelmehrheit um zwei Stimmen. Ostrowski blieb, nur noch von den Stimmen der SED getragen, im Amt und verweigerte weiterhin den Rücktritt. Die Einsetzung eines Untersuchungsausschusses, der der Absetzung des Oberbürgermeisters vorauszugehen hatte, schien unabwendbar.[35] Die Sowjets, stöhnte in London das Research Department, waren auf nichts anderes aus, als den Magistrat zu behindern und die SPD zu diskreditieren. Durch ihre Torheit und ihre Unzuverlässigkeit halfen ihnen die Berliner Sozialdemokraten auch noch dabei: "The unfortunate results, both for the party and for Berlin, have much more than local significance."[36]

5.4. Die "Schlacht um Reuter".

So unerquicklich der Political Division die ganze Affäre war - "a glaring and depressing example of the childishness and incompetence of the German politicians in Berlin, particularly the S.P.D."[37] -, so gelegen kam ihr die Chance, nun im Kontrollrat den "prior approval"-"post approval"-Streit unter günstigeren Umständen neu auszutragen. Denn dem so oder so unvermeidlichen Rücktritt Ostrowskis würden sich die Sowjets kaum widersetzen können. Wenn dann die Stadtverordnetenversammlung, wie zu erwarten war, Ernst Reuter mit großer Mehrheit zum Nachfolger wählte, wollten die Briten sich auf den Standpunkt stellen, daß Reuter damit automatisch im Amt war: "This would produce a first class battle in the Kommandatura ... Assuming that Reuter is elected by a large majority in the assembly, we shall be on strong ground and I think we may be able to force the Russians to give way."[38]

---

35 Steel an F.O., Tel. No. 581 v. 12.4.1947, F.O.371/64455/C5660.
36 W.P.I.S. No. 389 v. 23.4.1947.
37 Steel an Burrows 19.4.1947, F.O.371/64455/C6159.
38 Ibid.

Erklärtes Ziel der Political Division war es, auf diese Weise Magistrat und Stadtverordnetenversammlung größeren Handlungsspielraum zu verschaffen.[39] Die Kandidatur Reuters bot außerdem die Gewähr, daß der Magistrat mit der größeren Freiheit dann etwas anzufangen wissen würde. Denn Ostrowski, so hatte es schon Anfang März William Strang gesehen, war objektiv der falsche Mann am falschen Ort: "Dr. Ostrowski, although a good administrator, has neither the political sense nor the strength of character to carry the extremely difficult task of administering Berlin."[40] Reuter dagegen war nach dem Urteil der Political Division nicht nur ein erfahrener Administrator, sondern ein Mann mit politischem Kopf und ausgeprägten Führungsqualitäten, der allein imstande war, "to give the leadership the Berlin S.P.D. so badly requires".[41]

So ganz nach den Vorstellungen der Political Division sollten sich die Dinge dann aber doch nicht entwickeln. Zunächst trat Ostrowski am 17. April, bevor das verfassungsgemäße Verfahren zur Absetzung des Oberbürgermeisters in Gang kommen konnte, tatsächlich zurück. Und wie vorausgesehen, weigerten sich die Sowjets, seinen Rücktritt anzunehmen. "Complete deadlock" in der Kommandatura war die Folge. Der Political Division war es recht. Denn mit jedem Tag wurde die sowjetische Position unhaltbarer[42] - Ostrowski erklärte schließlich, er werde das Amt auch dann nicht wieder antreten, wenn alle vier Besatzungsmächte ihn dazu aufforderten.[43] Aber dann schien es an britisch-amerikanischer Koordination zu fehlen. Gegen die Empfehlungen seiner Berater, wußten die Briten, präsentierte General Clay am 10. Juni im Kontrollrat einen Kompromißvorschlag: Die Sowjets akzeptierten den Rücktritt Ostrowskis, die Stadtverordnetenversammlung - nicht der Magistrat, wie die Sowjets es sich gedacht hatten - würde einen

---

39 Ibid.

40 Strang an Bevin, Saving Tel. No. 21 v. 8.3.1947: "Weekly Political Summary", F.O.371/64269/C3942.

41 Steel an Burrows 19.4.1947, F.O.371/64455/C6159.

42 Strang an F.O., Tel. No. 684 v. 29.4.1947.

43 W.P.I.S. No. 391 v. 7.5.1947.

neuen Oberbürgermeister wählen, der dann aber, dies das Zugeständnis an die sowjetische Seite, die Bestätigung aller vier Mächte einholen mußte, bevor er sein Amt antreten konnte. Britische und amerikanische Erklärungen, daß die entsprechende Kommandatura-Weisung BK/O (47) 145 keine grundsätzliche Anerkennung des Prinzips des "prior approval" implizierte, änderte nichts daran, daß der Kompromiß, so deutete es das Research Department in seinem "Weekly Political Intelligence Summary", einen "erheblichen Triumph" für die Sowjets darstellte und den westalliierten Standpunkt empfindlich schwächte.[44]

Das Foreign Office reagierte konsterniert. General Robertson, polemisierte im German Department Leishman, hatte wohl nachgegeben, zum einen aus Rücksicht auf seinen amerikanischen Kollegen, zum anderen aus seinem oft genug vorgetragenen Bedürfnis, "to get on with job and let the principles look after themselves". Diesmal aber, so Leishman, sei ein überaus wichtiges Prinzip preisgegeben worden. Die demoralisierende Wirkung des westalliierten Nachgebens auf die demokratischen Parteien in Berlin und auf die SPD in den Westzonen - "our best friends in Germany" - sei schon sichtbar.[45] Die Berliner SPD, schilderte das Foreign Office Research Department die Stimmung, fühlte sich im Stich gelassen.[46] Denn es war abzusehen, daß ihr Wunschkandidat Reuter bei Anwendung des Prinzips des "prior approval" keine Chance hatte, nach der Wahl alliierte Bestätigung zu erhalten. Die "große Schlacht" in der Kommandatura, drohte, noch bevor sie richtig begonnen hatte, sehr anders auszugehen, als die Political Division sich das vorgestellt hatte. Auch Außenminister Bevin, der die Entwicklungen in Berlin wichtig genug nahm, um persönlich den Telegrammverkehr zu verfolgen, notierte auf dem Rand einer Depesche Steels

---

44 W.P.I.S. No. 396 v. 18.6.1947; Strang an F.O., Saving Tel. No. 82 v. 17.6.1947, F.O.371/64274/C9008.

45 Leishman 16.6.1947, F.O.371/64457/C8122.

46 W.P.I.S. No. 396 v. 18.6.1947.

Irritation darüber, daß Robertson und die Political Division sich so weit auf die amerikanische Linie eingelassen hatten.[47]

Um so größer war die Erleichterung im Foreign Office, als die Stadtverordnetenversammlung, unbeeindruckt von der Haltung der Sowjets wie von der vorausgegangenen Kontrollratsentscheidung, am 24. Juni, zwar gegen die Stimmen der SED, sonst aber sozusagen einstimmig, doch Ernst Reuter zum Oberbürgermeister wählte. Das German Department bat Strang, bevor es auf seine Vorstellungen über die weitere Taktik einging, zuallererst um Übermittlung von Glückwünschen: "Reuter's success and the solidarity of the non-SED parties is most gratifying and I hope you will be able to find an opportunity, if you have not already done so, to offer unofficial and confidential congratulations and encouragement to all concerned."[48]

Das Lob war verdient. Der Wahlausgang und die bemerkenswerte Einigkeit der demokratischen Fraktionen waren nämlich nichts Geringeres, so die zutreffende Beurteilung des Research Department, als eine offene Herausforderung nicht nur der Sowjets, sondern der Alliierten Militärregierung insgesamt.[49] Nicht von ungefähr hatte zuvor auch der französische Kommandant den Antrag seines sowjetischen Kollegen unterstützt, eine Debatte der Stadtverordnetenversammlung über die Kommandatura-Weisung vom 10. Juni verbieten zu lassen und Stadtverordnetenvorsteher Otto Suhr zu verwarnen. Dem hatten sich jedoch Briten und Amerikaner verweigert.

Was nun den Fall Reuter anging, so wollte die Political Divison zunächst darauf hinwirken, daß die Angelegenheit an den Alliierten Koordinierungsausschuß weitergeleitet wurde, und dann darauf bestehen, daß die sowjetischen Einwände gegen Reuter öffentlich behandelt wurden.[50] Die Planer im Foreign Office stimmten Strangs "plan of action for the next round"

---

47 Undatierte Bevin Marginalie auf: Steel an F.O, Tel. No. 928 v. 19.6. 1947, F.O.371/64457/C8485.

48 F.O. an Berlin, Tel. No. 1828 v. 27.6.1947, F.O.371/64457/ C8676.

49 W.P.I.S. No. 398 v. 2.7.1947.

50 Strang an F.O., Tel. No. 953 v. 25.6.1947, F.O.371/64457/C8676.

uneingeschränkt zu: "We must make the greatest possible capital out of any Russian attempt to oppose the democratically expressed wishes of an overwhelming majority of the elected representatives of the German people."[51] Die Political Division sollte zu diesem Zwecke für "Kooperation" der Presse in der britischen Besatzungszone und im britischen Sektor Berlins sorgen, gleichzeitig aber, wie immer, Überhitzungen der Kampagne gegensteuern. Um den Sowjets keine Angriffsfläche zu bieten und um die eigene Sache nicht zu verderben, war außerdem wichtig, daß dabei britischerseits nicht gegen alliierte Vereinbarungen über die Öffentlichmachung alliierter Verhandlungen verstoßen wurde und daß die SPD sich nicht dazu hinreißen ließ, unter Verletzung der Kontrollratsdirektive No. 40 eine Besatzungsmacht, die Sowjets, offen zu kritiseren.[52]

Im Foreign Office hatte man sogar schon eine Vorstellung davon, wie die Sache ausgehen sollte. Um, entgegen der vorgeschobenen sowjetischen Vorwürfe gegen ihn, britische Unterstützung für Reuter zu demonstrieren, wollte das Foreign Office keine weitere Oberbürgermeisterwahl mehr zulassen, sondern Bürgermeisterin Luise Schröder im Amt des Oberbürgermeisters lassen, die es seit dem Rücktritt Ostrowoskis verwaltete: "I am prepared to leave final tactics to your discretion but on present information think that you should discourage the SPD from putting forward any further candidate."[53]

Um ein Haar wäre der schöne Plan noch an dem Tage, an dem das Foreign Office seine Glückwünsche verschickte, gescheitert. Auf der Kommandaturasitzung am 27. Juni nämlich schlug der französische Kommandant, der gerade den Vorsitz führte, vor, den Fall Reuter auf der Stelle und in der Kommandatura zu regeln. Die Stadtverordnetenversammlung sollte Mitteilung erhalten, daß die Alliierte Kommandatura der Wahl Reuters zum Oberbürgermeister nicht zustimmte, und angewiesen werden, die Wahl zu wiederholen. Der sowjetische Kommandant stimm-

51 F.O. an Berlin, Tel. No. 1828 v. 27.6.1947, ibid.
52 Ibid.
53 Ibid.

te sofort zu. Aber auch die Amerikaner, berichtete Strang nach London, "failed lamentably" und unterstützten den französischen Antrag. Dem Veto des britischen Kommandanten, General Herbert, war es zu verdanken, daß der Fall Reuter dann doch an den Koordinierungsausschuß der stellvertretenden Militärgouverneure weitergeleitet wurde.[54] Die schwankende Haltung der Amerikaner war, notierte im German Department Leishman fassungslos, "quite incomprehensible. Surely there should be better UK-US cooperation at the Commandants' level than this."[55]

Am 3. Juli schlug im Alliierten Koordinierungsausschuß der sowjetische stellvertretende Militärgouverneur General Dratwin erwartungsgemäß vor, der Stadtverordnetenversammlung mitteilen zu lassen, daß die Wahl Reuters zum Oberbürgermeister unakzeptabel sei. Reuter, so die sowjetische Begründung, sei unfähig, illoyal gegenüber den Besatzungsmächten und habe außerdem eine dunkle politische Vergangenheit. Um zu verhindern, daß die Amerikaner erneut umkippten, ergriff daraufhin Dratwins britischer Kollege, General Brownjohn, westalliierterseits die Initiative und wies sowohl das sowjetische Veto als auch die Anschuldigungen gegen Reuter zurück. Wenn eine der Vier Mächte von ihrem Vetorecht Gebrauch machte, führte er aus, stünde den anderen Delegationen das Recht zu, sich davon zu überzeugen, daß es gute Gründe für das Veto gab. Bisher, so Brownjohn, habe die sowjetische Delegation jedoch nur vage, völlig unbelegte Behauptungen vorzuweisen.

Tatsächlich schloß sich der amerkanische Stellvertreter, General Keating, der britischen Linie an und bezeichnete das sowjetische Veto gegen Reuter als undemokratisch. Der amerikanische "volte-face" brachte nun die Franzosen, die sich, so die Deutung des Research Department in London, darauf verlassen hatten, daß die Amerikaner der Konfrontation wieder ausweichen würden, in Verlegenheit. General Babst, der französische Vertreter im Koordinierungsausschuß, wich denn auch

---

54 Strang an F.O., Tel. No. 978 v. 30.6.1947, F.O.371/64457/C8917.

55 Leishman 2.7.1947, ibid.

einer Entscheidung aus, schloß sich aber der britisch-amerikanischen Forderung nach ausführlicher Begründung der sowjetischen Vorwürfe gegen Reuter an. Dem verweigerte sich Dratwin, und die Frage wurde vertagt.[56]

Im Foreign Office war man erleichtert, daß die drei Westmächte wieder an einem Strang zogen. Wichtig war, so die telegraphische Mahnung an Strang und Robertson, daß das auch so blieb: "I am delighted that your firm lead has had the desired effect and that the Americans and the French are now both in line with you. ... The Russians are now in a tight spot, and I trust that they will not be allowed easily to get out of it by any further vacillation by your colleagues."[57]

Derart bestärkt ging General Brownjohn während der nächsten Sitzung des Koordinierungsausschusses zur Offensive über und zerpflückte die sowjetischen Anschuldigungen gegen Reuter eine nach der anderen: An Reuters Vergangenheit sei nichts dunkel. Das nationalsozialistische Regime habe ihn 1933 in ein Konzentrationslager geworfen. Nach seiner Entlassung sei er erst nach London, dann in die Türkei geflohen. Die türkische Regierung sei zu der Zeit, zu der Reuter für sie gearbeitet hatte, auch durchaus nicht "pro-nazi" gewesen, sondern habe vielmehr, hielt Brownjohn seinem sowjetischen Kollegen nicht ohne Süffisanz vor, im Oktober 1939 einen Beistandspakt mit Großbritannien und Frankreich abgeschlossen - "and had thus been one of the first countries to come out openly against the aggressive aims of the axis".[58] Genausowenig haltbar war der Vorwurf mangelnder Kompetenz. Von 1926 bis 1931 sei Reuter Stadtrat für Verkehr in Berlin gewesen, zuvor Oberbürgermeister von Magdeburg. Reuter, so Brownjohn, sei wahrscheinlich besser qualifiziert für den Posten des Berliner Oberbürgermeisters als jeder andere Angehörige der Stadtverwaltung. Den

---

56 Military Governor an F.O., Tel. No. 1002 v. 3.7.1947, F.O.371/64457/C9164. Military Governor an F.O., Tel. No. 1022 v. 8.7. 1947, F.O.371/64458/9296. W.P.I.S. No. 399 v. 9.7.1947.

57 F.O. an Berlin, Tel. No. 1950 v. 8.1947, F.O.371/64457/C9164.

58 Military Governor an F.O., Tel. No. 1029 v. 9.7.1947, F.O.371/64458/C9357.

Vorwurf der Illoyalität gegen die Besatzungsmächte hatten die Sowjets nicht belegen können. Brownjohn bot sich dennoch an, zum Beweis des Gegenteils ausführlich aus Reuter-Reden zu zitieren.

General Keating schloß sich den Ausführungen seines britischen Kollegen an und betonte, daß auch die amerikanische Seite von Reuters Eignung überzeugt war und unbedingt an ihm festhalten wollte. Inzwischen schienen auch die Franzosen zu wissen, auf welche Seite sie gehören wollten: General Bapst - "who at the last meeting had slipped off the fence on the wrong side, climbed back again on to the right side"[59] - erklärte nun, daß der französische Vorsitzende in der Kommandatura den Vorschlag zur Ablehnung Reuters lediglich aufgrund des sowjetischen Vetos gemacht habe, nicht aufgrund irgendwelcher Vorbehalte gegen Reuter. Die französische Delegation sei, ganz im Gegenteil, durchaus bereit, ihn im Amte zu bestätigen.

Sich solchermaßen geeinter Front der Westmächte gegenüber sehend, verweigerte General Dratwin weitere Diskussion, und der Fall Reuter wurde an den Kontrollrat weitergeleitet. Aber auch die Militärgouverneure konnten am 10. Juli keine Einigung erzielen. Der Kontrollrat informierte schließlich die Kommandatura davon, daß alliierte Einigung nicht hatte erzielt werden können und daß darum Reuter aufgrund des sowjetischen Vetos nicht im Amt bestätigt werden konnte. Die Wahl, daran hielten Robertson und sein amerikanischer Kollege Clay fest, sollte jedoch nicht wiederholt werden.[60]

"So ends the Reuter battle", triumphierte im German Department Leishman. Es sei nicht zu sehen, was Briten und Amerikaner mehr hätten tun können.[61] Alle Anzeichen deuteten darauf hin, bestätigte Robertson, daß auch SPD und CDU es bei diesem

---

59 Ibid.

60 Military Governor an F.O., Tel. No. 1039 v. 11.7.1947, F.O.371/64458/C9426; Military Governor an F.O., Tel. No. 95 Saving v. 14. 7.1947: "Weekly Political Summary", F.O.371/64275/C9880.

61 Leishman 16.7.1947, F.O.371/64458/C9427.

Ausgang belassen wollten und nicht beabsichtigten, Reuter wiederzuwählen oder einen neuen Kandidaten zu nominieren.[62]

5.5. Moskau erleidet Besitzstandschmälerung in Berlin.

Für die Sowjets bedeutete das alliierte ‘agreement to disagree’ in der Tat eine empfindliche Besitzstandschmälerung ausgerechnet in Berlin. Die Rote Armee hatte die Reichshauptstadt erobert. Nach dem Wahlsieg der SPD hatte die sowjetische Besatzungsmacht versucht, nicht einmal unberechtigt, wie man sich britischerseits eingestand, per "prior approval" die Eroberung zu halten und den Status quo ante in Berlin zu konservieren. Nun hatten sich die Westmächte offenbar entschlossen und darauf geeinigt, ihnen nicht nur die Westsektoren, sondern das ganze Berlin wieder zu entreißen. Denn nicht nur um die Westsektoren, sondern um das ganze Berlin ging es im alliierten Streit um den Oberbürgermeisterposten, der nun unbesetzt beziehungsweise durch Luise Schröder kommissarisch verwaltet blieb. Die alliierte Blockade in Kommandatura, Koordinierungsausschuß und Kontrollrat entzog nämlich auch den Ostsektor ein Stück weit sowjetischer Kontrolle: Denn nicht nur die Westsektoren, sondern das ganze Berlin meinten die Stadtverordneten, als sie sich entschlossen, ihre Arbeit auf die unmittelbaren, administrativen Fragen zu beschränken und auf legislative Vorhaben, welche der Zustimmung der Kommandatura und eben der Sowjets bedurften, völlig zu verzichten - gegen die Stimmen der SED, die ohnmächtig war, wenn demokratische Spielregeln galten. Ganz Berlin, nicht nur die Westsektoren, hieß das, war ohne Regierung. "This makeshift", prophezeite das Research Department, "can obviously not suffice for long."[63]

---

62 Military Governor an F.O., Tel. No. 1059 v. 11.7.1947, F.O.371/64458/C9426.

5.6. Berlin, die Vier-Mächte-Maschinerie und die Einheit Deutschlands.

Noch gab es die Vier-Mächte-Kontrolle Berlins, aber der Aufmerksamkeit der britischen Militärregierung entging nicht, daß "die unilateralen Handlungen in den einzelnen Sektoren zunahmen". Die Gefahr sei real, warnte schon Ende Mai der monatliche Bericht der Political Section des britischen Hauptquartiers in Berlin, "that the quadripartite set-up will degenerate merely into an unconvincing facade behind which the political and economic life of the sectors become less and less uniform".[64] In der Tat schritt der "Verfall der Vier-Mächte-Regierung in Berlin" rasch voran.[65] Denn auch in den folgenden Wochen kamen die Vier Mächte in den Fragen des Amtsantritts Reuters und des "prior approval" einer Einigung nicht näher. Die Antwort auf die Frage, wem Berlin gehörte und wer es regierte, blieb suspendiert.

Die Sowjets ließen denn auch bald erkennen, daß sie sich mit der unklaren Situation in Berlin nicht abfinden wollten. Am 6. August nahm General Dratwin im Alliierten Koordinierungsausschuß die Tatsache, daß der Magistrat geschäftsmäßige Beziehungen zu den gerade ins Leben gerufenen Verwaltungen der britisch-amerikanischen Bizone unterhielt, zum Anlaß, Briten und Amerikanern in scharfer Form Verletzung des Abkommens über das Kontrollverfahren in Deutschland vorzuwerfen: Nur die Kommandatura, behauptete Dratwin, dürfe solche Beziehungen mit "outside bodies" unterhalten, und warf Briten und Amerikanern vor, sie beabsichtigten, ihre Sektoren Berlins ihren Besatzungszonen anzugliedern.

Behauptung und Vorwurf wurden von General Robertson sofort entschieden zurückgewiesen: Es sei weder britische noch amerikanische Schuld, daß Berlin aus den Westzonen versorgt werden mußte, sondern ginge auf eine alliierte Ent-

---

63 W.P.I.S. No. 400 v. 16.7.1947.

64 Politcal Section, Monthly Report May 1947 v. 31.5.1947, F.O.371/64457/C7915.

65 W.P.I.S. No. 396 v. 18.6.1947.

scheidung und insbesondere auf sowjetische Forderungen zurück. Solange der Magistrat für die Verteilung von Versorgungsgütern in Berlin zuständig war, blieb ihm nichts übrig, als Verbindungen zu zuständigen Behörden in den Westzonen zu unterhalten. Überdies, fügte Robertson hinzu, unterhielt der Magistrat ähnliche Beziehungen auch zu Organen der sowjetischen Besatzungszone.[66] Letzterer Hinweis, der Parallelität zwischen den westlichen und dem sowjetischen Sektor Berlins herstellte, wo aus sowjetischer Sicht gewiß keine Parallelität zu sehen war, dürfte den Sowjets besonders mißfallen haben.

Die britische Seite, hob General Robertson schließlich mit Bedacht hervor, hielt unbedingt am Vier-Mächte-Regime in Berlin fest, hatte keinerlei Absicht, ihren Sektor Berlins ihrer Besatzungszone anzugliedern "and would object most strongly if any other power should attempt to do so".[67] Robertson hielt die sowjetischen Vorwürfe und den Versuch, sie vom Kontrollrat erörtern zu lassen, für bedeutsam. Aus "geheimen Quellen", auf die Robertson hier nicht näher einging, hatten die Briten schon früher Hinweise erhalten, die sowjetische Seite wollte auf etwaige "politische Fusion" der britischen und amerikanischen Zonen mit Einbeziehung ihres Berliner Sektors in ihre Besatzungszone reagieren. Die SED, die Information schob Steel später nach, sondierte schon, ob etwa Sozialdemokraten im Ostsektor Berlins bereit waren, "führende Positionen in einem ostdeutschen Staat" zu übernehmen.[68] Die Attacke Dratwins im Koordinierungsausschuß, hielt Robertson nun für möglich, mochte, früher als gedacht, der Auftakt sein: "... it is quite likely that this trumped up charge may be just another manufactured pretext for taking the exact step of which they accuse us rather earlier than we thought. It was for this reason that I

---

66 Military Governor an F.O., Tel. No. 1162 v. 7.8.1947, F.O.371/64459/C10681.

67 Ibid.

68 Steel an Burrows 19.8.1947, F.O.371/64459/C11311.

laid emphasis on my concluding remarks and I have hopes that they were not lost."[69]

Robertsons Verdacht warf, wie man im Foreign Office sofort erkannte, eine grundsätzliche Frage auf, mit der sich noch praktisch niemand befaßt hatte: Was sollte aus dem Vier-Mächte-Regime in Berlin werden, wenn die für November anberaumte Konferenz der Außenminister keine Ergebnisse zeitigte, Briten und Amerikaner die Konsequenz zogen und zur politischen Fusion ihrer Besatzungszonen schritten? Wie immer die Sowjets reagierten, lautete die erste, reflexartige Antwort des German Department, aus drei Gründen blieb es von höchster Bedeutung, daß die Vier-Mächte-Regierung Berlins sowie die gesamte Alliierte Kontrollmaschinerie in Berlin in jedem Fall erhalten blieben: zum einen, um die Rückkehr zur Kooperation der Vier Mächte in Deutschland "and the future unification of Germany" jederzeit offen zu halten; zum anderen waren, gerade wenn es zum Bruch zwischen Sowjets und Westmächten kam, die Westsektoren Berlins als "advanced base inside the iron curtain" von unschätzbarem Wert; und schließlich hingen die Pläne der Briten und Amerikaner in der Bizone davon ab, daß sie die Einheit Deutschlands, sozusagen als übergeordnetes Ziel, weiterhin anstrebten. Das aber, wußten die Planer im Foreign Office, war den Deutschen nur glaubhaft zu machen, wenn die Westmächte zugleich an ihren Positionen in Berlin festhielten. Um so wichtiger war darum, mahnte nun das German Department Robertson, daß die britische Militärregierung in Berlin stets darauf bedacht war, den Sowjets weder durch Worte noch durch Taten irgendwelche Vorwände zu liefern. Die Schuld am Bruch des Vier-Mächte-Regimes in Berlin und an der Einbeziehung des Ostsektors in die SBZ - "which would mark the temporary eclipse of Berlin as the capital of Germany" - mußte ganz unzweideutig den Sowjets zufallen.[70]

---

69 Military Governor an F.O., Tel. No. 1162 v. 7.8.1947, F.O.371/64459/ C10681; W.P.I.S. No. 401 v. 13.8.1947.

70 F.O. an Berlin, Tel. No. 2364 v. 15.8.1947, ibid.

Sechstes Kapitel

Fait accompli: Die Sowjetisierung der SBZ.

6.1. Das vollständige Bild.

Unmittelbar vor Beginn der Konferenz von Potsdam hatte Sir Orme Sargent es als eine Hauptaufgabe britischer Diplomatie bezeichnet, Gewißheit zu erlangen über die Ziele sowjetischer Politik nicht nur in Deutschland und Europa.[1] Nach anderthalb Jahren britischen Faktensammelns und Beobachtens mußte Sargent - nunmehr Permanent Under-Secretary of State und zweiter Mann im Foreign Office - sich Ende 1946 eingestehen, noch immer nicht wesentlich mehr über die Sowjetunion und ihre Absichten in Deutschland zu wissen - "this exceedingly dark subject"[2] - als im Juli 1945. Dabei waren die Voraussetzungen zur Beobachtung der sowjetischen Politik in Deutschland nahezu ideal gewesen. In Berlin verfügten die Westmächte nicht nur über eine einzigartige Aussichtsplattform, sondern hatten über vielfältige Kontakte auf alliierter Ebene und mit sowjetzonalen Politikern sogar Zugang zu Informationen aus erster Hand.

Und dennoch fühlte sich London stets unzureichend informiert. An Mangel an Information lag das nicht. Die floß aus Berlin reichlich, vielleicht überreichlich. Es lag daran, daß die Depeschen und Berichte der Political Division auch um die Jahreswende 1946/47 ein widersprüchliches Bild vom Vorgehen der Sowjets in ihrer Besatzungszone und von Moskaus Absichten in Deutschland vermittelten, oft ergänzt um ebenso widersprüchliche Interpretationen. Worauf wollten die Sowjets in ihrer Zone und in Deutschland hinaus? Auf Konsolidierung oder Ausplünderung, auf Teilung oder Einheit?

---

1 Sargent 11.7.1945, "Stocktaking After V.E. Day", F.O.373/50912/U5471.

2 Sargent an Strang 3.12.1946, F.O.371/55584/C13748.

Für beinahe jede Spekulation über Moskaus Deutschlandpolitik lieferten die Beobachtungen aus Berlin mehr oder weniger schlüssige Indizien. Aus dem widersprüchlichen Bild, das sich auch im Frühjahr 1946 schon geboten hatte, hatte Außenminister Bevin zunächst geschlossen, daß auch die Sowjetunion über eine klare Deutschlandpolitik noch nicht verfügte und sich darum bemühte, in Deutschland ihrer Politik zwischen Teilung und Einheit solange wie möglich alle Optionen zu erhalten.[3] Das war klug beobachtet. Aber wohl mehr noch war die Schlußfolgerung Kind der Entscheidungsunlust Bevins selber. Denn solange Moskau sich in Deutschland noch nicht festgelegt hatte, mußte auch Bevin nicht Entscheidungen fällen, die er lieber vermieden hätte.

Ein halbes Jahr später hatte indes die britische Deutschlandpolitik, auch ohne daß solche Entscheidungen gefallen wären, eine gewisse Eigendynamik entwickelt. Bevins eigenes Konzept der Föderalisierung Deutschlands verlangte nach weiteren Schritten. Das britisch-amerikanische Bizonenabkommen machte weiterreichende Entscheidungen unumgänglich: Etwa über eine Währungsreform, die, wenn die Sowjets nicht mitspielten, eben auf dem Gebiet der Bizone durchgeführt werden mußte. Denn darüber, daß sie notwendig war, waren sich German Department in London und Militärregierung in Berlin einig. Der wirtschaftlichen Fusion, darüber war man sich schon zu diesem Zeitpunkt im Foreign Office vollständig klar, würde eher früher, denn später die politische Fusion folgen - und eigentlich war die ja auch das Ziel. Dazu kam, daß sowohl Political Division als auch Foreign Office den Eindruck gewannen, auch die sowjetische Deutschlandpolitik habe nach den Wahldebakeln der SED ebenfalls einen Wendepunkt erreicht: "... all the indications suggest that the Russians have now reached a turning point in their policy towards Germany."[4] Noch immer zwar wollte vor allem Bevin britischerseits in Deutschland keine Potsdamer Türen zugeworfen sehen. Genausowenig aber konnte das Foreign Office es zulassen, daß der politische

---

3 C.P.(46)186.

4 Steel an Chiefs of all Divisions 7.1.1946, F.O.1049/711.

Vorsprung Moskaus in Deutschland allzu groß wurde. Die britische Politik des Abwartens stieß Ende 1946 an eine natürliche Grenze.

Um so wichtiger wurde es für London, frühzeitig Aufschluß über jede Weichenstellung sowjetischer Politik in Deutschland zu erhalten. In Foreign Office und Political Division griff man darum nun nach jedem, noch so trivialen Inormationsschnipselchen: "As you know, our information about the Russians is not so ample that we can afford to neglect any chance of improving it", schrieb Ende Dezember 1946 der Leiter des Foreign Office Research Department, Oliver Passant, der Political Division nach Berlin. Passant bat um Berichte über britisch-sowjetische Kontakte auch auf der Ebene der "junior officials" der Militärregierung.[5] Steel kam der Bitte sofort nach und erklärte in einem Rundschreiben allen Abteilungsleitern der britischen Militärregierung, worum es ging: "At the present moment it is ... particularly important not to miss any indications of the lines on which Soviet officials here [i.e. Berlin, A.d.V.] may be thinking, or may have been instructed by their superiors to think. Some light may be thrown on this by what, at first sight may appear to be quite trivial scraps of information."[6] Steel wies die "Chiefs of all Divisions" sodann an, "[to] make a point of noting and passing on to me any remarks made either officially or in private conversation by Russians with whom you come into contact, which would appear to have any bearing on future Soviet intentions in Germany".[7]

Während eineinhalb Jahren Beobachtung des Geschehens in der sowjetischen Besatzungszone hatten Strang und Steel ihrer Informationspflicht sowohl in quantitativer als auch in qualitativer Hinsicht durchaus Genüge getan. Neben zahlreichen und ausführlichen regelmäßigen wie irregulären Telegrammen und Depeschen aus Berlin hatten Foreign Office und Control Office in London auch ausführliche Berichte zu die sowjetische Besatzungszone betreffenden Einzelfragen vorgelegen. Was

5 Passant an Steel 23.12.1946, ibid.
6 Steel an Chiefs of all Divisions 7.1.1946, F.O.1049/711.
7 Ibid.

fehlte, war das vollständige Bild, das im Foreign Office noch nicht hatte zusammengesetzt werden können. Um aus der Fülle der Informationen ein Gesamtbild von der Situation in der sowjetischen Besatzungszone zu entwerfen, war der Beobachtungszeitraum schlicht zu kurz und die bolschewistische Revolution östlich der Elbe zu umwälzend gewesen.

Um so größere Augen bekamen die mit Deutschland und der Sowjetunion befaßten Beobachter im Foreign Office, als nach noch einmal vier Monaten der Informationsverarbeitung das Research Department endlich das komplette Mosaik präsentierte. In zwei ausführlichen, jeweils etwa dreißigseitigen Memoranden über "The Sovietisation of the Eastern Zone of Germany" und über "The Soviet Zone of Germany" machte es Ende März und Ende April 1947 zum ersten Mal den Versuch, die politischen, wirtschaftlichen und gesellschaftlichen Entwicklungen im sowjetisch besetzten Deutschland vollständig zu erfassen.[8] Beide Memoranden wurden sofort gedruckt und erhielten einen riesigen Verteiler. Das April-Memorandum, das mehr noch als das vorhergehende ein Gesamtbild von der Situation östlich der Elbe zeichnen wollte, erreichte in zwei Teilen als "Special Article" des vom Research Department zusammengestellten geheimen "Weekly Political Intelligence Summary" jede Botschaft und jedes Konsulat.[9] Das Bild, das die beiden Berichte von der sowjetischen Besatzungszone präsentierten, war das eines weitgehend kompletten Staatswesens sowjetkommunistischer Gestalt.

---

8 "The Sovietisation of the Eastern Zone of Germany", F.O.R.D. Memorandum v. 26.3.1947, F.O.371/64306/C5120. "The Soviet Zone of Germany", F.O.R.D. Memorandum v. 30.4.1947, F.O.371/64308/ C9834.

9 Weekly Political Intelligence Summary (W.P.I.S.) No. 390 v. 30.4. 1947, Special Article: "The Eastern Zone of Germany - I". W.P.I.S. No. 391 v. 7.5.1947, Special Article: "The Eastern Zone of Germany - II". Abgedr. in: Great Britain. Foreign Office, Weekly Political Intelligence Summaries, Bd. 15, January - June 1947, No. 374-397, London 1983.

6.2. Richtungskämpfe in der SED?

Das Regierungssystem der sowjetischen Besatzungszone, begann das Research Department sein April-Memorandum, sei zwar noch nicht vollständig fertig, aber die Umrisse zeichneten sich bereits deutlich ab. Es basiere auf dem Prinzip der Herrschaft einer einzigen Partei, der SED nämlich, die wiederum ihre Anweisungen direkt aus Moskau erhalte.[10]

Die SED war seit ihrer Gründung naturgemäß Hauptgegenstand des Interesses von Political Division und Foreign Office gewesen. Als Bevin ziemlich genau ein Jahr zuvor dem Kabinett die Lage in Deutschland erläuterte und seine Vorstellung von der Föderalisierung Deutschlands entwickelte, hatte sich über die kaum gegründete Partei noch nicht viel sagen lassen. Die SED sei nichts anderes als die Fortsetzung der Kommunistischen Partei unter neuem Namen, hatte die Political Division schon unmittelbar nach dem Vereinigungsparteitag nach London telegrafiert, aber sie war sich im folgenden ihres frühen Urteils nicht immer gleichermaßen sicher geblieben. Ein Jahr lang hatte nun auch das Research Department die SED beobachtet und dabei nach Anzeichen für innerparteiliche Richtungskämpfe Ausschau gehalten. Als einen der wichtigsten noch ungeklärten politischen Faktoren in Deutschland hatte es nämlich noch im Januar 1947 die Frage bezeichnet nach der relativen Stärke der Moskau vollständig ergebenen Kommunisten - den ehemaligen Moskau-Emigranten - und der in Deutschland von jeher nicht unerheblichen Faktionen jener Kommunisten, "who are Germans first and foremost".[11] Die Vermutung war naheliegend, daß letztere Faktion durch die Vereinigung mit der SPD gestärkt worden sei.

Indizien für einen Richtungskampf zwischen 'moskautreuen' und 'deutschen' Kommunisten innerhalb der SED lieferte denn auch immer wieder die Auseinandersetzung über die deutsch-polnische Grenze. Während des Wahlkampfes im Sommer und Herbst 1946 hatten Altkommunisten und ehemalige Sozialde-

10 "The Eastern Zone of Germany - I".
11 W.P.I.S. No. 376 v. 15.1.1947.

mokraten gelegentlich unterschiedliche Aussagen über die Frage der neuen deutschen Ostgrenze gemacht. Am 21. Juli hatte Pieck während einer Reise durch die britische Besatzungszone in Essen erklärt - "mutig", wie das Research Department fand - Deutschland müsse sich in den Verlust deutscher Gebiete, die von Hitler "verspielt" worden seien, dreinfinden.[12] Am 13. September, dem Wahltag näher, hatten hingegen Grotewohl und Fechner auf einer Wahlkundgebung in Stralsund die Grenzregelung im Osten als "provisorisch", gar "vorübergehend" bezeichnet.[13]

Nach dem Wahldesaster in Berlin hatte es aus "zuverlässiger" Quelle geheißen, daß nun auch führende Kommunisten wie Pieck und Dahlem sowjetische Äußerungen zur Grenzfrage und die zu enge Anlehnung der Partei an die SMAD für die Wahlniederlage verantwortlich machten und dafür plädierten, die Partei wenigstens nach außen hin von der sowjetischen Besatzungsmacht etwas abzusetzen.[14] In der Grenzfrage, beobachtete das Research Department, sei die SED gezwungen, einen schwierigen Kurs zu steuern "between the Scylla and Charybdis of pro-Russianism and chauvinism".[15] Wie das ausgehen würde, schien Mitte Januar 1947 den Bobachtern in London noch offen zu sein. Denn ungeachtet eindeutiger Aussagen Stalins vom Oktober weigerten sich, wie das Research Department ebenfalls wußte, vor allem SED-Führer mit SPD-Vergangenheit zu akzeptieren, daß in der Frage der Ostgrenze tatsächlich das letzte Wort gesprochen sei.[16]

Durch selbständige Standpunkte immer wieder auf sich aufmerksam machte etwa der über die SPD in die SED geratene Hugo Buschmann, bis Oktober 1946 Präsident einer der sowjetzonalen Zentralverwaltungen, der "Deutschen Verwaltung für Handel und Versorgung". Im Juli 1946 hatte ihm das Research

---

12 W.P.I.S. No. 352 v. 24.7.1946.
13 W.P.I.S. No. 361 v. 26.9.1946. Wahlrede in Stralsund am 13.9. 1946, Radio Schwerin, BBC Monitoring, F.O.371/55853 C11178.
14 W.P.I.S. No. 372 v. 11.12.1946.
15 W.P.I.S. No. 376 v. 15.1.1947.
16 Stalin Interview mit Hugh Baillie am 29.10.1946, W.P.I.S. No. 376 v. 15.1.1947.

Department die in der Tat bemerkenswerte Äußerung zugeschrieben, Deutschland werde niemals in der Lage sein, Reparationsleistungen in der von Molotow gerade wieder geforderten Höhe von zehn Milliarden Dollar aufzubringen, um so weniger, als in der sowjetischen Besatzungszone die Demontagen schon ein enormes Ausmaß erreicht hätten und weitergingen.[17] Als unmittelbar nach den Wahlen in Berlin die neue Welle von Demontagen und Deportationen über die sowjetische Besatzungszone hereinbrach, trat er von seinem Amt zurück.[18] Wenig später übte er scharfe Kritik am SED-Entwurf einer Verfassung für ganz Deutschland, trat aus der Partei aus und flüchtete schließlich in den Westen.[19]

Wohl ebenfalls von Buschmann stammten die Informationen des Research Department über Kritik ehemaliger SPD-Mitglieder an den Zuständen in der SED, am "lack of genuine 'fusion'", an der KPD, die ehemalige SPD-Mitglieder bespitzele, sowie über das generelle Unbehagen nicht weniger SED-Größen an "undue influence of *emigré* [Hervorh. i. Orig., A.d.V.] leaders"[20] - gemeint waren die ehemaligen Moskau-Emigranten. Wieder auf Buschmann zurück gingen Hinweise, Ulbricht sei bei den Sowjets in Ungnade gefallen, und die Prognose, Moskau sei von den Wahlergebnissen der SED so enttäuscht, "that even the Russian occupying Powers would one day scrap the SED as worthless or even harmful".[21]

Anders aber als Political Division und German Department schloß sich das Research Department solchen Hoffnungen zu keinem Zeitpunkt an und behandelte Ende Februar Gerüchte über die Wiederzulassung der SPD in der sowjetischen Besatzungszone mit äußerster Skepsis.[22] Aus Äußerungen ungenannter SED-Mitglieder schloß es vielmehr auf das Einschwenken der Partei auf die KPD-Doktrin vom deutschen Weg zum Kommunis-

---

17 W.P.I.S. No. 353 v. 31.7.1946.
18 W.P.I.S. No. 366 v. 30.10.1946.
19 W.P.I.S. No. 372 v. 11.12.1946.
20 W.P.I.S. No. 376 v. 15.1.1947.
21 W.P.I.S. No. 366 v. 30.10.1946. W.P.I.S. No. 372 v. 11.12. 1946.
22 W.P.I.S. No. 382 v. 26.2.1947.

mus und auf bevorstehende interne Säuberungen.[23] Die SPD-Komponente, war sich das Research Department in seinem Memorandum über "The Eastern Zone of Germany" schließlich ganz sicher, hatte keinerlei ernsthaften Einfluß auf die SED: "The SED is virtually the Communist party under another name."[24] Noch einmal ein halbes Jahr später gab auf dem 2. Parteitag Ende September 1947 die SED selber den britischen Beobachtern die endgültige Antwort auf alle Fragen nach innerparteilichen Richtungskämpfen: "By comparison the first congress at the time of the 'fusion' in April 1946 seems almost timidly respectable. The meeting demonstrated more clearly than ever before how closely German Communism is now identified with Soviet Communism." Nur eines, so das Research Department, sei aus den Redebeiträgen der SED-Führung und dem Auftritt Oberst Tulpanows herauszulesen - "Subservience to Moscow".[25]

6.3. De-facto-Regierung SED.

Schon vergleichsweise früh vermochte das Research Department mit Erkenntnissen über das Streben der SED nach Suprematie über den Staat aufzuwarten. Kommissionen, ähnlich Ministerien, für Justiz, Wirtschaft, Inneres, kurz: alle administrativ bedeutsamen Ressorts, teilte es Ende Oktober in einer Notiz dem German Department mit, gaben dem Zentralkomitee der SED das Skelett einer Regierung: "This bears out that the SED, like the Nazi-Party but unlike any other political party at present in Germany, is organising itself in a form parallel to

---

23 W.P.I.S. No. 377 v. 22.1.1947.
24 Special Article, "The Eastern Zone of Germany - I".
25 W.P.I.S. No. 412 v. 8.10.1947. Military Governor an Bevin 24.9. 1947, Weekly Political Summary, F.O.371/64276/C12654. Military Governor an Bevin 30.9.1947, Weekly Political Summary, F.O. 371/64276/ C12982.

that of the state for obvious purposes."[26] Die SED, erläuterte das Research Department im April, doppelte alle Regierungsressorts und stellte, wie zuvor die NSDAP, jedem Ministerium ein korrespondierendes Partei-Sekretariat "als Wachhund" zur Seite. Einziger Unterschied zwischen SED und "Nazi-Party" sei der, daß, zumindest auf dem Papier, im Falle der SED die ressortleitenden Parteisekretäre immerhin gewählt würden.[27]

Es paßte ins Bild, daß die SED mit dem sowjetischen Militärgouverneur Marschall Sokolowski über ein Ende der Demontagen und über die Verbesserung der wirtschaftlichen Situation in der sowjetischen Besatzungszone "verhandelte" und am 16. Januar ein entsprechendes Kommuniqué an die Öffentlichkeit gab, das die Unterschriften Piecks, Grotewohls und eben Vertreter der SMAD trug.[28] Die SMAD, schloß das Research Department aus den Verhandlungen an sich wie aus ihrer Bekanntgabe über SED-Kanäle, versuchte nicht nur die SED aufzuwerten, sondern behandelte sie bereits wie die "De-facto-Regierung" der sowjetischen Besatzungszone.[29] An den tatsächlichen Verhältnissen in der Zone und an der vollständigen Abhängigkeit der SED von sowjetischen Weisungen aus Karlshorst oder Moskau änderte das gleichwohl nichts. Als am 16. Januar im Koordinierungsausschuß General Clay seinen sowjetischen Kollegen Kurochkin um Erläuterungen zu besagtem Kommuniqué bat - Kurochkin wurde darin immerhin als einer der sowjetischen Verhandlungsführer genannt -, wußte der von nichts. Er habe, entgegnete er sichtlich verlegen, niemanden ermächtigt, irgendwelche Erklärungen abzugeben.[30]

---

26 "Organisation of the Central Secretariat of the SED", F.O.R.D.-Note v. 22.10.1946, F.O.371/55374/C13143. Walmsley an German Department 26.10.1946, ibid. W.P.I.S. No. 353 v. 31.7.1946.

27 "The Eastern Zone of Germany - I".

28 Pink an F.O. 16.1.1947, F.O.371/64305/C836. Pink an F.O. 18.1. 1947, F.O.371/64305/C918. W.P.I.S. No. 377 v. 22.1.1947.

29 "The Eastern Zone of Germany - I".

30 W.P.I.S. No. 377 v. 22.1.1947.

6.4. Die Blockpolitik der SED.

In Stadtparlamenten, Kreis- und Landtagen der sowjetischen Besatzungszone ging es, so sollte es nach außen hin scheinen, demokratisch zu. Doch das war nur Fassade. Die Herrschaftsverhältnisse im sowjetisch besetzten Teil Deutschlands hatten nach der entlarvenden Formulierung eines SED-Sprechers, die das Research Department auch prompt wiedergab, mit der bürgerlichen Demokratie nichts gemein.[31] So war es in der Tat. In den Parlamenten fanden Debatten statt, über Anträge wurde abgestimmt, und manchmal wurde die SED dabei sogar überstimmt. In allen entscheidenden Fragen jedoch folgten die bürgerlichen Parteien LDP und CDU stets der Linie der SED.

Das System, erläuterte das Research Department, beruhte auf der "Einheit der Anti-Faschistischen Parteien", auf dem Einheitsblock. Unmittelbar nach der bedingungslosen Kapitulation hatte das Prinzip des Einheitsblocks als Übergangslösung einleuchten mögen, vielleicht sogar als besonders demokratische Übergangslösung. Denn schließlich hatte es mangels Wahlen weder legitimierte Parteiführungen noch demokratisch legitimierte Herrschaftsausübung einer Partei geben können. Aus der Übergangslösung war indes nicht nur eine permanente Institution, sondern das zentrale Instrument der SED-Herrschaft geworden. Das Research Department erklärte nun, wie es funktionierte: Keine wichtige Frage erreichte irgendein Parlament, ohne nicht schon vorher im jeweiligen Block-Ausschuß entschieden worden zu sein. Denn anders als in den Parlamenten, wo die SED eben nicht überall eine Mehrheit hatte, waren dort alle Parteien gleich stark vertreten. Durch die Hinzuziehung sogenannter Experten und des von ihr beherrschten Freien Deutschen Gewerkschaftsbundes (FDGB) vermochte sich die SED in den Block-Kommitees stets die Mehrheit zu sichern. Das Verfahren hatte, wie der Präsident des Sächsischen Landtages, Otto Buchwitz am 26. Februar 1947 in einer Rundfunksendung ganz offen erläuterte, für die SED den Vorzug, daß sie Ent-

---

31 "The Eastern Zone of Germany - I".

scheidungen nicht nur nicht erzwingen mußte, sondern obendrein die Verantwortung für Fehlentscheidungen mit den bürgerlichen Parteien teilen konnte.[32]

Versagte das Block-System, wußte das Research Department, griffen SED und SMAD auf weniger subtile Mittel zurück: "Other means for securing SED predominance in the Diets include terrorisation and arrest of officials and candidates of other parties; preventing the other parties from putting up candidates; terrorisation or political bribery of the voters; and control of propaganda."[33] Daß es den bürgerlichen Parteien zusammen dennoch gelungen war, in allen Landtagswahlen mehr Stimmen zu gewinnen als die SED, hatte da wenig zu bedeuten. Die SED bemächtigte sich in allen fünf Landesregierungen der Schlüsselressorts Inneres und Erziehung. In vier Ländern stellte sie den Ministerpräsidenten, und in Sachsen-Anhalt dessen Stellvertreter. Völlig unabhängig von den Wahlergebnissen stellte sie in fast allen Kommunen den Bürgermeister. Es sei völlig unerheblich, hatte unmittelbar nach den Kommunalwahlen der Leiter des Präsidialamtes der Landesverwaltung Thüringens, Hans Staas, in einer Radiosendung erklärt, ob irgendwelche Parteien "durch Zufall" Mehrheiten erhalten hätten. Das Land Thüringen würde in jedem Fall die SED-Bürgermeister im Amt behalten.[34]

6.5. Die Massenorganisationen - Teil der Regierungsmaschinerie.

Fundament des "SED-Staates", von dem das Research Department schon jetzt so sprach, waren die Massenorganisationen. Nicht jeder Bürger sei gezwungen am politischen Leben teilzu-

---

32 W.P.I.S. No. 384 v. 12.3.1947. Zu den Block-Ausschüssen vgl. zuletzt SBZ-Handbuch, S.595-615.

33 "The Eastern Zone of Germany - I".

34 BBC Monitoring. Brit. News Service in Germany 16.9.1946, 23.25 Uhr. F.O.371/55371/C11289.

haben, aber, so beschrieb das F.O.R.D.-Memorandum die Situation, es sei schwer zu sehen, wie irgend jemand dem feingewirkten Netz entkommen konnte, das FDGB, Vereinigung der gegenseitigen Bauernhilfe, Freie Deutsche Jugend, Demokratischer Frauenbund Deutschlands, Kulturbund, Gesellschaft für Deutsch-Sowjetische Freundschaft, Volkssolidarität und Konsumgenossenschaft über die gesamte Gesellschaft warfen.[35] Wohlfahrts- und Jugend-Organisationen, Frauenverbände und Gewerkschaften gab es auch in den anderen Besatzungszonen. Das Besondere an der Situation in der sowjetischen Besatzungszone war, daß in jedem dieser Bereiche nur eine einzige Organisation zugelassen war. Und die befand sich stets fest in der Hand der SED.

Die Massenorganisationen in der sowjetischen Besatzungszone erhielten nicht nur ein Monopol, sondern geradezu offiziellen oder halboffiziellen Status und übernahmen Aufgaben, die in den anderen Besatzungszonen Behörden vorbehalten blieben, entzogen sich aber, anders als Behörden, demokratischer Kontrolle: "They are in fact inextricably part of the machinery of government but do not appear to be subordinate to the public authorities, so that they are an instrument of government which is not properly accessible to democratic control."[36] In alledem, strich das Research Department heraus, glichen die Massenorganisationen der sowjetischen Besatzungszone denen des Nazi-Regimes. Obwohl nominell überparteilich, waren sie mehr oder minder unverholen von der SED abhängig und bekannten sich zur Aufgabe der "anti-faschistischen Indoktrination".

Eine besondere Rolle für die Machtsicherung der SED spielte dabei der FDGB. In den westlichen Besatzungszonen hatten sich in jedem Industriezweig nach und nach regionale Gewerkschaften zu lose organisierten zonalen Gewerkschaften entwickelt. Der FDGB dagegen war vom ersten Tage seines Bestehens an eine vollständig zentralisierte Organisation. In neunzehn Unterorganisationen gingen alle Genossenschafts- und Berufsverbände auf. Der Aufbau des FDGB, konstatierte das Research De-

---

35 "The Eastern Zone of Germany - I".
36 Ibid.

partment, glich dem der sowjetischen Gewerkschaftsorganisation, und es war wohl kein Zufall, daß Ulbricht die deutschen Gewerkschaften unlängst aufgerufen hatte, sich am sowjetischen Modell zu orientieren.[37]

Die regelrechte Gewerkschafts-Besessenheit der SED war um so auffälliger, wunderten sich die britischen Beobachter, als mit dem Verschwinden der Privatwirtschaft in der sowjetischen Besatzungszone die Gewerkschaften ihren Existenzzweck - Verteidigung der Interessen der Arbeiter gegen die der Arbeitgeber - doch eigentlich verloren hatten. Der FDGB, schloß das Research Department, war in erster Linie ein zusätzliches Instrument der Herrschaft der SED. Die FDGB-Zeitung, "Die Tribüne", verfolgte die Linie der SED, die Gewerkschaftsführer gehörten allesamt der SED an. Nicht mehr auffällig war nach alledem, daß die SED gefordert hatte, einer zukünftigen Regierung für ganz Deutschland müßten auch Minister aus den Reihen des FDGB angehören.[38]

6.6. Die Sowjetisierung der Industrie.

"Sozialismus nach sowjetischem Vorbild", das, so resümierte das Research Department, sei das politische Ziel der sowjetischen Besatzungsmacht in ihrer Zone. Sowohl SMAD als auch SED hätten bei der Realisierung dieses Zieles beträchtliche "taktische Elastizität" bewiesen.[39] An der Welle planloser und ungeplanter Sowjetisierung, die in der Frühphase der Besetzung über die Zone hinweggegangen war, hatte, glaubten die britischen Beobachter nun erkannt zu haben, die Besatzungsmacht keinen Anteil gehabt. Im Gegenteil, sie war ihr wohl eher ungelegen gekommen. Denn die Wirtschaft der sowjetischen Besatzungszone sei dadurch in schwere

37 Ibid.
38 Ibid. Grotewohl am 15. 2. 1947, W.P.I.S. No. 382, v. 26.2.1947.
39 "The Eastern Zone of Germany - II".

Mitleidenschaft gezogen worden, zu einem Zeitpunkt, "when the Russians were deeply concerned to get the maximum amount of goods out of their zone".[40] Aus diesem Grunde habe die SMAD die deutschen Kommunisten im ersten Besatzungsjahr zu größerer Zurückhaltung im Umgang mit dem privaten Unternehmertum angehalten.

Aber seit Sommer 1946 sei nun eine zweite Phase der Sowjetisierung und Sozialisierung im Gange, diesmal in geordneten Bahnen und getarnt als Maßnahme zur Bestrafung von Kriegsverbrechern, Nazis und Kriegsgewinnlern. Der Anfang wurde in Sachsen gemacht, wo sich die SED besonderer Zustimmung sicher zu sein glaubte. In einem "Volksentscheid" befürworteten dort am 30. Juni 77% der Stimmberechtigten das zur Abstimmung vorgelegte Gesetz über die "Enteignung der Naziaktivisten und Kriegsverbrecher". Ohne weitere Abstimmungen wurde das Gesetz anschließend auch in allen anderen Ländern und Provinzen erlassen.

William Strang hatte seinerzeit aus Berlin Fakten und Zahlen übermittelt und auch über Unregelmäßigkeiten bei Enteignungen und Verkauf enteigneten Besitzes berichtet, aber sonst keine weiteren Schlüsse gezogen oder sie zumindest dem Foreign Office nicht mitgeteilt.[41] Ein dreiviertel Jahr später sah das Research Department klarer: In Sachsen waren 1.866 Betriebe enteignet worden. Davon hatte das Land 1.119 übernommen, die übrigen waren an "Opfer des Faschismus", Neu-Siedler und Kooperativen verkauft worden. Die vom Land übernommenen Betriebe wurden nun von einer eigens ins Leben gerufenen Industrieverwaltung geleitet.

Am Beispiel der in den "Industriewerken der Provinz Sachsen-Anhalt" zusammengefaßten "volkseigenen" Betriebe, vermochte das Research Department auch zu erläutern, wie das aussah: Die gesamte verstaatlichte Industrie war nach Industriezweigen in vierzehn Gruppen zusammengefaßt worden und wurde von einer übergeordneten Industrieverwaltung geleitet.

---

40 Ibid.

41 Strang an Bevin, Political Summary No. 12 v. 19.7.1946, F.O.371/55368/C8365. Strang an F.O., Tel. No. 780 v. 22.7.1946, ibid.

Über die Zusammensetzung des Generaldirektoriums entschied der Präsident der Provinzialverwaltung. Entscheidungen mußten von einer eigens eingerichteten Hauptverwaltung der Provinzialverwaltung bestätigt werden. FDGB und Parteien waren darin vertreten. Jede der vierzehn Industrie-Gruppen umfaßte den größten Teil der Industrie ihres Industriezweiges. Was sich da unter dem Deckmantel der Entnazifizierung vollzog, erkannte das Research Department, war nicht Sozialisierung, sondern Sowjetisierung: "This is a process not merely of socialisation but of creating giant horizontal trusts leading to an economic system similar to that of the Soviet Union."[42]

6.7. Reparationen - Sowjetisierung oder Ausplünderung?

Für Verwirrung im Foreign Office hatten auch während der zweiten Hälfte des Jahres 1946 widersprüchliche Meldungen über den Stand der sowjetischen Reparationspolitik gesorgt. Mehrfach hatten SMAD oder SED das Ende der Demontagen verkündet, und mehrfach waren sie dann doch wieder aufgenommen worden. Am 21. Juni 1946 hatte, wie die Political Division in Erfahrung hatte bringen können, der sowjetische Militärgouverneur in vertraulicher Ansprache den Ministerpräsidenten der Länder und Provinzen sowie den Präsidenten der Zentralverwaltungen die sowjetische Wirtschaftspolitik in der sowjetischen Besatzungszone erläutert.[43] "With full authority" hatte Sokolowski bei dieser Gelegenheit verkündet, daß die Demontagen schon am 1. Mai eingestellt worden seien. Nur wenig später hatte auch Wilhelm Pieck verkündet, alle Demontage-Vorhaben seien am 1. Juni beendet worden.[44]

Eine andere Sprache hatte, nur einen Monat später, jedoch Außenminister Molotow gesprochen. Während der Konferenz der

42 "The Eastern Zone of Germany - II".
43 F.O.371/55580/C6566. W.P.I.S. No. 347 v. 19.6.1946.
44 Ibid.

Außenminister in Paris beharrte er auf Reparationsleistungen in Höhe von zehn Milliarden Dollar. Ende Juli wurden in der Presse Äußerungen des Präsidenten der "Deutschen Verwaltung für Handel und Versorgung" wiedergegeben, der gesagt haben sollte, daß die Demontagen, die bereits enorme Ausmaße erreicht hätten, weitergingen.[45] Die Demontage- und Deportationswelle, die nach den Wahlen durch die Zone ging, demonstrierte schließlich, daß sowjetische Zurückhaltung beim Durchsetzen von Reparationsforderungen, sofern es sie je gegeben hatte, allenfalls taktischer Natur gewesen war. Aber wieder folgten beschwichtigende Beteuerungen von SMAD und SED. Von seinen Kollegen im Kontrollrat zur Rede gestellt, erklärte Sokolowski am 20. November, weitere Rekrutierung und Entsendung deutscher Spezialisten in die Sowjetunion - Sokolowski nahm natürlich das Wort "Deportationen" nicht in den Mund - würde es, von Einzelfällen abgesehen, nicht mehr geben.[46] Am 15. Januar 1947 verkündete wieder einmal die SED in besagtem Kommuniqué über ihre Verhandlungen mit der SMAD das Ende der Demontagen und gab das als ihren Verhandlungserfolg aus.

Im Research Department, wo man unterdessen aus dem Hin und Her der sowjetischen Reparationspolitik die richtigen Schlüsse gezogen hatte, wurde die Ankündigung eher skeptisch aufgenommen. In der Frage der Demontagen und Deportationen, erkannte das Research Department bereits Ende November 1946, deuteten alle Anzeichen auf eine schwere Auseinandersetzung hin zwischen der SMAD und "representatives of economic agencies in the Soviet Union", die ihre Weisungen direkt aus Moskau bezögen. Die SMAD, obwohl äußerst beunruhigt über die Auswirkungen der Moskauer Demontage-Politik in der sowjetischen Besatzungszone, sei wohl machtlos: "... General Sokolowsky's statement, while bearing out his view, may not necessarily be acted upon in the future."[47]

45 W.P.I.S. No. 353 v. 31.7.1946.
46 W.P.I.S. No. 370 v. 27.11.1946.
47 W.P.I.S. No. 370 v. 27.11.1946.

Der Konflikt, von dem das Research Department da sprach, war der Konflikt älterer, widerstreitender deutschlandpolitischer Konzeptionen in Moskau. Denn während Sokolowski und die SMAD die Sowjetisierung - den Umbau der sowjetischen Besatzungszone nach sowjetischem Modell - betrieben, verfolgten Moskauer Stellen die rein destruktive, ältere Politik der Zerstörung Deutschlands. Im ungehemmten Gebaren Moskauer Reparations-Eintreiber lebte die deutschlandpolitische Linie fort, die 1945 auf die Zerschlagung des Industriepotentials Deutschlands gezielt hatte, und restlos erledigt wurde sie bis zur Gründung der DDR nie. Es war nur allzu leicht, sie auch noch nach Abflauen der Demontagewellen in Moskaus rücksichtslosen Entnahmen aus der laufenden Produktion - das Research Department schätzte sie September 1947 auf 70 Prozent des gesamten Produktionsaufkommens[48] - wiederzuerkennen und überzubewerten. Moskau, überlegte darum das Research Department im Oktober 1947, zu einem Zeitpunkt, zu dem in Moskau die Linie der Zerstörung und Zerschlagung Deutschlands in den Hintergrund getreten war, verfolge im Osten Deutschlands eine regelrechte Politik der "verbrannten Erde": "... there are even signs that Russia may be pursuing a policy which amounts almost to a 'scorched earth' policy in Eastern Germany, in the belief that an economic desert between Russia and the Western powers would be strategically valuable to Russia."[49]

48 W.P.I.S. No. 410 v. 24.9.1947, Special Article: "German Trade".
49 F.O.R.D. Memorandum v. 9.10.1947: "Some Aspects of the Political System in the Soviet Zone of Germany", F.O.371/64310/C13395.

6.8. Die Sowjetischen Aktiengesellschaften (SAG) - Vehikel der Sowjetisierung.

Indes gab es seit der Gründung der SED immer mehr Hinweise darauf, daß die konstruktive Politik der SMAD Eigendynamik entfaltete und sich gegen die ältere, rein destruktive Politik der Zerstörung Deutschlands durchsetzte. Als ein solcher Hinweis und als Erfolg der politischen Linie, für die Sokolowski stand, konnte das Phänomen der Sowjetischen Aktiengesellschaften (SAG) gewertet werden.[50] An der Entwicklung der SAG, die die britischen Beobachter von Anfang an aufmerksam verfolgten, war abzulesen, wie auch die Reparationspolitik Moskaus allmählich in den Dienst der Sowjetisierung der sowjetischen Besatzungszone trat.

Ein paar Tage vor dem Volksentscheid in Sachsen hatten "Soviet authorities" angekündigt, 600 der größten sächsischen Industriebetriebe würden von den Listen der zu enteignenden Betriebe gestrichen und von der SMAD übernommen. Dies berichtete Strang, unter Berufung auf "verläßliche Informationen", am 19. Juli nach London.[51] Ende August berief sich das Research Department auf Informationen der Wochenzeitung "Observer", denen zufolge in den vergangenen vier Wochen 200 der wichtigsten Industriebetriebe der sowjetischen Besatzungszone als "Soviet state property" übernommen worden waren, darunter die IG Farben in Sachsen. In Zusammenhang mit der Enteignung von "Kriegsverbrechern und Faschisten", hatte die Zeitung geschrieben, seien weitere Übernahmen geplant. Die deutschen Direktoren der von den Sowjets übernommenen Betriebe würden entlassen und durch Russen ersetzt. Arbeiter und Angestellte würden als Angestellte der Sowjetunion weiter beschäftigt.[52]

---

50 Zu den Sowjetischen Aktiengesellschaften vgl. Nettl, Sowjetzone, S.209ff. Staritz, Gründung der DDR, S.55ff; unzulänglich: Jan Foitzik unterschlägt die Bedeutung der SAG für die Sowjetisierung der SBZ, ders., Sowjetische Militäradministration in Deutschland (SMAD), in: SBZ Handbuch, S.31ff.

51 Strang an Bevin, Political Summary No. 12 v. 19.7.1946, F.O.371/55368/C8365.

52 "The Observer" v. 25.8.1946. W.P.I.S. No. 357 v. 28.8.1946.

Eine Woche später hatte das Research Department nunmehr als gesicherte Erkenntnis in Erfahrung gebracht, daß Anfang August 200 bis 250 Industriebetriebe - "representing the bulk of key industry" - von aus Moskau entsandten "Soviet officials" übernommen worden waren, ohne daß die SMAD, glaubte man in London, zuvor unterrichtet worden war. Die gesamte Produktion der übernommenen Betriebe ging an die Sowjetunion, wodurch sich aus britischer Sicht das Problem der Reparationsentnahmen aus der laufenden Produktion auf unerwartete Weise verschärfte. Außerdem beabsichtigten die Sowjets wohl, wurde in London spekuliert, die von ihnen übernommenen Betriebe später unter Wert gegen ihre Reparationsforderungen aufzurechnen: "The whole action raises serious issues, and at the next meeting of the Economic Directorate the Russians will be asked for the facts."[53]

Die Fakten legte eine Woche später der sowjetische Vertreter im Economic Directorate allerdings nur sehr zögernd auf den Tisch. Die Gesamtzahl der von den Sowjets übernommenen Industriebetriebe, gab er an, belaufe sich auf "nothing like 200". Es handele sich bei ihnen allesamt um Fabriken, die zwar zur Demontage bestimmt seien, derzeit aber nicht demontiert werden könnten. Die Übernahme durch die SMAD habe lediglich den Zweck, das Weiterlaufen der Produktion bis zum Zeitpunkt der Demontage sicherzustellen.[54]

Die westalliierten Vertreter im Economical Directorate gingen auf die Ausführungen ihres sowjetischen Kollegen nicht weiter ein. Im Research Department wurde jedoch der Widerspruch zwischen dieser Erklärung und der Zusicherung Sokolowskis über das Ende der Demontagen vom 21. Mai aufmerksam registriert.[55] Ein vierteljahr später falsifizierte ausgerechnet die SED das halbe Dementi über die Gesamtzahl der beschlagnahmten Betriebe. Die 200 in Sowjetische Aktiengesellschaften verwandelten, eigentlich zur Demontage vorgesehenen großen Unternehmen, hieß es ganz explizit am 16. Januar 1947

---

53 W.P.I.S. No. 358 v. 4.9.1946.
54 W.P.I.S. No. 359 v. 11.9.1946.
55 Ibid.

in jenem SED-Kommuniqué über die Verhandlungen mit der SMAD und über das Ende der Demontagen, würden nicht demontiert werden, sondern blieben, um Arbeitsplätze zu erhalten, in Deutschland. 74 der Betriebe sollten sogar wieder in deutschen Besitz übergehen und würden den jeweiligen Landes- und Provinzregierungen übergeben.[56]

Ende April konnte das Research Department in seinem langen Bericht über die sowjetische Besatzungszone mit vergleichsweise detaillierten Aussagen aufwarten. Die Produktion der SAG-Betriebe machte 27 Prozent - einer früheren Schätzung zufolge allein in Sachsen 59 Prozent - der industriellen Produktion der sowjetischen Besatzungszone aus.[57] An der Spitze der SAG stand eine Holding-Gesellschaft der SMAD in Karlshorst, welche die beschlagnahmten Betriebe nach Industriezweigen in Kombinaten zusammenfaßte. Die Übernahme eines Industriebetriebes schien, wie das Research Department zu wissen glaubte, stets nach dem gleichen Schema abzulaufen: Der sowjetische Direktor eines SAG-Kombinats taxierte den zu übernehmenden Betrieb üblicherweise auf 25 Prozent seines Friedenswertes. Die Schätzung samt Inventar aller Liegenschaften ging dann an die Holding-Gesellschaft, wo sie noch einmal schlicht halbiert wurde. Die daraus resultierende Endsumme wurde schließlich mit den sowjetischen Reparationsforderungen verrechnet. Nicht verrechnet wurden natürliche Ressourcen im Besitz des betreffenden Betriebes - zum Beispiel Rohstoffvorkommen oder Wälder -, und natürlich standen die Sowjets nicht für alte Schulden gerade. Praktisch die gesamte Produktion der SAG war für die Sowjetunion bestimmt und wurde ebenfalls nicht dem deutschen Reparationskonto gutgeschrieben.[58]

Genaue Zahlen, die Auskunft hätten geben können über das Verhältnis von verstaatlichten und beschlagnahmten Betrieben gegenüber denen, die in privater Hand verblieben waren, konnte

---

56 Pink an F.O., 16.1.1947, F.O.371/64305/C836. W.P.I.S. No. 377 v. 22.1.1947.
57 W.P.I.S. No. 385 v. 19.3.1947.
58 Special Article "The Eastern Zone of Germany II".

auch im Frühjahr 1947 in London niemand vorlegen. Allerdings schien dem Research Department viel dafür zu sprechen, Ulbrichts Drohung vom Vorjahr, daß es in der sowjetischen Besatzungszone sehr bald keine Unternehmen in privater Hand mehr geben würde[59], ernst zu nehmen: "... it seems that only a relatively unimportant proportion by value remain in private hands, and that there is every intention of squeezing these further, no matter what lip-service may be paid to private enterprise."[60]

6.9. Bodenreform.

Schwieriger als im Falle der Industrie war es, Aussagen über die Entwicklung der Landwirtschaft in der sowjetischen Besatzungszone zu machen. Die Durchführung der Bodenreform vom Herbst 1945 hatten Political Division und German Department sehr genau mitverfolgt und schon damals auf Kollektivierungs-Absichten der Kommunisten und der Besatzungsmacht geschlossen. Ursprünglich hatten alle mehr als 100 Hektar großen Güter enteignet und aufgeteilt werden sollen. Tatsächlich waren aber, wie das Research Department nun wußte, nur 60 Prozent der zur Enteignung in Frage kommenden Landfläche von der Bodenreform erfaßt worden. 24 Prozent des enteigneten Grundbesitzes war nicht an Bauern vergeben worden, sondern für verschiedene Formen des Gemeinnutzens zurückbehalten worden. Die Förderung privaten Landbesitzes und dessen privater Nutzung, schloß das Research Department, sei nicht das einzige und wohl nicht einmal das hauptsächliche Motiv der Reform gewesen.[61]

Auf der anderen Seite war der Anteil des in private Hand übergebenen Landbesitzes auch nicht unbeträchtlich. Die Ver-

59 W.P.I.S. No. 343 v. 15.5.1946.
60 "The Sovietisation of the Eastern Zone of Germany".
61 "The Eastern Zone of Germany II".

armung der vielen neuen Kleinbauern, die die britischen Beobachter schon im Herbst 1945 vorausgesehen hatten und die, unterstellten sie nun, auch KPD und SMAD vor Augen gehabt hatten, würde allerdings weitere Schritte in Richtung Kollektivierung nach sowjetischem Vorbild sehr leicht machen. In der Tat, berichtete das Research Department, waren die neuen selbständigen Bauern schon in hohem Maße von zentraler Unterstützung abhängig.[62]

Im weiteren Verlauf des Jahres 1947 wurden Indizien, die auf eine beginnende Kollektivierung der Landwirtschaft hinwiesen, von den britischen Beobachtern aufmerksam registriert. So etwa die Ankündigung des Landwirtschaftsministers des Landes Mecklenburg am 19. Mai 1947, die Bodenreform sei insofern modifiziert worden, als einige der größeren Güter nun von einem Dutzend oder mehr Bauernfamilien als "Staatsunternehmen" bewirtschaftet würden.[63] Ende September lagen weitere offizielle Details und, wie das Research Department betonte, "nach oben korrigierte" Zahlen vor: etwa die Hälfte aller Bauern in der sowjetischen Besatzungszone hatten ihr gesamtes Land über die Bodenreform erhalten. Alle Maschinenparks waren in einem "vast pool" aufgegangen, den die "Vereinigung für gegenseitige Bauernhilfe" verwaltete und vermietete.[64]

6.10. Die Einbindung der SBZ in den sowjetischen Wirtschaftsraum.

Ebenso wichtig wie die politischen Weiterungen der Sowjetisierung der sowjetischen Besatzungszone waren für die britischen Beobachter, im Hinblick auf die Frage der wirtschaftlichen Behandlung Deutschlands als Einheit, ihre ökonomischen

62 "The Sovietisation of the Eastern Zone of Germany".
63 W.P.I.S. No. 395 v. 11.6.1947.
64 W.P.I.S. No. 410 v. 24.9.1947.

Konsequenzen. Während des ersten Jahres alliierter Besatzungsherrschaft in Deutschland war es den Briten, so Bevin selber, schwergefallen, mehr oder weniger "uncoordinated pieces of information" über die wirtschaftliche Situation in der sowjetischen Besatzungszone zusammenzusetzen.[65] Erst während der zweiten Häfte des Jahres 1946 und während des folgenden Jahres machten Augenschein, interne Papiere, die den Briten aus Karlshorst zugespielt wurden[66], und nicht zuletzt die Auswertung der sowjetzonalen Presse es möglich, die Nebelwand sowjetischer und kommunistischer Propaganda über die wirtschaftliche Situation der Zone zu durchdringen. Die Informationsschnipsel verdichteten sich zum aussagekräftigen Bild.

"The Leipzig Fair, held between the 8th and 12th May, was a stunt", begann William Strang seinen kurzen Bericht über die erste Nachkriegsmesse in Leipzig.[67] Auf Befehl des sowjetischen Militärgouverneurs veranstaltet, diente sie dem Zweck, Besuchern aus den westlichen Besatzungszonen und aus ganz Europa einen Eindruck von der wirtschaftlichen Lage in der sowjetischen Besatzungszone zu vermitteln, der sich grundsätzlich von dem Bild des Hungers und des Elends unterscheiden sollte, das die westlichen Zonen, und dort vor allem die britische, boten. Der Propaganda-Trick schlug fehl. Statt dessen bot die Leipziger Frühjahrsmesse 1946 vielmehr den Angehörigen der westalliierten Militärregierungen die erste Gelegenheit, sich trotz vorgegebener Reiserouten - Abweichungen führten zu kurzfristigen Festnahmen durch Kräfte der SMAD - in einigen Gegenden der sowjetischen Besatzungszone wirklich frei zu bewegen.[68] Es fiel ihnen dabei nicht schwer, hinter den wohlbestellten Feldern und den demonstrativen Wiederaufbau-Arbeiten entlang der offiziellen Reiseroute die Realität zu erkennen. In den Ausstellungshallen

---

65 C.P.(46)186.

66 Economic Sub-Commission, October 1946: "Soviet Zone: Production Plan for third quarter of 1946", F.O.371/55584/C13279.

67 Strang an Bevin, Political Summary No. 8 v. 23.5.1946, F.O.371/55366/C5841.

68 Ibid.

hielten sich vor allem Schaulustige auf, denn zu kaufen oder zu ordern gab es wenig. Erzeugnisse des Maschinenbaus fehlten fast völlig, und das Wenige, was zu sehen war, war nicht neu. Exponate der Textilindustrie waren allesamt Kunstfaserprodukte oder waren gar keine Produkte der Sowjetzone, sondern kamen, wie sich in einem Fall herausstellte, aus Schweden. Aufträge nahm kein Aussteller entgegen: Die gesamte Produktion, so die Standardbegründung, sei für die Sowjetunion bestimmt.[69]

Weiteren Aufschluß über die wirkliche Lage in der sowjetischen Besatzungszone, über den Stand der Reparationen und der Sowjetisierung erhielten die britischen Beobachter in Leipzig über "viele nützliche Kontakte", die sich auf der Messe knüpfen ließen.[70] Die Demontagen in Buna und Leuna, brachten die Briten so in Erfahrung, gingen unter Hochdruck weiter. Die Sowjets stellten immer neue Demontage-Listen zusammen. Von vierunddreißig Zuckerfabriken in der Zone seien neunzehn bereits in die Sowjetunion verschickt worden.[71]

Als Sokolowski am 21. Mai das Ende der Demontagen ankündigte, schätzte das Research Department, daß 70 Prozent der Produktionskapazität aus der Zone entfernt worden waren. Die Erkenntnis relativierte ein paar moderate Zahlen über die Entnahmen aus der laufenden Produktion, die Sokolowski ebenfalls angab: Im ersten Quartal 1946 seien aus einer Gesamtproduktion im Umfang von 2 Milliarden Reichsmark lediglich Güter im Wert von 300 Millionen Reichsmark zum Unterhalt der Besatzungsmacht und für Reparationen aufgewendet worden.[72] Aufschluß über die wahren Belastungen, die der Zone durch Besatzungskosten und Entnahmen aus der laufenden Produktion entstanden, gaben ein Jahr später Übersichten über die Budgets der fünf Länder und Provinzen der Sowjet-Zone, welche die SMAD Ende August 1947 veröffentlichte. Sie brachten die für das Research Department "erstaunliche Tatsache" an den Tag,

69 Ibid. Draft Report on Conditions in Germany During May, 1946, F.O. 1032/1265.
70 Ibid.
71 W.P.I.S. No. 343 v. 15.5.1946.
72 W.P.I.S. No. 347 v. 19.6.1946.

daß von den Gesamteinkünften der Länder in Höhe von 8,5 Milliarden Reichsmark 5,3 Milliarden an die zuständige ostzonale Zentralverwaltung - die Deutsche Zentralfinanzverwaltung - abgeführt werden mußten: "... it is clear that a substantial part of *Land* [Hervorh. i. Orig., A.d.V.] revenue is turned over to the Occupation Authorities to be used both for normal occupation costs and for the financing of orders from current production..[73]

Im Juli 1946 gab die sowjetzonale Zeitschrift "Die Wirtschaft" zu, aufgrund der Demontagen und des Rohstoffmangels hätten die Produktionsziele für das zweite Quartal 1946 nicht erreicht werden können. Am schwersten betroffen sei die Textilindustrie.[74] Der Hinweis wurde im Oktober durch die Äußerung eines ungenannten Angehörigen der SMAD indirekt bestätigt, die Sowjets planten, die Produktion für Reparationszwecke durch Rohstofflieferungen aus der UdSSR anzukurbeln.[75]

Ebenfalls nicht verborgen blieben den britischen Beobachtern Spannungen innerhalb der sowjetischen Besatzungszone, die auf die schwierigen Lebensbedingungen und die enormen Reparationsbelastungen zurückgingen. Am 2. November 1946 berichtete die sowjetzonale Presse von Brandstiftungen in mindestens fünf SAG-Betrieben in Sachsen.[76] Wenig später wußte das Research Department von sowjetischen Truppenverlegungen, die möglicherweise mit sowjetischer Beunruhigung über deutsche Proteste gegen die Reparationslast zusammenhingen. Zugeständnisse an die Zeisswerke in Jena, die angeblich ein Zehntel ihrer Ausstattung behalten durften, wurden in London als Zeichen sowjetischen Zurückweichens interpretiert.[77] Im Frühjahr 1947 berichteten Zeitungen im Westen gar von "food demonstrations in three areas of the Soviet Zone". Um den Berichten entgegenzuwirken, gab die SMAD Details der Rationierung in der sowjetischen Zone bekannt, aus denen zwar hervorging, daß normale Konsumenten im Osten in etwa die gleichen

73 W.P.I.S. No. 407 v. 3.9.1947.
74 W.P.I.S. No. 355 v. 14.8.1946.
75 W.P.I.S. No. 364 v. 16.10.1946.
76 W.P.I.S. No. 368 v. 18.11.1946.
77 W.P.I.S. No. 371 v. 4.12.1946.

Rationen erhielten wie im Westen, Schwer- und Schwerstarbeiter aber wesentlich weniger. Zu den Berichten über die Hunger-Demonstrationen paßten frühere offizielle Eingeständnisse schwerer Mängel im Agrarsektor. Ein Agrar-Überschußgebiet, folgerte das Research Department, war die sowjetische Besatzungszone schon lange nicht mehr: "... there is unlikely to be any real surplus which could be sent to the Western zones."[78]

Während der zweiten Hälfte des Jahres 1947 häuften sich Berichte über "Massenexodus" qualifizierter Arbeitskräfte aus der Zone, "absenteeism", über Managementfehler, schlechte Organisation und mangelhafte Disziplin in den verstaatlichten Betrieben. Während des II. Parteitages der SED erging sich Ulbricht in langer Tirade über vom Westen gesteuerte Sabotage-Tätigkeit "enteigneter faschistischer und imperialistischer Kräfte" in den Staatsbetrieben.[79] Am 27. September beklagte auch die "Tägliche Rundschau", das offizielle Organ der SMAD, den Rückgang der industriellen Produktion, machte Managementfehler dafür verantwortlich und warf den Leitenden vor, den Spielraum nicht genügend auszuschöpfen, den die Kontrollrats-Direktive über den Zwangseinsatz von Arbeitskräften dirigistischen Maßnahmen geschaffen hatte.[80] In Thüringen, berichtete die unter französischer Lizenz erscheinende Berliner Tageszeitung "Der Kurier", hatte die SMAD sogar in Selbstverwaltungsexzesse der vom FDGB kontrollierten Betriebsräte eingegriffen, die Leitung verstaatlichter Betriebe in die Hände jeweils einzelner Direktoren gelegt und den Betriebsräten Einmischung untersagt.[81]

Im Foreign Office kam man schließlich zum gleichen Ergebnis wie die "Tägliche Rundschau": "There can be no doubt that the Soviet zone's general economy has undergone a marked decline

78 W.P.I.S. No. 395 v. 11.6.1947.
79 W.P.I.S. no. 412 v. 8.10.1947.
80 W.P.I.S. No. 411 v. 1.10.1947
81 Ibid.

during 1947 as compared with 1946."[82] Die vielleicht bemerkenswerteste Erkenntnis sowohl über die katastrophale Lage in der sowjetischen Besatzungszone als auch über das Auseinanderstreben der wirtschaftlichen Entwicklung in Ost und West brachten die britischen Beobachter wieder aus Leipzig mit, diesmal von der Herbstmesse 1947: "It was noticable that Germans from the Soviet zone at the Leipzig Fair dared to be frankly gloomy about conditions and it is of some interest to note that foreign contracts made at the Leipzig Fair totalled only 16 million dollars, whereas those of the Hanover Fair totalled 31 million dollars."[83] Während im Osten Ausplünderung und Sowjetisierung die Wirtschaft praktisch zum Erliegen brachten, deutete sich im Westen das Wirtschaftswunder schon fast an.

Zugleich machte die sowjetische Besatzungszone, auch was die Handelsbeziehungen mit dem Ausland anging, einen immer geschlosseneren Eindruck. Entsprechend der sowjetischen Absicht, Handelsbeziehungen eben nicht auf vierzonaler, sondern auf bilateraler Basis stattfinden zu lassen, gab Marschall Sokolowski im Frühjahr 1946 den Abschluß von Handelsverträgen der Zone mit der Tschechoslowakei, Österreich, Belgien, Schweden und Norwegen bekannt.[84] Die Masse der sowjetzonalen Handelsbeziehungen, wußte ein Jahr später das Foreign Office, auch ohne daß genaue Zahlen vorlagen, beschränkte sich allerdings auf die Sowjetunion und Länder des sowjetischen Einflußbereiches - die Tschechoslowakei, Polen und seit jüngstem auch Jugoslawien. Die sowjetische Besatzungszone, schloß das Economic Intelligence Department, sei in wirtschafts- und handelspolitischer Hinsicht offenbar schon vollständig in das sowjetische Geflecht multilateraler Handelsbeziehungen eingebunden worden: "The Russians have treated their zone as a link in a chain of complementary economies

82 London Council of Foreign Ministers 1947. Economic Background Material on the Soviet Zone. Brief for the British Delegation, November 1947, F.O.1032/1676.

83 W.P.I.S. No. 409 v. 17.9.1947.

84 W.P.I.S. No. 347 v. 19.6.1946.

over which the Soviet Union intends to maintain political hegemony."[85]

6.11. Die Zentralverwaltungen - trennt sich Moskau von der gesamtdeutschen Option?

Mit den Zentralverwaltungen der sowjetischen Besatzungszone hatten sich Political Division und German Department seit ihrer Entstehung kontinuierlich befaßt. Nahegelegen hatte von Anfang an der Verdacht, daß die Sowjets sich unter Ausnutzung ihres Berliner Standortvorteils bemühten, mit ihren zonalen Zentralverwaltungen die Bildung der vom Potsdamer Abkommen vorgesehenen gesamtdeutschen Zentralverwaltungen zu präjudizieren. Anfang Mai 1946 bestätigte ein "Top Secret"-Report der Economic Information Section der britischen Militärregierung, der sich in erster Linie auf Interviews, "semi-official discussions" und "off the record talks" Angehöriger der britischen Militärregierung mit Präsidenten und Vize-Präsidenten der inzwischen dreizehn Zentralverwaltungen stützte, die ursprüngliche Vermutung.[86]

---

85 Special Article "German Trade", W.P.I.S. No. 410 v. 24.9.1947.

86 Memorandum der Economic Information Section, Economic Sub-Commission, CC for Germany (BE) v. 9.5.1946: "Central German Administrations in the Soviet Zone", F.O.945/20. Bemerkenswert ist der Hinweis des Leiters der E.I.S., A.W.J. Beohtor, über die Informationsgrundlage des Berichtes: "The information contained in this report has been obtained in the course of interviews with the Presidents and Vice-Presidents of the thirteen Central German Administrations for the Soviet Zone. The interviews fell into three categories: (a) Official discussions which have almost certainly been reported by the Germans to their Russian masters; (b) semi-official discussions during which the Germans have said more than they would like their employers to know; and (c) 'off the record' talks in the course of which information on personalities and political trends within the German Administration has been procured. Particularly in view of the latter, this paper has been graded 'Top Secret'." Dem Bericht des E.I.S. ist auch aus der Sicht fünfundvierzig Jahre älteren Erkenntnisstandes wenig hinzuzufügen. Zusammen mit einem Begleitschreiben Pinks an Troutbeck v. 8.6.1946 findet er sich unter dem Zeichen F.O.371/55580/C6653 auch in der Korrespondenz des German Department.

Die SMAD, hieß es darin, hatte 1945 hochrangige Mitarbeiter und vor allem die Präsidenten mit dem Versprechen zu motivieren versucht, ihre Zentralverwaltungen seien als "Vorläufer" gesamtdeutscher Einrichtungen geplant, in denen sie dann die Positionen von Staatssekretären und Ministern einnehmen würden - vorausgesetzt, die Berliner Organisationen erwiesen sich als hinreichend effizient.[87] Weder für die Political Division noch für das German Department gab es im Frühjahr 1946 einen Grund, daran zu zweifeln, daß die SMAD ihr Versprechen ernst gemeint hatte.[88] Aber die Rechnung der SMAD war nicht aufgegangen. Die Sowjets hatten die Entschlossenheit der Franzosen, gesamtdeutsche Zentralverwaltungen zu verhindern, unterschätzt und gleichzeitig die Fähigkeit der Kommunisten, über die SED ihren Einfluß rasch auf ganz Deutschland auszudehnen, überschätzt.

Das Scheitern der ursprünglichen Pläne der Sowjets rückte die im Phänomen der Zentralverwaltungen besonders deutlich in Erscheinung tretende Mehrgleisigkeit sowjetischer Deutschlandpolitik in den Vordergrund. Denn die ostzonalen Zentralverwaltungen taugten nicht nur zu Vorläufern gesamtdeutscher Zentralverwaltungen, sondern ebensogut zu Vorläufern ostzonaler Ministerien. Die Sowjets seien bei der Organisation der Verwaltung ihrer Besatzungszone soweit, erläuterte schon im Frühjahr 1946 Bevin selber seinen Kabinettskollegen, "that they could set up a zonal government without difficulty at any time that suited them".[89] Das schloß indes gesamtdeutsche Optionen keineswegs aus. Hatten die Sowjets nun ihre ursprünglichen Pläne mit den ostzonalen Zentralverwaltungen aufgegeben oder nur aufgeschoben? Hatten sie sich auf den Aufbau ihrer Besatzungszone nach sowjetischem Modell verlegt, oder betrieben sie noch die Ausdehnung ihres Einflusses auf ganz Deutschland? Das war wieder die ewig rätselhafte Frage nach dem Ziel sowjetischer Deutschlandpolitik. Um ihre Beantwor-

---

87 Ibid.
88 Pink an Troutbeck 8.6.1946; Dean 24.6.1946, ibid.
89 C.P.(46)186.

tung ging es bei aller weiteren Beobachtung der sowjetzonalen Zentralverwaltungen.

Als wichtigen Schritt "towards a strong unitary state" betrachtete das Research Department Ende Oktober die Bekanntgabe der Bildung einer "Deutschen Verwaltung des Inneren" durch die SMAD, der Hoheit über die Polizei und alle inneren Angelegenheiten der sowjetischen Besatzungszone übertragen wurde.[90] Auch die Entlassung des Präsidenten der Zentralverwaltung für Brennstoffindustrie, Dr. Ferdinand Friedensburg, am 12. September 1946, der als einziger der Zentralverwaltungs-Präsidenten nicht der SED, sondern der CDU angehörte, mochte die Vermutung nahelegen, daß sich die SMAD zugunsten der vollständigen Unterdrückung jeglicher Opposition in ihrer Besatzungszone weiter von gesamtdeutschen Optionen entfernte.[91]

Besonderes Augenmerk schenkten die britischen Beobachter allen Anzeichen, die auf eine Weiterentwicklung der Zentralverwaltungen hin zu vollständigen Ministerien hätten weisen können. Der ausführliche Bericht der Economic Information Section hatte hervorgehoben, daß sie "ministerial status" eben nicht besäßen und daß es ihnen an Durchsetzungsvermögen fehlte. Das lag sowohl an den allzu uneingeschränkten Kompetenzen regionaler sowjetischer Kommandanten als auch am Unwillen der sowjetzonalen Landes- und Provinzialverwaltungen, sich Anweisungen der Berliner Zentralverwaltungen zu fügen. Erstere betrachteten sich als die älteren Einrichtungen, verfügten über vergleichsweise großzügige lokale Autonomie und waren in begrenztem Umfange sogar zur Ausübung legislativer Gewalt ermächtigt, ohne die jeweils zuständige sowjetische Kommandantur konsultieren zu müssen. Das Ergebnis, urteilte die Economic Information Section in Berlin, war ein "permanentes Tauziehen" zwischen Zentralverwaltungen auf der einen und Landes- und Provinzialverwaltungen auf der anderen Sei-

---

90 W.P.I.S. No. 367 v. 6.11.1946. Zur DVdI vgl. Dieter Marc Schneider, Innere Verwaltung/Deutsche Verwaltung des Innern (DVdI), in: SBZ Handbuch, S.207-217.

91 Strang an F.O. 17.9.1946, F.O.371/55371/C11466.

te.[92] Das Tauziehen sollte sich indes rasch entscheiden. Im November 1946 erhielt die Zentralverwaltung für Arbeit das Recht, lokalen Administrationen Befehle zu erteilen. Im Februar befahl die SMAD Landes- und Provinzialregierungen, den Anordnungen der Zentralverwaltung für Industrie "freiwillig" Folge zu leisten.[93]

Als das Research Department im Frühjahr 1947 seine großen Berichte vorlegte, war darum der Vorsprung, den die Sowjets bei der administrativen Organisation ihrer Besatzungszone erzielt hatten, beträchtlich. Anders als die fünf gemeinsamen Verwaltungen der Bizone deckten die ostzonalen Zentralverwaltungen nicht nur die mit wirtschaftlichen Fragen zusammenhängenden Ressorts ab, sondern das ganze Spektrum administrativer Gewalt und verfügten außerdem über effektive Autorität in den Provinzen und Ländern.[94] Indes, konstatierte das Research Department, nach wie vor war jede der Zentralverwaltungen abhängig von einer entsprechenden SMAD-Abteilung. Die Zentralverwaltungs-Präsidenten traten nicht zum Kabinett zusammen, sondern blieben Beauftragte der SMAD, die allein die Verbindung zwischen den Ressorts herstellte: "Despite this progress towards centralisation there is still no direct link between the administrations which would give them the character of a real zonal government."[95]

---

92 Memorandum der Economic Information Section, Economic Sub-Commission, CC for Germany (BE) v. 9.5.1946: "Central German Administrations in the Soviet Zone". Vgl. zu dieser Frage SBZ Handbuch S.203-206, 256-262.

93 "The Eastern Zone of Germany" - II. Vgl. SBZ Handbuch, S.205, 261f.

94 "The Sovietisation of the Eastern Zone of Germany".

95 Ibid. "The Structure of Government in the Soviet Zone of Occupation", F.O.371/55584/C13427. "Some Aspects of the Political System in the Soviet Zone of Germany", F.O.371/64310/C13395.

6.12. Die Deutsche Wirtschaftskommission - Vorstufe zur Zonenregierung?

Um so hellhöriger wurden Political Division und German Department, als am 14. Juni 1947 die SMAD per Befehl No. 138 eine Art "Wirtschafts-Kabinett" ins Leben rief und die fehlende Verbindung zumindest zwischen den mit wirtschaftlichen Fragen befaßten Zentralverwaltungen herzustellen schien.[96]

Schon am 10. Februar, berichtete Steel aus Berlin, waren die Landes- und Provinzialregierungen und die Präsidenten der Zentralverwaltungen für Brennstoff und Energie, Industrie sowie Handel und Versorgung übereingekommen, enger zusammenzuarbeiten. Die Landes- und Provinzialregierungen, so sah die Übereinkunft vor, würden sich den Anweisungen der Zentralverwaltungen fügen. Die Zentralverwaltungen ihrerseits würden Länder und Provinzen konsultieren und vor allen Dingen ihre Arbeit untereinander enger abstimmen. Zu letzterem Zweck sollte eine ständige Kommission ins Leben gerufen werden, die sich aus den Präsidenten der Zentralverwaltungen für Industrie, Verkehrswesen, Brennstoffe und Energie, Landwirtschaft sowie Handel und Versorgung, den Vorsitzenden des FDGB und der Vereinigung der gegenseitigen Bauernhilfe zusammensetzte. Eine eigene Wirtschaftsabteilung sollte die Kommission, die bald allgemein als "Deutsche Wirtschaftskommission" (DWK) bezeichnet wurde, in ihrer Koordinierungsaufgabe unterstützen.[97] Erst am 4. Juni war die Übereinkunft vom Februar durch SMAD-Befehl sanktioniert worden. Noch einmal zehn Tage vergingen bis zu seiner Bekanntgabe.

An der Gründung der DWK entzündeten sich in der deutschen wie in der britischen Presse sofort Gerüchte über die bevorstehende Bildung einer ostzonalen Regierung. Die Spekulationen intensivierten sich, als am 24. Juni die SMAD Parteiführer und

---

96 W.P.I.S. No. 396 v. 18.6.1947.

97 Steel an F.O. Tel. No. 914 v. 18.6.1947, F.O.371/64307/C8319; Aufzeichnung der Intelligence Division v. 18.6.1947: "Establishment of Economic Coordination Committee for the Russian Zone", F.O. 1032/1674. W.P.I.S. No. 397 v. 25.6.1947. Zur Gründung der DWK vgl. SBZ Handbuch S.260-264.

hochrangige Vertreter der Landes- und Provinzialregierungen im "Haus der sowjetischen Kultur in Berlin" versammelte. Die Political Division behandelte solche Gerüchte indes mit Skepsis.[98] Die DWK, telegrafierte dagegen Steel nach London, sei lediglich die sowjetische Antwort auf das britisch-amerikanische Bizonen-Abkommen vom 27. Mai über die Schaffung des bizonalen Wirtschaftsrates. Es gäbe keinen Grund anzunehmen, die Sowjets hätten sich nun endgültig von der Potsdamer Forderung der Behandlung Deutschlands als wirtschaftliche Einheit abgewandt. Sie hätten lediglich mit der Bildung des bizonalen Wirtschaftsrates gleichgezogen, vermutete Steel, um jederzeit in der Lage zu sein, auf allen Ebenen eigene Kandidaten für führende Positionen in zukünftigen gesamtdeutschen Zentralverwaltungen anbieten zu können.[99]

6.13. Dezentralisierung oder Zentralisierung? Der Entwurf Moskaus.

Je klarer in London die Vorstellungen Bevins und des Foreign Office von der föderalen Zukunft Deutschlands wurden, um so wichtiger war es, Auskunft zu erhalten über die Vorstellungen, die Moskau von der konstitutionellen Ordnung des zukünftigen Deutschland haben mochte. Eine der zentralen Potsdamer Bestimmungen hatte die Forderung nach "De-Zentralisierung" Deutschlands enthalten. Ebenso wie "De-Militarisierung" und "De-Industrialisierung" sollte "De-Zentralisierung" Deutschland die Aggressionsfähigkeit und den europäischen Nachbarn die Furcht vor Deutschland nehmen. Und Sicherheit vor Deutschland, das unterstellte das Foreign Office nun schon seit Jahren in jedem einschlägigen Memorandum, war das oberste Motiv sowjetischer Deutschland-Politik, über die man sonst so wenig Genaues wußte. Moskau war auch nicht müde geworden,

98 Steel an F.O. Tel. No. 974 v. 28.6.1947, F.O.371/64307/C8839.
99 Steel an F.O. Tel. No. 915 v. 18.6.1947, F.O.371/64307/C8320.

mit dem Hinweis auf den Aspekt der Sicherheit vor Deutschland auf die Einhaltung der De-Militarisierungs- und De-Industrialisierungsbestimmungen zu pochen. Mysteriöserweise aber, registrierte das Research Department, schien den Sowjets ausgerechnet an der De-Zentralisierung Deutschlands weit weniger gelegen zu sein.[100]

Bevin hatte, als er dem Kabinett Anfang Mai 1946 seine Vorstellungen über die Föderalisierung Deutschlands unterbreitete, über die sowjetische Haltung in dieser Frage nur am Rande gesprochen. Aus seinem kurzem Bericht über die Entwicklungen in der sowjetischen Besatzungszone war jedoch herauszuhören gewesen, daß die Schritte, welche die Sowjets dort zur Errichtung eines Ein-Parteien-Staates schon unternommen hatten, sich mit dem britischen Konzept eigentlich nicht vereinbaren ließen.[101]

Wenig später mehrten sich die Anzeichen, daß Moskau in der Tat von der De-Zentralisierung Deutschlands nichts wissen wollte und, ganz im Gegenteil, auch für das ganze Deutschland eine straff zentralistische Ordnung vor Augen hatte. Fast wegwerfend sprach Molotow während der Konferenz der Außenminister in Paris vom "modischen Gerede" über ein "föderalisiertes" Deutschland und setzte schließlich Bevins Konzept der "federalization" mit dem der "pasturalization" Morgenthaus gleich.

Es blieb nicht bei Worten. Ganz offen versuchten die Sowjets, die ersten Schritte zur Realisierung des Bevinschen Konzeptes in der britischen Besatzungszone zu obstruieren: ein dreiviertel Jahr lang widersetzten sie sich im Kontrollrat der Abschaffung Preußens per Kontrollratsgesetz. Die Initiative dazu war von den Briten ausgegangen. Am 17. Juni 1946 hatten sie ihren Entschluß zur Gründung des Landes Nordrhein-Westfalen öffentlich gemacht. Drei Monate später standen auch die Pläne für die Gründung Niedersachsens. In den beiden neuen Ländern würden ehemalige preußische Provinzen, oder Teile davon, aufgehen. An und für sich hätte London das nicht weiter kümmern

---

100 W.P.I.S. No. 352 v. 24.7.1946.
101 C.P.(46)186.

müssen. Denn jede der Besatzungsmächte, das hatte das Potsdamer Abkommen festgelegt, war in ihrer Besatzungszone souverän. Das schloß die Einrichtung administrativer Einheiten nach dem Belieben des britischen Militärgouverneurs, beziehungsweise der Regierung Seiner Majestät, ein. Aber Preußen war insofern ein spezieller Fall, als es sich wie ein Teppich quer über alle Besatzungszonen erstreckte. Die Reorganisation preußischer Provinzen wurde dadurch in gewisser Weise Angelegenheit aller Vier Mächte. Um des Vier-Mächte-Prinzips willen und im Bemühen, sich an die Potsdamer Spielregeln zu halten und Alleingänge auch dort zu vermeiden, wo sie ihnen eigentlich freistanden, suchten darum die Briten, einen alliierten Beschluß über die Auflösung Preußens herbeizuführen, bevor sie in ihrer Besatzungszone zur Tat schritten.

Unerwarteterweise widersetzten sich ausgerechnet die Sowjets, die in ihrer Besatzungszone die ehedem preußischen Provinzen Sachsen-Anhalt und Mecklenburg längst schon wie Länder behandelten.[102] Anfang Mai hatten im alliierten Directorate of Internal Affairs and Communications die Briten die formale Abschaffung Preußens vorgeschlagen. Ende Juni übergab das Directorate of Internal Affairs and Communications dem Political Directorate zwei entsprechende Gesetzesentwürfe. Im Directorate of Internal Affairs and Communications waren sich die Vertreter der Vier Mächte in der Sache wohl einig gewesen, hatten sich aber auf einen endgültigen Wortlaut nicht einigen können. Im Political Directorate kam die Angelegenheit plötzlich nicht mehr voran. Viermal hielt der Vertreter der sowjetischen Militärregierung die Vertreter der Westmächte hin, mit der Begründung, er sei ohne Instruktionen, denn die Angelegenheit würde in Moskau noch erörtert: "This surprising development may have no significance but on the other hand it may be connected with the Russian opposition to decentralisation and their playing up to the S.E.D.'s unity propaganda."[103]

---

102 W.P.I.S. No. 343 v. 15.5.1946.

103 Steel an F.O. Tel. No. 844 v. 12.7.1946, F.O.371/55588/C7966. W.P.I.S. No. 352 v. 24.7.1946.

Steels Verdacht vom 12. Juli sollte sich bestätigen. Den Briten, die in ihrer Besatzungszone bereits mit der Bildung der ersten nordrhein-westfälischen Landesregierung befaßt waren, wurde die Sache allmählich dringend. Auf Veranlassung des britischen Vertreters im Political Directorate wurde die Angelegenheit darum dem alliierten Koordinierungsausschuß der stellvertretenden Militärgouverneure übergeben. Dort bat am 9. August General Robertson seinen sowjetischen Kollegen um Erläuterung des sowjetischen Standpunktes und erklärte zugleich, daß die britische Militärregierung ihre Pläne zur Reorganisation ihrer Besatzungszone in jedem Fall durchführen werde.[104]

General Kuroschkin konnte nun nicht mehr umhin, die sowjetischen Karten offen auf den Tisch zu legen. Er sei keineswegs prinzipiell gegen die Abschaffung Preußens, erklärte er, aber die Frage berühre die Zukunft Deutschlands, sprenge den Kompetenzrahmen des Kontrollrates und müsse dem Rat der Außenminister vorgelegt werden. Die Reorganisation der britischen Besatzungszone, wie dargelegt, sei solange eine unilaterale, voreilige Maßnahme. Noch offener war Marschall Schukow, der am 22. August im Kontrollrat erklärte, die Umsetzung der britischen Pläne bedeute einen Schritt in Richtung einer föderalen Regierungsform für Deutschland, über die es keinerlei Vier-Mächte-Übereinkunft gebe.[105]

Ganz genauso argumentierte der sowjetische Vertreter im Kontrollrat wieder, als sein französischer Kollege, General Koenig, Anfang September die Gründung des Landes Rheinland-Pfalz ankündigte. Über dio Hintergründe des sowjetischen Protests konnte es diesmal keine Unklarheit mehr geben. Denn inzwischen wußten die Westalliierten von dem sehr ähnlichen Vorhaben der Sowjets, die planten, in ihrer Besatzungszone die

104 CORC/P46)266 v. 9.8.1946: (Brief for the British Representative on Item 9 of the Agenda). "Abolition of the State of Prussia" - Memorandum by the British Member, F.O.1049/595.

105 Pink an Brayne 30.12.1946, ibid. R.C.L. Brayne war Deputy Chief der Internal Affaires and Communications Division, C.C.G. (B.E.) und britischer Vertreter im entsprechenden Directorate der Alliierten Kontrollkommission.

Provinz Sachsen und das kleine Land Anhalt zur Provinz Sachsen-Anhalt zusammenzufassen. In westalliierten Händen befand sich die "wahrscheinlich authentische Kopie" eines Entwurfes der Verfassung der neuen Provinz, die zentralistischer nicht hätte sein können. Dem Entwurf zufolge sollten dem Ministerpräsidenten gegenüber dem Parlament geradezu diktatorische Vollmachten zufallen. Von demokratischen Grundrechten war keine Rede. Gegenüber dem Gesamtstaat würde die Provinz keinerlei föderale Rechte erhalten.[106] In der Tat sollten denn auch das Ende des sowjetischen Widerstandes gegen die Auflösung Preußens vom Fortgang der administrativen Einrichtung der sowjetischen Besatzungszone abhängen. Nachdem er monatelang darauf beharrt hatte, nicht zuständig zu sein, unterzeichnete Marschall Sokolowski am 25. Februar 1947 - drei Tage bevor als letztes die Verfassung des Landes Sachsen verabschiedet wurde - das Kontrollratsgesetz über die Auflösung Preußens.[107] Wenig später bestätigten es die vier Außenminister in Moskau.

In London glaubte man nun über die sowjetischen Vorstellungen von einer Verfassung für das ganze Deutschland klar zu sehen. Bevin selber erläuterte sie am 6. September seinen Kabinettskollegen: "The Soviet Government are opposed to a federal system and are apparently working for the establishment of a centralised Germany which they hope to dominate both economically and politically directly and through the medium of the Communist and the Socialist Unity Parties."[108] An der Einschätzung des Foreign Office änderte sich auch nichts, als drei Wochen später General Kuroschkin die sowjetische Kritik an den britischen Föderalisierungsplänen auf ein Mißverständnis sowjetischerseits reduzierte und General Robertson glauben machen wollte, daß es eine fundamentale Differenz zwischen den britischen und sowjetischen Standpunkten eigentlich gar

---

106 W.P.I.S. No. 358 v. 4.9.1946.
107 W.P.I.S. No. 383 v. 5.3.1947.
108 C.P.(46)340 v. 6.9.1946: "Germany". Memorandum by the Secretary of State for Foreign Affaires. Annex. Directive for Commander-in-Chief on Policy in British Zone in Anticipation of Meeting of Council of Foreign Ministers on Germany in November, F.O.371/ 55591/C10678.

nicht gebe. Moskau, behauptete Kuroschkin im Gespräch unter vier Augen, wende sich lediglich gegen die Absicht der Verwandlung Deutschlands in eine Konföderation, die es aus französischen Plänen herauslas: "In general, General Kurochkin thought that agreement between the Soviet and ourselves on the future structure of Germany should not be difficult. There would be differences of opinion as to the distribution of powers between different levels of government, there would be different approaches to the problem, but it seemed that we had a common end."[109] Schöne Worte, kommentierte im Londoner Control Office Gilmour Jenkins den Bericht Robertsons, aber man müsse sich wohl an die Taten der Sowjets in ihrer Besatzungszone halten, und die sprächen eine andere Sprache.[110]

Bevin und Jenkins sollten schneller als erwartet recht bekommen. Mit großem propagandistischen Aufwand publizierte die SED am 16. November den Entwurf einer Verfassung für ganz Deutschland. Grotewohl selber griff gleichen Tags im "Neuen Deutschland", dem Zentralorgan der SED, noch einmal Bevins Föderalisierungsvorhaben scharf an, in etwa der Argumentationslinie folgend, die Molotow in Paris vorgegeben hatte. Nach außen hin war der SED-Entwurf ein rein deutscher Entwurf und ein rein deutscher Beitrag zur Frage der konstitutionellen Neuordnung Deutschlands und sollte wohl auch genau diesen Eindruck erwecken. Die Tatsache, daß er in vollem Wortlaut in der "Täglichen Rundschau", der Zeitung der SMAD, abgedruckt war, ließ jedoch kaum einen Zweifel daran, daß er wohl den sowjetischen Vorstellungen entsprach.[111] Das Ganze war offensichtlich als propagandistische Begleitmusik für die unmittelbar bevorstehende Konferenz in New York gedacht, für die sich die Außenminister vor allem die Erörterung der deutschen Fragen vorgenommen hatten.

Der Verfassungsentwurf, das ergab schon die erste flüchtige Analyse des German Department, übertraf fast noch die

---

109 Robertson an Jenkins 24.9.1946, F.O.1030/304.
110 Jenkins an Robertson 30.9.1946, ibid.
111 Strang an F.O. Weekly Political Summary v. 19.11.1946, F.O.371/55376/C14378.

schlimmsten britischen Befürchtungen über die sowjetischen Vorstellungen von einer zentralistischen Verfassung: "This is what one might expect from the SED - it is a plan to introduce a 'Supreme Soviet' dominated by the SED, and it is quite clear that whoever gets into power first has a good chance of staying in power."[112] Der SED-Entwurf basiere auf der Weimarer Verfassung, hatte Grotewohl im "Neuen Deutschland" kommentiert, beseitige aber deren Defekte und solle vor allem mit dem "verheerenden Prinzip der Gewaltenteilung" Schluß machen.[113] Dem Anspruch wurde der Verfassungstext nur zu gerecht: Von einem Reichspräsidenten, einer Zweiten Kammer oder einem unabhängigen Gericht war darin keine Rede. Neben dem Parlament, das Legislative, Exekutive und Judikative auf sich vereinigte, waren konkurrierende und kontrollierende Verfassungsorgane nicht vorgesehen. Die Gesetzgebung unterlag keinerlei kontrollierender Instanz. Nach den Vorstellungen der SED und der SMAD sollte die Regierung, erläuterte Ende Februar Außenminister Bevin im Oversea Reconstruction Committee seinen Kabinettskollegen, nicht mehr sein als ausführendes Organ uneingeschränkter Parlamentsdiktatur: "With this concentration of all sovereign powers in the hands of one body, and that body consisting of members of 'approved' parties only, the stage would appear to be set for a complete Parliamentary dictatorship."[114] In der von der SED vorgeschlagenen Variante, urteilte das Research Department, war das Ein-Kammer-System der Versuch, "to push 'democracy' to such extremes as to destroy it".[115]

Nicht besser sah es in der Frage der Verteilung der Kompetenzen zwischen Zentralregierung auf der einen und Landes- und Provinzialregierungen auf der anderen Seite aus, der Frage, welche die Briten am meisten interessierte.[116] Der SED-Ent-

---

112 Reddaway 23.11.1946, F.O.371/55375/C14282.

113 W.P.I.S. No. 370 v. 27.11.1946.

114 O.R.C.(47)16 v. 24.2.1947: "The Political Organisation of Germany". Note by the Secretary of State for Foreign Affairs. Appendix G: "S.E.D. Draft Constitution", F.O.371/64244B/C3499.

115 W.P.I.S. No. 370 v. 27.11.1946.

116 "The extent to which powers are distributed between the Central Governments and the Govenments of the Länder is, however, of vital im-

wurf wies den Ländern und Provinzen keinerlei Gesetzgebungshoheit zu. Die lag auf allen Gebieten allein bei der Zentralregierung, desgleichen die Finanzhoheit, eingeschränkt lediglich von einer Formel, derzufolge die Bedürfnisse der Länder "berücksichtigt" werden sollten. Die Länder, sah Strang sofort, wären der Zentralregierung auf Gedeih und Verderb ausgeliefert.[117] Die Verfassung des SED-Entwurfs war noch zentralistischer, als es die der Weimarer Republik gewesen war und, befand Steel, das genaue Gegenteil von dem, worauf Foreign Office und Political Division in Deutschland hinarbeiteten: "It is clear therefore that if this constitution were put into effect, the administration of Germany would be as strongly centralised as it ever was under the Nazi regime. Moreover, the absolute power entrusted to the Central Parliament would make it easy for the Socialist Unity Party, or indeed any other party which secured a majority, to impose any measures they pleased on the country without regard for the views of the minority."[118]

Für die interalliierte Debatte über die zukünftige Gestalt Deutschlands blieb der Verfassungsentwurf der SED ohne Bedeutung. Er war von vornherein nicht mehr als Entwurf und Propagandamaßnahme. Denn so, wie die Briten in ihrer Besatzungszone daran gingen, die Föderalisierung Deutschlands vorzubereiten, schufen auch SMAD und SED Anfang 1947 in der sowjetischen Besatzungszone die Voraussetzungen für die Realisierung ihrer Vorstellungen vom zentralistischen Gesamtstaat. Bis Ende Februar gaben sich alle der im vorangegangenen Herbst gewählten Landtage nach auffallend kurzen parlamentarischen Verhandlungen weitgehend identische Verfassungen.[119] Allesamt, hob Ende April das Research Department in seinem langen Bericht über die sowjetische Besatzungszone hervor,

---

portance from our point of view", Steel an Bevin 20.12.1946, F.O.371/55377/C16028.

117 Weekly Political Summary v. 19.11.1946.

118 Steel an Bevin 20.12.1946, F.O.371/55377/C16028. W.P.I.S. No. 370 v. 27.11.1946.

119 Zur Entstehung der Landes- und Provinzverfassungen in der SBZ zuletzt auffallend wertungsfrei, SBZ Handbuch, S.358-365.

beruhten sie auf jenem SED-Verfassungsentwurf und mußten unbedingt im Gesamtzusammenhang der entstehenden sowjetischen Ordnung in der Sowjetzone betrachtet werden. Denn nach außen hin schienen sich die fünf Landes- und Provinzverfassungen von den Verfassungen der Länder in den Westzonen durch ein höheres Maß an demokratischer Kontrolle und Dezentralisierung sogar vorteilhaft abzuheben: "Only when viewed in the context of the political system as a whole is it seen that the democratic provisions are vitiated."[120]

6.14. Die Gleichschaltung der Justiz.

Ebenfalls mit besonderer Aufmerksamkeit verfolgten die britischen Beobachter alle Schritte, welche SMAD und SED in der sowjetischen Besatzungszone zur Eliminierung politisch unabhängiger Justiz unternahmen. Anfang 1946 waren in der sowjetischen Besatzungszone verschiedentlich Laienrichter installiert worden, die zumeist aus der Arbeiterschicht stammten und nur eine kursorische juristische Ausbildung erhalten hatten. Angesichts des Mangels an ausgebildeten Juristen hatte die Maßnahme, obgleich fragwürdig, als Übergangsmaßnahme zumindest erklärbar erscheinen können. Aus dem Verfassungsentwurf der SED ging nun hervor, daß die SED das Verfahren keineswegs als Übergangsmaßnahme betrachtete, sondern als Errungenschaft, die dauern sollte. Denn dem Entwurf zufolge sollten die Gerichte aller Ebenen neben Volljuristen eben auch mit Laienrichtern besetzt werden, die von "demokratischen Organisationen" zu nominieren und von den entsprechenden Gremien zu wählen sein würden. Präsident und Mitglieder des höchsten Gerichtes der Republik sollten vom Parlament gewählt werden. Die Existenz der Laienrichter, so die Erklärung der SED, sollte verhinderrn, daß die Rechtsprechung exklusive

120 "The Eastern Zone of Germany - II".

Domäne der akademisch gebildeten Mittelschicht blieb. Im Research Department, wo man zu diesem Zeitpunkt die Rechtsprechung in der Sowjetzone noch nicht recht einschätzen zu können glaubte, beurteilte man das Vorhaben der SED zunächst noch zurückhaltend: "Although the exact details are not yet clear the perpetuation of such a sytem would seem to indicate a desire for political control although the constitution declares that judges are 'independent'."[121]

In seinen großen Berichten über die sowjetische Besatzungszone Ende März und Ende April 1947 sah das Research Department klarer. Ziel der SED waren die Errichtung der Ein-Parteien-Diktatur und die Ausschaltung aller Gegenkräfte, eben auch der unabhängigen Justiz: "They wish the only source of authority to be a one-chamber parliament unhampered by a supreme constitutional court, a really independent judiciary or even a non-political civil service. In short, there must be no obstacle to dictatorship by the strongest party and the door is therefore left open to the one-party State."[122]

Die Indizien dafür, daß das so war, häuften sich. So zitierte am 16. Juli eine "reliable German news agency" den Innenminister der Provinz Mark Brandenburg, Bernhard Bechler, der angekündigt hatte, er werde keine Richter einstellen, die nicht auch Gewerkschaftsmitglieder waren. Der SED-beherrschte FDGB war die einzige zugelassene Gewerkschaft, und so hätte nicht lange gerätselt werden müssen, was das bedeutete.[123] Aber Bechler wurde noch offener und bezeichnete wenig später die "sogenannte politische Unvoreingenommenheit der Richter" als Fehler.[124] Einen Monat zuvor, das entnahmen die Beobachter im Research Department der Zeitung der ostzonalen CDU, "Neue Zeit", war in Sachsen dem Staatsanwalt ein Bezirksvorsitzender der SED als "Volks-Staatsanwalt" zur Seite gestellt worden.[125] Über einen Leipziger Sender hatte am 28. Mai der Dresdner Generalstaatsanwalt das Prinzip der Rechtsstaatlichkeit,

---

121 W.P.I.S. No. 370 v. 27.11.1946.
122 "The Eastern Zone of Germany - II".
123 W.P.I.S. No. 403 v. 6.8.1947.
124 W.P.I.S. No. 411 v. 1.10.1947.
125 W.P.I.S. No. 403 v. 6.8.1947.

so, wie es in der Weimarer Republik gehandhabt worden sei, einer scharfen Kritik unterzogen. Vor dem Hintergrund des Klassenkampfes, so der Dresdner Generalstaatsanwalt, seien die Prinzipien der Rechtsstaatlichkeit, der "formalen" Gleichheit vor und der "abstrakten" Konformität mit dem Gesetz veraltet. "Demokratisches Recht" sei allein dasjenige Recht, das mit den Vorstellungen des deutschen Volkes von Recht übereinstimmte, das vom Volk kontrolliert werde und seinen Interessen diene. Das, kommentierte das Research Department, hätte auch NS-Justizminister Thierack nicht besser formulieren können: "It is well known how such measures of 'popular justice' led to increasing arbitrariness and eventually to a completely totalitarian system."[126]

Mit der Zerstörung der unabhängigen Justiz einher gingen Willkürakte der Besatzungsmacht und in zunehmendem Maße auch der von der SED kontrollierten Polizei. Ende Juli 1946 berichtete der Weekly Political Intelligence Service des Research Departments von willkürlichen Verhaftungen durch Kräfte des sowjetischen NKWD und der deutschen Polizei und von Verschleppungen in ein Internierungslager in der Nähe von Torgau. Die Opfer erführen keine Verhaftungsgründe, ihre Verwandten nichts über ihr weiteres Schicksal.[127] Ein dreiviertel Jahr später berichtete das Research Department von Verhaftungen und Deportationen in die Sowjetunion. Viele der Opfer seien Angehörige der "Intelligentsia", denen tiefere nationalsozialistische Verstrickung nicht nachzuweisen gewesen wäre: "In the Soviet Zone the population lives under a cloud of uncertainty."[128] Der Schatten des Regimes, dessen illegale Methoden jedermann im ungewissen darüber ließen, was das Läuten der Türglocke bedeute, schwebe noch immer über den Deutschen, beschrieb im März 1947 eine ungenannte Berliner SPD-Sprecherin das Gefühl allgemeiner Unsicherheit in der sowjetischen Besatzungszone. Das Research Department zitierte die klassische Wendung über die Gleichartigkeit der

126 Ibid.
127 W.P.I.S. No. 353 v. 31.7.1946.
128 W.P.I.S. No. 387 v. 2.4.1947.

Verhältnisse in der sowjetischen Besatzungszone und im untergegangenen NS-Staat.[129]

Die düstere Parallele, auf die im Foreign Office seit Gründung der SED immer häufiger hingewiesen worden war, wurde im Verlauf des Jahres 1947 im Foreign Office zum Allgemeinplatz. Der Terror des NS-Regimes, resümierte im Oktober 1947 sarkastisch das Research Department in seiner ausführlichen Gegenüberstellung der beiden Terrorregime, sei allerdings effizienter gewesen: "In each case there is a system of concentration camps, imprisonment and torture without trial or publicity, although ... the machinery is less infallible in the Soviet Zone than in Nazi-Germany."[130]

6.15. "Die endgültige Auslöschung der selbständigen Mittelschicht".

Vom ersten Tage sowjetischer Besetzung an, erkannte nun das Research Department, war in der sowjetischen Besatzungszone die Denazifizierung in erster Linie "Vorwand" gewesen. SMAD und SED ging es weniger um die Bestrafung von Kriegsverbrechern oder führenden Nationalsozialisten als vielmehr um die Sowjetisierung von Wirtschaft und Gesellschaft und um die Absicherung der SED-Herrschaft: "The attitude of the Russian authorities to denazification has differed from that of the Western Powers in that they are much more interested in bringing about a social revolution than in baiting former Party members."[131]

Schon kurze Zeit nach Verabschiedung des Enteignungsgesetzes in Sachsen war den britischen Beobachtern aufgefallen, wie willkürlich die SED-Machthaber bei dessen Umsetzung vor-

---

129 Ibid.

130 F.O.R.D. Memorandum v. 9.10.1947: "Some Aspects of the Political System in the Soviet Zone of Germany", F.O.371/64310/C13395.

131 "The Eastern Zone of Germany - II".

gingen und eben nicht nur "Nazis" enteigneten, sondern als "Militaristen" und "Reaktionäre" im Grunde wen immer sie enteignen wollten.[132] Anfang 1947 registrierte das Research Department eine Zunahme der Sozialisierungen, die sich "unter dem Vorwand der Denazifizierung" verstärkt auch gegen die Besitzer kleiner Privatbetriebe richteten.[133] Aber erst als sie die Sowjetisierungen von Industrie und Landwirtschaft in den Zusammenhang der Sowjetisierung der Sowjetzone stellten, erkannten die Analytiker im Research Department, worum es den sowjetischen Machthabern bei der Instrumentalisierung der Potsdamer De-Nazifizierungsbestimmung eigentlich ging: um die "endgültige Auslöschung der selbständigen Mittelschicht".

Noch auffälliger als auf dem Gebiet der Wirtschaft schien den britischen Beobachtern nämlich der "Kontrast zwischen Ost- und Westdeutschland" im gesellschaftspolitischen Bereich Jugend und Bildung. Denn Anfang 1947 konnten an Schulen und Universitäten der sowjetischen Besatzungszone die soziale Revolution und die Verdrängung der bürgerlichen Mittelschicht in der Tat schon als weitgehend verwirklicht betrachtet werden. Das war die Folge eines "Gesetzes zur Demokratisierung der deutschen Schule", das zwischen dem 22. Mai und dem 2. Juni 1946 in allen Ländern und Provinzen der sowjetischen Besatzungszone verabschiedet worden war und das Bildungssystem vollständig reformierte.[134]

Aus dem ursprünglich mehrgliedrigen war in der sowjetischen Besatzungszone ein zweigliedriges Schulsystem geworden, bestehend aus achtjähriger Einheitsschule und daran anschließender Oberschule, technischer oder berufsbegleitender Schulen, die von etwa 10 Prozent der Hauptschulabsolventen besucht wurden. Privatschulen wurden gänzlich verboten. Die Einführung eines solchen Schulsystems war eine alte Forderung der deutschen Linken gewesen und mußte, urteilte das Research Department, nicht einmal negativen Einfluß auf das Bildungsniveau in der sowjetischen Besatzungszone haben. Aber

---

132 W.P.I.S. No. 353 v. 31.7.1946.
133 "The Eastern Zone of Germany - II".
134 Vgl. SBZ Handbuch, S. 233f.

darum ging es nicht. Ziel der Reform war vielmehr erklärtermaßen die Beseitigung des "Bildungsprivilegs" von Mittel- und Oberschicht. Besonders drastische De-Nazifizierungsmaßnahmen in den Lehrerkollegien machten klar, daß es außerdem um die Erledigung des Lehrerberufs als Bastion der bürgerlichen Mittelschicht ging: "... a particularly drastic denazification policy was carried out in order to destroy the middle-class character of the teaching profession."[135] Die durch die De-Nazifizierung in den Lehrerkollegien gerissenen Lücken, wußte das Research Department außerdem, waren durch Tausende neuer Lehrer geschlossen worden, die zumeist aus der Arbeiterschicht kamen und nicht mehr als Grundschulbildung genossen hatten.[136]

Nach ähnlichem Muster vollzog sich die Gleichschaltung der Universitäten. Als erste Hochschule der Sowjetzone hatte am 1. Dezember 1945 die Friedrich-Schiller-Universität Jena den Lehrbetrieb wieder aufgenommen. Wenig später waren die Universitäten in Berlin, Halle, Leipzig, Greifswald und Rostock gefolgt. Nur in Berlin hatten die Briten die Vorgänge unmittelbar verfolgen können. Die Universität befand sich im sowjetischen Sektor der Stadt unter ausschließlicher Kontrolle der Sowjets. Ihre Leitung unterstand der ostzonalen Deutschen Zentralverwaltung für Volksbildung. Was Strang schon im Sommer 1946 über die Vorgänge dort nach London berichtete, war so aufschlußreich wie beunruhigend: Überprüfung sich immatrikulierender Studenten, die ursprünglich im Dienste der De-Nazifizierung hatte stehen sollen, richtete sich immer mehr gegen Studenten, die nicht der SED angehörten. Kommunistische Studenten bespitzelten ihre Kommilitonen, denen, sofern sie nicht der SED beiträten, mit der Exmatrikulation gedroht wurde. Angeblich gab es schon eine Liste mit Namen von Studenten, die im folgenden Semester vom Studium ausgeschlossen werden sollten. In hoher Zahl wurden Studenten, die der SED ange-

135 "The Eastern Zone of Germany - II".
136 Ibid.

hörten, zum Studium zugelassen, unabhängig davon, ob sie über qualifizierende Schulabschlüsse verfügten.[137]

Daß auch ein dreiviertel Jahr später die Zulassung zum Studium dann doch nicht ausschließlich auf Angehörige der SED hatte begrenzt werden können, täuschte die britischen Beobachter nicht darüber hinweg, daß an den Universitäten die Sowjetisierung weitergeführt wurde. Ende Oktober 1947 entnahm das Research Department der "Neuen Zeit" eine Maßgabe der Zentralverwaltung für Volksbildung, derzufolge 50 Prozent der Studenten aus der Arbeiterschicht kommen mußten. Noch weiter ging der Erziehungsminister Mecklenburgs, der zum Wintersemester Kinder "intellektueller Kreise fast ohne Ausnahme" vom Studium an der Universität Rostock ausgeschlossen hatte.[138]

SMAD und SED, das ergab die Betrachtung der unter dem Vorwand der De-Nazifizierung in allen Bereichen der sowjetzonalen Gesellschaft betriebenen Sowjetisierung, waren ihrem eigentlichen Ziel sehr nahe gekommen, wenn sie es nicht sogar schon erreicht hatten: "The old middle-class in the Soviet Zone has disappeared or will soon have done so, owing largely to the deliberate use of 'denazification' to destroy the old class-structure."[139]

6.16. Kirchenkampf unter der Decke.

Vom "Entscheidungskampf zwischen Christentum und Bolschewismus" in Ostdeutschland hatte am 26. April 1946 Radio Vatican gesprochen. Das war, erläuterte das Research Department, zutreffend und unzutreffend zugleich. Der Konflikt zwischen Christentum und marxistischen Doktrinen lag auf der

137 Strang an Bevin Political Summary No. 10 v. 21.6.1946, F.O.371/ 55367.
138 "The Eastern Zone of Germany - II". W.P.I.S. No. 413 v. 15.10.1947.
139 "The Sovietisation of the Eastern Zone".

Hand. Angehörige der SED hatten ganz offen verkündet, ihr Ziel sei es, die Kirchen zu zerstören. Gleichwohl vermieden SMAD und SED die Herbeiführung offenen Kirchenkampfes. Die Kirchen wiederum, so das Research Department, gaben sich alle Mühe, die "authorities" nicht zu reizen.[140] Versuche, die Kirchen in der sowjetischen Besatzungszone ganz offen unter Druck zu setzen, hatte es von seiten der Besatzungsmacht allerdings auch gegeben. Vor dem entschlossenen Widerstand des evangelischen Bischofs von Berlin-Brandenburg, Otto Dibelius, und des Kardinals Konrad Graf von Preysing waren die Sowjets jedoch sofort zurückgewichen. So hatte etwa im September Strang berichtet, der "local Russian commandant" in Brandenburg habe den Pfarrern beider Kirchen befohlen, ihre Predigt-Texte der Zensur vorzulegen. Dibelius riet seinen Pfarrern, den Befehl schlicht zu ignorieren. Von Preysing gab den katholischen Priestern die Anweisung, schlimmstenfalls überhaupt nicht zu predigen. Als von Preysing die Angelegenheit mit der SMAD regeln wollte, gaben die Sowjets an, von der Anordnung ihres Brandenburger Kommandanten nichts zu wissen.[141]

SMAD und SED hatten sogar handfeste Beweise guten Willens geliefert: Kirchenbesitz war von der Bodenreform ausgenommen worden, von der SMAD requirierte Gebäude der Kirchen wurden beschleunigt zurückgegeben. Am Bemühen, die Bedeutung der Kirchen in der Gesellschaft zurückzudrängen, hatte es allerdings ebensowenig gefehlt: kirchliche Jugendorganisationen waren verboten, und Religionsunterricht war an den Schulen untersagt worden - wenngleich, wie das Research Department in Erfahrung gebracht hatte, Schulgebäude außerhalb der Unterrichtszeiten auch von den Kirchen genutzt werden durften. Unter der Decke, schlossen die britischen Beobachter,

140 "The Eastern Zone of Germany - II". Vgl. Hermann Wentker, "Kirchenkampf" in der DDR. Der Konflikt um die Junge Gemeinde 1950-1953, in: VfZ 1/1994, S.95-127.

141 Strang an Bevin, Weekly Political Summary [nicht nummeriert] v. 10.9.1946, F.O.371/55370/C11092.

fand der Kampf zwischen Staat und Kirche, dessen Existenz beide Seiten noch leugneten, sehr wohl schon statt.[142]

6.17. Die SBZ bleibt.

An dem langen Bericht über die Sowjetisierung der sowjetischen Besatzungszone muß im Research Department an mehreren Schreibtischen gearbeitet worden sein. Denn als der im Research Department für deutsche Angelegenheiten zuständige Walmsley die einzelnen Abschnitte zum vollständigen Bericht zusammensetzte, um Schlußfolgerungen zu ziehen, erschrak er nicht schlecht: Aus der Draufsicht präsentierte sich eine sowjetische Besatzungszone, deren Sowjetisierung schon wesentlich weiter fortgeschritten war, als das die britischen Beobachter aus ihren Londoner und Berliner Perspektiven bislang wahrgenommen hatten. Das Gesamtbild, das sich bot, beunruhigte ihn so sehr, daß er dem German Department seine Schlußfolgerungen in einem Schreiben vorab zugänglich machte: "We have recently prepared a very long report on certain aspects of conditions in the Soviet Zone of Germany. ... One conclusion is that 'sovietisation' has gone further than we thought until very recently."[143] Im allgemeiner gehaltenen Nachfolgebericht über "The Soviet Zone of Germany" stand das einen Monat später in der Einleitung.[144]

Der alarmierenden Schlußfolgerung konnten sich denn auch die mit Deutschland und der Sowjetunion befaßten Abteilungen des Foreign Office nicht entziehen. Der Bericht des Research Department verursachte dort eine regelrechte Sensation. Im Northern Department drang dessen Leiter, Robin Hankey, darauf, den "quite exceptionally interesting review of the process and technique of Sovietisation in the Russian Zone of

---

142 "The Eastern Zone of Germany - II".
143 Walmsley an German Department 21.3.1947, F.O.371/64306/ C4736.
144 "The Soviet Zone of Germany - II".

Germany" mit denkbar größtem Verteiler zu versehen.[145] Im German Department betrachtete Norman Reddaway in einer Zusammenfassung des Berichts die Sowjetisierung des sowjetisch besetzten Deutschland als Faktum, von dem britische Politik nun auszugehen habe: "The general picture is of an almost complete Communist domination over all fields of life in the Soviet Zone of Germany."[146] War unter diesen Umständen die Behandlung Deutschlands als politische Einheit technisch überhaupt noch möglich und wenn ja, konnte sie aus westlicher Sicht noch wünschenswert sein?

Weder die erste noch die zweite Frage wurden im Foreign Office zum ersten Mal gestellt. Schon im Frühjahr 1946 hatte ein Bericht der Economic Information Section der britischen Kontrollkommission in Berlin darauf aufmerksam gemacht, daß Ost- und Westzonen sich stark auseinander entwickelten. Setzten die Sowjets ihre Linie fort, hatte der Bericht gewarnt, dann müßte die "zukünftige Verschmelzung" der Ost- mit den Westzonen "administrativ und wirtschaftlich unmöglich" werden.[147] Im Foreign Office hatte man damals das Problem zwar gesehen, aber soweit wie die Economic Information Section nicht gehen wollen. "'Impossible' is a strong term", hatte im Research Department ausgerechnet Walmsley abgewiegelt und damit der im Foreign Office vorherrschenden Stimmung Ausdruck gegeben.[148] Wie sehr sich diese ein dreiviertel Jahr später unter dem Eindruck des Berichtes aus dem Research Department gewandelt hatte, zeigte sich, als die Berliner Briten sich zum gleichen Thema wieder zu Wort meldeten. Der Bericht des Research Department, bestätigte die Political Division in einem Brief an das German Political Department, sei in keiner Weise übertrieben: "The real question in our opinion is whether the process of Communisation can now be reversed."[149] Über

145 Hankey 3.5.1947 F.O.371/66437/N4116. Brimelow 12.4.1947, ibid.
146 Reddaway 2.4.1947, F.O.371/64306/C5120. Burrows 4.4.1947, ibid.
147 Memorandum der Economic Information Section of the Economic Sub-Commission in Berlin v. 11.6.1946: "Current Status of Industry and General Economy in the USSR Zone of Germany", F.O.371/55581/ C7178.
148 Walmsley 2.7.1946, ibid.
149 Political Division an German Political Department 8.4.1947, F.O. 371/ 64307/C5670.

die Antwort auf diese Frage war sich im Northern Department Robin Hankey nicht lange im Zweifel. Es sei sehr schwierig, notierte er, sich unter diesen Umständen irgendeine Form der Einheit für Deutschland vorzustellen.[150]

Immer fraglicher wurde den Analytikern im Foreign Office bei der Lektüre des Berichts aus dem Research Department aber auch, ob die möglichst schleunige Wiederherstellung der Einheit Deutschlands wirklich noch im Interesse der Westmächte sein konnte. Das hatte zu tun mit der Natur des Staatswesens, das da östlich der Elbe entstand, mit Mißtrauen gegenüber den Deutschen und mit Einsichten in die Defizite westlicher Deutschlandpolitik, die das Memorandum über die Sowjetisierung der sowjetischen Besatzungszone ebenfalls vermittelte. German Department wie Northern Department lasen aus dem Bericht des Research Department vor allem heraus, wie auf dem Territorium der sowjetischen Besatzungszone ein totalitäres Regime entstand, das dem des besiegten NS-Staates nur allzusehr glich. Ein halbes Jahr später war die Parallele schon so sehr Allgemeingut im Foreign Office, daß das Research Department mit einem wiederum dreißigseitigen Bericht über "Some Aspects of the Political System in the Soviet Zone of Germany", in dem es fast ausschließlich um jene Gegenüberstellung ging, kaum noch Aufsehen erregen konnte.[151] Gleich zu Beginn seiner Bemerkungen machte Reddaway auf die "extreme similarity between the Nazi agencies and methods and those of the Russian sponsored Socialist Unity Party" aufmerksam. Hankey wies darauf hin, wie sehr in der Sowjetzone alle Bereiche des politischen, wirtschaftlichen und gesellschaftlichen Lebens zentralisiert und - Hankey benutzte den bis dato eindeutig besetzten deutschen Begriff - "gleichgeschaltet" seien.

An die Beobachtung schlossen sich Vorbehalte gegenüber den Deutschen an. Man habe ja erfahren, fuhr Hankey fort, wie gut diese Methode bei den Deutschen griffe. Käme es zur Herstel-

150 Hankey 3.5.1947, F.O.371/66437/N4116.

151 F.O.R.D. Memorandum v. 9.10.1947: "Some Aspects of the Political System in the Soviet Zone of Germany", F.O.371/64310/C13395.

lung deutscher Einheit, sei darum fast unvermeidlich, daß sie den Sowjets langfristig auch den erhofften Erfolg bringe, nämlich die Ausdehnung sowjetischen Einflusses auf ganz Deutschland: "Beginning successfully in the Soviet Zone, the masses of people they are training in communist ideology will be quite sufficient for them to condition the whole of Germany if, on the achievement of German unity, they are able bit by bit to get their nominees into the key positions elsewhere." Reddaway unterstellte, daß für die Deutschen, die immerhin zwölf Jahre unter totalitärer Herrschaft zugebracht hatten und sich nun zu schwach zum Wiederaufbau aus eigener Kraft fühlten, die Vorstellung deutsch-sowjetischer Zusammenarbeit - auch um den Preis der Inkaufnahme totalitärer Herrschaft - außerordentlich attraktiv sein müsse. Um so mehr, als die Westmächte ihrerseits es bislang versäumt hatten, den Deutschen ein besseres Angebot zu machen: "Cooperation with Russia, even though it implies accepting a totalitarian form of government, will continue to hold out great attractions to the Germans until they are offered, by the liberal countries of the West, more concrete possibilities for their future development than have so far been put forward."[152]

Wenn die Frage, ob die Behandlung Deutschlands als politische Einheit unmittelbar wünschenswert war, Anfang 1947 in London auf Skepsis stoßen konnte, so die nach der Behandlung Deutschlands als wirtschaftliche Einheit um so mehr. Während des gesamten ersten Besatzungsjahres hatten sich die Briten aus den agrarischen Überschußgebieten der sowjetischen Besatzungszone - oder was sie dafür hielten - Entlastung erhofft von den drückenden Aufwendungen für die Versorgung ihrer eigenen, überwiegend industriellen und eben agrarisch defizitären Besatzungszone. Hinweise, daß angesichts der rücksichtslosen Reparationsentnahmen der Sowjets und der zum schlechtest denkbaren Zeitpunkt durchgeführten Bodenreform solche Erwartungen in die sowjetische Besatzungszone realistischerweise nicht mehr zu setzen waren, hatte es von seiten der Mi-

---

152 Hankey 3.5.1947, F.O.371/66437/N4116. Reddaway 2.4.1947, F.O.371/64306/C5120.

litärregierung und der Political Division schon früh gegeben. Doch die Hoffnung auf Entlastung für den "britischen Steuerzahler", den Bevin in praktisch jeder seiner Reden ansprach, hielt noch eine Weile an. Indes, Anfang 1947 begannen auch bei Bevin die Zweifel am Nutzen der Behandlung Deutschlands als wirtschaftliche Einheit zu überwiegen: Es gebe Hinweise dafür, berichtete er am 2. Januar 1947 dem Kabinett, "that the Russian zone of Germany was rapidly becoming a deficiency area".[153]

Der Auffassungswandel an der Spitze des Foreign Office war beeinflußt worden zum einen durch die Wiederaufnahme sowjetischer Demontagen in großem Stil und zum anderen eben durch die Wahrnehmung einzelner Sowjetisierungsmaßnahmen, die der Wirtschaft in der sowjetischen Besatzungszone gegolten hatten. Anfang September 1946 hatte Bevin dem britischen Militärgouverneur die Frage stellen lassen, inwieweit die Überführung einer großen Zahl deutscher Industriebetriebe in sowjetischen Besitz und ihre Führung durch sowjetisches Management - Bevin sprach hier von den Sowjetischen Aktiengesellschaften - das britische "long-term aim to create an eventual independent Germany" präjudiziere?[154] Am 3. Dezember erbat sich Bevin während eines Foreign-Office-Gespräches über Deutschland, an dem auch General Robertson teilnahm, von der Militärregierung in Berlin eine detaillierte Einschätzung der wirtschaftlichen Situation der sowjetischen Besatzungszone. Am Titel dieser Untersuchung, den das Foreign Office General Robertson mit auf den Weg gab - "An Appreciation of the Economic Position in the Soviet Zone and the Effects which Fusion with it would Have on the Western Zones"[155] -, war das Maß der Ernüchterung, die in London inzwischen stattgefunden hatte, deutlich abzulesen. Im Foreign Office mochte man nun

---

153 C.M.(47)1st Conclusions v. 2.1.1947, F.O.371/64176/C338.

154 C.P.(46)340 v. 9.9.1946: "Germany". Memorandum by the Secretary of State for Foreign Affairs. Annex. "Directive for Commander-In-Chief on Policy to be Pursued in British Zone in Anticipation of Meeting of Council of Foreign Ministers on Germany in November", F.O.371/55591/C10678.

155 Harvey an Robertson 3.12.1946, F.O.1030/339.

nicht einmal mehr ausschließen, daß die Behandlung Deutschlands als wirtschaftliche Einheit nicht nur keinerlei wirtschaftliche Vorteile, sondern, ganz im Gegenteil, zusätzliche Belastungen bringen würde.

Die Untersuchung der Militärregierung, die Ende Januar 1947 vorlag, bestätigte die Befürchtungen des Foreign Office zum Teil. Die Antwort auf die Frage nach den Folgen wirtschaftlicher Fusion mit der sowjetischen Besatzungszone, hieß es in dem Memorandum, hinge in erster Linie von der weiteren sowjetischen Reparationspolitik ab. Wären nicht die Reparationen, so wäre die sowjetische Besatzungszone zum gegenwärtigen Zeitpunkt "considerably better off" als die britische und die amerikanische Zone, ungeachtet der Subsidien, die letzteren aus Washington und London zuflössen. Die wirtschaftliche Verschmelzung mit der sowjetischen Zone würde den "britischen Steuerzahler" also entlasten, vorausgesetzt, die Sowjets stellten ihre Reparationsentnahmen ein. Denn alles, was jetzt in Form von Reparationen aus der Sowjetzone abflösse, stünde dann zur Versorgung auch der anderen Besatzungszonen zur Verfügung oder könnte zum Export auf gemeinsame Rechnung verwendet werden. Überdies würde die "Wieder-Vereinigung der gegenwärtig zerstückelten deutschen Wirtschaft als starker wirtschaftlicher und psychologischer Faktor zur wirtschaftlichen Gesundung Deutschlands beitragen". Ganz anders, so die Einschätzung der britischen Militärregierung weiter, sähe es allerdings aus, wenn die Sowjets ihre Reparationspolitik fortsetzten. Aufgrund der Reparationsverluste sei die Wirtschaft der Sowjetzone nicht stabil, sondern schrumpfe. Würden Demontagen und Entnahmen aus der laufenden Produktion fortgesetzt, müsse innerhalb eines halben Jahres mit ihrem "industriellen Kollaps" gerechnet werden. Die daraus entstehende zusätzliche Belastung aller Besatzungsmächte würde die Erleichterung durch den Beitrag der Sowjets, die das Defizit in Deutschland dann zwar mitfinanzieren müßten, überwiegen, der "britische Steuerzahler" würde nicht entlastet, sondern belastet und die wirtschaftliche Situation in den West-Zonen noch verschlimmert: "If reparations cease, the

Russian zone will be an economic asset; if reparations continue as at present, the Russian zone by the end of 1947 may become a great economic liability."[156]

Landreform, Sozialisierung, Arbeitspolitik und andere "divergencies of policy" in der sowjetischen Besatzungszone - der Begriff Sowjetisierung tauchte bemerkenswerterweise nicht auf - betrachtete die britische Militärregierung dagegen nicht als unüberwindliche Hindernisse vor einer wirtschaftlichen Fusion der Besatzungzonen. Mit einer Ausnahme, und die betraf die Sowjetischen Aktiengesellschaften, nach denen Bevin eigens gefragt hatte. Die SAG, so der Bericht, stellten eine derart "massive auswärtige Verflechtung" dar, daß sie die Reintegration der sowjetzonalen in die deutsche Wirtschaft ebenso unmöglich machen würden wie jegliche solide wirtschaftliche Planung. Würden die "ca. 300" Industriebetriebe nicht wieder in deutschen Besitz überführt, dann sei es in der Tat nutzlos, über die Behandlung Deutschlands als wirtschaftliche Einheit auch nur zu reden.[157]

Immerhin sah die britische Militärregierung, daß die Chancen der Behandlung Deutschlands als wirtschaftliche Einheit nicht von wirtschaftlichen Details abhing, sondern von der Vereinbarkeit oder Unvereinbarkeit der politischen Ziele, welche die Sowjets und die Westmächte in Deutschland verfolgten. Solange die fundamentalen deutschlandpolitischen Differenzen zwischen den Siegermächten nicht ausgeräumt seien, hieß es in ihrer Einschätzung, könne die wirtschaftliche Vereinigung der Besatzungszonen nicht funktionieren.[158] Indem es die wirtschaftlichen Erscheinungen östlich der Elbe im Gesamtzusammenhang der Sowjetisierung der sowjetischen Besatzungszone beschrieb, stellte das Research Department zwei Monate später die Verbindung her zwischen dem, was die Militärregierung in Berlin noch für bloße "divergencies of policy" gehalten hatte, und den politischen Zielen der Sowjets in Deutschland. In

156 "An Appreciation of the Economic Position in the Soviet Zone and the Effects which Fusion with it would Have on the Western Zones", F.O.371/64305/C1139. King an Strang 20.1.1947, ibid.

157 Ibid.

158 Ibid.

der sowjetischen Besatzungszone ging es, betonte das Research Department schließlich im Oktober 1947, um die Errichtung eines sowjetischen Staatswesens mit sowjetischer Wirtschaftsordnung: "In the field of industry and trade, conditions have progressed a considerable way towards those of the Soviet Union. In agriculture, progress has been slight, but the present position in the Soviet Zone is not unlike an intermediate stage once reached in the course of the Russian Revolution."[159] Es war eigentlich nicht zu erwarten, schloß das Research Department an anderer Stelle aus diesem Sachverhalt, daß die Sowjets sich zur Behandlung Deutschlands als wirtschaftliche Einheit verstehen würden, es sei denn, zu ihren Bedingungen.[160]

Die Sowjets, konstatierte das Research Department schließlich verblüfft, hatten also allen Grund zur Zufriedenheit mit den Erfolgen ihrer Sowjetisierungspolitik. Warum in aller Welt ließen sie dann die SED permanent ein derartiges Propaganda-Aufhebens um die Frage der deutschen Einheit machen, die, wenn realisiert, unfehlbar zur Zerstörung ihres Werkes in der sowjetischen Besatzungszone führen mußte?[161] Das Phänomen stellte das German Political Department vor ein Rätsel. Reddaway bot gleich mehrere mögliche Erklärungen an: Furcht vor wirtschaftlichem Erfolg des britisch-amerikanischen Bizonenprojektes, der die Ausdehnung sowjetischen Einflusses auf ganz Deutschland zu späterem Zeitpunkt erschweren würde; der Versuch, nach der Ausplünderung ihrer eigenen Zone nun die Hand nach der Ruhrindustrie auszustrecken; die Hoffnung, unter dem Mantel scheinbarer politischer Einheit mißliebige Freiheitsrechte nur um so wirkungsvoller unterdrücken zu können; die Erwartung, mittels ihres Vetos im Kontrollrat eine provisorische deutsche Regierung lähmen und dadurch den Spielraum der SED ausdehnen zu können.

Restlos überzeugend war keiner dieser Erklärungsversuche. Denn allesamt enthielten sie ein beträchtliches Risiko für den

---

159 "Some Aspects of the Political System in the Soviet Zone of Germany".
160 W.P.I.S. No. 410 v. 24.9.1947, Special Article: "German Trade".
161 F.O.R.D. Memorandum: "The Sovietisation of the Eastern Zone of Germany".

Bestand der mühsam errichteten sowjetischen Ordnung in der sowjetischen Besatzungszone, das Moskau schwerlich eingehen würde. Wenn die Sowjets die SED eine Verfassung für ganz Deutschland entwerfen und in Leipzig zur Frühjahrsmesse lautstark die Einheit forden ließen, so hatte das mit ihren eigentlichen Absichten wohl wenig zu tun. Die sowjetische Besatzungszone, das schloß Reddaway aus den Ausführungen des Research Department, würde bleiben, und die Sowjets würden sie sich auch von den Westmächten nicht mehr abhandeln lassen: "The thing which emerges perhaps most clearly from the memorandum is that the Russians have built up a very formidable Communist machine in the Eastern Zone which they are going to support and maintain in the face of any quantity of 'free and unfettered elections'."[162]

6.18. "1970 wird es zwei deutsche Staaten geben".

Schon etwas eher hatte in Moskau der britische Chargé d'Affaires Frank Roberts das Phänomen "sowjetische Besatzungszone" im größeren Zusammenhang langfristiger sowjetischer Deutschlandpolitik betrachtet. Deutschland, erkannte Roberts am 30. September, war vom bestimmenden Faktor längst zur bloßen Funktion aus den Beziehungen zwischen den Siegermächten geworden: "... Germany, in its present state of division, becomes mainly a function of the relations between the three Great Powers and ceases to be the factor which determines those relations as it still was in November 1944."[163] Der gegenwärtige Zustand der Teilung Deutschlands, sollte das heißen, war Folge, nicht Ursache der Spannungen zwischen Moskau und den Westmächten. Und bei der Teilung würde es darum auch bleiben.

---

162 Reddaway 2.4.1947, F.O.371/64306/C5120.

163 Roberts an Bevin, Despatch No. 770 v. 30.9.1946, F.O. 371/55592/C11995.

Zu unvereinbar waren die Absichten Moskaus und der Westmächte in Deutschland. Nach sowjetischem Verständnis, so Roberts, dienten De-Nazifizierung und De-Militarisierung Deutschlands keinem anderen Ziel als der vollständigen Revolutionierung der sozialen und wirtschaftlichen Struktur des Landes sowie der Eliminierung der alten Führungsschichten. Demokratisierung und "re-education", wie sie die Westmächte, vor allem die Amerikaner, in Deutschland exerzierten, konnten dagegen allenfalls auf eine soziale Demokratie hinauslaufen, ähnlich derjenigen Nachkriegs-Großbritanniens. Sie würde, sah man es mit sowjetischen Augen, im wesentlichen nach kapitalistischen und bürgerlichen Prinzipien funktionieren.

Moskau, folgerte Roberts, mußte darum alles daran setzen, sowjetischen Zugriff auf die sowjetische Besatzungszone zu verstärken und "so schnell wie möglich" sowjetischen Einfluß auf ganz Deutschland auszudehnen. Moskaus Ausgangsposition war nicht schlecht: "Eastern Germany, in addition to being a bastion for the defence of communism and of the Soviet Union, is an ideal base from which to penetrate Western Germany and Western Europe generally."[164] Überdies verfügte Moskau mit der sowjetischen Besatzungszone über ein nahezu ideales ideologisches Schaufenster, in dem der Kreml zu Bedingungen, die er selbst bestimmte, versuchen konnte, West-Deutschland und die Westliche Welt davon zu überzeugen, "that their order is better than ours". Moskaus Ziel war es, nicht nur die eigene Besatzungszone, sondern siebzig Millionen Deutsche auf seine Seite zu ziehen: "Thus it would be necessary so to organise Germany, that the power of attraction of Eastern Germany for Western Germany is greater than that of the West for the East."[165] Genau diesem Zweck dienten die soziale und wirtschaftliche Revolution östlich der Elbe.

Aus alledem folgte, prophezeite Frank Roberts, daß Moskau seine Besatzungszone in der unmittelbaren Zukunft zunächst einmal noch hermetischer abriegeln würde, als es das bisher ohnehin getan hatte. Aus sowjetischer Sicht mußte die sowje-

164 Ibid.
165 Ibid.

tische Besatzungszone eine geschlossene Zone bleiben: "The Soviet Zone then, as seen from Moscow, is a closed zone. It is closed for ideological and strategical reasons; that is to say, because the Soviet authorities wish to operate in it and from it."[166]

Der 'Eiserne Vorhang' würde bleiben. Alles wies auf langfristige Politik Moskaus hin, deren grobe Linien schon während des Krieges festgelegt worden waren. Nichts würde Moskau von ihr abbringen können - nicht die Sorge um den Wiederaufbau des eigenen verheerten Landes, noch irgendwelche westlichen Konzessionen. Nicht einmal das Angebot der Beteiligung an der Kontrolle der Ruhr, unterstrich Roberts an anderer Stelle, würde Moskau dazu verleiten können, seine Besatzungszone zu öffnen: "The course is set and it seems very unlikely that it will be altered in exchange for any concessions which we are in a position to grant in our zones."[167]

Im Grunde ging es schon jetzt gar nicht mehr um die sowjetische Besatzungszone. Deren Sowjetisierung - Roberts sprach noch von Reformen - stand außer Frage und war wohl schon nicht mehr umkehrbar. Es ging, warnte Roberts, bereits um die Zukunft West-Deutschlands und dessen Orientierung zwischen West und Ost. Die Westmächte hatten es nur noch nicht gemerkt. Wenn die militärische Besetzung Deutschlands endete - Roberts nahm einmal an, das würde nach fünfundzwanzig Jahren im Jahre 1970 der Fall sein -, dann würde es nicht ein Deutschland geben, sondern deren zwei; ein kommunistisches im Osten und ein demokratisches im Westen: "Assuming for the sake of the argument that the occupation of Germany will end after twenty-five years, i.e., in 1970, the practical result of Soviet policy is likely to be the creation of an entirely new, closely integrated Eastern German State, with a Communist or near-Communist system adapted to its particular needs. It will be faced by another Germany presumably organised on the western democratic model."[168]

---

166 Ibid.
167 Ibid.
168 Ibid.

Es war nur zu hoffen, daß es den Westmächten bis dahin gelingen würde, ihre Besatzungszonen in ein wohlhabendes und zufriedenes Staatswesen zu verwandeln, das nationalen Verlockungen aus dem wahrscheinlich wohlorganisierten, vielleicht sogar machtbewußten ost-deutschen Staat - Roberts sprach vom "neuen Preußen" - widerstehen würde. Sicher war es nicht: "The Eastern Germany will be compact, well organised, possibly even powerful, and it must surely have a very considerable attraction for Western Germans, not only ideologically but nationally since then as now the idea of German unity will presumably have great appeal."[169] Vom Ausgang des Ringens um die Zugehörigkeit West-Deutschlands, schloß Roberts eher düster, denn optimistisch, würde das Gleichgewicht der Kräfte in Europa abhängen: "This struggle for the allegiance of Western Germany will be a crucial factor in the balance of Europe."[170]

169 Ibid.
170 Ibid.

Siebtes Kapitel.

Jakob Kaiser, die Briten und die Suche nach dem Kompromiß mit den Sowjets.

7.1. Hat Jakob Kaiser eine Chance?

Skepsis, Mißtrauen, allenfalls distanziertes Interesse - das waren die Gefühle, welche Offiziere und Beamte der britischen Militärregierung den christdemokratischen Parteigründungen in Berlin und anderswo entgegenbrachten. Das hatte wenigstens zwei Gründe. Zum einen galten in der eigenen wie in den übrigen Besatzungszonen Hoffnungen und Sympathien der Briten vor allem den Sozialdemokraten. Zum andern ließ sich über die neue bürgerliche Partei zunächst wenig sagen. Es sollte bis Anfang des Jahres 1946 dauern, bis in der britischen Besatzungszone Gründung und Aufbau der CDU halbwegs zum Abschluß kamen.[1] Im Falle der Berliner Parteigründungen kam eine weitere Überlegung hinzu: Was dort die britischen Beobachter interessierte, waren weniger deutsche Parteiprogramme, sondern mehr die Pläne der Besatzungsmacht, die sie zuließ. Die Annahme lag nahe, daß im sowjetischen Kalkül die bürgerlichen Parteien eine eher untergeordnete Rolle spielten. Die Aufmerksamkeit der britischen Beobachter galt darum vor allem KPD und SPD, deren Behandlung durch Moskau und die SMAD am ehesten Aufschluß über sowjetische Absichten in Deutschland zu versprechen schien.

Das allgemein geringere Interesse an den bürgerlichen Parteien hinderte die Political Division nicht, auch innerhalb der CDU ihre Präferenzen schon früh eindeutig zu verteilen. In Noël Annans langem und im Foreign Office vielbeachteten Memorandum über "The Growth of Political Parties in Germany" kam die

---

1 Zur Gründung der CDU in der britischen Besatzungszone vgl. Schwarz, Adenauer, Bd. 1, S.478-518. Zuletzt: Horstwalter Heitzer, Die CDU in der britischen Besatzungszone 1945-1949. Gründung, Organisation, Programm und Politik, Düsseldorf 1988, S.35-182.

Berliner CDU wesentlich besser davon als die "Parteizweige" in Bayern und im Rheinland, wo konservative und autoritäre Elemente "fortschrittlichen Maßnahmen und gründlicher Denazifizierung" im Wege stünden. Die "fortschrittlichen und aufgeklärten Männer" der CDU, schrieb Annan im Dezember 1945, fanden sich vor allem in Berlin. Annan nannte den Parteivorsitzenden Hermes und wies besonders auf dessen "Kollegen" Kaiser und Lemmer hin, beide prominente Gewerkschaftler und Angehörige des linken Flügels der Partei. Keineswegs sicher sei allerdings, daß deren Linie sich in der Partei auch durchsetzen würde.[2]

Als die SMAD dann tatsächlich offenbarte, daß im Hintergrund die sowjetische Besatzungsmacht an den Fäden zog, ging es unerwarteterweise zunächst nicht um KPD oder SPD, sondern doch um die in der sowjetischen Besatzungszone eher für marginal gehaltene CDU. Deren Parteiführer hatten sich zwar nicht dem Vorhaben einer Bodenreform an sich, wohl aber dem Prinzip der entschädigungslosen Enteignung und allzu starker Parzellierung des Großgrundbesitzes widersetzt und waren schließlich aus der "Einheitsfront der Antifaschistisch-Demokratischen Parteien" ausgetreten. Nach mehrmaligen Beeinflussungs- und Interventionsversuchen griff die SMAD schließlich offen ein: Am 18. Dezember verfügte der politische Berater Marschall Schukows, Oberst Tulpanow, die Absetzung der beiden Parteiführer Hermes und Schreiber und schlug als deren Nachfolger die dritten und vierten Vorsitzenden, Jakob Kaiser und Ernst Lemmer, vor. Nach zweitägiger Bedenkzeit willigten Kaiser und Lemmer ein.

Die Political Division in Berlin und das German Department in London hatten den Vorgang alarmiert verfolgt und sich sogar entschlossen, dem sowjetischen Alliierten britisches Mißfallen unmißverständlich kundzutun. Das Interesse der Briten an der Berliner CDU-Organisation wurde nach der Absetzung Hermes' und Schreibers, die, so mochte es scheinen, so etwas wie

---

2 Noël Annan, "The Growth of Political Parties in Germany", F.O.371/46910/C10128.

eine Entmündigung der Partei gewesen war, allerdings eher noch distanzierter. Political Advisor William Strang hielt nicht für ausgeschlossen, daß der Eingriff der Sowjets den Bruch der Partei zwischen Ost und West nach sich ziehen würde.[3]

Einziger Lichtblick war eben die Benennung Jakob Kaisers als Nachfolger des abgesetzten Hermes. In der Person Kaisers - den die Political Division vom ersten Moment an äußerst positiv beurteilte - als "forceful character" beschrieb Strang ihn seinem Außenminister[4] -, hatte sich nun wenigstens in Berlin der linke Flügel der Partei durchgesetzt. Kaiser genoß das Vertrauen der Partei sowohl in der sowjetischen wie in den westlichen Besatzungszonen. Und wenn überhaupt jemand die CDU in der sowjetischen Besatzungszone konsolidieren und zusammenhalten konnte, dann Jakob Kaiser.[5] Strang traute ihm auch zu, daß er innerhalb der Einheitsfront der KPD Schwierigkeiten machen würde. Im Grunde aber hatte er die CDU als selbständige Partei schon abgeschrieben. Es werde interessant sein, telegrafierte er nach London, zu sehen, wie lange es dauerte, bis Kaiser das Schicksal seines Vorgängers Hermes ereilte.[6]

7.2. Jakob Kaiser und die Briten - natürliche Verbündete in Berlin.

Nicht Jakob Kaiser und der CDU galt Januar 1946 britische Besorgnis, sondern Grotewohl und der sowjetzonalen SPD, die sich zu diesem Zeitpunkt noch gegen die Zwangsvereinigung mit der KPD wehrte und deren Überleben den Briten wichtig war. Immerhin, über gleichwohl intensive Kontakte zwischen

---

3 Strang an Bevin, Tel. No. 7. Saving v. 16.1.1946, F.O.371/55360/ C700.

4 Ibid.

5 Lancashire an Steel 10.1.1946, F.O. 1049/322.

6 Strang an Bevin, Tel. No. 7. Saving.

Angehörigen der britischen Militärregierung und Kaiser sowie der Berliner CDU-Führung lernte man sich kennen und schätzen. Kaiser trug dazu bei, daß seine britischen Gesprächspartner über den Fortgang der Vereinigungskampagne auf dem laufenden blieben. Die Briten boten Kaiser die Benutzung britischer Flugzeuge an und ermöglichten es der Berliner CDU, mit Parteiorganisationen in den Westzonen in Verbindung zu bleiben.[7]

Als Grotewohl schließlich den Widerstand gegen die 'Zwangshochzeit' mit der KPD aufgab und sich, wie Ivor Pink in Berlin es später formulierte, "gegen Wurst und Zigaretten an die Russen verkaufte"[8], war es Jakob Kaiser, der sozusagen über Nacht in jene Rolle geriet, welche die Political Division eigentlich Grotewohl zugedacht hatte: Kaiser wurde nicht nur zum letzten und einzigen, sondern gewissermaßen zum natürlichen Verbündeten der Briten in Berlin, und es ist leicht zu sehen, warum.

Natürlich lagen den Labour-regierten Briten Kaisers Vorstellungen von "christlichem Sozialismus" näher als die katholisch konservative Grundhaltung Konrad Adenauers. Entscheidend für die nun beginnende zweijährige enge Zusammenarbeit zwischen Jakob Kaiser und der Political Division war indes weder die ideologische Nähe des Gewerkschaftlers zu Labour-Doktrinen noch sein Modell von Deutschland als Brücke zwischen Ost und West. In den Augen der britischen Planer war Deutschland Objekt ohne eigenständige Rolle, schon gar nicht der Rolle des Vermittlers zwischen den Westmächten und der Sowjetunion. Nur so ist es zu erklären, daß zwar der deutschlandpolitische Dissens zwischen Kaiser und Adenauer von der Political Division sehr genau verfolgt wurde, Kaisers "Brücken"-Konzept in der Korrespondenz der Political Division mit dem Foreign Office jedoch so gut wie keine Erwähnung fand.

Was Jakob Kaiser für die Briten so interessant machte, waren nicht gesellschaftspolitische Vorstellungen oder deutschlandpolitische Entwürfe, sondern "seine politische Aktivität in

---

7 Major Lancashire an Steel 10.1.1946, F.O.1049/322. Steel 10. 1.1946, Ibid.

8 Pink an Wilberforce 7.6.1946, F.O.371/55367/C6654.

Berlin".[9] Kaiser war der letzte unabhängige Parteiführer im sowjetisch besetzten Teil Deutschlands - genaugenommen sogar in ganz Deutschland - und bemühte sich in Berlin um genau den Ausgleich mit den Sowjets, den auch die Briten selber suchten. Und was am wichtigsten war: Eine Zeitlang mochte es, aus London betrachtet, so aussehen, als hätten auch die Sowjets mit Kaiser etwas vor.

Ab Februar 1946, dem Zeitpunkt, zu dem Grotewohl den Briten das Ende seines Widerstandes gegen KPD und SMAD ankündigte, war Jakob Kaiser in der Tat der letzte deutsche Parteiführer, der noch für eine gesamtdeutsche Option stand. Alle anderen hatten schon zwischen Ost und West gewählt und damit im Grunde für die Teilung Deutschlands - entweder endgültig oder provisorisch - optiert: Grotewohl war ausgeschieden, die SPD in der SBZ zählte schon nicht mehr. Pieck und Ulbricht waren nicht nur Klientele Moskaus, sondern betrieben darüber hinaus vor allem den eigenen Machterhalt und konnten - über die damalige Position Moskaus hinausgehend - kaum anderes wünschen als die endgültige Teilung: Die sowjetische Besatzungszone war ihre Pfründe; kam es zum Kompromiß zwischen den Siegermächten, würden sie sie verlieren. Im Westen hatte Adenauer den sowjetisch besetzten Teil Deutschlands vorerst aufgegeben - für eine Generation, wie er den Briten erklärte - und dachte schon über die Integration des westlichen Deutschland in Westeuropa nach: "Adenauer says he told Kaiser that Eastern Germany must be written off for a generation, since the Russians and the German Communists were in complete control and neither the Christian Democratic Union nor the Western Allies could do anything against them. The only solution was to form a Western Economic Union which would include Western Germany, France, the Low Countries and Great Britain."[10]

Die Position Kurt Schumachers, dessen Antikommunismus nicht zu überbieten war, war der Adenauers verwandt: Beide,

---

9 Appendix 'A' to ICSB Political Intelligence Report No. 35 v. 17.6. 1946, F.O.371/55368/C7449.

10 Strang an Bevin, Weekly Political Summary v. 10.9.1946, Tel. No. 146 Saving, F.O.371/55370/C11092.

berichtete Jakob Kaiser ein Jahr später, im August 1947, Christopher Steel, der es wohl schon wußte, hätten ihm gegenüber zum Ausdruck gebracht, daß ihrer Überzeugung nach die Gründung eines westdeutschen Staates essentielle Vorbedingung für die "re-absorbtion" des Ostens sein müsse.[11] Allein Kaiser bemühte sich noch darum, die Entscheidung zwischen Ost und West, zwischen Moskau und den Westmächten, zu umgehen. Auf seine Weise leistete er dabei, möglicherweise mehr als Adenauer und Schumacher, den Sowjets Widerstand, die von den Deutschen, zumal den Parteiführern in ihrer Besatzungszone, mehr erwarteten als Neutralität.

Schon während des Höhepunktes der kommunistischen Vereinigungskampagne, Anfang 1946, hatte Kaiser, sehr zur Beunruhigung der Briten, davon berichtet, daß die SMAD deutsche Neutralität zwischen den Siegermächten nicht hinnehmen wollte, sondern den Politikern ihrer Besatzungszone ganz offen die Entscheidung zwischen Ost und West aufzuzwingen suchte: "The Christian Democrats report that during the interviews which they and other party leaders have with the Russian Political Division emphasis seems constantly to be made on the need to chose between East and West. Any of their number who show an inclination towards the West are automatically suspected of being unfriendly towards the Soviet Union. No opportunity seems to be missed for stressing the incompatibility between East and West, and the need to draw the inspiration for German unity entirely from Moscow."[12]

Genau darum, nämlich die Behauptung von der "incompatibility between East and West" zu widerlegen, ging es jedoch Kaiser - und den Briten. So lange wie möglich verweigerte er sich dem sowjetischen "Entweder-Oder", das jede Hoffnung auf Ausgleich der Siegermächte in Deutschland erledigt hätte. Weder der unerfreuliche, weil ernüchternde Ausgang der

---

11 Military Governor an F.O., Tel. No. 1240 v. 23.8.1947, F.O.371/64459/C11357.

12 Strang an F.O., Tel. No. 23 Saving, Political Summary No. 3 Part II v. 13.2.1946, F.O.371/55361/C2157. Lancashire an Steel 4.2.1946, F.O. 1049/323.

Außenministerkonferenz in Paris noch die ergebnislosen Verhandlungen der Außenminister in Moskau ließen ihn resignieren. Noch unmittelbar vor Beginn der Moskauer Konferenz, berichtete Strang nach London, erklärte Kaiser in Herne an der Ruhr vor den Sozialausschüssen der CDU der anti-russischen Faktion seiner Parteifreunde, daß sie, wenn ihnen wirklich an der Einheit Deutschlands lag, Moskau in die Rechnung würden mit einbeziehen müssen: "He insisted on the need for settlement between Eastern and Western Germany to ensure peace for Germany and the world, and on the need to accept the Soviet Union as one of the great realities in foreign policy."[13]

So etwa hätte es auch Außenminister Bevin formulieren können. Anders als im Falle Grotewohls, da hatte die Political Division sich verrechnet, waren die Ziele Kaisers und die deutschlandpolitischen Hoffnungen der Briten tatsächlich eine Zeitlang nahezu deckungsgleich: Beinahe wie Außenminister Bevin sollte auch Kaiser noch über den letzten Moment hinaus an der Hoffnung auf einen Ausgleich mit den Sowjets festhalten. Kaisers "Brücken"-Konzept und die ältere Vorstellung des Foreign Office von Deutschland als Katalysator der Kooperation der Siegermächte in Europa schlossen einander zumindest nicht aus. Auch die Desillusionierungskurven Bevins und Kaisers sollten beinahe gleich verlaufen, und beide sollten zur selben Zeit erfahren, daß über Deutschland ein Kompromiß mit Moskau nicht möglich war - Kaiser aus erster Hand, Bevin und das Foreign Office nicht zuletzt durch Beobachtung des Schicksals Kaisers.

Es gab weitere Berührungspunkte: Wie Außenminister Bevin zweifelte auch Kaiser an der Verläßlichkeit Washingtons.[14] Wie London vergaß auch Kaiser nie, daß die eigene Position in Berlin Zuspitzungen nicht vertrug, und verhielt sich entsprechend. Sehr im Sinne der Briten und sehr anders als etwa Schumacher, pflegte er aus genau diesem Grunde, in seiner Kritik an

---

13 Strang an Bevin, Tel. No. 21 Saving, "Germany: Weekly Political Summary", received 8.3.1947, F.O.371/64269/C3942.

14 Schwarz, Vom Reich zur Republik, S. 317.

der sowjetischen Besatzungsmacht Offenheit mit Mäßigung zu verbinden.[15]

Einander ähnlich waren auch die Vorstellungen Bevins und Kaisers von der zukünftigen Verfassung Deutschlands. Nur kurze Zeit nachdem Bevin dem Kabinett seinen Plan zur Föderalisierung Deutschlands unterbreitet und im Parlament erwähnt hatte, befürwortete auch Jakob Kaiser auf dem Parteitag der CDU in Berlin vom 14.-16. Juni 1946 ein Zweikammersystem aus "Reichstag" und "Ländertag".[16] Die Wahlkämpfe im Sommer und Spätsommer bestritt er unter anderem mit der Parole vom "gesunden Föderalismus".[17] Kaiser ließ sich auch nicht beeindrucken, als die SED im November den Entwurf einer ausgesprochen zentralistischen Verfassung präsentierte, und trat innerhalb des 'Einheitsblocks' für die De-Zentralisierung Deutschlands ein.[18]

Zu alledem kam, daß die Political Divison Kaiser nicht nur als Politiker, sondern auch als Gesprächspartner sehr schätzte. Als "clear-headed, astute and energetic political leader of integrity and independence" beschrieb ihn die Political Division kurz nach Antritt seines Amtes als Parteiführer.[19] "An excellent type", telegrafierte William Strang nach ersten Begegnungen mit Jakob Kaiser an Foreign Office und Außenminister.[20] Besonders angetan von Kaisers Art - "that mixture of authority and sincerity which makes Kaiser such an attractive personality" - war immer wieder Noël Annan, der den Kontakt mit den

---

15 W.P.I.S. No. 391 v. 7.5.1947.

16 W.P.I.S. No. 348 v. 26.6.1946; Dean an Burrows 27.6.1946, F.O.371/ 55368/C7119.

17 W.P.I.S. No. 364 v. 16.10.1946.

18 Strang an F.O., Tel. No. 178 Saving, Weekly Political Summary v. 22.11. 1946, F.O.371/55376/C14378. Das Maß der Annäherung Kaisers an britische Vorstellungen in diesem Punkt unterschätzt wohl Schwarz, Vom Reich zur Republik, S.307f.

19 "Report on Conditions in Germany During January 1946", F.O.1032/ 1261.

20 Strang an F.O., Tel. No. 22 v. 18.1.1946, F.O.371/55360/C700; Strang an Bevin, No. 2 v. 15.1.1946, F.O.371/55360/C824.

deutschen Parteiführern pflegte und sich von Kaiser auch schon einmal etwas sagen ließ.[21]

Mit Kaiser ließ sich in der Tat unkomplizierter zusammenarbeiten als mit Adenauer, der bei den Briten als "reaktionär" und "autokratisch" verschrien war und dessen Gefolgschaft im Verdacht stand, den Konflikt der Besatzungsmächte untereinander zu wünschen - Kaiser tat sein Bestes, die britischen Vorbehalte gegen Adenauer zu nähren[22] -, oder als mit Schumacher, der sich stets unter Druck fühlte nachzuweisen, daß die britische Besatzungsmacht ihn nicht protegierte. Kaiser dagegen war in Berlin auf den Rückhalt der Westmächte angewiesen und hatte keinen Grund, es zu verbergen. Im Gegenteil, es ging ihm - und den Briten - just darum, in Berlin vorzuführen, daß er mit allen Besatzungsmächten gleich gut stand und daß eben dies möglich war.

7.3. Jakob Kaiser - Ohr und Stimme der Political Division in Karlshorst.

Möglich war das aber nur, weil in jenen Monaten zwischen der Gründung der SED und dem SED-Wahldebakel in Berlin ein halbes Jahr später die Sowjets mit Jakob Kaiser tatsächlich Pläne zu haben schienen. Ein Jahr vor der Kongreßrede Präsident Trumans und der Initiative Außenminister Marshalls - selbst die Ernüchterung der Pariser Außenministerkonferenz stand ja noch bevor - war aus Moskauer Sicht in Deutschland noch alles offen und noch vieles möglich.

Die Ausdehnung sowjetischen Einflusses von Berlin aus auf das ganze Deutschland war das Ziel, die Vereinnahmung einer Partei Vehikel und Mittel: Nichts anderes als eine Neuauflage

---

21 Annan an Steel, Lübbecke Tel. No. 59 v. 10.4.1946, F.O. 1049/326. Vgl. Lord Annans Rückblick: Noël Annan, Personal View, S.7.

22 Strang an F.O., Tel. No. 476 v. 13.4.1946, F.O.371/55364/C4198. Strang an F.O., Tel. No. 54 Saving v. 27.4.1946, F.O.371/55365/ C4896.

jenes gesamtdeutschen Projektes, das sie mit Grotewohl und der Zwangsvereinigung von SPD und KPD verfolgt hatte und das am Widerstand der Berliner SPD und Kurt Schumachers gerade gescheitert war, hatte die SMAD im Sinne, wenn sie nun auf Kaiser und die CDU zurückgriff. Und ganz aussichtslos war nicht, daß mit Kaiser und der CDU funktionieren würde, was mit Grotewohl nicht funktioniert hatte. Es sprach nämlich einiges für die Annahme, daß für die sowjetischen Pläne die CDU die tauglichere Partei und Jakob Kaiser die geeignetere Person war. Die Sowjets hätten erkannt, berichtete Christopher Steel im Oktober brieflich dem Leiter des German Department im Foreign Office, daß nicht die SPD, sondern die CDU in Deutschland die potentiell stärkste Partei war.[23] Und kam es zum Kompromiß der Siegermächte in Deutschland, dann war Kaiser, der anders als Grotewohl zudem über staatsmännisches Format verfügte, aussichtsreicher Bewerber um den Vorsitz der CDU in ganz Deutschland. Das jedenfalls hatte Strang schon im Juni aus dem "eindrucksvollen und staatsmännischen" Auftreten Kaisers als Redner auf dem Berliner Parteitag der CDU (14. - 16. Juni 1946) geschlossen: "It should also establish Kaiser's own claim to leadership of the party throughout Germany as soon as Allied approval is given for the formation of parties on a national basis."[24]

Die SMAD hatte aus dem Fiasko ihres SED-Unternehmens gelernt und behandelte Kaiser und die CDU wesentlich subtiler, als sie es im Falle Grotewohls und der SPD getan hatte. Der Political Division jedenfalls fiel die ausgesprochene "Doppelbödigkeit" des Umgangs der SMAD mit der CDU bald auf. In Berlin fanden sich die Partei - die ganze CDU, nicht nur Kaisers CDUD - und vor allem Jakob Kaiser selbst, regelrecht umworben. Sichtbar wurde das, als während des Berliner Parteitages der CDU die Sowjets "sich förmlich überschlugen", so William Strang, um sich den Delegierten, besonders jenen aus den

---

23 Steel an Dean 18.10.1946, F.O.371/55583.

24 Strang an F.O., Tel. No. 109 Saving v. 22.6.1946, F.O.371/55368/C7119.

westlichen Besatzungszonen, genehm zu machen.[25] In Karlshorst richteten sie ihnen zu diesem Zwecke eines jener "üblichen Gelage" aus. Die Einladungen dazu waren im Namen Marschall Sokolowskis ergangen, die Rolle der Gastgeber spielten die Generale Bokow und Georgiew, ersterer ein hochrangiger Angehöriger der SMAD, letzterer ein sowohl Briten als auch Deutschen mysteriöser Besucher aus Moskau, von dem allerdings Kaiser zu wissen glaubte, er habe Zugang zu Stalin. Wie immer bei solchen Gelegenheiten fuhren die Sowjets Speisen und Getränke in üppiger Quantität auf und widmeten sich ganz besonders den Gästen aus dem Süden und dem Westen Deutschlands. Bei manchen Delegierten - auch solchen, die sonst nicht dafür bekannt waren, den Sowjets wohlgesonnen zu sein -, berichtete später Josef Müller, der Vorsitzende der bayerischen CSU, den Briten, verfehlte die Behandlung ihre Wirkung nicht.[26] Friedrich Holzapfel etwa, stellvertretender Vorsitzender der CDU in der britischen Besatzungszone, verglich - "im Zustande fortgeschrittener Trunkenheit", wie Strang anmerkte - die herzliche Gastfreundschaft der Sowjets mit dem eher kühlen Ton, den die Angehörigen der britischen Besatzungsmacht im Umgang mit den Deutschen pflegten. Kaiser und Müller retteten die Situation - Kaiser sprach von Taktlosigkeit -, indem sie die Gläser zum Toast auf die Taten aller Alliierten und die Befreiung vom Nationalsozialismus erhoben.[27]

Während in Berlin die SMAD sich um den Parteitag bemühte, suchten in der sowjetischen Besatzungszone NKWD-Offiziere die Familien der Delegierten heim, berichtete Kaiser den Briten.[28] Von Ernst Lemmer erfuhren die Briten, daß die Sowjets Angehörige der Berliner Parteiführung zwangen, ihre Parteifreunde auszuhorchen. Nur er selber, Jakob Kaiser und dessen Vertraute, die CDUD-Mitbegründerin Dr. Elfriede Nebgen, hätten sich diesbezüglichem sowjetischen Druck bislang entziehen

---

25 Strang an F.O., Tel. No. 749 v. 21.6.1946, F.O.371/55368/C7119.
26 Ibid.
27 Steel an Dean 27.6.1946, F.O.371/55368/C7449.
28 Ibid.

können.[29] Wohl von Kaiser wußte Steel indes, daß Lemmer selber bevorzugtes Ziel sowjetischer Pressionen war und häufig alleine nach Karlshorst befohlen wurde.[30] Immer neue Fälle solcher von den Sowjets erzwungenen Aushorchungen wurden den Briten bekannt[31], und am Schluß hielten sie auch Ernst Lemmer für einen Informanten der SMAD.[32]

Der sowjetische Druck auf die CDU wuchs, je näher die Termine für Gemeinde-, Kreis- und Landtagswahlen rückten. Die Wahlkämpfer der CDU fanden sich allen erdenklichen Behinderungen ausgesetzt: Wahlkampfveranstaltungen wurden kurzfristig abgesetzt, Veranstaltungsräume im letzten Moment von der SMAD requiriert und Zuhörer, die eigentlich die Wahlredner der CDU hatten hören wollen, zur Teilnahme an Propagandaveranstaltungen genötigt. Wahlplakate bedurften nicht nur der Genehmigung der SMAD-Zentrale in Karlshorst, sondern auch der aller untergeordneten SMAD-Stellen bis hinab zum örtlichen Sowjetkommandanten, der bereits erteilte Lizenzen wieder entziehen konnte. Bevor Wahlkampfveranstaltungen genehmigt wurden, mußten alle Wahlreden - auch solche der Vorsitzenden Kaiser und Lemmer - auf deutsch und in russischer Übersetzung vorgelegt werden. Während der Veranstaltung, berichtete Steel nach London, saß dann regelmäßig neben dem Redner ein russischer Offizier, der den Redetext vor sich liegen hatte und die Veranstaltung unterbrach, "wenn der Redner auch nur ein Komma wegließ".[33] Wo es CDU-Ortsverbände nicht gab - Gründungsanträge wurden von den sowjetischen Stellen bewußt verschleppt -, blieb es der CDU grundsätzlich verwehrt, Wahllisten aufzustellen, Veranstaltungen abzuhalten oder auch nur Wahlplakate zu kleben. In Thüringen etwa konnte die CDU aufgrund dieser Bestimmung nur in 500 von 2500 Gemeinden zur

---

29 Ibid.

30 Ibid.

31 Steel an Dean 23.7.1946, F.O.371/55368/C8704; W.P.I.S. No. 355 v. 14.8.1946.

32 W.P.I.S. No. 375 v. 8.1.1947.

33 Steal an Dean 23.7.1946, F.O.371/55368/C8704.

Wahl antreten.[34] Als die CDU in den Gemeindewahlen im September dennoch allzu gut abschnitt, nahm der Druck weiter zu.[35]

Aus solcher Inkonsistenz der Sowjets im Umgang mit der CDU schloß Christopher Steel, daß in Karlshorst offenbar eine eher "phantasielose" Interpretation der Politik Moskaus in bezug auf die Berliner Parteien im Widerstreit lag mit einer toleranteren und flexibleren Linie. Ob das interne Karlshorster Ringen um die Deutung der Deutschlandpolitik Moskaus zugunsten der geschmeidigeren Linie - Steel brachte sie in Verbindung mit jenem mysteriösen General Georgiew - entschieden werden würde, war fraglich: Steel glaubte Hinweise darauf zu haben, daß die SMAD enttäuscht und verägert war über Kaisers Unvermögen, innerhalb der CDU seinen Führungsanspruch gegen den Konrad Adenauers durchzusetzen. Sondierungen sowjetischer Politoffiziere bei dem bayerischen CSU-Vorsitzenden Josef Müller und das offene Angebot an ihn, Kaiser als "Reich leader of the party" zu ersetzen, scheiterten an der Weigerung Müllers.[36] Immerhin konnten solche Berichte, wenn sie denn zutrafen - und Steel ließ es an Skepsis gegenüber Berichten aus deutschem Mund durchaus nicht fehlen -, als Indiz dafür herhalten, daß auf sowjetischer Seite über Deutschland scharf nachgedacht wurde: "These are of course only straws in the wind but they are a good indication of the questioning which must be going on in the Soviet camp as to the rightness of their policy in Germany. Since the Berlin debacle of the SED they must be thinking harder than ever."[37]

Zur "Doppelbödigkeit" der sowjetischen Behandlung der CDU gehörte auch, daß es Kaiser immerhin erlaubt war, Beschwerde zu führen, was er oft und in offener Sprache auch tat. Nicht, daß es ihm oder seinen Parteifreunden in der Zone etwas ge-

---

34 Steel an Dean 31.7.1946, F.O.371/55368/C9185.

35 Steel an Dean 18.10.1946, F.O.371/55583.

36 Strang an F.O., Tel. No. 159 Saving, Weekly Political Summary v. 18.10. 1946, F.O.371/55374/C1289. Steel an Dean 18.10.1946, F.O.371/ 55583. Zur Enttäuschung der SMAD über Kaiser vgl. Tulpanow, Deutschland nach dem Kriege, S.238f.

37 Steel an Dean 18.10.1946.

nutzt hätte, aber die Sowjets hörten ihn zumindest an. Kaiser ging in Karlshorst ein und aus und genoß, so sah es die Political Division, regelrecht sowjetisches Vertrauen: "...it seems that Kaiser enjoys Russian confidence more than is usual with politicians who don't always toe the Russian line, and appears to be able to speak his mind, particularly with Colonel Tjulpanov without losing his head as a result ..."[38]

Jakob Kaiser hatte nicht nur das Ohr der Political Division, sondern eben auch das der SMAD und nahm nach keiner Richtung hin ein Blatt vor den Mund. Dieser Umstand, sein persönliches Format und die besonderen Verhältnisse in Berlin ermöglichten es ihm ungefähr ein Jahr lang, den Briten sozusagen als 'go-between' zu dienen. Zu einem Zeitpunkt, zu dem offener Gedankenaustausch zwischen den Besatzungsmächten auf offizieller Ebene längst nicht mehr stattfand, verfügte die Political Division in Kaiser noch über einen Draht zur sowjetischen Seite. Zumindest eine Zeitlang war Kaiser gewissermaßen Ohr und Stimme der Political Division in Karlshorst. Möglicherweise war es dies, mehr als alles andere, was die Briten sich so sehr für ihn interessieren ließ. Nicht auszuschließen ist, daß die Sowjets das umgekehrt genauso sahen, und daß sie darum Kaiser gewähren ließen, auch als er unbequem wurde.

Was Kaiser über das "doppelte Spiel" berichtete, das die SMAD mit der CDU trieb, ließ indes Steel schon früh bezweifeln, daß das lange gut gehen konnte. Was immer die SMAD mit Kaiser vorhaben mochte, keinesfalls würde sie zusehen, wie er oder seine Partei sowjetische Kontrolle über die politischen Verhältnisse in der sowjetischen Besatzungszone in Frage stellte: "... the way is being prepared by the N.K.W.D. for a political suppression or curtailment of activities of his [i.e. Kaiser's, A.d.V.] party in the Soviet zone if it should become necessary, e.g. if the party prospects in the Russian zone elections look too good."[39]

---

38 Steel an Dean 27.6.1946, F.O.371/55368/C7449; zu Kaisers gutem Verhältnis zu Tulpanow s. auch Conze, Jakob Kaiser, S.165f.

7.4. Die Political Division spendet Trost gegen Adenauer.

Der Zusammenarbeit zwischen den Briten und Jakob Kaiser in Berlin kamen auf britischer Seite Erfahrungen und Lehren aus dem Grotewohl-Fiasko sehr zugute. Anders als um den Jahreswechsel 1945/46 brauchten Political Division und German Department nun nicht lange, um sich zu entschließen, Kaiser materiellen und moralischen Rückhalt so gut als möglich zuteil werden zu lassen. Im März/April 1946 lagen in Berlin die Dinge wesentlich anders als nur wenige Wochen zuvor: Die Amerikaner hatten in der Auseinandersetzung um die Zwangsvereinigung ebenfalls Stellung bezogen, und die Briten standen nicht mehr allein. Das hatte London den Entschluß leichter gemacht, selber weiter aus der Deckung herauszutreten und die Berliner SPD gegen SMAD und KPD offen zu unterstützen. Das German Department hatte Strang schließlich weitgehend freie Hand gelassen, und die Selbstbehauptung wenigstens der Berliner SPD hatte der Political Division recht gegeben.

Wenn dieser beachtliche Erfolg, und mit ihm westliche Positionen in Berlin, nicht wieder verspielt werden sollten, dann mußten die Briten nun auch Kaiser und seiner CDU den Rücken stärken. Es ging außerdem, telegrafierte Strang nach London, um die vielleicht letzte Möglichkeit, westlicherseits auf die Entwicklung in der sowjetischen Besatzungszone Einfluß zu nehmen: "We are now in a position in which we must take responsible and potentially most important leaders like Kaiser into our confidence, and it is vital for them to know what our policy in Berlin is. We have made it fairly clear over the Social Democrats but we will continue to encourage the Christian Democrats also to go on struggling here. Apart from the principle their electoral prospects in the Russian Zone should be enough to make a fight worthwile."[40]

Eine wichtige Vorentscheidung war britischerseits schon im Februar gefallen. Damals - es ging um eine Reise der abgesetz-

---

39 Ibid.

40 Strang an F.O., Tel. No. 476 v. 13.4.1946, F.O. 1049/326.

ten CDU-Führer Hermes und Lemmer - hatte sich General Robertson entschlossen, Berliner Parteiführern britische Flugverbindungen in die britische Besatzungszone zur Verfügung zu stellen, wenn die Sowjets Ausreisegenehmigungen verweigerten.[41] Kaiser und Hermes, hatte Major Lancashire zuvor berichtet, "wish channels to the West to remain open".[42] Genau das wollte auch die Political Division, berichtete Strang, vor allem in umgekehrter Richtung: "... we wished to encourage relations between the branches of the party in Berlin and those in the British Zone."[43]

Nach außen hin sichtbar wurde britische Unterstützung für die CDU während ihres Berliner Parteitags vom 14. bis zum 16. Juni 1946. Bedenken des Foreign Office, daß, wie schon auf Berliner Parteitagen der SPD und der KPD, Gast-Delegierte aus der britischen Besatzungszone in Funktionärspositionen gewählt werden würden und britisches Einschreiten notwendig würde - alliierte Genehmigung zur Organisation auf Reichsebene war schließlich noch nicht erteilt -, konnte Kaiser im Gespräch mit Angehörigen der Political Division zerstreuen.[44] Fünfzig Gastdelegierte aus der britischen Besatzungszone nahmen teil, aus der amerikansichen Besatzungszone nur halb so viele. Die französische Militärregierung zögerte gar, auch nur Delegierten aus den östlich des Rheins gelegenen Teilen ihrer Besatzungszone die Teilnahme zu gestatten.[45]

Wichtiger als alle materielle Unterstützung war möglicherweise der moralische Rückhalt, den die Political Division Kaiser gegen Adenauer und die rheinische CDU bot. Kaum ein Gespräch fand statt zwischen ihm und Angehörigen der Political Division, in dem Kaiser nicht über Adenauer und über den "reaktionären" Parteiflügel im Westen bittere Klage führte, die trotz der Präsenz der Westalliierten in Berlin den ganzen Osten

---

41 "Provision of Transport for German Politicians in Berlin to visit the British Zone", gezeichnet für Robertson am 13.2.46, F.O.1049/323.

42 Lancashire an Steel 10.1.46, F.O. 1049/322.

43 Strang an F.O., Tel. No. 48 Saving v. 20.12.1945, F.O.371/55360/ C02.

44 Franklin an Wilberforce 9.5.1946, F.O.371/55365/C4896.

45 Strang an Bevin, Tel. No. 101-103 Saving v. 21.6.1946, F.O.371/ 55367.

Deutschlands als verloren betrachteten und die Bedeutung seines Kampfes in Berlin geringschätzten. Adenauer, berichtete Kaiser, rechtfertige seine Haltung mit der Behauptung, die Westmächte würden doch nicht in Berlin bleiben und sich vielmehr mit der Teilung Deutschlands in Ost und West abfinden.[46] Das Gegenteil sei wahr, versicherten seine britischen Gesprächspartner Kaiser wieder und wieder und verwiesen als Beleg dafür auf die britische und amerikanische Unterstützung für die Berliner SPD. An Trost, Bestätigung und Ermunterung zum Weitermachen ließen Annan oder Steel es nie fehlen: "I concluded our evening's conversation at midnight by assuring Kaiser that we regarded him with confidence and trust and just as we wished [the] SPD in Berlin to look to the West promoters so we hoped that the CDU in the West would not ignore the splendid example which Kaiser and his colleagues had given in Berlin."[47]

Bei solchem Zuspruch mußte es allerdings bleiben. Denn die Zusicherung, bei Adenauer und der Partei im Westen um Verständnis für Kaiser und seine Linie zu werben, gab die Political Division zwar, kam ihr allerdings, wenn überhaupt, nur sehr zurückhaltend nach.[48] Strang berichtete im Juni dem Außenminister zwar von Adenauers strikter Weigerung, der Einladung zum Parteitag nach Berlin zu folgen, und von seiner Befürchtung, daß es in Berlin zur Spaltung der Partei kommen könnte.[49] Aber obwohl Adenauers Weigerung auch im Foreign Office auf Unverständnis stieß[50], unternahmen weder er selber noch irgendein Angehöriger der Political Division einen ernsthaften Versuch, Adenauer umzustimmen.

---

46 Strang an F.O., Tel. No. 476 v. 13.4.1946, F.O.371/55364/C4198. Strang an F.O., Tel. No. 54 Saving v. 27.4.1946, F.O.371/55365/ C4896. Zur Auseinandersetzung zwischen Kaiser und Adenauer s. Schwarz, Adenauer, Bd.1, S.520-532. Heitzer, CDU, S.244-288; zur Unterstützung Kaisers durch die Briten, ders., CDU, S.255f.

47 Annan an Steel, Lubbecke Tel. No. 59 v. 10.4.1946, F.O.1049/326.

48 Ibid.

49 Strang an Bevin Tel. No. 90-95 Saving, Political Summary No. 9 v. 11.6.1946, F.O.371/55367/C6525. Strang an Bevin, Tel. No. 101-103 Saving, Political Summary No. 10 v. 21.6.1946, F.O.371/55367.

50 Malcolm 13.6.1946, F.O.371/55367/C6525.

Strang und seine Mitarbeiter hatten aus dem Fehler gelernt, den sie nur ein Vierteljahr zuvor gemacht hatten, als sie - zum Glück vergeblich - Schumacher zur Mäßigung gegenüber Grotewohl hatten drängen wollen. Nun hüteten sie sich, auf Adenauer ähnlichen Druck auszuüben. Gewiß, davon daß Kaiser sich in Berlin noch eine Weile behauptete, hing viel ab. Aber die täglich geringer werdende Hoffnung, daß Kaisers Kampf in Berlin zu etwas Substantiellem führte, war keinesfalls Grund genug, es mit einem Mann wie Adenauer zu verderben. Denn mit Adenauer, davon hatte sich Strang zuletzt Mitte Juli im Verlaufe einer Dinner-Runde mit Adenauer, Kaiser und Schumacher überzeugen können, würde man noch rechnen müssen: "Compared with them [i.e. Kaiser und Schumacher, A.d.V.] Adenauer gave the impression of having sprung from an Edwardian drawing room but he is a powerful political figure in his region all the same and possibly the ablest politician of the three."[51]

7.5. Die "Einheitsfront der antifaschistisch-demokratischen Parteien" aufbrechen.

Die Zusammenarbeit zwischen Jakob Kaiser und der Political Division ging über moralischen Beistand, die Bereitstellung von Dienstleistungen und den Austausch wertvoller Information hinaus. Keine sechs Wochen nach der Auslöschung der sowjetzonalen Parteiorganisation der SPD und der Gründung der SED, unternahmen Kaiser und die Briten einen ernst gemeinten Versuch, ausgerechnet das Machtinstrument von SED und SMAD schlechthin - die "Einheitsfront der antifaschistisch-demokratischen Parteien" in Berlin - auszuhebeln.

Am 30. Mai 1946 erhielt Kaiser Besuch von zwei Angehörigen der britischen Militärregierung, Major Lancashire und Denis Laskey. Zwei Stunden lang berichtete Kaiser seinen Besuchern

---

[51] Strang an F.O., Tel. No. 865 v. 17.7.1946, F.O.371/55368/C8143.

von einer ausgesprochen spannenden Sitzung des Einheitsblock-Ausschusses vom Vortage: Erster Tagesordnungspunkt war der bevorstehende Jahrestag der Zulassung demokratischer Parteien durch die SMAD gewesen. Vorgesehen war, daß am 12. Juni zur Feier des Tages Vertreter der "antifaschistischen Parteien" im Berliner Radio sprechen sollten. Für die SED forderte Wilhelm Pieck sogleich die doppelte Rednerzahl und schlug außerdem vor, daß neben den Rednern der politischen Parteien auch solche des FDGB beteiligt sein sollten.

Kaiser widersetzte sich beiden Forderungen und stellte beiläufig die Frage, welche Rolle eigentlich die Berliner SPD spielen sollte, für den Einheitsblock und auf der vorgesehenen Zeremonie. Der Provokation Kaisers folgte eine wilde und lange Debatte, in deren Verlauf der eigentliche Tagesordnungspunkt, die Zeremonie am 12. Juni, fast völlig in Vergessenheit geriet. Die Vertreter der SED gaben sich alle erdenkliche Mühe zu beweisen, daß die Berliner SPD ihre Zugehörigkeit zum Einheitsblock-Ausschuß verwirkt hatte. Kaiser, so stellte er es den Briten jedenfalls dar, erledigte jedes ihrer Argumente. Ulbricht hatte die Diskussion schließlich mit dem Hinweis abgebrochen, die ganze Frage sei unerheblich, da die SPD Antrag auf Wiederbeitritt zur Einheitsfront nicht gestellt habe.[52]

Seinen britischen Besuchern erklärte Kaiser nun, er habe den definitiven Eindruck gewonnen, daß die SED die Berliner SPD kaum daran würde hindern können, ihren Platz im Einheitsfront-Ausschuß wieder einzunehmen, wenn letztere nur schnell und intelligent genug vorging. Wenngleich die SPD in Berlin nun einen neuen Parteivorstand hatte, so war doch die Partei die alte geblieben. Die SPD hatte es im Grunde nicht einmal nötig, sich um Wiederaufnahme zu bewerben, sondern konnte ganz einfach zur nächsten Sitzung des Blockausschusses auch ihre Vertreter entsenden.

Zweck des Manövers sollte es natürlich nicht sein, dem Einheitsblock größere Legitimität zu verleihen. Kaiser hätte ganz

---

52 Laskey 31.5.1946, F.O.1049/328. Pink an Wilberforce 7.6.1946, F.O.371/55367/C6554.

im Gegenteil den Einheitsblock lieber heute als morgen erledigt gesehen. Nur, er selber konnte kaum etwas unternehmen, ohne für seine Partei sofort schwerste Repressalien der Kommunisten und der Besatzungsmacht herauszufordern. Etwas anderes war es, wenn die Kommunisten zu dem Schluß kamen, daß die Einheitsfront ihren Zweck nicht mehr erfüllte, und selber die Initiative zu ihrer Auflösung ergriffen. Selbst wenn es dazu nicht kam, erklärte Kaiser den Briten unter nochmaliger Betonung der Dringlichkeit der Angelegenheit, würde es in jedem Fall seine und seiner Partei Lage sehr erleichtern, wenn die SPD wieder im Einheitsblock-Ausschuß saß.[53]

Die Frage war von heikler Zweischneidigkeit: Auf der einen Seite wollten auch die Briten den Einheitsblock so schnell wie möglich erledigt sehen, obwohl sie durchaus sahen, daß die Einheitsfront das einzige Forum war, auf dem die nichtkommunistischen Parteien öffentliche Kritik an den undemokratischen Praktiken der SED üben konnten: "The thing is a sham and the sooner it is got rid of the better."[54] Auf der anderen Seite aber war es möglicherweise nicht ratsam, die Berliner SPD aufs neue den Umgarnungstaktiken der Kommunisten auszusetzen oder auch nur dem Verdacht der öffentlichen Meinung, sie mache mit den Kommunisten nun doch gemeinsame Sache. Wie sich schnell zeigen sollte, waren solche Bedenken nur allzu begründet.

Zunächst aber ließ sich die Political Division Kaisers Argumentation einleuchten und kam mit ihm überein, daß die SPD in der Tat versuchen sollte, der Einheitsfront wieder beizutreten: "We therefore agreed that the SPD should try to rejoin the Einheitsfront."[55] Noch am Abend des gleichen Tages suchte Major Lancashire auch Otto Suhr auf, um sich zu erkundigen, welche Schritte die SPD im Hinblick auf den Einheitsblock-Ausschuß unternommen hatte. Suhr, so ergab sich, hatte vorgehabt, die

53 Ibid.

54 Pink an Wilberforce 7.6.1946, F.O.371/55367/C6554.

55 Ibid.

Frage am 3. Juni auf einer Sitzung des Parteivorstandes zu besprechen. Als Lancashire darauf hinwies, daß soviel Zeit nicht sei, erklärte Suhr sich bereit, die Angelegenheit noch am gleichen Abend mit Franz Neumann zu erörtern und bis zum Wochenende ein Schreiben zu entwerfen, das dann an die im Einheitsblock-Ausschuß vertretenen Parteien gehen sollte. Die SPD wollte darin ankündigen, in Zukunft wieder an den Sitzungen teilzunehmen. Ein paar grundsätzliche Fragen wollte in diesem Zusammenhang Suhr auch mit Kurt Schumacher erörtern und erkundigte sich bei Lancashire, ob die Briten ihn und Neumann eventuell nach Hannover fliegen lassen würden. Lancashire, obgleich er viel lieber Schumacher in Berlin als Suhr und Neumann in Hannover gesehen hätte, sagte das gerne zu.[56]

Als am Abend des 3. Juni Lancashire und Laskey Suhr und Neumann wieder aufsuchten, hatte der SPD-Vorstand das Schreiben an die Block-Parteien, wie verabredet, schon verschickt. Zur Bestürzung der Briten hatten Suhr und Neumann unterdessen aber auch sehr viel weiter gespannte Ziele entwickelt und sahen die Berliner SPD schon fast wieder als Gravitationszentrum der Reichspartei. Sie wollten, erklärte Suhr, nicht nur in den Berliner, sondern auch in den sowjetzonalen Blockausschuß zurückkehren. Sollte die KPD sich diesem Ansinnen mit dem Argument widersetzen, die SPD sei eine rein Berliner Partei, so wollten Suhr und Neumann darauf bestehen, auch die unterdrückte Sozialdemokratie in der SBZ zu vertreten. Damit nicht genug: Suhr und Neumann dachten sogar daran, im Einheitsblock die SPD der Westzonen mitzuvertreten - darüber müsse man allerdings noch mit Schumacher sprechen.[57]

Konsultation Schumachers hielten nun auch die britischen Besucher für dringend geboten. Lancashire hielt sich diesmal nicht zurück und ließ Suhr und Neumann wissen, daß er es für zweckmäßiger hielte, wenn zu diesem Zweck nicht sie nach Hannover, sondern Schumacher nach Berlin reiste. Die Bestürzung der beiden Briten wuchs, als Suhr und Neumann davon

---

56 Lancashire 31.5.1946, F.O. 1049/328.

57 Laskey 4.6.1946, ibid.

nicht nur nichts wissen wollten, sondern regelrecht auf Distanz zu Schumacher gingen. Schumacher, so ihr Standpunkt, sei allein für die Westzonen zuständig und verstünde auch nichts von der besonderen Situation in Berlin. Suhr ging soweit zu behaupten, daß, hätte Schumacher nicht Ost-Deutschland aufgegeben und statt dessen einen wirklichen Versuch gemacht, die SPD als Reichspartei zu erhalten und zu einem Einverständnis mit Grotewohl zu gelangen, es den Russen niemals hätte gelingen können, die Vereinigung von SPD und KPD zu erzwingen. Wenn nun die SPD als Reichspartei - mit Reichsleitung in Berlin - wiedererstünde, dann wäre das eine ausgezeichnete Entwicklung. Solange die SPD lediglich auf zonaler, selbst tri-zonaler Basis agierte, habe dagegen die Berliner Parteiorganisation von allzu enger Anbindung an die SPD in den Westzonen keinen Vorteil zu erwarten.[58]

Vergeblich bedrängten Lancashire und Laskey die beiden SPD-Führer, doch nicht auf nationaler Organisation der Partei zu beharren und darüber eine so ausgezeichnete Gelegenheit zur Initiative und zur "Offensive" gegen die sowjetische Besatzungszone vorübergehen zu lassen: "They should regard themselves as an outpost of social democracy from which democratic ideas and influence could penetrate into the Russian zone." Dazu allerdings sei die Unterstützung der Partei im Westen unabdingbar. Vergeblich - Suhr und Neumann blieben dabei, daß sie genau das auch ohne Schumacher und die SPD in den Westzonen leisten konnten. Ziemlich ernüchtert über das Einschätzungsvermögen und die politische Statur ihrer beiden Gesprächspartner begaben sich die Briten schließlich auf den Heimweg: "... it seems doubtful whether the present leaders in Berlin have sufficient experience or a sufficiently realistic outlook to deal on equal terms with the Communists and the Russians. They are certainly not in the same class as Kaiser, who has so far succeeded in holding his end up with remarkable skill."[59] Suhrs und Neumanns Kritik an Schumacher kam der

---

58 Ibid.
59 Ibid.

Political Division überdies nur allzu bekannt vor und ließ, so Ivor Pink, Schlimmes befürchten: "It is profoundly depressing to find them taking just the same line as Grotewohl did about Schumacher. One can only hope they won't go the same way."[60]

Die Briten werden heilfroh gewesen sein, als sich die ganze Sache schließlich zerschlug. William Strang jedenfalls war keinerlei Bedauern anzumerken, als er nach London berichtete, die SED hätte - "with some justification" - den Anspruch der SPD tatsächlich mit der Begründung abgelehnt, die Sozialdemokraten seien in der sowjetischen Besatzungszone nicht als Partei zugelassen und könnten darum auch nicht in die "Einheitsfront der antifaschistisch-demokratischen Parteien" zurückkehren. Obwohl die Zeremonie der Einheitsfront am 12. Juni, um die es ursprünglich gegangen war, gleichwohl auf die Berliner Parteiorganisationen beschränkt blieb, nahm die Berliner SPD auch daran nicht teil, sondern führte am 16. Juni eine eigene Veranstaltung zum Jahrestag der Wiedergründung der SPD durch. Die Berliner Sozialdemokraten hätten sich offenbar doch entschlossen, telegrafierte Strang mit spürbarer Erleichterung nach London, sich ihre Unabhängigkeit zu bewahren, nicht zuletzt, weil sie sich dadurch für die bevorstehenden Wahlen bessere Chancen ausrechneten.[61]

7.6. Jakob Kaiser - "Bauer" im Deutschland-Schach der Sowjets.

Aber das Spiel funktionierte auch in umgekehrter Richtung. In vielfältiger Weise wirkte Kaiser auch im sowjetischen Sinne auf die Briten und nicht nur auf sie. Ganz ohne Erfolg etwa blieb Kaisers wiederholtes Ersuchen um britische Einwirkung

---

60 Pink 6.6.1946, ibid.

61 Strang an Bevin, Tel. Nos. 101-103 Saving, Political Summary No. 10 v. 21.6. 1946, F.O.371/55367.

auf Adenauer nicht.[62] Indem die Political Division Kaisers Anliegen aufnahm, und sei es noch so zurückhaltend, spielten sie, wohl oder übel, doch das sowjetische Spiel ein Stück weit mit. Adenauer, der sich weder von Kaiser noch von den Briten beeindrucken ließ, widersetzte sich also im Grunde weniger den Briten oder dem linken Flügel seiner Partei, sondern vor allem den Sowjets und ihren deutschen Plänen.

Über Kaiser gelang es den Sowjets sogar, zähmenden Einfluß auch auf die Berliner SPD und auf Kurt Schumacher auszuüben, der Kaiser nie so hart angehen mochte wie Adenauer und sich gegenüber der Political Division ausgesprochen positiv über ihn äußerte.[63] Wenn er in Berlin sprach, beobachteten Mitarbeiter William Strangs zum Beispiel am 20. Juni bei einer Kundgebung im Stadtbezirk Tiergarten, kam allzu harsche Kritik an der CDU bei seinen Zuhörern nicht an: "It is noteworthy that his criticism of the CDU did not receive much applause. There is a pretty close entente between the two parties in Berlin."[64]

Auf dem Berliner Parteitag im Juni wie bei anderen Gelegenheiten boten überdies Kaiser und die CDU als Ganzes den Sowjets regelmäßig schönen Hintergrund für das, was die Briten "unity-propaganda" nannten - der Versuch, mit dem Thema deutsche Einheit die Deutschen auf die sowjetische Seite zu ziehen.[65]

Mehr als einzelne Versuche aktiver Einflußnahme wirkten im sowjetischen Sinne die Hoffnungen und Illusionen, die sich auf britischer Seite bis zum Schluß mit der bloßen Existenz Kaisers und seiner Funktion in Berlin verbanden. Denn um nichts bemühte sich die Political Division vom ersten bis zum letzte Tage seiner Parteiführerschaft in Berlin mehr als darum, Kaiser das Schicksal seines Vorgängers oder gar das Grotewohls zu ersparen. Dem diente das bis zum Ende durchgehaltene Bemühen der Briten, Medienkampagnen gegen die Sowjets keines-

---

62 Vgl. Schwarz, Adenauer, S.523f.

63 "Notes on conversation at the residence of Sir William Strang in Berlin on 21st February, 1946", F.O. 1049/323.

64 Strang an F.O., Tel. No. 753 v. 22.6.1946, F.O.371/55367/C7033.

65 Strang an F.O., Tel. No. 749 v. 21.6.1946, F.O.371/55368/C7119.

falls aus dem Ruder laufen zu lassen. Schon unmittelbar nach der Hermes-Schreiber-Krise, als es ihnen eigentlich darum zu tun gewesen war, publizistisches Scheinwerferlicht auf die sowjetischen Praktiken zu richten, hatten sie im Interesse Kaisers sehr darauf geachtet, daß die britisch lizenzierte Presse, gar der CDU zuzuordnende Publikationen, sich nicht in "anti-russischen Ausfällen" ergingen.[66] Noch im Dezember 1947, als die Absetzung Kaisers durch die SMAD nur noch eine Frage von Tagen sein konnte, hatte sogar im fernen London das Motiv der Rücksichtnahme auf die schwierige Lage Kaisers Gewicht. Im German Political Department zögerte Leishman, dem Wunsch des Außenministers und des Chancellors of the Duchy of Lancaster, Lord Pakenham, nach Mobilisierung vollständiger Publizität für die sowjetische Vorgehensweise nachzukommen, und drang auf Rückfrage in Berlin: "We have so far kept quiet so as not to make Kaiser's task any more difficult, and as long as Kaiser remains in office this consideration presumably holds good."[67]

Kaisers Einflußnahme auf die Briten und die britische Rücksichtnahme auf ihn und auf seine prekäre Lage in Berlin wirkten in die gleiche Richtung: Verlängerung jenes unklaren Status quo in Berlin und Deutschland, der nur den Sowjets nutzte, und der darum dem Foreign Office so zu schaffen machte. Daß Kaiser am Status quo in Deutschland hing, läßt sich verstehen - er war Bedingung seiner Existenz und des schmalen Spielraums seiner Partei. Aber solange die Sowjets Kaiser gewähren ließen, blieb eben auch den Briten nicht viel anderes übrig, als dessen Tanz auf dem Hochseil bis zum Schluß zuzusehen. Selber das Hochseil kappen und Kaiser - Verkörperung vergangener oder gerade vergehender britischer Hoffnung auf den alliierten Kompromiß in Deutschland - stürzen lassen, das konnten und wollten sie kaum.

Deutlich sichtbar wurde das Bemühen Kaisers, auf die Briten bremsende Wirkung auszuüben, als in den letzten Wochen

---

66 Lancashire an Annan 1.2.1946, F.O. 1049/323.

67 Leishman 15.12.1947, F.O.371/64278/C15942. F.O. an Berlin, Tel. No. 3433 v. 16.12.1947, ibid.

seiner Parteiführerschaft seine und seiner britischen Gesprächspartner Interessen endlich doch auseinanderstrebten: Kaiser kämpfte nur noch um sein politisches Überleben in Berlin und fürchtete Zuspitzungen unter den Alliierten beinahe mehr als Zunahme sowjetischen Druckes auf ihn und die CDU. Die Political Division betrieb nach der wirtschaftlichen die politische Fusion der britischen und amerikanischen Besatzungszonen und wartete nur noch auf das Signal aus London und Washington. Um der Scheinunabhängigkeit der CDU in der sowjetischen Besatzungszone willen versuchte Kaiser noch in dieser Phase tatsächlich, seinen britischen Gesprächspartnern den Ausbau der Bizone auszureden. Aus "persönlichen und patriotischen Motiven", berichtete aus Berlin Duncan Wilson an Leishman im German Political Department über ein Gespräch mit Kaiser, sei dieser "äußerst besorgt" um die Folgen "westalliierten Vorprellens" bei der Bildung einer bizonalen oder trizonalen Regierung in Frankfurt: "He is clearly anxious lest such action would provoke the Russians to attack the position of the non-SED parties in their zone and our own position in Berlin."[68]

Leishman blieb, wie gesehen, von Kaisers Sorge nicht völlig unbeeindruckt. Unbedingt charakteristisch für die Position des Foreign Office war das gleichwohl nicht. Denn dort hatte man aus Londoner Abstand die Tendenz Kaisers, die Political Division auf den Staus quo in Deutschland und Berlin zu verpflichten, je länger, desto mehr mit hochgezogenen Augenbrauen verfolgt. Nichts weiter als "Bauer im Spiel" der Sowjets sei Kaiser - so hatte Adenauer es im Anschluß an die denkwürdige Dreier-Runde in der Residenz William Strangs im vertraulichen Gespräch gegenüber dem Gastgeber formuliert.[69] Nicht anders sah es im German Department Albert Franklin, der hinter allem, was von Kaiser kam, sofort sowjetischen Einfluß vermutete und regelrecht gegen Kaiser agitierte. Dessen Vorschlag an Schumacher, die SPD-Zentrale nach Berlin zu verlegen,

68 Wilson an Leishman 10.11.1947, F.O. 64277/C14567.

69 Strang an F.O., Tel. No. 865 v. 17.7.1946, F.O.371/55368/C8143.

überlegte er, könnten ihm durchaus die Sowjets eingegeben haben.[70] "Das könnte den Sowjets so passen", kommentierte er im April 1946 ein Telegramm Strangs, in dem der von Kaisers Bemühen berichtete, der CDU einen "christlich-sozialistischen Charakter" zu geben, und von der Bitte um britische Einflußnahme auf die Partei im Westen - "Is Kaiser now trying to lead us up the garden path?"[71]

"Raison d'être" der CDU und ebenso der LDP war aus sowjetischer Sicht, so sah es im German Department jedenfalls Albert Franklin, "its contact value with members in the western zones".[72] Um so besorgter stimmte es ihn dann, wenn es Anzeichen dafür gab, daß die Rechnung der Sowjets aufgehen könnte, etwa als am 8. Juli 1946 auf dem Parteitag der LDP in Erfurt Gast-Delegierte der FDP aus den Westzonen mitbeschlossen, die Liberalen in Ost und West zur Partei auf nationaler Ebene zusammenzuschließen.[73] Wenn die Sowjets Kaisers CDU und, in wesentlich geringerem Maße, der liberalen LDP Freiheiten gewährten, dann ging es ihnen lediglich darum, schloß Franklin Ende Juli 1946, ihrer Besatzungszone den Anschein demokratischer Entwicklung zu geben: "But such parties are, we imagine, merely bait for the Western zones and not destined to exert real influence in the Soviet zone."[74]

7.7. Kaiser testet die SMAD.

Das Ziel der sowjetischen Anstrengungen sei es, telegrafierte William Strang Mitte April 1946 nach London, erst die eigene Besatzungszone und "ultimately" ganz Deutschland sowjetisch

---

70 Franklin 18.7.1946, ibid.

71 Franklin 15.4.1946, F.O.371/55364/C4198.

72 Franklin an Wilberforce 9.5.1946, F.O. 371/55365/C4896.

73 Strang an Bevin, Tel. No. 126-129 Saving, Political Summary No. 13 v. 31.7.1946, F.O.371/55368/C9015; Franklin 6.8.1946, ibid..

74 Franklin 24.7.1946, F.O.371/55368/C8365.

kontrollierter Einparteienherrschaft zu unterwerfen.[75] Ihr Spiel mit Kaiser und seiner Partei brachte die SMAD dem Ziel der Einflußnahme auf Westzonen und westliche Besatzungsmächte wohl näher, als ihr dies mit Grotewohl und der durchgepeitschten Verschmelzung von KPD und SPD zur SED je gelungen war. Nur darum auch nahm sie von Kaiser nicht nur offene Widerworte hin, sondern schluckte schließlich sogar so manche Kröte.

Denn innerhalb des "Einheitsblockes der antifaschistisch-demokratischen Parteien" nutze Kaiser seinen knapp bemessenen Spielraum nicht ohne Geschick. Es gelang ihm sogar, wie Ivor Pink zu beobachten glaubte, mäßigenden Einfluß auf Kommunisten und SMAD auszuüben: "It is said that Kaiser has even had a certain measure of success in getting Communist policy reversed, though this has naturally not gone beyond relatively minor points."[76] Dem Widerstand von CDU und LDP war es zum Beispiel zu verdanken gewesen, und hierauf bezog sich Pink wohl, wenn in den Blockverhandlungen über das "Gesetz zur Übergabe von Betrieben der Kriegs- und Naziverbrecher an das Volk" und über den Volksentscheid in Sachsen die Zahl der entschädigungslos zu enteignenden Betriebe immerhin um ein Siebtel verringert wurde.[77] Meistens indes blieb es bei der Opposition der CDU in den Blockausschüssen und bei offenen Worten Kaisers gegenüber sowjetischen Politoffizieren. Das war nicht wenig. Denn die Block-Verhandlungen und mit ihnen der Widerspruch der bürgerlichen Parteien wurden über die Presse öffentlich, und die SMAD-Offiziere waren Widerspruch sichtlich nicht gewohnt. Als während des Wahlkampfes die CDU öffentliche Kritik am kommunistischen Schulreform-Programm übte und in Sachsen gar die Revision der Bodenreform betrieb, waren die britischen Beobachter schon regelrecht besorgt: Genau diese Art von öffentlicher Kritik und öffentlichem Widerspruch zu genau dieser Frage war es gewesen, die im

75 Strang an F.O., Tel. No. 486 v. 17.4.1946, F.O. 371/55364/C4365.

76 Pink an Wilberforce 7.6.1946, F.O.371/55367/C6554.

77 W.P.I.S. No. 349 v. 3.7.1946.

Dezember zuvor den CDU-Vorsitzenden Hermes die Position gekostet hatte.[78]

Die SMAD ergriff vorläufig keine Maßnahmen, aber Bedenken, ob ihr Langmut mit Kaiser und der CDU nicht am Ende die Einparteienherrschaft in der SBZ gefährdete, werden ihr während des langen Wahlkampfes in ihrer Besatzungszone immer häufiger gekommen sein. Noch vergleichsweise harmlos waren die erfolglosen Bemühungen Kaisers, die Wahlmodi dahingehend zu ändern, daß nur echte Parteien, nicht aber die kommunistisch beherrschten Massenorganisationen - Gewerkschaft, Frauenausschüsse - Kandidaten aufstellen konnten.[79] Wie von der Tarantel gestochen reagierten SED und SMAD, als Kaiser zum einen die nicht-kommunistischen Wähler mit der Wahlkampflosung "Christentum oder Marxismus" zu mobilisieren suchte und zum anderen die Frage der 'Oder-Neiße-Grenze' zum Wahlkampfthema machte.[80] Wieder und wieder sprach Kaiser in Karlshorst vor, drang auf Gleichbehandlung seiner Partei im Wahlkampf, faire Zuteilung von Papier und Druckerschwärze, auf die Einstellung der schikanösen Behandlung seiner Partei und der Einschüchterung ihrer Kandidaten durch untergeordnete SMAD-Stellen. Ende September drohte er gar während eines besonders offenen Gesprächs in Karlshorst, die CDU-Kandidaten für die Besetzung der Landesregierungen zurückzuziehen, wenn nicht seiner Partei in gleicher Weise Wahlkampfmittel zugeteilt würden wie der SED. Der Schachzug war, so die Einschätzung Strangs, nicht ungeschickt. In der Schlußphase des Wahlkampfes würden sich die Sowjets einen Eklat kaum leisten wollen: "In the present circumstances the Soviet authorities cannot afford a break with Kaiser, and they will probably have to make some concessions to him."[81]

Kaiser ersparte der SMAD keine Zumutung. Als wiederholte Vorstellungen in Karlshorst um zusätzliche Pressekapazität

---

78 W.P.I.S. No. 355 v. 14.8.1946.

79 Ibid.; Steel an Troutbeck 31.7.1946, F.O.371/55368/C9185.

80 W.P.I.S. No. 356 v. 21.8.1946. Strang an F.O., Tel. No. 153 Saving, Weekly Political Summary v. 4.101946, F.O.371/55372/C12185.

81 Ibid.

ohne Gehör blieben, wandte er sich an die Briten, deren eigene Mittel zwar erschöpft waren, die ihm aber immerhin prompt amerikanische Unterstützung vermittelten. Obwohl die amerikanische Militärregierung eigentlich gehalten war, keine Parteizeitungen zu lizenzieren, erteilte sie nach einem Gespräch Kaisers mit General Clay doch die Lizenz für eine Abendzeitung, die Kaiser als Sprachrohr dienen sollte.[82] Am 10. Oktober erschien die Zeitung - "Der Abend" - zum ersten Mal. Noch aus dem Bericht William Strangs aus zweiter Hand ist die Erbitterung sowjetischer Gesprächspartner Kaisers herauszuhören: "The Soviet authorities expressed pained surprise to Kaiser that he should have applied to the Americans for additional publicity facilities."[83]

7.8. Jakob Kaiser - Lobbyist für westliche Präsenz in Berlin.

Die Zurückhaltung der SMAD sollte sich nicht auszahlen. Moskaus deutschlandpolitisches Schachspiel mit Kaiser und der CDUD ging nicht auf. Weder gelang es Kaiser, sich innerhalb der CDU gegenüber Adenauer durchzusetzen, noch der SMAD, über Kaiser die Kontrolle über die CDU auch in den Westzonen zu gewinnen. Im Gegenteil: gestützt auf den Rückhalt der westlichen Besatzungsmächte in Berlin, vermochte sich Kaiser sowjetischer Kontrolle schließlich soweit zu entwinden, daß am Ende selbst das sowjetische Minimalziel in Deutschland - vollständige Kontrolle der politischen Entwicklung der eigenen Besatzungszone qua kommunistischer Einparteienherrschaft - ge-

82 Ibid.

83 Strang an F.O., Tel. No. 159 Saving, Weekly Political Summary v. 18.10.1946, F.O.371/55374/12808. Zu Kaisers Wahlkampf vgl. Conze, Jakob Kaiser, S. 97-109. Zur Lizenzierung der Abendzeitung "Der Abend" vgl. ibid., S.108. Enge Zusammenarbeit Kaisers und Lemmers "mit den reaktionären Kreisen der USA-Militärverwaltung" nannte es Tulpanow, Deutschland nach dem Kriege, S.238.

fährdet schien. Die gröbste und langfristig schwerste Fehlkalkulation in ihrer deutschlandpolitischen Rechnung mit Kaiser ist indes den Sowjets möglicherweise nie ganz aufgegangen: Zu einem Zeitpunkt, als das den Briten noch nicht vollständig klar war, trug Jakob Kaiser vielleicht entscheidend dazu bei, der Political Division die Augen für die Bedeutung westalliierter Präsenz in Berlin zu öffnen.

Grotewohl hatte sich gerade in das ihm unvermeidlich Scheinende gefügt und seine britischen Gesprächspartner davon unterrichtet. Die Political Division war ratlos, das Foreign Office fassungslos. Einen Moment lang waren auch die Briten der Resignation nahe, einen Moment lang war fast alles möglich. Im German Department und an der Spitze des Foreign Office wurde ernsthaft erwogen, Berlin und sogar die Besatzungszone aufzugeben - lediglich das Ruhrgebiet wollte Permanent Under-Secretary of State Sir Orme Sargent aus dem "Wrack" Deutschlands herausschneiden und sowjetischem Zugriff entziehen.

In diesem Moment fast vollständiger britischer Konfusion, Mitte Februar 1946, machte Jakob Kaiser den Briten klar, worum es bei der Vereinigungskampagne eigentlich ging, nämlich um Berlin und darum, wem Deutschland und die Deutschen gehören sollten: "Kaiser asked whether we realized that we were being squeezed out of Berlin and that the final fall of Berlin would be the end of western influence in Germany."[84] Kaiser rang der Political Division die Einsicht förmlich ab. Mehrere Monate lang bedrängte er bei fast jedem Gespräch seine britischen Gesprächspartner, wie sie es denn mit Berlin hielten, berichtete von den Parteifreunden im Westen, die behaupteten, die Westmächte würden ihre Präsenz in Berlin nicht aufrechterhalten, und nötigte die Briten, sich zu erklären: "He asked particularly that we make it clear when speaking to members of the C.D.U. in the west that we intend to remain in Berlin which we regard as a Fifth [sic] zone and that the Quadripartite Government of Germany will continue."[85] Nicht ohne Erfolg:

---

84 Steel an F.O., Tel. No. 202 v. 14.21946, F.O.371/55360/C1782.

85 Strang an F.O., Tel. No. 476 v. 13.4.1946, F.O.371/55364/C4198.

Wie gesehen legte Strang dem Foreign Office Mitte April schließlich die Einsicht nahe, daß es an der Zeit sei, "important leaders like Kaiser" ins Vertrauen zu ziehen, sie wissen zu lassen, was britische Politik in Berlin sei, und sie zu ermutigen, ihren politischen Kampf in Berlin fortzusetzen.[86]

Als sich eineinhalb Jahre später, im Spätsommer 1947, am politischen Himmel über Berlin dunkle Wolken zusammenzogen, sollte die Rollenverteilung die gleiche sein. Seit Monaten blokkierten sich die Siegermächte in der Frage der Zusammensetzung des Berliner Magistrats; auf ein positives Ergebnis der bevorstehenden Außenministerkonferenz in London wollte sich niemand mehr Hoffnungen machen; die Teilung Deutschlands schien kaum noch abwendbar; in der amerikanischen Presse kursierten Gerüchte über das Ende westalliierter Präsenz in Berlin; Dementis von seiten der amerikanischen Militärregierung blieben aus. Wieder hing das Schicksal Berlins von der Entschlossenheit der Westmächte ab, an der es wieder Zweifel gab, und wieder war es Kaiser, der seinen britischen Gesprächspartnern die erste Festlegung abnötigte: "We assured Kaiser that we would remain here even if the November Conference fails and if separate governments are established in Eastern and Western Germany."[87]

Die Überlegung hat ihren Reiz, daß, was Berlin anging, nicht Kaiser, sondern eher Adenauer auf der sowjetischen Linie lag. Denn so, wie die Sowjets spätestens in den Wahlen in Berlin am 20. Oktober 1946 lernten, daß von westalliierter Präsenz in Berlin ständige Gefahr für ihre Position in der SBZ ausging, wußte und fürchtete Adenauer, daß von den ständig bedrohten drei Sektoren inmitten der sowjetisch besetzten Zone ständige Verunsicherung und Erpreßbarkeit aber auch Versuchung für die Deutschen im Westen ausgehen würden. Adenauer glaubte 1946 nicht daran, daß die Westmächte an Berlin festhalten würden; es lag ihm nicht einmal daran, daß sie es taten. Er und Teile der CDU im Westen hielten den sowjetisch besetzten Osten,

---

86 Ibid.

87 Military Governor an F.O., Tel. No. 1240 v. 23.8.1947, F.O.371/64459/C11357.

einschließlich Berlins, für vorläufig verloren.[88] Das jedenfalls ließ er sowohl Kaiser als auch britische Gesprächspartner mehr als einmal wissen: Adenauer, berichtete William Strang im Juni 1946 nach London, "wants a new capital in the west".[89]

Um des Maximalziels der Ausdehnung sowjetischen Einflusses auf ganz Deutschland willen setzte die SMAD im Frühjahr und Sommer 1946 auf Kaiser. Um des Minimalziels der vollständigen Kontrolle der sowjetischen Besatzungszone und der Liquidierung der westlichen Position in Berlin willen hätten sie, ironischerweise, vielleicht besser auf Adenauer setzen sollen. Nicht einmal ausgeschlossen ist, daß Adenauers Skepsis gegenüber der Sinnhaftigkeit westalliierter Präsenz in Berlin die Sowjets am Ende dem Maximalziel nähergebracht hätte.

7.9. Kaisers letztes Experiment - Oppositionskurs.

Entgegen den deutschlandpolitischen Hoffnungen Kaisers näherten sich die Siegermächte in Deutschland nicht einander an, sondern entfernten sich voneinander. Der Moment, als auch Kaiser die Grätsche nicht mehr durchhalten konnte, kam, als Außenminister Molotow am 2. Juli 1947 die Marshall-Plan-Konferenz in Paris verließ, und Moskau nicht nur für sich, sondern für das gesamte sowjetisch besetzte Europa die Teilnahme am "European Recovery Program" verweigerte. Kaiser hatte sich zuvor für die Annahme des Marshall-Planes ausgesprochen. Auch nach Molotows Auszug aus Paris blieb er dabei und verlieh nun in vorsichtigen, aber unzweideutigen Formulierungen der Hoffnung Ausdruck, Moskau würde sich die Sache noch ein-

---

88 Strang an F.O., Tel. No. 54 Saving, Political Summary No. 7 v. 27.4.1946, F.O.371/55365/C4896.

89 Strang an Bevin, Tel. No. 90-95 Saving, Political Summary No. 9 v. 11.6. 1946, F.O.371/55367/C6525.

mal überlegen.[90] Das war, so sehr Kaiser sich auch darum bemühte, die SMAD nicht zu verägern oder gar zu provozieren, schon erheblich weniger als selbst jene Neutralität, von der er doch wußte, daß die Sowjets sie als Entscheidung für den Westen verstanden und nicht tolerierten.

In dieser an und für sich ausweglosen Situation, "da die deutschen Hoffnungen auf dem Nullpunkt angekommen sind", so Kaiser unmittelbar nach Molotows Rückzug von der Pariser Konferenz, gelang es ihm ein paar kurze Wochen lang dennoch, der Entscheidung zwischen Ost und West noch einmal auszuweichen und einen dritten, bislang unbeschrittenen Weg zu gehen. Kaiser verlegte sich auf einen Kurs verbindlicher, aber entschiedener Opposition: verbindlich gegenüber der Besatzungsmacht, sehr entschieden gegenüber ihrem Werkzeug, der SED. Bislang hatte Kaiser die bedingte Kooperation mit der Besatzungsmacht gesucht, ohne daß dies zu etwas geführt hätte. Wenn er nun dem Konflikt mit ihr nicht mehr auswich, so war dabei zumindest nichts mehr zu verlieren.

Am 12. Juli 1947 machte Kaiser seine neue Position in einer Rede - seither "Oppositionsrede" genannt - vor dem erweiterten Parteivorstand publik.[91] Erneute Absage an einseitige Westorientierung Deutschlands verband er darin mit schonungsloser Kritik an der SED und kündigte eine Überprüfung der Stellung der CDU sowohl in der sowjetischen Besatzungszone als auch im Einheitsblock an. Kaiser schonte auch die Besatzungsmacht nicht: als erster sowjetzonaler Politiker, vermerkten die britischen Beobachter, wagte er es, offen von Internierungslagern, von "Arbeitszwang" und "Arbeitseinsatz" gemeint war die Deportation von Spezialisten und Fachkräften in die Sowjetunion - zu sprechen.[92] Wie von Kaiser angekündigt, scherte nun die CDU immer öfter aus dem Einheitsblock

---

90 Vgl. Conze, Jakob Kaiser, S.153ff. Gradl, Anfang unter dem Sowjetstern, S. 101ff. Schwarz, Vom Reich zur Republik, S. 322f.

91 Text der "Oppositionsrede" in: Jakob Kaiser, Wir haben Brücke zu sein. Reden, Äußerungen und Aufsätze zur Deutschlandpolitik, hrsg. v. Christian Hacke, Köln 1988, Dok. No. 23, S.246-257. Vgl. Conze, Jakob Kaiser, S.153-162.

92 W.P.I.S. No. 402 v. 30.7.1947.

aus. Die "Neue Zeit" erlaubte sich Kritik an den Versuchen der Kommunisten, die vollständige Umwälzung des Gesellschaftsgefüges in der Zone herbeizuführen und nannte die undemokratischen Praktiken der SED in den Blockausschüssen beim Namen.[93]

Tatsächlich reagierten Kommunisten und SMAD, berichtete die Political Division, auf den Kurswechsel Kaisers zunächst unsicher. Die SED-Presse kommentierte Kaisers Rede gar nicht oder allenfalls mit zurückhaltender Verteidigung der "Blockpolitik". Die SMAD verlangte lediglich nach dem vollständigen Wortlaut der Rede. Hoffnung auf Wandel der sowjetischen Linie in Deutschland machten sich die britischen Beobachter gleichwohl nicht. Wenn Kaiser im Augenblick sowjetische Repressalien weniger zu fürchten hatte, so die Political Division, dann lag das allein an der Gunst der Stunde. Nach der Ablehnung des Marshall-Planes müsse es Moskau darum gehen, alle Parteien in der sowjetischen Besatzungszone auf enge wirtschaftliche Zusammenarbeit mit Osteuropa einzuschwören. Das nötige die SMAD vorerst noch zu Zurückhaltung. Hinzu kämen möglicherweise Vorbehalte gegenüber der bislang nicht sonderlich erfolgreichen SED: "At the moment the Russians would probably prefer not to put all their eggs in one basket by completing the construction of a one-party state and giving the SED undisputed sway - and probably a swollen head."[94] Aber, so die Prognose der Political Division, es konnte nur eine Frage von Wochen, allenfalls Monaten sein, bis die Sowjets zur vollständigen Unterdrückung und Gleichschaltung der bürgerlichen Parteien schritten und die Verhältnisse in der sowjetischen Besatzungszone denen im sowjetisch besetzten Ost- und Südosteuropa anglichen: "It seems indeed that the suppression of the non-Communist parties in Eastern and South-Eastern Europe is running only one step ahead of developments in the Soviet Zone of Germany."[95] Der Widerstand einiger Faktionen

---

93 W.P.I.S. No. 405 v. 20.8.1947.

94 W.P.I.S. No. 402 v. 30.7.1947.

95 W.P.I.S. No. 405 v. 20.8.1947.

innerhalb der bürgerlichen Parteien gegen ihre "political annihilation" - auch in der LDP hatte sich in letzter Minute Widerstand geregt - sei so vergeblich "wie das Flattern des Schmetterlings in der Flasche".[96]

Wenn schon vergeblich, so war Kaisers Widerstand, selbst nach britischem Verständnis, doch keinesfalls sinnlos. Auch in London war immer wieder erwogen worden, im Kontrollrat oder im Außenministerrat den Sowjets gegenüber fester aufzutreten. Mit Rücksicht auf Bevins eigene Parlamentsfraktion, die öffentliche Meinung in Großbritannien wie in Deutschland, und weil Außenminister Bevin selber den Bruch mit Moskau nicht provozieren wollte, war darauf aber stets verzichtet worden. Indem Kaiser nun auf Oppositionskurs ging, führte er - wenn auch in letzter Minute - sozusagen als Stellvertreter das Experiment durch, dessen Ausgang sowohl Political Division als auch German Political Department schon immer interessiert hatte.

Aber Kaisers Widerstand war für die Briten nicht nur von akademischem Interesse, sondern von sehr realer, praktischer Bedeutung. Je weniger man sich in London noch Hoffnung machte auf sowjetisches Einlenken, und je mehr die deutschlandpolitische Planung der Briten um den Ausbau der Bizone und um die Organisierung des westlichen Deutschland kreiste, desto mehr kam es auf die Deutschen in den Westzonen an, die sich mit der vorläufigen Teilung des Landes würden abfinden und aus freien Stücken würden mittun müssen. Zu diesem Zwecke mußte der Nachweis erbracht sein, daß der Westen alles versucht hatte, um mit Moskau zum Einvernehmen zu gelangen, und daß es mit Moskau eben nicht ging. Genau diesen Nachweis erbrachte nun Jakob Kaiser und niemals nachdrücklicher als in jener letzten Phase seiner Opposition gegen SED und SMAD. Wieder und wieder führte er die Besatzungsmacht vor, entlarvte die Taktiken der SED, nötigte schließlich die SMAD zum Eingreifen und enthüllte die Sowjetisierungsabsicht Moskaus.[97]

---

96 W.P.I.S. No. 413 v. 15.10.1947.

97 "Wenn es nicht einmal ihm, dem relativ schmiegsamen, kompromißbereiten, Rußland mit Sympathie gegenüberstehenden Propagandisten einer

Nicht weil sie auf sowjetisches Umdenken gehofft hätte, sondern um seines Einflusses auf die öffentliche Meinung in Deutschland willen war der Political Division nun sehr daran gelegen, daß Kaiser seine Rolle noch eine Weile spielte. Christopher Steel machte ihm darum noch einmal Mut.[98] Kaiser selber, telegrafierte General Robertson Ende August nach London, hoffte offenbar noch immer, die Kluft zwischen den Siegermächten überbrücken zu können: "These hopes are probably illusory but Kaiser can undoubtedly influence German opinion and this is the real value of his presence in Berlin, and of the stand he is taking against the Socialist Unity Party and the Russians."[99] Kaiser, fuhr Robertson fort, half den Deutschen nicht nur, sich mit der befristeten Teilung Deutschlands abzufinden, sondern vermittelte auch die Erwartung, daß es dabei nicht bleiben würde: "Kaiser maintains that even if the division of Germany into east and west continues for a number of years, the Russians will still be unable to impose their will and their way of life on the Eastern zone and that as long as there are Germans left who will stand up to them they will in the end be forced to abandon their policy of trying to sovietise Eastern Germany."[100]

7.10. Wem gehört die Ost-CDU?

Eineinhalb Jahre lang hatte die SMAD Jakob Kaiser gewähren lassen, in der Hoffnung, über ihn Einfluß auf die ganze CDU in allen vier Besatzungszonen zu gewinnen. Wie sehr ihr dies Spiel mißlungen war, sollte sich in der Krise zeigen, zu der es

Blockfreiheit Deutschlands gelang, die Sowjetunion von dem Vorhaben abzubringen, ganz Deutschland oder zumindest ihre Besatzungszone zu sowjetisieren, so war den Möglichkeiten dieser Politik damit das Urteil gesprochen", Schwarz, Vom Reich zur Republik, S.343.

98 Robertson an F.O., Tel. No 1240 v. 23.8.1947, F.O.371/64459/ C11357.

99 Ibid.

100 Ibid.

kam, als sie sich doch zur Entfernung Kaisers aus dem Amte des Parteivorsitzenden entschloß.

Auf britischer Seite lasen nach dem Auszug Molotows aus der Pariser Marshall-Plan-Konferenz Political Division und Foreign Office die Zeichen richtig und stellten sich auf baldige Entfernung Kaisers vom Parteivorsitz der CDU ein. Aus der Warschauer Konferenz und der Gründung des Kommunistischen Informationsbüros schloß Mitte Oktober 1947 das Northern Department, daß Moskau offenbar vor einem Wechsel seiner Taktik stand und sich nun darauf vorbereitete, in seinem Einflußbereich auch die letzten Reste politischer Unabhängigkeit zu beseitigen: "The declaration [i.e. Kominform-Deklaration, A.d.V.] seems to put an end to the 'Popular Front' period with its attempt to combine with and infiltrate Social Democratic Parties, and to open a new phase in which all who will not align themselves completely with the Communists are to be openly attacked."[101]

In einem "Draft Brief" für die britische Konferenz-Delegation bezog sich im German Political Department Leishman auf Berichte und Gerüchte sowjetzonaler und sowjetischer Provenienz, wonach im wahrscheinlichen Fall des Scheiterns der Konferenz Jakob Kaiser vom Parteivorsitz entfernt werden würde.[102] "Kaiser can virtually be 'written off'"[103], lautete an anderer Stelle seine Schlußfolgerung, als wenig später die Political Division über die Teilung Deutschlands in "Eastern and Western States" wie über die Folgen für die CDU und die Stellung Kaisers nachdachte: Kaiser hatte seine politische Zukunft mit dem Erfolg seiner deutschlandpolitischen Hoffnungen verbunden. Wenn in der Teilung Deutschlands sein "Brücken-Konzept" sich nun endgültig erledigte, war unvermeidlich, daß mit Kaiser auch der linke Flügel der CDU weiter an Einfluß verlor.

---

101 Aufzeichnung des Northern Department v. 15.10.1947: "Conference of European Communist Parties", F.O.371/66475/N11723.

102 Draft Brief for the United Kingdom Delegation to the Council of Foreign Ministers v. 1.10.1947: "Berlin After November", F.O.371/64461/C13076.

103 Leishman 13.10.47, F.O.371/64276/C13142.

Das wiederum würde Folgen haben für die CDU in den Westzonen wie für die Zukunft des ganzen Deutschland. Christopher Steel wollte nicht ausschließen, daß in den drei Westzonen es zur Spaltung der CDU kam; Leishman sah Teile der "Arbeiterklasse" heimatlos werden: "The CDU will never be able to provide that leadership of the working classes which is essential for Germany's future."[104]

Soweit war es indes noch nicht. Zwar hatte Kaiser der SMAD bewiesen, daß er kein Grotewohl war, und würde just darum seinen Platz räumen müssen. Aber er war eben auch kein Schumacher - bis zuletzt enthielt er sich aus Vorsicht und aus Überzeugung antisowjetischer Töne - und machte es der SMAD eben darum besonders schwer, ihn davonzujagen. Als am 7. September 1947 der zweite Berliner Parteitag der CDU Jakob Kaiser bei nur einer Gegenstimme wiederwählte, blieb der Besatzungsmacht nichts anderes übrig, als gute Miene zum bösen Spiel zu machen und ihn in seinem Amt zu bestätigen. Oberst Tulpanow bedachte zur Eröffnung des Parteitages die CDU gar mit freundlichen Worten. Als aber - wohl gerade darum - Redner um Redner die Bedingungen in der sowjetischen Besatzungszone in aller Offenheit kritisierten, wich die aufgesetzte Freundlichkeit der Drohung: nicht aus Schwäche tolerierte die SMAD Kritik, sondern allenfalls aus Wohlwollen gegenüber Deutschland in seiner derzeitigen chaotischen Verfassung. Wie um die Botschaft zu unterstreichen, wies Tulpanow Forderungen Kaisers und seiner Partei nach Revision der Ostgrenze Deutschlands in besonders scharfer Form zurück. Das Schicksal der CDU, so der Schluß der britischen Beobachter in Berlin, hing am seidenen Faden.[105]

Die Grenzen sowjetischer Toleranz wurden überschritten, als Kaiser ein Propaganda-Manöver von SMAD und SED durchkreuzte, das auf der bevorstehenden Londoner Außenministerkonferenz die Westmächte hätte unter Druck setzen sollen. Ur-

---

104 Ibid. Alan Flanders 2.10.1947, "Notes on German Politics", ibid. Steel an F.O. 6.10.1947, ibid.

105 W.P.I.S. No. 409, v. 17.9.1947. Zum 2. Berliner Parteitag der CDUD vgl. Conze, Jakob Kaiser, 162-175.

sprünglich hatte auch Kaiser Überlegungen darüber angestellt, wie mehr als zwei Jahre nach Beendigung des Krieges die Deutschen in die Beratungen über das Schicksal Deutschlands einzubeziehen seien. Seine Gedanken über eine "Nationale Repräsentation", in der dann allerdings auch die SED vertreten gewesen wäre, waren jedoch in den Westzonen auf grundsätzliche Ablehnung vor allem Kurt Schumachers und der SPD gestoßen. Die Weigerung der Parteien im Westen, an der Bildung einer "Nationalen Repräsentation" mitzuwirken, traf Kaiser gewiß. An die Spitze eines entsprechenden Vorstoßes allein der sowjetzonalen Parteien, der dann nur den Bruch zwischen den Deutschen entlang der Demarkationslinie vollständig gemacht hätte, wollte er sich gleichwohl nicht schieben lassen. Genau darauf aber lief Ende November im zentralen Blockausschuß der von der SED inspirierte Vorschlag des LDPD-Mitbegründers Eugen Schiffer hinaus: Die sowjetzonalen Parteien sollten gemeinsam mit einem Aufruf hervortreten, den niemand anderes als Jakob Kaiser für sie verfassen sollte. In der Ausschuß-Sitzung vom 24. November verweigerte sich Kaiser dem Ansinnen. Tags darauf gab er Pieck seine Weigerung schriftlich, noch einmal zwei Tage später stand sein Brief an Pieck in der "Neuen Zeit".[106]

Die SED, die wieder einmal unter falscher Flagge hatte segeln wollen, verzichtete dennoch weder auf das Manöver, noch gab sie den Versuch auf, die CDU dafür einzuspannen. Am 26. November rief sie "alle antifaschistisch-demokratischen Parteien, Gewerkschaften und anderen Massenorganisationen, Betriebsräte und Belegschaften großer Betriebe, Organisationen der Bauernschaft, Vertreter der Wissenschaft und der Kunst in ganz Deutschland" zur Bildung eines "deutschen Volkskongresses für Einheit und gerechten Frieden" auf, der am 6. und 7. Dezember in Berlin zusammentreten und in erster Linie eine Delegation zur Londoner Außenministerkonferenz entsenden sollte. Für Kaiser und die CDU begann die Krise damit

---

106 Zum Konflikt um den Volkskongreß: Conze, Jakob Kaiser, S.185-195. Gradl, Sowjetstern, S.123-134.

erst. Denn SED und SMAD konzentrierten sich nun darauf, die CDU in der Provinz vom Vorstand in Berlin zu trennen. Die SED nahm für ihren Volkskongreß weiterhin Kaiser als geistigen Urheber in Anspruch. Gleichzeitig übte die SMAD so starken Druck auf Landes- und Ortsverbände aus, daß der Parteivorstand es Angehörigen und Funktionären der Partei gestatten mußte, "aus eigener Entscheidung" - sozusagen privat also - dem Aufruf der SED zu folgen. Auf dem Volkskongreß traten die Angehörigen der CDU dann aber doch als Vertreter der Union auf. Im Parteivorstand bemühte sich eine den Sowjets willfährige Faktion, einen Kurswechsel zu erzwingen, woraufhin die SMAD prompt versuchte, Kaiser zum Rücktritt zu bewegen, "da er in der Partei isoliert sei und das Vertrauen der Besatzungsmacht nicht mehr habe".[107]

Kaiser, der nicht an Rücktritt dachte, solange nicht die Partei ihm das Vertrauen entzog oder die Besatzungsmacht ihm diesen Schritt befahl, ließ sich nicht beeindrucken, berief für den 11. Dezember eine Sitzung des Hauptvorstandes der Partei ein und besprach sich ausführlich mit den Offizieren der Political Division. Am Abend vor der Vorstandssitzung traf er sogar mit dem neuen 'Deutschlandminister' Frank Pakenham zusammen, der sich gerade in Berlin aufhielt. Pakenham autorisierte ihn, dem Vorstand mitzuteilen, daß seiner - Pakenhams - persönlichen Auffassung zufolge Seiner Majestät Regierung zwar bereit war, zu Verhandlungen über einen Friedensvertrag Vertreter des besiegten Deutschland hinzuzuziehen, aber kaum dazu, Delegierte "of so unrepresentative a body as the Volkskongress" zu empfangen.[108]

Solcherart vorbereitet ging Kaiser am 11. Dezember in die Vorstandssitzung, die denn auch mit einem alliierten Eklat begann, der Grundsatzfragen aufwarf und den Kaiser und die Political Division sozusagen organisiert hatten. Nachdem die SMAD die Teilnahme sowjetischer Offiziere angekündigt hatte, hatte nämlich Kaiser die Political Division wissen lassen, daß ihm

---

107 Gradl, Sowjetstern, S. 134.

108 Military Governor an F.O., Tel. No. 1755 v. 11.12.1947, F.O.371/64278/C15851.

unter diesen Umständen an der Entsendung britischer Beobachter sehr lag. Die Briten waren Kaisers Wunsch prompt nachgekommen und hatten zwei Offiziere auf den Weg geschickt. Unterdessen allerdings hatte Kaiser von den Sowjets Mitteilung erhalten, daß Vertreter der Westmächte ohne sowjetische Erlaubnis der Sitzung nicht würden beiwohnen dürfen. Kaiser war nichts übriggeblieben, als die beiden Briten bei ihrem Eintreffen unmittelbar vor Beginn der Sitzung wieder auszuladen. Die beiden britischen Offiziere hatten sich nicht beeindrucken lassen, sondern schlicht darauf hingewiesen, daß sie von ihm eine Anweisung dieser Art nicht akzeptieren konnten, und hatten sich Zutritt zum Sitzungssaal verschafft. Dort gerieten sie sofort in eine Auseinandersetzung mit ihren sowjetischen Kollegen. Die Sitzung, argumentierten die Sowjets, beträfe alleine Angelegenheiten der sowjetischen Besatzungszone und stehe unter sowjetischer Aufsicht. Die britische Besatzungsmacht, erklärten die beiden Sowjets, hätte darum kein Recht zur Einmischung. Die beiden britischen Offiziere, nicht im allergeringsten bereit, britische Rechtspositionen aufzugeben, wiesen darauf hin, daß die CDU-Vorstandssitzung auch Berlin betraf, da nicht nur die sowjetische Besatzungszone, sondern eben auch Berlin im Vorstand der ostzonalen CDU vertreten war, und daß darum alle vier Besatzungsmächte ein gleichermaßen legitimes Interesse an den Angelegenheiten der Partei hatten.[109]

Den Sowjets möglicherweise mehr als den Briten wird nur zu bewußt gewesen sein, daß es in dieser geringfügig scheinenden Auseinandersetzung um nichts Geringeres ging als um die grundsätzliche Frage, wem die sowjetzonale CDU "gehörte" - den Sowjets alleine oder, qua ihrer Rechte in Berlin, auch den Westmächten? Dahinter stand eine größere Frage: wenn nicht einmal die Parteien in der sowjetischen Besatzungszone der sowjetischen Besatzungsmacht ganz alleine gehörten, konnte ihr dann die eigene Besatzungszone gehören? Und wenn das schon fraglich war, konnte dann noch fraglich sein, wem

---

109 Military Governor an F.O., Tel. No. 1766 v. 12.12.1947, F.O.371/64278/C15942.

Deutschland gehörte? In Berlin, das erfuhr die SMAD einmal mehr, ging es in jedem Disput der Besatzungsmächte gleich ums Ganze - um Deutschland.

Für diesmal erzwangen die Sowjets einen Sieg, der ihnen dennoch nicht so recht geschmeckt haben dürfte: Telefonisch bestätigte Oberst Tulpanow die sowjetische Position und drohte, die Sitzung auflösen zu lassen, wenn die Briten auf Teilnahme beharrten. Nach Rücksprache mit der Political Division zogen sich die beiden Briten schließlich zurück, um den Fortgang der Sitzung nicht zu gefährden - unter Hinterlassung einer schriftlichen Erklärung über die britische Rechtsposition, die Kaiser dem versammelten Vorstand der CDU verlas.[110] Nach den Gesprächen Pakenhams mit Kaiser am Abend zuvor war die Political Division nämlich zu der Auffassung gelangt, daß von einer Verschiebung der Sitzung kein Vorteil zu erwarten war und daß, im Gegenteil, Kaiser den unvermeidlichen Mißtrauensantrag gestärkt überstehen würde.[111]

Wenn der weitere Verlauf der Sitzung das Kalkül der Political Division bestätigte, so lag das nicht zuletzt daran, daß auch ohne die physische Anwesenheit ihrer beiden Offiziere die britische Besatzungsmacht höchst präsent war. Eröffnet wurde die Sitzung, so der Bericht, den Kaiser der Political Division noch am gleichen Abend lieferte, mit einer Erklärung sowjetischen Mißtrauens gegenüber Kaiser.[112] Die Faktion der den Sowjets willfährigen Vorstandsmitglieder um Nuschke, Herwegen, Lobedanz und Bachem schloß daran einen Antrag auf Rücknahme der Entscheidung gegen die offizielle Teilnahme der CDU am Volkskongress und auf Wahl und Entsendung eines offiziellen CDU-Vertreters zum Volkskongreß-Ausschuß. Hätten Nuschke und Herwegen sich durchgesetzt, so wäre dies in der Tat einem Mißtrauensvotum gegen Kaiser gleichgekommen. Doch es gelang Kaiser noch einmal, den Angriff abzuwehren. Er blieb fest, begründete seine und der CDU Nicht-Teilnahme am

---

110 Ibid.

111 Ibid.

112 Ibid. Zur Vorstandssitzung vom 11. Dezember 1947 s. außerdem: Conze, Jakob Kaiser, S.196-201. Gradl, Sowjetstern, S.134ff.

Volkskongreß und zog im "psychologisch richtigen Moment" jene Erklärung Lord Pakenhams aus der Tasche, die dieser nach seinem Gespräch mit Kaiser in schriftliche Form gebracht und ihm hatte zukommen lassen. Die Erklärung Pakenhams, so der telegrafische Bericht des Militärgouverneurs an das Foreign Office, "impressed the meeting".[113]

Die Landesverbandsvorsitzenden berichteten sodann vom Druck der SMAD auf die Landesverbände. Hugo Hickmann, Vorsitzender des sächsischen Landesverbandes der CDU, erklärte resigniert, daß unter dem gegenwärtigen Druck die CDU in der sowjetischen Zone nicht länger existieren könnte - "es geht über die Kraft".[114] Es häuften sich Redebeiträge, in denen Kaiser gedrängt wurde, für die CDU einen Ausweg zu finden. Die Landesverbandsvorsitzenden unterbrachen schließlich die Sitzung und zogen sich zur Beratung zurück. Nach Wiederaufnahme der Sitzung erklärten sie, daß Kaiser und Lemmer nach wie vor das vollständige Vertrauen des Vorstandes besäßen, und daß darum von einem Rücktritt Kaisers, wie ihn die SMAD wünschte, keine Rede sein sollte.[115]

7.11. Kaiser und die Political Division beraten über die Selbstauflösung der Ost-CDU

Kaiser hatte also dem Druck der SMAD standgehalten, zumindest vorerst, berichtete die Political Division nach London, "while the Russians by their handling of this affair, have only succeeded in displaying more clearly than ever before that the much vaunted freedom of independent political activity in the Soviet zone is a fiction".[116] Zu solcher Selbstentlarvung der SMAD trug Oberst Tulpanow selber wesentlich bei. Unmittelbar

---

113 Military Governor an F.O., Tel. No. 1766.
114 Zit. n. Conze, Jakob Kaiser, S. 199.
115 Military Governor an F.O., Tel. No. 1766.
116 Ibid.

nach Beendigung der Vorstandssitzung vom 11. Dezember forderte er Kaiser zum wiederholten Male zum Rücktritt auf. Kaiser wies ihn auf das eben ergangene Vertrauensvotum des Vorstandes hin und entgegnete, die SMAD müsse ihm, wenn sie ihn loswerden wollte, den Rücktritt schon befehlen. Tulpanow, berichtete Kaiser später den Briten, schüttelte nur die Faust und rief aus, daß es so nicht ginge: "Das Verfahren muß demokratisch sein!"[117]

Um Kaiser, daran hatte die Political Division nun nicht mehr den mindesten Zweifel, war es geschehen. Denn im Grunde hatte auch der Vorstand lediglich beschlossen, vorerst gar nichts zu beschließen und den Ausgleich mit der SMAD zu suchen. Zu diesem Zwecke wollten sich die Landesverbandsvorsitzenden am 16. Dezember in Karlshorst mit der SMAD beraten. Wie das ausgehen würde, war schwer zu sagen. Gewiß war lediglich, daß Kaiser auf der Strecke bleiben würde. Zweierlei Entwicklungen hielt die Political Division für möglich: Reduzierung der CDU auf den politischen Status der LDP unter Abspaltung einer unabhängigen CDU in Berlin, die weiterhin der Linie Kaisers folgte; für den Fall, daß sich kein CDU-Führer fand, der das sowjetische Spiel mitspielte, hielten die britischen Beobachter - eher Wunschdenken als nüchterner Einschätzung der Realität folgend - auch die Auflösung der CDU in der sowjetischen Besatzungszone für denkbar: "Now that Soviet pressure has reached the present point this may well be the least unsatisfactory solution."[118] Entscheidend war allerdings, daß auch in diesem Fall die CDU in Berlin fortexistierte und die Sowjets keinen Vorwand erhielten, den Berliner Magistrat aufzulösen: "So long as it [i.e. the Berlin C.D.U., A.d.V.] exists in some form the Berlin Administration can be maintained and the Russians will have no excuse for dissolving

---

117 Military Governor an F.O., Tel. No. 1815 v. 22.12.1947, F.O.371/64274/C16318.

118 Military Governor an F.O., Tel. No. 1766.

the Magistrat and Assembly and setting up a separate Administration for their sector."[119]

Blieb die Frage, was mit Kaiser geschehen sollte: Er selber hatte den Briten angekündigt, in jedem Fall in Berlin ausharren zu wollen. Zwingend war das aus britischer Sicht nicht. Blieb er dabei, so wollte die Political Division es ihm jedoch nicht ausreden. Entschloß er sich doch, in die britische oder amerikanische Zone überzusiedeln, sollte er auch dazu britische Unterstützung erhalten.[120]

Die Political Division fand am Gedanken der Auflösung der sowjetzonalen CDU schließlich soviel Gefallen, daß sie sich entschloß, darauf hinzuwirken. Zum einen glaubten die britischen Beobachter in Berlin nämlich aus "top secret sources" zu wissen, die CDU-Führung warte auf britischen Rat dazu, wie sie sich verhalten solle. Zum andern schien es ihr wünschenswert, britischerseits Einfluß auf die Entwicklungen zu nehmen. Überdies mochte die Auflösung oder Selbstauflösung der CDU den Westmächten Gelegenheit für einen Propagandafeldzug bieten. Am 16. Dezember, dem für die Zusammenkunft der Landesverbandsvorsitzenden der CDU mit der SMAD vorgesehenen Tag, stimmten darum Steel und seine Leute das Foreign Office telegrafisch auf die Entlassung Kaisers ein, schlugen vor, Kaiser den Weg der Parteiauflösung nahezulegen und erbaten schleunige Weisung aus London.[121]

Am liebsten wäre es Foreign Office und German Political Department gewesen, die CDU hätte in der alten Form fortexistieren können. Die Beobachter in London zögerten darum, der CDU empfehlen zu lassen, "Selbstmord" zu begehen, es sei denn, es gab wirklich keine Alternative. Auf gar keinen Fall aber wollten sie in der CDU Illusionen über Möglichkeiten britischer Unterstützung wecken. Noch am gleichen Tag ließ darum das Foreign Office der Political Division in Berlin mehr oder weniger freie Hand: "I should hate to see the CDU disappear

---

119 Military Governor an F.O., Tel. No. 1781 v. 16.12.1947, F.O.371/64278/C16057.

120 Ibid.

121 Ibid.

from the Soviet Zone but it would be even worse if it were merely to become a puppet opposition maintaining formal links with the parties in the West or with the CDU as it has up till now existed in the Soviet Zone."[122]

Zwei Tage später schleppte sich die Krise um Jakob Kaiser und die CDU noch immer hin. Am 16. Dezember waren die Landesverbandsvorsitzenden zwar zum Gesprächstermin in Karlshorst erschienen, Oberst Tulpanow war jedoch verhindert gewesen und hatte die Aussprache auf den 19. Dezember vertagen lassen. Unterdessen besprach sich Kaiser mehrfach mit der Political Division. Über Auflösung, gar Selbstauflösung der CDU wollte er nun nicht mehr nachdenken. Sich an Tulpanows Wort vom "demokratichen Verfahren" erinnernd, glaubte er zu wissen, daß die SMAD weder die Auflösung der CDU zulassen noch direkte Maßnahmen gegen ihn ergreifen würde. Die SMAD würde ihn vielmehr dazu ermutigen, so Kaiser, als Parteivorsitzender in Berlin zu bleiben, um ihm dann einen Stellvertreter zuzuordnen, der in der Zone die wirkliche Parteigewalt ausübte. Wenn es so kam, erklärte Kaiser nun seinen überraschten britischen Gesprächspartnern, die ihn von einem Gespräch am Tag zuvor ganz anders in Erinnerung hatten, wollte er öffentlich alle Verantwortung für das Schicksal der Partei in der Zone ablehnen, aber doch solange wie möglich in Berlin ausharren. Die Partei, hoffte er, würde weiterhin ihn als den eigentlich legitimen Parteivorsitzenden betrachten und fortfahren, "spirituellen Widerstand" - was immer das sein mochte - gegen SED und SMAD zu mobilisieren.[123]

Christopher Steel und sein Stab hielten Kaisers Erwartungen zwar für "über-optimistisch", wollten ihm jedoch die Selbstauflösung der Partei nicht aufnötigen. Es kam ihnen vor allem darauf an, die Gleichschaltung der CDU, sobald sie erfolgte, auch öffentlich als solche zu entlarven: "We have made it clear to him that while we have no idea of urging the party to self-immolation, nevertheless if the position in the Soviet Zone be-

---

122 F.O. an Berlin, Tel. No. 3432 v. 16.12.1947, F.O.371/64278/ C16057.

123 Military Governor an F.O., Tel. No. 1799 v. 18.12.1947, F.O.371/64279/C16190.

comes such that the C.D.U. can no longer fulfil [sic] any useful role and the totalitarian Régime is an irrevocable fact it must be shown up for what it is."[124]

7.12. Das totalitäre Regime entlarven.

Das Ziel war auch auf anderem Wege zu erreichen. Neben Kaiser konnte zum Beispiel auch die CDU-Führung in den Westzonen eine Erklärung darüber abgeben, daß sie Kaisers CDUD nicht mehr als unabhängige Partei, geschweige denn als Schwester-Partei anerkannte. Eine Gelegenheit für eine derartige Erklärung mit großer Öffentlichkeitswirkung nahte, denn kurz nach Weihnachten wurden Konrad Adenauer und Joseph Müller in Berlin erwartet: "Adenauer and Muller, both of whom Kaiser blames for complete lack of understanding in this crisis, are visiting Berlin shortly after Christmas, and it is to be hoped that Kaiser may bring some influence to bear on them."[125]

Political Division und Foreign Office selber hatten sich bislang ganz bewußt publizistische Selbstbeschränkung auferlegt, um Kaiser, solange er sich halten konnte, das Leben nicht unnötig zu erschweren.[126] Je näher nun das Ende der Krise um Kaiser kam, desto mehr verlor jedoch das Argument der Rücksichtnahme auf Kaiser an Gewicht. Foreign Office und German Political Department kam es statt dessen immer mehr darauf an, nicht den "taktisch richtigen Augenblick" zu verpassen, "um mit größtmöglicher Öffentlichkeitswirkung die gesamte Kette der sowjetischen Maßnahmen zur Unterdrückung der politischen Freiheit in ihrer Zone zu enthüllen". Am 16. Dezember erhielt darum die Political Division aus London die Bitte um

124 Ibid.
125 Ibid.
126 Leishman 15.12.1947, F.O.371/64278/C15942.

Empfehlungen "on the advisability, timing and method of initiating any public campaign in the matter".[127]

Schon zwei Tage später hielt auch die Political Division die Zeit für eine "publizistische Kampagne" für gekommen. Als Aufhänger "for some general publicity about the Soviet suppression of political freedom in their zone", telegrafierte sie nach London, konnte die geplante öffentliche Erklärung Kaisers dienen. Die Political Division schlug darum vor, ausgewählte britische Korrespondenten, die britisch lizenzierte Tageszeitung "Die Welt" und den Radiosender NWDR mit Hintergrundmaterial aus der großen Analyse des Foreign Office Research Department über "Some Aspects of the Political System in the Soviet Zone" zu versehen. Nicht teilhaben an der Kampagne sollte, so empfahl die Political Division bemerkenswerterweise, ausgerechnet die deutsche Presse in Berlin. Wie stets waren Steel und seine Mannschaft nämlich sehr darauf bedacht, gerade in der Vier-Sektoren-Stadt die Propagandaküche nicht überkochen und eine instabile Situation vollends außer Kontrolle geraten zu lassen: "The licensed German press in Berlin at least already carries a wealth of material on this theme, and it would in our view be unwise to stimulate it to a greater effort."[128] Die Berichterstattung über Details des sowjetischen Drucks auf Kaiser wollte die Political Division Kaiser selber überlassen und ihm lediglich logistische Unterstützung für den Druck von Flugblättern anbieten.[129]

Das Foreign Office hatte drei Tage später auch im Hinblick auf den Stand der britisch-sowjetischen Beziehungen gegen die Vorschläge der Political Division nichts einzuwenden. London gab lediglich zu bedenken, ob man sich angesichts der extremen Papierknappheit tatsächlich so ohne weiteres leisten konnte, der CDU in Berlin Papier für den Druck von Flugblättern zur Verfügung zu stellen: "Would it not be possible in some way to make this paper available at the expense of newsprint alloca-

---

127 F.O. an Berlin, Tel. No. 3433 v. 16.12.1947, F.O.371/64278/ C15942.

128 Military Governor an F.O., Tel. No. 1800 v. 18.12.1947, F.O.371/ 64279/C16191.

129 Ibid.

ted to the KPD? This would require careful handling, but if you think it could be done you have authority to proceed."[130]

7.13. "Der bedeutsamste politische Schritt der Russen seit der Zwangsvereinigung von SPD und KPD"!

Am Wochenende des 20./21. Dezember erreichte die Krise um Kaiser ihren Höhepunkt. In Berlin überschlugen sich Ereignisse und Darstellungen. Selbst die Political Division kam nicht mehr ganz mit. Zwei Tage lang ging in London das Foreign Office davon aus, die Sowjets hätten endlich die Geduld verloren und Kaiser nun doch entlassen. Erst nach langem Gespräch mit Kaiser am Sonntag nachmittag war Steel in der Lage, genau zu berichten, was vorgefallen war: Oberst Tulpanow hatte am 19. - Freitag - die Landesverbandsvorsitzenden aufgefordert, sich von Kaiser zu trennen. Die hatten das jedoch abgelehnt und sich statt dessen noch am Freitag abend mit Kaiser getroffen, um weiter über eine Lösung zu beraten. Der sächsische Landesvorsitzende Hugo Hickmann hatte bei dieser Gelegenheit eine Resolution vorgeschlagen, die zwar Kaiser noch einmal das Vertrauen aussprach, derzufolge aber gleichzeitig die Partei sich solange von der Parteiführung trennen wollte, bis die Grundlage für vertrauensvolle Zusammenarbeit zwischen Parteiführung und SMAD wiederhergestellt war. Kaiser hatte heftig widersprochen, und die Versammlung hatte sich schließlich aufgelöst, ohne eine Entscheidung gefällt zu haben.

Wohl von Generalsekretär Georg Dertinger, so vermuteten jedenfalls Kaiser und Steel, wurden die Sowjets sowohl von dem Treffen als auch von Hickmanns Resolutions-Entwurf unterrichtet. Die SMAD handelte sofort. Samstag früh ließ sich Hauptmann Kratin, der Verbindungsoffizier der SMAD, Dertinger und Nuschke kommen und eröffnete ihnen, daß im Hinblick auf

---

130 F.O. an Berlin, Tel. No. 3461 v. 21.12.1947, ibid.

die am Vortage 'ergangene' Resolution die SMAD folgenden Beschluß gefaßt habe: "Die Absicht der Landesverbände der sowjetischen Zone, sich zunächst von der zonalen Parteiführung zu trennen, gibt der SMA Anlaß zu der Feststellung, daß die SMA bis auf weiteres die Vorsitzenden der sechs Landesverbände unter dem Vorsitz der Herren Lobedanz und Hickmann als oberste Vertretung der Partei betrachtet."[131]

Die SMAD hatte nicht Kaiser hinausgeworfen, sondern statt dessen die Landesvorsitzenden hereinbefohlen.[132] Durch diesen Kunstgriff hatte die SMAD es nicht nur vermeiden können, Kaiser den Befehl zum Rücktritt zu erteilen. Es war ihr sogar halbwegs gelungen, den Eindruck zu erwecken, die eigene Partei hätte Kaiser aus dem Amt gedrängt. Um so wichtiger wurde publizistische Richtigstellung. Kaiser selber wollte eine Erklärung darüber abgeben, daß nur ein Parteitagsvotum ihn aus dem Amt entfernen konnte, und daß folglich nach wie vor niemand anderes als er der gewählte Parteivorsitzende der CDU für Berlin und die sowjetische Zone war.

Fast wichtiger als öffentliche Erklärungen Kaisers war den Briten, daß die CDU in den Westzonen folgte. Für den 28. Dezember hatte Kaiser die Parteiführer der britischen und amerikanischen Zonen zu einer Sitzung des Interzonen-Ausschusses nach Berlin eingeladen. Als die Political Division am 23. Dezember von Kaiser erfuhr, daß von den zehn Einladungen, die er in die britische Besatzungszone geschickt hatte, fast alle negativ beantwortet worden waren, griffen die Briten ein. Steel beauftragte seine Regional Commissioners, den CDU-Parteiführern in der britischen Besatzungszone inoffiziell darzulegen, daß Kaiser keineswegs unter sowjetischer Beeinflussung stand, und daß britischer Auffassung zufolge "a declaration by the leaders of the C.D.U. in Berlin and the west would be an

---

131 Military Governor an F.O., Tel. No. 1815 v. 22.12.1947, F.O.371/64279/C16318. Zur Ausschaltung Kaisers s. auch Conze, Jakob Kaiser, S.201-207. Gradl, Anfang, S.137-141. Werner Conze weist darauf hin, daß über die Vorgänge am 19. Dezember so gut wie keine schriftlichen Quellen vorliegen. Die von der Political Division nach London übermittelten mündlichen Berichte Kaisers sind darum von besonderem Wert.

132 Military Governor an F.O., Tel. No. 1815.

effective method of enlightening public opinion in Germany and abroad".[133] Der inoffiziellen Intervention der britischen Militärregierung blieb Erfolg nicht versagt. Am 27. und 28. Dezember versammelten sich die Parteiführer von CDU und CSU aus den drei Westzonen in Berlin. Kaiser und Lemmer wurden sowohl in ihren Funktionen in der sowjetzonalen CDU als auch als deren Vertreter im Vorstand der CDU/CSU-Arbeitsgemeinschaft bestätigt.[134] Selbst Konrad Adenauer war immerhin bis zum Flughafen Köln-Wahn gekommen. Dort allerdings wurde seine Maschine durch eine Verspätung aufgehalten, und in der Zwischenzeit erlitt seine Frau einen Nervenzusammenbruch, so daß er seinen Besuch in Berlin doch wieder absagen mußte.[135]

Möglicherweise noch wichtiger als die Aufklärung der deutschen Öffentlichkeit war Political Division und Foreign Office die Aufklärung der Öffentlichkeit im eigenen Lande, des Parlaments und dort vor allem des sowjetfreundlichen Teils der Labour-Abgeordneten, die schließlich die Deutschlandpolitik der Regierung Seiner Majestät würden mittragen müssen. Am 23. Dezember überließ darum Steel ausgewählten britischen Korrespondenten zwei Memoranden des Foreign Office Research Departments mit der Bitte, sie nach Lektüre zu vernichten. Die Entlassung Kaisers durch die Sowjets, erläuterte Steel, "was the most significant political step that they [i.e. "the Russians", A.d.V.] have taken in their zone since the forced amalgamation of the Social Democrats and Communists in the spring of 1946. The Russians were obviously determined to create a 'popular front' in their zone on the same model as those already existing in Poland and the Balkan countries."[136] Steel versprach den Presseleuten dazu weiteres Material über Konzentrationslager und Geheimpolizeiaktivitäten in der sowjetischen Zone und bat dann das Foreign Office, darauf hin zu

133 Military Governor an F.O., Tel. No. 1825 v. 24.12.1947, F.O.371/64279/C16415.

134 Military Governor an F.O., Tel. No. 1839 v. 30.12.1947, F.O.371/64279/C16542.

135 Ibid.

136 Military Governor an F.O., Tel. No. 1815.

wirken, daß die Berichte der Korrespondenten in Großbritannien auch gedruckt wurden.[137]

Dem Foreign Office legte die Political Division außerdem nahe, darüber nachzudenken, ob nicht trotz der parlamentarischen Weihnachtspause eine Möglichkeit gefunden werden konnte, "some responsible British figure" eine offizielle Erklärung zur Sache abgeben zu lassen: "It would help to show up this blatant Soviet manoeuvre, would guide public opinion in Germany and elsewhere and would give Kaiser any additional support he may require in Berlin or with the C.D.U. leaders in western Germany."[138]

Fast in den Worten Steels erläuterte nach der Weihnachtspause auch Außenminister Bevin seinen Kabinettskollegen die Bedeutung der Entlassung Kaisers, um dann auf einen weiteren bedrohlichen Aspekt aufmerksam zu machen: Die Entlassung Kaisers sowie andere Aktivitäten von SMAD und SED im sowjetischen Sektor Berlins wiesen darauf hin, so Bevin, daß in Berlin der Nervenkrieg zwischen den Besatzungsmächten bereits begonnen hatte.[139]

---

137 Ibid.

138 Ibid.

139 C.P.(48)5 v. 5.1.1948: "Policy in Germany", Memorandum by the Secretary of State for Foreign Affairs, CAB 129/23. C.P.(48)7 v. 5.1.1948: "Review of Soviet Policy", Memorandum by the Secretary of State for Foreign Affairs, ibid.

Achtes Kapitel

"Deutschland ist wichtiger als Polen!" Das Foreign Office und die Oder-Neiße-Frage.

8.1. Stalins Formel von der "Oder-Linie".

Es ist nicht möglich, über die sowjetische Besatzungszone zu reden, ohne dabei auch über deren Ostgrenze - zugleich die Ostgrenze 'Deutschlands als Ganzem' - zu reden.[1] Denn so, wie das Foreign Office, das sie 1943 zum ersten Mal in eine Karte eingetragen hatte, verantwortlich war für die Demarkationslinie im Westen der SBZ, so war es auch verantwortlich für den Verlauf der ostwärtigen Grenze der SBZ wie Deutschlands als Ganzem - diesmal allerdings durch Unterlassung. Und so wenig wie den Folgen ihres Zonenplanes sollten die Briten - und Europa - denen allzu dilatorischer Befassung mit der Frage der polnisch-deutschen Grenze entgehen.

Dabei hätte das Foreign Office gewarnt sein können. Denn lange bevor er seine politischen Kriegsziele und seine ganzen Absichten mit Deutschland enthüllte, sprach Stalin offen und sehr präzise über die territorialen Kriegsziele der Sowjetunion und die polnisch-deutsche Grenze, die von ihnen abhängen sollte. Es war Stalin, der im Dezember 1941 in Moskau Außenminister Eden den Vorschlag machte, Polen sozusagen nach Westen zu verschieben. Eden hatte kaum seine Koffer abgestellt, als der sowjetische Diktator ihm am Abend des 16. Dezember 1941 einen Bündnisvertrag antrug, ein Abkommen über die Nachkriegsordnung Europas, sowie ein geheimes Zusatzprotokoll

---

1 Zur Frage der Oder-Neiße-Grenze in der britischen Deutschlandplanung: Josef Foschepoth, Großbritannien, die Sowjetunion und die Westverschiebung Polens, in: MGM 2/83, S.61-90. Tyrell, Deutschlandplanung, S.365-428. Kettenacker, Krieg zur Friedenssicherung, S.441-478. Adolf M. Birke, Die territoriale Integrität und die staatliche Kontinuität Deutschlands aus britischer Perspektive, in: Staat und Parteien. FS für Rudolf Morsey zum 65. Geburtstag, hg. v. Karl Dietrich Bracher [u.a.], Berlin 1992, S.827-840. Tony Sharp, The Origins of the "Teheran Formula" on Polish Frontiers, in: JHC Vol.12 No.2, S.381-393.

über die territoriale Gestalt Nachkriegseuropas, das vor allen Dingen die sowjetischen Grenzen von 1941 festschrieb.[2] Die Grenzen von 1941 waren sowjetisches Kriegsziel, und Stalin erwartete von seinem neuen Bündnispartner, daß er die sowjetischen Kriegsziele unterstützte - andernfalls, so Stalin zu Eden, "there would be no alliance".[3] Vom allerersten Tage an war so für Stalin die Anti-Hitler-Koalition nichts anderes als Fortsetzung des Paktes mit Hitler - diesmal allerdings mit bequemeren Bündnispartnern.

Der Pakt mit Hitler war zu Lasten der Balten, der Finnen, der Rumänen und vor allem der Polen gegangen. Dabei würde es nun nicht bleiben können. Die Polen waren mit Großbritannien, Stalins neuem Bündnispartner, verbündet und waren nun indirekt und ungewollt auch Alliierte der Sowjetunion. Das machte sowjetischerseits kleine Modifikationen und Rücksichtnahmen unumgänglich. Der Ausweg lag nahe: was vorher zu Lasten der Polen gegangen war, würde nun zu Lasten Deutschlands, des gemeinsamen Kriegsgegners, gehen. Da Stalin nicht daran dachte, auch nur Teile seines Gewinnes aus dem Pakt mit Hitler wieder herauszugeben, konnte das nur heißen, daß Polen auf Kosten Deutschlands für territoriale Verluste an die Sowjetunion zu entschädigen sein würde. Ostpreußen, so sah denn auch Stalins Geheimprotokollentwurf vor, sollte an Polen gehen. Tags darauf, am 17. Dezember, schlug Stalin seinem britischen Gegenüber während eines langen, schwierigen Gespräches über die sowjetischen Kriegsziele vor, "that Poland should expand westward at Germany's expense".[4] Stalin ließ Eden auch nicht im unklaren darüber, was das genau heißen sollte. Ein paar Sätze weiter erörterte er die Möglichkeit "of dividing Germany

---

2 Zu den Gesprächen Außenminister Edens in Moskau (16.-22.12. 1941) vgl. Llewellyn Woodward, British Foreign Policy in the Second World War, Vol. II, S.220-236; Earl of Avon, The Eden Memoirs. The Reckoning, London 1965, S. 289-299. Graml, Die Alliierten und die Teilung Deutschlands, S.17f. Martin Kitchen, British Policy towards the Soviet Union During the Second World War, London 1986, S.111-121. Tyrell, Großbritannien, S.62-64. Kettenacker, Krieg zur Friedenssicherung, S.117-120.

3 Woodward, British Foreign Policy, Vol.II, S.223.

4 Eden, The Reckoning, S.289.

and giving Poland the lands up to the Oder".[5] Ein knappes halbes Jahr später wiederholte Außenminister Molotow während der Verhandlungen über den britisch-sowjetischen Bündnisvertrag in London Stalins Kompensationsvorschläge.[6]

In London war man sich schon im Dezember 1941 durchaus darüber im klaren, daß nicht die Westmächte, sondern Moskau und die Rote Armee die Grenze zwischen der Sowjetunion und Polen ziehen würden. Vertraglich binden konnten die Briten sich mit Rücksicht auf den polnischen Verbündeten und, wichtiger noch, mit Rücksicht auf Washington dennoch nicht. Denn erst wenige Monate vor Edens Gesprächen mit Stalin, im August 1941 nämlich, war es London gelungen, in der "Atlantic Charter" die Vereinigten Staaten auf gemeinsame Kriegsziele und damit auf Teilnahme am Krieg und Teilhabe an der Nachkriegsordnung zu verpflichten. Bindend war die Formel vom Verzicht auf "territorial changes that do not accord with the freely expressed wishes of the peoples concerned"[7] aber auch für die Briten: Von Washington würden Kriegsausgang, Gestalt der Nachkriegsordnung und die britische Position darin abhängen. Um keinen Preis also, das hatte Eden in Moskau zu bedenken, durfte London sich nur Tage nach dem Eintritt der Vereinigten Staaten in den Krieg schon wieder von Washington trennen lassen.

Die Kriegslage enthob London vorläufig einer Entscheidung. Das änderte sich im Verlaufe des Jahres 1943, als die militärische Initiative von der Wehrmacht an die Rote Armee überging und die deutsch-sowjetische Kriegsfront sich nicht mehr von West nach Ost, sondern in umgekehrter Richtung bewegte. Es enstand Entscheidungsbedarf in doppelter Hinsicht: Wenn die Wiederherstellung Polens nicht ohne die Westmächte stattfinden sollte, dann würden sie Verhandlungen und Festlegungen in der Frage der russisch-polnischen Grenze nicht länger aus dem Wege gehen können. Dazu kam, daß in London die allmählich mit

---

5 Ibid., S.292.

6 Vgl. Tyrell, Deutschlandplanung, S.379.

7 Text der Atlantic Charter in: Woodward, British Foreign Policy, Vol. II, S.202f.

der Planung der Besetzung Deutschlands befaßten Stellen in War Office und Foreign Office Vorgaben darüber brauchten, was deutsch bleiben und was als Kompensation für territoriale Verluste Polens im Osten polnisch werden sollte.[8]

Am 11. Januar 1943 hatte darum Gladwyn Jebb, zu diesem Zeitpunkt Leiter des im Foreign Office mit zivilen Nachkriegsfragen befaßten Economic and Reconstruction Department, sein militärisches Gegenüber, Admiral Bellairs, Leiter des Military Sub-Committee - des mit politischen und militärischen Nachkriegsfragen betrauten Militärischen Unterausschusses des Kabinettsausschusses für Wiederaufbaufragen -, um eine entsprechende Ausarbeitung gebeten.[9]

Der Report des Military Sub-Committee M.S.C 54 über "The Future Polish-German Frontier", der Ende Juni vorlag und immerhin die erste konsequente britische Auseinandersetzung mit dem Thema darstellte, offenbarte ein bemerkenswertes Mißverständnis: Obwohl sich darin die Vorschläge Stalins wiederfanden, ignorierte das Military Sub-Committee sie im Grunde und überschätzte britischen Entscheidungs- und Handlungsspielraum maßlos. Der Report ging zwar auf die Notwendigkeit ein, Polen für territoriale Verluste im Osten zu kompensieren, vertrat dann aber die vorgesehenen Grenzveränderungen nicht etwa mit dem Hinweis auf die Vorstellungen Stalins, sondern mit eigenen, in erster Linie strategischen Argumenten: Um die Einkreisung Polens durch Deutschland aufzubrechen, sollte Ostpreußen an Polen gehen, und um das Problem des Korridors zu erledigen, ebenso Danzig. Nicht nur aus wirtschaftlichen, sondern ebenfalls aus strategischen Gründen sollte der oberschlesische Regierungsbezirk Oppeln - "Silesia forms a wedge between Poland and Czechoslovakia" - polnisch werden. Auch die Abtretung eines Teils Pommerns und der Mark Brandenburg an Polen begründete das Military Sub-Committee nicht etwa mit einem Hinweis auf den Vorschlag Stalins von der Westverschiebung Polens, sondern mit dem wieder rein strategischen

---

8 W.P.(43)413 v. 22.9.1943: "Military Occupation of Germany". Memorandum by the Chiefs of Staff, CAB 66/41.

9 Jebb an Bellairs 11.1.1943, F.O.371//C12169/464/55.

Argument der Kürzung der deutsch-polnischen Grenze um insgesamt 650 Meilen.[10] An keiner Stelle setzte sich das Military Sub-Committee mit den Vorstellungen Stalins wirklich auseinander. So entging ihm, daß Stalin und Molotow in einem Punkte gefährlich vage geblieben waren: Stalins Formel von der "Oder-Linie" hätte nämlich der Präzisierung dringend bedurft. In M.S.C. 54 fand sie keine Erwähnung.

In der Tat schien nun im Foreign Office, wo schon die Abtrennung von Teilen Pommerns und der Mark Brandenburg von Deutschland als unvernünftig und unnötig betrachtet wurde, Stalins Formel von der "Oder-Linie" regelrecht in Vergessenheit zu geraten. Vor dem Committee on the Post-War Settlement, einem Kabinettsausschuß unter der Leitung des stellvertretenden Premierministers Attlee, sprach Außenminister Eden allein von der Abtretung Ostpreußens, Danzigs und Oberschlesiens[11], nicht anders in einem Deutschland-Memorandum, das für die Planung der Besetzung Deutschlands Vorgaben liefern und der Vorbereitung für die bevorstehende Konferenz der Aussenminister in Moskau dienen sollte.[12] In den Zonenplan-Entwürfen des Post-Hostility-Planning-Staffs beigefügten Karten waren entsprechend M.S.C. 54 außerdem das östliche Pommern bis zu einer senkrechten Linie auf der Höhe Köslins zur Übergabe an Polen vorgesehen.[13]

---

10 M.S.C. 54 v. 28.6.43: "The Future Polish-German Frontier", F.O. 371/ 34561/U4321. Bellairs an Jebb 30.6.43, F.O.371/34560/ C7553.

11 P.S.(43)2 v. 8.8.1943: "The Future of Germany". Memorandum by the Secretary of State for Foreign Affairs, F.O.371/34459/C9516.

12 W.P.(43)421 v. 27.9.1943: "Germany". Memorandum by the Secretary of State for Foreign Affairs, CAB 66/41.

13 P.H.P.(43)7B (Draft) v. 24.9.1943: "Military Ocupation of Germany". Report by the Sub-Committee, F.O.371/35322/U4616. Revised Draft: F.O.371/35323/U4998; Final: U5189.

8.2. "Polen ist wichtiger als Deutschland!"

Eine Erklärung dafür, daß in London Stalins Formel von der "Oder-Linie" regelrecht ausgeblendet werden konnte, liegt auf der Hand: Die territoriale Frage, für die Politiker und Planer in London in erster Linie eine Lösung suchten, war nicht die der polnisch-deutschen, sondern die der polnisch-russischen Grenze. Das Schicksal des polnischen Verbündeten, so stellte es sich in London dar, würde über die Nachkriegsordnung in Europa entscheiden. Denn vom Zustand der sowjetisch-polnischen Beziehungen hingen auch die Beziehungen Londons zu Moskau ab. Nicht um Deutschland war es Kabinett und Foreign Office in den Verhandlungen mit Moskau vorrangig zu tun, jedenfalls bis zum Frühjahr 1945, sondern um Polen: "The Polish problem was much more urgent"[14], fiel Churchill Präsident Roosevelt am Abend des 1. Dezember in Teheran einmal ins Wort, als dieser das Dreier-Gespräch auf deutsche Fragen zurücklenken wollte.[15]

Kern des Problems, erklärte Außenminister Eden am 5. Oktober seinen Kabinettskollegen, war dabei die Frage der polnisch-russischen Grenze: Die Grenze von 1941, erinnerte Eden, war sowjetisches Kriegsziel. Die polnische Exilregierung in London weigerte sich jedoch, über Gebietsabtretungen an Moskau auch nur nachzudenken. Bislang hatte die Kriegslage es möglich gemacht, die heikle Frage, die wohl die Allianz zu sprengen vermochte, schlicht zu ignorieren. Nun aber, da die Rote Armee sich der alten russisch-polnischen Grenze näherte, erhielt sie, untertrieb Eden, "unmittelbar praktische Bedeutung".[16] Die Gefahr bestand, daß die Rote Armee, wenn sie die

---

14 W.P.(44)8: "Record of a Conversation at the Soviet Embassy, Teheran, on 1st December 1943", CAB 66/45.

15 Zielgerichtetes Hinarbeiten Premierminister Churchills auf das Verhandlungsziel "Oder-Linie" glaubt Josef Foschepoth zu erkennen, ders., Großbritannien, die Sowjetunion und die Westverschiebung Polens, in: MGM 2/83, S.61-90.

16 W.P.(43)438 v. 5.10.1943: "Western Frontiers of the U.S.S.R." Memorandum by the Secretary of State for Foreign Affairs, F.O.371/36993/ N6004.

Grenze von 1939 überschritt, in Ostpolen in bewaffnete Auseinandersetzungen mit der polnischen Untergrund-Armee geriet. Es war darum dringend notwendig, daß Moskau und die polnische Exilregierung wieder diplomatische Beziehungen aufnahmen - Stalin hatte im Mai die Katyn-Affäre dazu benutzt, die Beziehungen zur polnischen Exilregierung abzubrechen - und in Verhandlungen traten. Über das Verhandlungsergebnis war Eden sich bereits im klaren: London, schlug er vor und das Kabinett stimmte ihm darin zu, sollte als russisch-polnische Grenze die mehr oder weniger entlang der Grenze von 1941 verlaufende Curzon-Linie akzeptieren; Polen würde, wie von Stalin vorgeschlagen, dafür auf Kosten Deutschlands im Westen entschädigt werden.[17]

Blieb eine Schwierigkeit: London und Washington mußten nun einen Weg finden, ohne Aufgabe des Prinzips der Nichtanerkennung territorialer Veränderungen Moskau dennoch zu erkennen zu geben, daß sie, wenngleich bei den Polen im Wort, dennoch nicht vorhatten, sich den territorialen Ansprüchen Moskaus in den Weg zu stellen.[18] Was klang wie die Quadratur des Kreises erwies sich als so schwierig nicht: Mit Rücksicht auf die polnischen Verbündeten und die Atlantic Charter konnten London und Washington zwar nicht über die Ostgrenze, wohl aber über die Westgrenze Polens reden, sogar mit den Polen, und die sowjetischen Vorstellungen sanktionieren. Bestand aber erst über die Kompensation Einvernehmen, dann war auch das polnische Opfer implizit.

Wie in der Kabinettsrunde skizziert, so entwickelten sich denn auch die Verhandlungen der Außenminister in Moskau und vor allem der Großen Drei in Teheran. Um Stalin britisches Einverständnis mit den sowjetischen Ansprüchen auf das östliche Polen zu signalisieren, ließen sich Eden und Churchill auf Festlegungen bezüglich der polnischen Westgrenze ein, über die im Foreign Office im Grunde noch keine klare Vorstellung herrsch-

---

17 Ibid. W.M.(43)137th Conclusions v. 8.10. 1943, Confidential Annex. Zur Curzon-Linie vgl. den Excurs bei: Woodward, British Foreign Policy, Vol. II, S.657-662.

18 Ibid. Vgl. Woodward, British Foreign Policy, Vol II., S. 635-644.

te. Überraschungen konnten da nicht ausbleiben. Und in der Tat, die Gipfelkonferenz in Teheran hatte kaum begonnen, da lag Stalins Formel von der "Oder-Linie", die näher zu betrachten sich in London noch niemand die Mühe gemacht hatte, wieder auf dem Verhandlungstisch. Gleich am Nachmittag des ersten Konferenztages, am 28. November, kam Stalin auf seinen Vorschlag vom Dezember 1941 zurück und erklärte, "die Polen könnten im Westen bis zur Oder gehen". Außenminister Eden beeilte sich während eines britisch-sowjetischen Gedankenaustausches über Polen am gleichen Abend, Stalin zu versichern, wie sehr britischerseits der Gedanke einleuchtete.[19] Was die Polen im Osten verlören, könnten sie im Westen wiedergewinnen, erklärte Eden, Stalin lediglich ein kryptisches "Vielleicht-aber-er-wisse-es-noch-Nicht" entlockend.[20] Das Gespräch schloß mit Churchills Demonstration der Westverschiebung Polens mittels dreier Streichhölzer, "which pleased Marshall Stalin".[21]

Im Verlauf eines weiteren Gesprächs am 1. Dezember, in dem es um die polnische Ostgrenze und um Unterschiede zwischen Curzon-Linie und der russisch-polnischen Grenze nach dem Einmarsch der Roten Armee am 17. September 1939 ging, zog Churchill immerhin einmal eine Karte aus der Tasche "and showed the Curzon line and the 1939-line and indicated also the line of the Oder".[22] Der britische Protokollvermerk legt die Annahme nahe, daß auf Churchills Karte allenfalls die Curzon-Linie und die russisch-polnische Grenze von 1939 eingezeichnet waren, nicht aber eine polnisch-deutsche Grenze entlang der Oder-Linie. Churchill war es lediglich um den Rahmen zukünftiger russisch-polnischer Verhandlungen zu tun, nicht um verbindliche Präzisierungen schon jetzt. Denn um Detailfragen

---

19 W.P.(44)8 v. 7.1.1944 (No.8): Record of a Conversation between the P.M. and Marshall Stalin on 28th November, CAB 66/45.

20 Ibid.

21 Ibid.

22 W.P.(44)8 (No.6), Record of a Conversation at the Soviet Embassy, Teheran, on 1st December 1943, CAB 66/45. Vgl. Woodward, British Foreign Policy, Vol. II, S.650f.

der polnisch-russischen Grenze - etwa um Lemberg - würde noch verhandelt werden müssen.

In der folgenden Plenarsitzung am gleichen Tage schlug er der Konferenz denn auch Festlegung auf eine Polen-"formula" vor, die Präzisierungen bewußt hinausschob: "It was thought in principle that the home of the Polish State and nation should be between the so-called Curzon-line and the line of the Oder, including for Poland East-Prussia (as defined) and Oppeln; but the actual tracing of the frontier-line required careful study and possibly disentanglement of population at some point."[23] Stalin hörte sich Churchills Polen-Formel an, um sein Gegenüber, das ja nun etwas von ihm wollte, sogleich mit einer neuen Forderung zu überraschen: Wenn er für Rußland den eisfreien Hafen Königsberg erhalten könnte, so Stalin, wollte er der Formel des Premierministers zustimmen. Schlagfertig, aber vergeblich machte Churchill den Versuch, für Polen Lemberg gegen Königsberg einzuhandeln. Stalin ließ sich auf den unnötigen Tausch - niemand würde der Roten Armee Königsberg, wenn sie es einmal eingenommen hatte, wieder fortnehmen können - gar nicht erst ein, beharrte auf der Curzon-Linie und hatte fortan beides - Königsberg und Lemberg.[24]

8.3. Der Zonenplan und die deutsch-polnische Grenze - Das Foreign Office überläßt Moskau die Grenzfrage.

Nach London zurückgekehrt, setzte Außenminister Eden seine Bemühungen fort, die polnische Exilregierung zurück an den Verhandlungstisch zu bringen und ihr - das war die Voraussetzung - die Curzon-Linie schmackhaft zu machen. Der Premierminister, erläuterte Eden in völliger Verdrehung des tatsächlichen Teheraner Verhandlungsablaufes Exil-Premierminister

---

23 W.P.(44)7 (No. 8), Record of a Conversation at the Soviet Embassy, Teheran, on 1st December 1943, ibid.

24 Ibid.

Mikolajczyk, habe als Arbeitsgrundlage den Vorschlag akzeptiert, daß das zukünftige Territorium Polens zwischen Curzon-Linie und Oder-Linie liegen sollte "or as near to the Oder as the Polish Government were inclined to extend their frontier, with the district of Oppeln". Den sowjetischen Anspruch auf Königsberg, von dem er glaubte, ihn Stalin wieder ausreden zu können, ließ Eden gegenüber Mikolajzcyk gänzlich unerwähnt.[25]

Unterdessen gingen die Planer im Foreign Office von anderen Voraussetzungen aus und fuhren fort, die Oder-Linie, von der sie als zukünftiger polnisch-deutscher Grenze nach wie vor nichts wissen wollten, für verhandelbar zu halten - ungeachtet der Tatsache, daß von Churchills Polen-Formel schwerlich wieder herunterzukommen sein würde, und ungeachtet der eindeutigen Angebote Edens an die polnische Exilregierung. Zum einen hatten die Polen, argumentierte im Northern Department Dennis Allen, die Oder-Linie noch gar nicht verlangt. Zum anderen schien es wünschenswert, so wenige territoriale Veränderungen vorzunehmen wie möglich. Überdies sei mehr als zweifelhaft, ob die Absorption großer deutsch besiedelter Gebiete der Bildung eines "strong and independent Poland" - so eine andere Teheraner Formulierung Churchills - förderlich sein konnte.[26]

Im Interesse Polens, stimmte Frank Roberts zu, durften die Siegermächte Polen nicht mehr deutsches Territorium geben, als Warschau realistischerweise würde "beherrschen und wiederbevölkern" können: "East Prussia, Danzig + Oppeln Silesia are to my mind as much as - if not more than - she can cope with."[27] Mit Blick auf die zukünftigen deutsch-polnischen Beziehungen forderte Deputy Under-Secretary of State Sir Orme Sargent, britischerseits alles zu tun, um die Polen daran zu hindern, in eine offensichtliche russische Falle zu laufen, und um ihnen die Oder-Grenze auszureden. Den Anspruch Stalins auf Königsberg, für den es keine historische Berechtigung gab,

---

25 Woodward, British Foreign Policy, Vol. II, S.654f.

26 Allen 13.12.1943, F.O.371/34562/C14958.

27 Roberts 13.12.1943, ibid.

hielt er für einen Bluff, "which I trust we shall call".[28] "Stalins Bluff herauszufordern", lautete dazu Außenminister Edens lakonischer Kommentar, gehöre zu den schwierigeren Poker-Übungen; er habe keine Vorstellung, wie er sie beginnen sollte.[29]

Der Präzisierung des Verlaufs der polnischen Westgrenze dienten weder Churchills Teheraner Polen-Formel noch Edens Angebote an die Exil-Polen noch die grundsätzliche Ablehnung des Foreign Office, die Oder-Linie als zukünftige deutsch-polnische Grenze überhaupt in Erwägung zu ziehen. Im Gegenteil, Außenminister Eden hatte durch sein Angebot an Mikolajczyk, Polen dürfe im Westen so weit an die Oder heranrücken, wie es der polnischen Regierung beliebe, eine zusätzliche Unwägbarkeit geschaffen.

So wenig wie Kabinett oder Foreign Office machte denn auch der britische Plan zur Besetzung Deutschlands, den nur einen Monat später im European Advisory Council William Strang den Vertretern der beiden Bündnispartner vorlegte, einen Versuch, die Ostgrenze der den Sowjets zur Besetzung vorgeschlagenen Besatzungszone verbindlich zu regeln. Im Gegenteil, Attlees Kabinettsausschuß "on Armistice Terms and Civil Administration" und Foreign Office bemühten sich erfolgreich, aus dem letzten Entwurf des Zonenplanes die wenigen Präzisierungen zu entfernen, die er immerhin enthalten hatte. Verbindliche Regelungen wurden bewußt aufgeschoben und, ohne daß dies den Planern im Foreign Office klar wurde, im Grunde Moskau überlassen. Ostpreußen, Danzig und, hieß es sowohl in Dokument A.C.A. (43) 20, dem Entwurf des Attlee-Committee, wie der britischen EAC-Vorlage, E.A.C. (44) 2, "possibly other areas, will ultimately be given to Poland".[30] Der Hervorhebung des Umstands, daß die sowjetische die größte Besatzungszone war, folgte in A.C.A.(43)20 der Hinweis, daß über den genauen Verlauf der Ostgrenze Deutschlands noch nicht entschieden

28 Sargent 14.12.1943, ibid.

29 Eden 14.12.1943, ibid.

30 A.C.A.(43)20 v. 12.12.1943: "The Military Occupation of Germany". Report by Chiefs of Staff Committee, PREM 3/194/11.

war: "The extent of this zone will, however, be subject to reduction if and when it is decided to alter the Eastern boundaries of Germany to the benefit of Poland." In E.A.C. (44) 2 wich das "if and when" einem bloßen "if" und machte auf subtile Weise fraglich, ob es tatsächlich zu Grenzveränderungen kommen würde.[31]

In jedem Fall überließ die Formel, sah man genau hin, die Frage der deutsch-polnischen Grenze dem Gutdünken Moskaus, das sich in so zentrale Belange der eigenen Besatzungszone kaum hineinreden lassen würde. Noch sichtbarer wurde die Unlust von Attlee-Committee und Foreign Office zu größeren Verschiebungen der deutsch-polnischen Grenze in den unterschiedlichen Formulierungen des letzten einschlägigen Passus, der immerhin ein Abkommen über die Grenzfrage forderte: A.C.A.(43)20 hob die Bedeutung hervor, "which we attach to an agreement being arrived at beforehand with the Soviet Government as to the occupation and ultimate disposal of East Prussia and other territories in a similar position, such as Danzig and Silesia".

In der EAC-Vorlage war die "Übereinkunft" über die Grenzfrage nur noch "wünschenswert". Durch die Streichung des Hinweises auf "the Soviet Government" wurde außerdem unklar, wer die verhandelnden Parteien sein sollten. Die einzige Präzisierung, die der EAC-Text hier dann doch vornahm, kam einem zu diesem Zeitpunkt längst unrealistischen Versuch gleich, sowjetischen Plänen zu begegnen: Statt von Danzig und "Silesia" war in der EAC-Vorlage nun noch von "other territories such as Danzig and Upper Silesia" die Rede.

Die gleiche Tendenz zur Rücknahme schlug sich auch in Korrekturen nieder, welche die beiden Entwürfen beigefügten Karten voneinander unterschieden. Die A.C.A.(43)20 beigefügte Karte gab sowohl die Grenzen von 1937 wieder als auch jene, die der Hitler-Stalin-Pakt gezeichnet hatte und die in der Legende der Karte als "international boundaries 1943" bezeichnet

---

31 E.A.C.(44)1 v. 15.1.1944: "Military Occupation of Germany". Memorandum by the United Kingdom Representative to the European Advisory Commission, F.R.U.S., 1944, I, 139-154.

wurden. Bevor die heikle Karte in Druck und von da auf den Verhandlungstisch der EAC gelangte, griff fast im letzten Moment William Strang, britischer EAC-Delegationschef, in einem Schreiben an das zuständige Sekretariat des Kabinetts ein: "It seems to us that the map as it stands at present is not suitable for communication to the EAC. In the first place, we ought, I think, to omit all the 1943 frontiers, many of which we have never recognised. Second, I think it would be wise to omit the names Lithuania and Latvia and to be very careful where we place the name Poland."[32] Strang schlug sodann vor, das heikle Problem der Annexionen Stalins und ihrer Behandlung durch London mittels eines simplen Tricks zu umgehen: "Perhaps the map could be cut off directly to the east of East Prussia."[33]

Wie von Strang vorgeschlagen wurde dann mit der EAC-Karte tatsächlich verfahren. Sie gab schlicht die internationalen Grenzen von 1937 wieder und sparte im Falle Deutschlands nicht einmal Ostpreußen und Danzig aus. Auf Anraten Viscount Hoods aus dem Economic and Reconstruction Department war, ebenfalls in letzter Minute, selbst auf die Schraffierung des östlichen Pommerns und des Bezirks Oppeln, die alle Karten früherer Entwürfe aufgewiesen hatten, verzichtet worden: "I would like to omit the red shading covering parts of Pomerania and Upper Silesia. It has not yet been decided to cede these areas to Poland and I therefore think it is preferable to leave them white."[34]

---

32 Strang an Norman 25.12.1943, F.O.371/35327/U6463.
33 Ibid.
34 Hood, 20.12.1943, F.O.371/35327/U6463.

8.4. "Nicht nur Danzig, sondern auch Stettin".

Ostpreußen, Danzig, Oberschlesien - das waren die Gebiete, die, nach der Vorstellung des Foreign Office, nach dem Krieg von Deutschland an Polen übergehen sollten. Doch Edens Angebot an die polnische Exilregierung, Polen dürfe so nahe an die Oder heranrücken, wie es der polnischen Regierung beliebe, machte es für das Foreign Office unvermeidlich, auch die polnischen Vorstellungen in die Rechnung mit einzubeziehen.

Eine Untersuchung des Foreign Office, die nun auch extreme polnische Ansprüche einbezog, kam nicht umhin festzustellen, daß "in der Tat die Linie Stettin-Frankfurt-Görlitz die kürzeste und geradeste denkbare polnisch-deutsche Grenzlinie" sei.[35] Aus der Sicht des Foreign Office verboten sich derart weitgehende deutsche Gebietsabtretungen an Polen allerdings schon aufgrund unüberwindbarer technischer Schwierigkeiten: Schon im Falle der im Foreign Office skizzierten deutschen Minimalabtretungen wären aus Ostpreußen, Danzig und Oberschlesien knapp sechs Millionen Menschen umzusiedeln gewesen.[36] Im Falle der Realisierung der polnischen Maximalforderungen - Stettin noch nicht eingerechnet - würde sich diese Zahl auf elf Millionen fast verdoppeln.[37]

Gut vorstellbar erschien den Planern im Foreign Office gleichwohl, daß Moskau extreme polnische Ansprüche beförderte: zum einen, um für die Zukunft deutsch-polnische Kombinationen auszuschließen, zum anderen, um Polen in dauernder Abhängigkeit von Moskau zu halten. Ein strategisches Motiv mochte sich anschließen: Wenn Polen "in den sowjetischen Orbit fiel" und die polnisch-deutsche Grenze entlang

---

35 "Germany's Eastern Frontier", F.O.371/39139/C9093.

36 Die britische Regierung hatte sich gegenüber dem tschechischen Premierminister Benes schon im Sommer 1942 auf das Prinzip des "transfer of population" festgelegt. Zur britischen Haltung in der Frage der Bevölkerungsumsiedlung - Premierminister Churchill sprach in Teheran lieber von "disentaglement of population" - vgl. Tyrell, Deutschlandplanung, S.386-391. Zuletzt: Kettenacker, Krieg zur Friedenssicherung, S.441-458.

37 "Germany's Eastern Frontier".

der Oder-Linie verlief, war Moskau jederzeit in der Lage, die "Lebenszentren" Deutschlands zu bedrohen.[38]

Wirklich froh wollten die Planer in London aber selbst der von ihnen ins Auge gefaßten Minimal-Abtretungen nicht werden. Nach dem mit der Abtretung Ostpreußens, Danzigs und "gewisser Teile Pommerns an Polen oder die UdSSR" verbundenen Verlust des größten Teils seiner Ostseeküste, hieß es Ende September 1944 in einer Untersuchung für das Attlee-Committee über "die Zerstückelung Deutschlands" warnend, bleibe einem deutschen "Oststaat" nur noch ein einziger tauglicher Hafen: Stettin.[39]

Es waren wieder Stalin und die Rote Armee, die das Foreign Office schließlich darauf stießen, daß in der Frage der polnischen Grenzen - West und Ost - britischer Planungsbedarf eigentlich gar nicht bestand. Am 21. Juni 1944 überschritt die Rote Armee den Bug und die Curzon-Linie. In Chelm, einem Städtchen auf der polnischen Seite, wurde tags darauf ein "Polnisches Nationalkomitee" ins Leben gerufen, das sich ein paar Tage später in Lublin etablierte und am 18. August den Ort zur provisorischen Hauptstadt Polens erklärte. Am 31. August hatte sich die polnische Untergrundarmee erhoben, um der sich auf den Rückzug vorbereitenden Wehrmacht Warschau zu nehmen, bevor die Rote Armee, die schon am anderen Ufer der Weichsel stand, es eroberte. Doch die Rote Armee rührte sich nicht und sah zu, wie die Wehrmacht, die es mit dem Rückzug so eilig doch nicht hatte, die der Londoner Exilregierung loyale Untergrundarmee praktisch aufrieb.

Um zu retten, was von britischem Einfluß im östlichen und südöstlichen Europa noch zu retten war, und um die Londoner Exilregierung wieder an den Verhandlungstisch zu bringen, war daraufhin Churchill am 8. Oktober in diplomatischer Blitzaktion nach Moskau geflogen. Um Polen sollte es in Moskau vor

---

38 Ibid. Allen, 16.8.1944, ibid.

39 A.P.W.(44)90 v. 20.9.1944: The Dismemberment of Germany", Memorandum by the Secretary of State for Foreign Affairs, Appendix II: "Economic Aspects of the Proposal that Germany should be Dismembered", Report by EIPS, F.O.371/39080/C13577.

allem gehen. Tatsächlich gelang es Churchill, von Stalin die Erlaubnis zu erwirken, Exil-Premierminister Mikolajczyk und Exil-Außenminister Tadeusz Romer, die sich zu diesem Zwecke in London hatten bereithalten müssen, ebenfalls nach Moskau fliegen zu lassen.[40]

Nach Auffassung der "Regierung Seiner Majestät", stellte Churchill am 13. Oktober Mikolajczyk in Moskau vor vollendete Tatsachen, könne nur die Curzon-Linie im Osten die Grenze Polens sein. Dafür erhalte Polen im Westen und im Norden deutsches Territorium - Ost-Preußen und Schlesien: "It would be a great seabord, they would have the splendid port of Danzig and valuable territory in Silesia."[41] Auch Präsident Roosevelt, erinnerte Außenminister Molotow, habe in Teheran der Curzon-Linie als russisch-polnischer Grenze zugestimmt. Auf Mikolajczyks Frage, ob in Teheran auch die Westgrenze Polens erwähnt worden war, erläuterte ihm Molotow, es sei die Oder-Linie vorgeschlagen worden, und niemand habe dem widersprochen. Es sei britische Absicht, bekräftigten daraufhin Eden und Churchill, "to allow Poland to go as far west as she wanted up to that line". Rußland, überraschte schließlich Stalin die Konferenzrunde, als Mikolajczyk nicht aufhören konnte, vom östlich der Curzon-Linie gelegenen Lemberg zu sprechen, und Churchill schon die Fortsetzung des Gesprächs vertagen wollte, "had in mind the cession to Poland not only of Danzig but also of Stettin".[42]

Weder Churchill noch Eden gingen auf die Neuigkeit ein. Obwohl Stalin nun sehr präzise und ein sowjetisch-britischer Widerspruch offenbar geworden war - Churchill und Eden sprachen von Gebieten östlich der Oder, Stalin vom westlich der Oder gelegenen Stettin -, schien auf britischer Seite ein

---

40 Anglo-Soviet Political Conversations at Moscow, October 9 - October 17, 1944. Record of Meeting at the Kremlin, Moscow, 9th October, 1944, at 10 p.m., F.O.371/64202/C6779. Zur Moskauer Gipfelkonferenz vgl.: Martin Gilbert, Road to Victory. Winston S. Churchill 1941-1945, London 1986, S.989-1033.

41 Record of Meeting Held at Spiridonovka House on the 13th October at 5 p.m., F.O.371/64202/C6779.

42 Ibid.

Bedürfnis nach Präzisierung noch immer nicht zu bestehen. Am 14. Oktober unterbreitete Churchill erst Mikolajczyk und dann Stalin eine "draft formula" über Polen, in der von den Kompensationen im Westen wieder nur in den bekannten vagen Formulierungen die Rede war: Danzig, Ost-Preußen westlich und südlich Königsbergs, "Oppeln-Silesia and the lands desired by Poland to the East of the line of the Oder".[43]

Allein die Polen drängten begreiflicherweise auf präzisere Beschreibung und Fixierung des Verlaufs der zukünftigen Westgrenze Polens auf einer Karte: "... the northern and estern frontiers of Poland will include the Free City of Danzig, the regions of East Prussia west and south of Konigsberg, the Regency of Oppeln in Silesia, and follow the River Oder from the point where it leaves the Regency of Oppeln to its estuary including the town and harbour of Stettin. A map showing the frontier is enclosed herewith."[44]

Vergeblich - es blieb auch im letzten Entwurf bei den britischen Vagheiten; von einer Karte mit eingezeichnetem Grenzverlauf war keine Rede.[45]

8.5. Die Oder-Neiße-Grenze gefährdet die Nachkriegsordnung.

Ende Dezember formierte sich in Lublin das polnische "Komitee zur Nationalen Befreiung" zur provisorischen Regierung. Ungeachtet britischer und amerikanischer Vorstellungen bei Stalin erhielt die provisorische Regierung am 4. Januar 1945 die Anerkennung Moskaus und zog am 18. Januar zusammen mit der

43 Annex XX. Summary of further informal Conversations on Polish Affairs subsequent to the two formal Meetings with the Representatives of the Polish Government and the Polish National committee respectively on the 13th October. A: Original Draft of 14th October, ibid.

44 C: Polish observations on the revised draft (B), ibid.

45 D: Final revised draft of 16th October, ibid.

Roten Armee in Warschau ein. Es wurde absehbar, daß nicht die polnische Exilregierung in London, sondern die von Moskau gesteuerten polnischen Kommunisten in Warschau Hauptverhandlungspartner der Alliierten sein würden. Der Umstand nötigte, unmittelbar vor Beginn der Konferenz in Jalta, das Foreign Office zum Umdenken in der Frage der polnischen Westgrenze und zur eingehenden Befassung auch mit den extremen Forderungen des, so Außenminister Eden im Kabinett, "Lublin Government".[46]

Zusätzlich kompliziert wurde die Frage dadurch, daß London bis zur Konferenz von Jalta nicht recht wußte, wovon die Rede war, wenn in Moskau oder Warschau Vertreter des "Lublin-Government" von der "Oder-Neiße-Linie" sprachen. Am 22. Januar 1945 bat darum Deputy Under-Secretary of State Sir Orme Sargent das Northern Department, die Frage von der Botschaft in Moskau klären zu lassen.[47] Auf die telegrafische Anfrage einen Tag später erhielt das Foreign Office am 25. Januar die Auskunft, die Frage sei in Moskau womöglich noch nicht endgültig entschieden. Wann immer die "Lubliner Polen" präzise würden, sprächen sie zwar ausdrücklich von der westlichen Neiße. Die Unklarheit der Parole von "Oder und Neiße" sei jedoch beabsichtigt und sollte ihnen offenbar ermöglichen, Niederschlesien notfalls ohne Gesichtsverlust doch Deutschland zu überlassen.[48]

In einem Memorandum über "die Oder-Neiße-Linie" setzte sich am 29. Dezember 1944 das Foreign Office Research Department eingehend und nicht ohne Verständnis mit historischen, militärischen und wirtschaftlichen Argumenten auseinander, die von den kommunistischen Polen für eine polnisch-deutsche Grenze entlang Oder und Neiße vorgebracht wurden, und erwog schließlich die Möglichkeit eines Kompromißange-

---

46 W.M.(45)7th Conclusions v. 22.1.1945, Confidential Annex, CAB 65/61.

47 Sargent 22.1.1945; F.O. an Moskau, Tel. No. 361 v. 23.1.1945, F.O.371/47696/N772.

48 Moskau an F.O. 25.1.1945, F.O.371/47696/N862.

botes entlang einer Linie Kolberg-Glogau-Friedland.[49] Foreign Office und, wie sich nun zeigen sollte, auch das Kriegskabinett wollten indes von polnischen Annexionen, die über Ostpreußen, Danzig und "Oppeln Silesia" hinausgingen, gar von der Oder-Neiße-Linie so wenig wissen wie zuvor. Die Argumente gegen die Ausdehnung Polens bis zu Oder und Neiße oder auch nur bis zu der vom Research Department vorgeschlagenen Glogau-Friedland-Linie, notierte O'Neill für die German Advisory Section, seien allemal überzeugender: "It seems to me sufficiently regrettable that we should be committed as far as we are. We need not seek reasons for going further."[50]

Zur gleichen Zeit äußerte im Kabinett Arbeitsminister Bevin sein und seiner Partei Unbehagen an der Tendenz der Diskussion über die Westgrenze Polens, besonders am Vorschlag, sie entlang der Oder-Linie verlaufen zu lassen: "It was felt that if the new Poland were to cut so deeply into Pomerania it would be almost impossible for Germany to live at all. It was likely to create an unstable internal position in Poland owing to the size of the German minority which would have to be absorbed, while the task of transfering the German population of so large an area was, on the face of it, so great as to be almost insoluble."[51] Bevin drang darauf, in der ganzen Frage äußerst vorsichtig vorzugehen und Festlegungen zu vermeiden. Genau das, versicherte ihm Premierminister Churchill in subtiler Selbstinterpretation, sei bisher geschehen. Den Polen sei britischerseits lediglich in Aussicht gestellt worden, "that if they agreed to the Curzon Line, we would support them in acquiring up to the limit of the Oder as much territory as they could digest".[52] Indes mit jedem Kriegstage wurde weniger wahrscheinlich, daß an der sehr subjektiven Entscheidung darüber, wieviel deutsches Territorium Polen "verdauen" konnte, London irgendeinen Anteil haben würde.

---

49 F.O.R.D. Memorandum v. 29.12.1944: "The 'Oder-Neisse' Line", F.O.371/47696/N154.

50 O'Neill 27.1.1945, ibid.

51 W.M.(45)7th Conclusions v. 22.1.1945, Confidential Annex, CAB 65/61.

52 Ibid.

Die "Regierung Seiner Majestät", gestand Außenminister Eden genau einen Tag später in einem Kabinettsmemorandum ein, "has never expressed a clear and positive view as to Poland's western frontier".[53] Die Gefahr, daß Moskau britisches Schweigen als stillschweigendes Einverständnis mit den eigenen Vorstellungen mißverstand, war noch das geringste Problem. Wenn Sowjets und polnische Kommunisten die polnische Westgrenze tatsächlich bis Oder und Neiße - ob Moskau und Warschau Glatzer oder Görlitzer Neisse meinten, wenn sie von Oder und Neisse sprachen, darüber sah auch Eden noch immer nicht klar - verschoben, dann würde das eine Reihe schwerwiegender Folgen haben. Eden zählte sie nun alle auf: deutsch-polnisches Miteinander würde dauerhaft belastet und Polen darum genauso dauerhaft von sowjetischer Protektion abhängig; sowjetischer Einfluß würde weiter nach Westen wirken, als, von London aus betrachtet, wünschenswert war; weitreichende polnische Annexionen im Osten Deutschlands mußten im Westen Paris in Forderungen nach Abtrennung des Rheinlandes und des "Rheno-Westphalian Basin" bestärken; wenn die extremen "Lubliner Forderungen", so Eden, realisiert wurden, würde die Zahl der umzusiedelnden Deutschen auf 8 Millionen steigen und das Vorhaben der Umsiedlung im Grunde undurchführbar; es war unwahrscheinlich - das hatten die Unterhausdebatte über die Zukunft Polens am 15. Dezember und Pressekommentare seither gezeigt -, daß die britische Öffentlichkeit eine Friedensregelung tragen würde, die unzweifelhaft deutsche Gebiete an Polen gab; noch unwahrscheinlicher war, daß Washington und die amerikanische Öffentlichkeit das würden mitverantworten wollen - sehr viel wahrscheinlicher war dagegen, daß Washington sich von einer Friedensordnung, die so weitreichende polnische Annexionen enthielt, zurückziehen würde.

Schließlich, so Eden, durfte die Frage der polnischen Westgrenze nicht isoliert betrachtet werden: "We should be wise to reach no final decision on this question until we had some idea

---

53 W.P.(45)48 v. 23.1.1945: "Poland's Western Frontier", Memorandum by the Secretary of State for Foreign Affairs, CAB 66/61.

of the Polish State that will emerge from the war and know what its relations with the major Allied Powers will be."[54] Moskau, dies die Implikation, hatte schon die Ostgrenze Polens gesetzt. Wenn es nun auch dessen Westgrenze setzte, dann wurde Stalin vollends zum Schöpfer des neuen Polens und das neue Polen vollends das Geschöpf Stalins.

Drei Jahre lang hatte die "Regierung Seiner Majestät" in der Frage der polnisch-deutschen Grenze in der Tat jede klare Stellungnahme vermieden. Nun fand sie sich in der denkbar schlechtesten Lage: Aus Edens Aufzählung folgte nichts anderes, als daß an der Frage der polnisch-deutschen Grenze sehr wohl die britischen Vorstellungen von der europäischen Nachkriegsordnung scheitern mochten, bevor noch der Krieg zu Ende war. Um so verzweifelter mühten sich Außenminister und Foreign Office nun, den Fehler in letzter Minute zu korrigieren. Wirklich festgelegt hatte London sich nur auf die Abtretung Danzigs, Ostpreußens südlich und westlich Königsbergs und - "in private discussion though not in public statements" - des Bezirks Oppeln an Polen. Weiterreichende vage Versprechungen hatte London der polnischen Exilregierung allenfalls gemacht, um sie zur Annahme russischer Forderungen über die polnische Ostgrenze zu bewegen. Wenn man es nun statt mit der polnischen Exilregierung mit den "Lubliner Polen" zu tun hatte, die ohnehin die Curzon-Linie akzeptierten und sich mit dem Verlust Lembergs abfanden, überlegte Eden, gab es eigentlich keinen Grund mehr zu britischen Zugeständnissen: "Since the Lublin Poles are ready to accept the Curzon line anyhow, there is no longer any need for His Majesty's Government to support more extensive transfers of German territory than we think convenient and proper on other grounds."[55]

Der Realitätsverlust "Seiner Majestät Regierung" war komplett. Nun, da die Formel von der Oder-Linie sich zu verselbständigen drohte, nicht zuletzt durch Londons vagen, unverbindlichen Umgang mit ihr, glaubte Außenminister Eden allen

54 Ibid.
55 Ibid.

Ernstes, von ihr abgehen und auf längst überholte Ausgangspositionen zurückkehren zu können: "... I think that the time has come to make clear to our principal Allies that we have doubts on the subject and must not be regarded as committed to the support of any annexation by Poland beyond those of East Prussia, Danzig and the Oppeln district."[56] Ziel britischer Verhandlungsstrategie in Jalta sollte es darum sein, so Eden an anderer Stelle, zu verhindern, daß in dieser wie in anderen Fragen die "sudden and sharp decisions" gefällt wurden, auf die die Sowjets es zweifellos abgesehen hatten.[57] Dem Kabinett schlug er darum vor, in Jalta auch die Frage der Ostgrenze Deutschlands der European Advisory Commission zur Beratung zu übergeben.[58]

8.6. Polen soll eine Westgrenze haben - aber wo?

Zumindest das Rätselraten über Glatzer oder Görlitzer Neiße wurde in Jalta beendet. Während des Zusammentreffens mit Churchill in Moskau im Oktober des vergangenen Jahres, erklärte Stalin während der zweiten Plenarsitzung am 6. Februar, hatte er dem polnischen Exilpremier Mikolajczyk die Verschiebung der Westgrenze Polens bis zur Neiße zugesagt: "There were two such rivers, one near Breslau, another further west. It was the western of these two rivers he had in mind, and he asked the Conference to support his proposal."[59] Am Tag darauf legte Außenminister Molotow den sowjetischen Entwurf eines Konferenzkommuniqués über Polen vor, das den Vorschlag Stalins präzisierte: "... (ii) It was decided that the western fron-

---

56 Ibid.

57 Eden 20.1.1945, F.O.371/46865/C267.

58 W.M.(45)10th Conclusions v. 26.1.1945, Confidential Annex, CAB 56/51.

59 Argonaut, 2nd Plenary Meeting (Political). 6th February 1945, Yalta, CAB 66/63. Zur Verhandlung der polnischen Frage in Jalta vgl. aus britischer Sicht: Woodward, Britisch Foreign Policy, Vol. III, S.252-272.

tier of Poland should be drawn from the town of Stettin (Polish) and thence southwards along the River Oder and the western Neisse."[60]

Nachdem auf der folgenden Plenarsitzung am 8. Februar erst Präsident Roosevelt Bedenken bezüglich des Grenzverlaufs entlang der westlichen Neiße angekündigt hatte, legte auch Premierminister Churchill einen Kommuniqué-Entwurf vor, der am vagen britischen Gebrauch der Formel von der Oder-Linie festhielt: "... (ii) It was decided that the territory of Poland in the west should include the free city of Danzig, the regions of East Prussia south and west of Königsberg, the administrative district of Oppeln in Silesia and the lands desired by Poland to the East of the line of the Oder."[61]

Im Kriegskabinett in London, das von Churchill und Eden über den Fortgang der Verhandlungen in Jalta telegrafisch auf dem laufenden gehalten wurde, war man über Churchills Rückzug auf die unbestimmte Formel, die im Grunde die ganze Grenzfrage wieder polnischem - und sowjetischem - Belieben überließ, wenig glücklich. Am 8. Februar entschied das Kabinett darum, dem Premierminister eine Neuformulierung des britischen Kommuniqué-Entwurfs nahezulegen, welche die endgültige Entscheidung über den Verlauf der polnischen Westgrenze nicht den Polen, sondern den Siegermächten zuwies: Polen sollte Danzig, Ostpreußen und Oppeln erhalten "and such other lands to the east of the line of the Oder as at the Peace Conference it shall be considered desirable to transfer to Poland".[62]

So gestärkt war Premierminister Churchill am 10. Februar in Jalta bestrebt, die Konferenz auf weiteres Offenhalten der Frage festzulegen. Alliierten Konsens beschwörend, den es doch nicht gab, überschritt er, wohl ohne es zu bemerken, die Grenze zum Skurrilen: "They were all agreed in principle about

---

60 Argonaut, 3rd Plenary Meeting (Political), 7th February 1945, Yalta, CAB 66/63.

61 Argonaut, 4th Plenary Meeting (Political), 8th February 1945, Yalta, CAB 66/63.

62 W.M. (45) 16th Conclusions v. 8.2.1945, Confidential Annex, CAB 65/51.

the Western frontier, and the only question was where exactly the line should be drawn and how much should be said about it."[63] Die Konferenz, hieß das, war sich also darüber einig, daß Polen eine Westgrenze haben sollte, nur nicht darüber, wo diese verlaufen sollte. Die britische Regierung sah sich nicht in der Lage, erklärte Churchill - und dies blieb die einzige und auch nur implizite britische Reaktion auf die Absicht Moskaus, auch Stettin an Polen fallenzulassen -, der Ausdehnung Polens über die Oder hinaus zuzustimmen. Auf keinen Fall, so Churchill unter Hinweis auf das Telegramm aus London, könne er sich auf einen Grenzverlauf entlang der westlichen Neiße festlegen.

In für ihn typischer Manier schlug daraufhin Präsident Roosevelt vor, im Kommuniqué die Grenzfragen schlicht nicht zu berühren.[64] Da Stalin aber darauf bestand, das Einverständnis über die Frage der russisch-polnischen Grenze festzuhalten, und Churchill ihn darin unterstützte, einigten sich die drei "Heads of Government" schließlich auf eine Formulierung, die den Vorstellungen des Kriegskabinetts in London recht nahe kam: Polen würde im Norden und Westen "substantial accessions of territory" erhalten, zu deren Umfang auch die Auffassungen der in Warschau zu bildenden "Provisorischen Regierung der Nationalen Einheit" eingeholt werden sollten: "... the final delimitation of the western frontier of Poland should thereafter await the Peace Conference."[65]

---

63 Argonaut, 7th Plenary Meeting (Political), 10th February 1945, Yalta, CAB 66/63.

64 Ibid.

65 Ibid.

8.7. Das Foreign Office und die "vernünftige Westgrenze für Polen".

Nach Jalta fanden sich Foreign Office und Regierung in London in der Rolle des bloßen Beobachters wieder. Mit allzu spärlicher Information über die Vorgänge hinter dem Eisernen Vorhang versehen, mußten sie sich darauf beschränken, zu erahnen, wie Polen und Rote Armee in der "Polish-Occupied Zone", so die britische Sprachregelung, vollendete Tatsachen schufen. Unklarheiten, etwa darüber, ob Polen nun tatsächlich Stettin in Besitz nahm oder nicht, entstanden immer wieder dadurch, daß polnische Berichte in aller Regel von Moskau weder bestätigt noch dementiert wurden, sondern schlicht unkommentiert blieben. Die Polen, berichtete etwa Anfang Juli das Political Intelligence Department des Foreign Office, beanspruchten nun auch Stettin und die gesamte Oder-Neiße-Grenze, "hitherto left to the Germans". Am 29. Juni hatte Radio Lublin, dies die britische Informationsquelle, unter anderem den Fahrplan einer neuen Bahnverbindung Warschau-Stettin der Polnischen Staatsbahn bekanntgegeben. Es gäbe allerdings keinen Hinweis darauf, daß die Russen den Warschauer Anspruch auf Stettin auch zuließen.[66]

Einen Tag vor Beginn der Konferenz in Potsdam hielt das Foreign Office neue Gerüchte, daß die Sowjets Polen den Besitz Stettins und vielleicht sogar Breslaus am Schluß doch verwehren mochten, für wichtig genug, um sie der britischen Delegation hinterherzutelegrafieren. Britische und amerikanische Journalisten hatten aus Schlesien den Eindruck mitgebracht, daß die Sowjets begonnen hätten, der polnischen Vertreibungspolitik entgegenzuwirken und möglicherweise sogar vertriebene Deutsche zur Rückkehr ermutigten. Polnische Gesprächspartner hatten bezweifelt, daß Polen über Niederschlesien und den Bezirk Oppeln hinaus deutsche Gebiete würde behalten dürfen.[67]

---

66 P.I.D. German & Austrian Intelligence. Germany: Weekly Background Notes: No. 4 v. 4.7. 1945, F.O.371/46933/C3229.

67 F.O. an TERMINAL, Tel. Onward No. 33 v. 16.7.1945, PREM 3/356/8.

Um solche und ähnliche Ungewißheiten zu erledigen, wandte sich auf Geheiß des Foreign Office der britische Chargé d'Affaires in Moskau, Frank Roberts, am 14. Mai an den sowjetischen stellvertretenden Außenminister Wyschinski und erinnerte in einer Note daran, daß das alliierte Abkommen über die Besetzung Deutschlands sich auf Deutschland in den Grenzen "as they were on the 31st December, 1937" bezog. Die britische Regierung ginge davon aus, daß Moskau polnischen Organen örtliche Verwaltungsaufgaben "merely out of convenience" übertragen habe und diese nicht polnischen Behörden, sondern der sowjetischen Besatzungsmacht verantwortlich seien. Roberts wies außerdem darauf hin, daß, nach Auffassung der britischen Regierung, die Autorität des Alliierten Kontrollrates sich auf alle "fraglichen Gebiete" in den Grenzen Deutschlands von 1937 erstreckte.[68]

Am 1. Juni 1945 lag die Antwort Wyschinskis vor. Nach Auffassung der Sowjetregierung erstreckte sich die Autorität des Alliierten Kontrollrates über die einzelnen Besatzungszonen nur in Angelegenheiten, die "Deutschland als Ganzes" betrafen. Die polnische Verwaltung "früherer deutscher Gebiete" sei der polnischen Provisorischen Regierung und nicht der sowjetischen Regierung verantwortlich. Den Aktivitäten der polnischen Organe käme allerdings, so Wyschinski einschränkend, keine die Grenzfrage präjudizierende Bedeutung zu.[69]

In anderen indirekten und direkten Äußerungen ging Moskau dann doch weiter. Am 11. Juli, berichtete Roberts aus Moskau, hatten in der sowjetischen Presse Erklärungen über die sowjetischer Verwaltung unterstehenden Gebiete gestanden. Die Gebiete östlich von Oder und Görlitzer Neiße sowie Stettin waren darin übergangen worden. Roberts empfahl, die Frage auf der Konferenz in Potsdam weiter zu verfolgen.[70] Schon am 7. Juli hatte im Kontrollrat General Schukow erklärt, daß die Ge-

68 Woodward, British Foreign Policy, Vol V., S.411f.

69 Ibid.

70 Roberts an F.O., Tel. No. 3211 v. 19.7.1945, F.O.371/46733/ C4194.

biete östlich von Oder und Neiße unter polnischer Kontrolle stünden und Schlesien für Brennstofflieferungen nicht verfügbar sei, denn Oder und Neiße seien die Ostgrenze seiner Besatzungszone, "as agreed at the Crimea Conference".[71]

Spät, sehr spät erwachte nun im Foreign Office das Bedürfnis, eine diplomatische Widerstandslinie aufzubauen. Polen und Russen hatten sich, der Friedenskonferenz vorgreifend, auf die Grenze entlang Oder und westlicher Neiße festgelegt. Den dadurch entstandenen unklaren Zustand andauern lassen, hätte bedeutet, Moskau zu ermutigen, die Autorität des Kontrollrates auch bei anderer Gelegenheit zu ignorieren. Ebensowenig aber konnte das Foreign Office, nur um den unklaren Zustand zu beenden, Moskaus Maximalforderung konzedieren und den Fait accompli nachträglich sanktionieren. Dagegen sprachen auch zwei Sachargumente: Zum einen würde sich die britische Öffentlichkeit kaum mit einer Friedensregelung abfinden, die Deutschland ein Fünftel seines Territoriums und mehr als zehn Millionen Menschen "of indisputable German stock" nahm. Zum anderen konnte die britische Besatzungszone Lebensmittel- und Brennstofflieferungen aus den fraglichen Gebieten schwerlich entbehren. Das Foreign Office entschloß sich darum, sich zunächst amerikanischer Unterstützung zu versichern, um dann auf der bevorstehenden Gipfelkonferenz zu erklären, daß der sowjetische Standpunkt nicht akzeptabel war. Die britische Delegation, hieß es in einem "Brief for the United Kingdom delegation" vom 12. Juli 1945, sollte sodann einen "positiven Vorschlag" über eine "vernünftige polnische Westgrenze" machen. "This frontier would be short of the Polish claims, and should not go beyond Danzig, East Prussia south and west of Königsberg, Oppeln Silesia and the most eastern portion of Pomerania."[72] Die "vernünftige Grenze", die sich das Foreign Office da vorstellte, überließ lediglich exakt diejenigen Gebiete Polen, die schon 1943 frühen Entwürfen des

---

71 Woodward, British Foreign Policy, Vol. V, S.412f.

72 Ibid.

Zonenplanes beigefügte Karten als "possibly to Poland" rot schraffiert hatten.

Unmittelbar vor Beginn der Konferenz von Potsdam war indes die britische Verhandlungsposition denkbar schlecht. Die Rote Armee hielt die fraglichen Gebiete besetzt. In Warschau entwickelte sich unterdessen die Bildung der neuen Provisorischen Regierung - vorgeblich unter Einbeziehung Mikolajczyks und anderer Figuren der Exilregierung - "in die falsche Richtung".[73] Die Westmächte verfügten weder in der Grenzfrage noch in anderen polnischen Fragen über direkte Einwirkungsmöglichkeiten. Die meisten der Argumente, die Eden ein halbes Jahr zuvor dem Kabinett auseinandergesetzt hatte, waren in offener Diskussion mit den Sowjets nicht verwendbar. Das technische Argument, daß nämlich die Umsiedlung von mehr als zehn Millionen Menschen undurchführbar sei, war Spielball in Stalins Hand: Die deutsche Bevölkerung der fraglichen Gebiete, hatte Stalin in Jalta schlicht behauptet, sei "davongerannt".[74]

Blieb ein Argument und Druckmittel: die Frage der Reparationen und der sowjetische Reparationshunger. Der Zusammenhang mit der Grenzfrage lag auf der Hand - die Sowjets übergaben ohne Zustimmung der Westmächte Teile Deutschlands an Polen und verringerten dadurch die in Deutschland zur Vefügung stehende Reparationsmasse. Wenn ihnen das nicht auszureden war, empfahl das Foreign Office der Potsdam-Delegation, dann würden die Westmächte auf anteilmäßiger Reduzierung des sowjetischen Reparationsanspruches bestehen oder gar die Reparationslieferungen aus den westlichen Besatzungszonen aussetzen müssen: "If necessary, we should have to tell the Soviet Government that we should not allow them any reparation deliveries from the British and American zones unless these issues were settled to our satisfaction."[75]

---

73 Hankey 23.7.1945, zit n. Woodward, British Foreign Policy, Vol. V, S.427.

74 Argonaut, 3rd Plenary Meeting (Political), 7th February 1945, Yalta, CAB 66/63. Vgl. Woodward, Foreign Policy, Vol. III, S.258.

75 Zit. n. Woodward, British Foreign Policy, Vol. V, S.412f.

Ganz so konfrontationsbereit trat die britische Delegation dann in Potsdam aber doch nicht auf. Die Vorstellungen des Foreign Office von der "vernünftigen" polnisch-deutschen Grenze kamen nicht zur Sprache. Unübersehbar aber war, daß sich erst Churchill und Eden und dann, nach dem unverhofften Wahlsieg Labours, der neue Premierminister Attlee und sein Außenminister Bevin weit entschlossener gegen den sowjetischen fait accompli wehrten als die amerikanische Delegation. Und immerhin stellte das Arrangement, das der amerikanische Außenminister Byrnes dann doch zustande brachte, mehr 'agreement to disagree' denn Kompromiß dar: Unterstellung der fraglichen Territorien unter polnische Verwaltung vorbehaltlich endgültiger friedensvertraglicher Regelung gegen sowjetische Annahme eines westalliierten Kompromiß-Angebotes über Reparationslieferungen. Indem Byrnes Grenzfrage und Reparationsfrage miteinander verknüpfte, stellte er immerhin genau diejenige Verbindung her, die das Foreign Office als Druckmittel hatte einsetzen wollen.[76]

8.8. Die besetzten Gebiete sind nicht mehr deutsch.

Immerhin gelang es dem Foreign Office im Verlaufe des Jahres 1945 allmählich, sich ein zutreffendes Bild von der Lage in den polnisch verwalteten Territorien östlich von Oder und Neiße zu machen. Ende September hielt der Leiter des Northern Department zum ersten Mal Kopien einer neuen Polen-Karte in Händen. Den Dank an die Botschaft in Warschau, die sie aufgetrieben hatte, verband er allerdings mit der Bitte um weitere Karten größeren Maßstabs und vor allem um Karten, die den genauen Verlauf der neuen polnischen Grenzen in Ost und West - "as of-

---

76 Zur britischen Weigerung in Potsdam, die Ausdehnung Polens bis Oder und westliche Neiße anzuerkennen, vgl.: Woodward, British Foreign Policy, Vol. V, S.416-439. Zum Byrnes'schen Kompromiß vgl. Graml, Die Alliierten und die Teilung Deutschlands, S.92-104.

ficially approved by both the Soviet and Polish Governments" - zeigten.[77]

Wichtiger als die Karten war die Gelegenheit zum Augenschein, welche Angehörige der britischen Botschaft in Warschau auf ausgedehnten Reisen durch Schlesien und zu den baltischen Häfen - eine Reise nach Lodz gab Anlaß zu aufschlußreichen Vergleichen - erhielten. Die Reiseberichte und die Schlußfolgerungen des Botschafters, V.F.W. Cavendish-Bentinck, wurden für einen größeren Verteiler gedruckt und im Foreign Office aufmerksam gelesen.[78]

Die Berichte vermittelten ein düsteres Bild. Die Rote Armee hatte auch im für Polen bestimmten Schlesien nicht anders gehaust als in anderen Teilen der sowjetischen Besatzungszone. Entsprechend schlecht waren die Beziehungen zwischen Russen und Polen, die zur Kenntnis nehmen mußten, daß die eroberten deutschen Gebiete wirklich polnisch noch immer nicht waren: Russische Reparationskommandos demontierten komplette Industrieanlagen, Zementwerke, Brauereien, sogar Krankenhäuser, konfiszierten landwirtschaftliche Geräte, Pferde und 90 Prozent der Ernte. In den Verschiebebahnhöfen standen noch die für Rußland bestimmten, mit Reparationsgütern voll beladenen Güterzüge. In Ostpreußen wuchs auf den Feldern das Unkraut schulterhoch, Städte und Dörfer waren verwüstet und entvölkert. Was dennoch zu ernten gewesen war, hatten die Russen auch hier fortgeschleppt, ebenso Schienen und Telegrafenleitungen. In den Ostseehäfen waren Maschinen und Kräne zum größten Teil demontiert worden. Die deutsche Bevölkerung war geflohen, vertrieben, nach Sibirien deportiert worden oder lei-

---

77 Russel an Allen 22.9.1945, Allen an Russel 14.11.1945, F.O.371/ 47697/N13209.

78 Cavendish-Bentinck an Bevin, Depesche No. 55 v. 3.9.1945, Enclosure v. 28.8.1945: "Report on a Tour in Silesia", F.O.371/47650/ N12009. Cavendish-Bentinck an Bevin, Depesche No. 64 v. 11.9. 1945, Enclosure v. 10.9.1945: "Report on a Tour of the Lodz District", F.O.371/47650/ N12404. Cavendish-Bentinck an Bevin, Depesche No. 73 v. 18.9.1945, undatiertes Enclosure: "Report on a Tour of the Baltic Ports", F.O.371/ 47650/N12628; Cavendish-Bentinck an Bevin, Depesche No. 107 v. 10.10.1945, Enclosure v. 8.10.1945: Tour of Upper an Lower Silesia - September 1945", F.O.371/47651/N14038.

stete "what is virtually slave labour". "Gdansk", faßte Commercial Secretary Holliday seine Eindrücke zusammen, schon die polnische Bezeichnung benutzend, war keine deutsche Stadt mehr.[79]

In Schlesien, wo die doppelte politische und ideologische Inbesitznahme durch Warschau und durch die Kommunisten noch in vollem Gange war, herrschten Terror und Anarchie. Vor allem in Oberschlesien, das von der Roten Armee so schnell überrannt worden war, daß ein Teil der deutschen Bevölkerung nicht hatte fliehen können, trafen die britischen Besucher immer wieder auf Leute, die ihnen auf deutsch antworteten und ganz offensichtlich kein Polnisch verstanden. In beiden Teilen Schlesiens, dies die Schätzung Botschafter Cavendish-Bentincks, befanden sich noch etwa 1,4 Millionen Deutsche.[80] Sie wurden zwar, wie von offizieller polnischer Seite betont, nicht mehr vertrieben. Tatsächlich aber hatten sie kaum eine Wahl als die, entweder freiwillig zu gehen oder zu verhungern: Die Deutschen wurden aus ihren Häusern gejagt und erhielten keine Rationskarten. Was ihnen geblieben sein mochte, verloren sie beim Eintausch von Mark in Zloty durch das ungünstige Wechselverhältnis. Der Flüchtlingsstrom in das ohnehin überbevölkerte Rest-Reich, so der beunruhigte Bericht der britischen Beobachter, hielt an.

So sehr die polnischen Behörden die Polonisierung Ober- und Niederschlesiens auch betrieben, in der Bevölkerung hielt die Unsicherheit über den künftigen Status der "western territories" an. Schuld daran waren Zweideutigkeiten der sowjetischen Besatzungsmacht: Züge mit deutschen Flüchtlingen und Aussiedlern wurden an der Grenze angehalten, nicht in die sowjetische Besatzungszone hineingelassen und mußten zurückkehren. In Breslau trafen die britischen Besucher sogar auf deutsche Flüchtlinge in umgekehrter Richtung, die behaupteten, aus Chemnitz zu kommen und von den Russen nach "Polen" hin-

---

79 "Report on a Tour of the Baltic Ports".
80 Cavendish-Bentinck an Bevin, Depesche No. 107 v. 10.10.1945.

eingelassen worden zu sein, wo sie sich bessere Lebensbedingungen erhofften als in Deutschland.[81]

Die Haltung der Westmächte, merkte Cavendish-Bentinck an, trug nicht zur Klärung der Lage bei, sondern führte geradewegs in einen "circulus vitiosus": Solange die Unklarheit über den endgültigen Verbleib der "western territories" anhielt, waren "anständige Polen" kaum dazu zu bewegen, sich dort niederzulassen und die vertriebene deutsche Bevölkerung zu ersetzen - "only the dregs are prepared to go there". Zugleich aber behielten sich die "alliierten Regierungen" die endgültige Regelung der Grenzfrage vor, unter anderem mit dem Hinweis, Polen sei gar nicht in der Lage, die Gebiete östlich von Oder und Neiße zu bevölkern. Cavendish-Bentinck schlug darum vor, spätestens nach dem Abzug der sowjetischen Truppen aus den betreffenden Territorien die eigene, britische Haltung in dieser Frage zu überdenken.[82] "Man könne nicht erwarten", so drückte es im German Department John Troutbeck aus, "daß Europa mit dem Wiederaufbau begann, solange Regierungen und Völker nicht wußten, wo ihre Grenzen verliefen."[83]

8.9. Die Oder-Neiße-Frage - Londons letzter politischer Hebelpunkt jenseits des Eisernen Vorhangs.

Im Foreign Office überwogen gleichwohl die Zweifel, ob es richtig sein konnte, sich dem sowjetisch-polnischen fait accompli zu beugen und die Grenze, die London nicht nur für falsch und ungerecht, sondern auch für gefährlich hielt, zu sanktionieren. Wenn die Rote Armee Polen wieder verlassen hatte, kommentierte der Leiter des Northern Department, dann mochten, sehr vielleicht, die Argumente für die Anerkennung

---

81 "Tour of Upper and Lower Silesia - September 1945".

82 Cavendish-Bentinck an Bevin, Depesche No. 107 v. 10.10.1945.

83 Troutbeck 27.10.1945, F.O.371/47651/N14038.

der Oder-Neiße-Grenze überwiegen. Das würde man dann sehen: "Meanwhile we must concentrate upon getting the Red Army out."[84]

Genau dies war das zentrale Anliegen des Foreign Office wie der britischen Regierung insgesamt. Vom Rückzug der Roten Armee nicht nur aus Polen und vom Maße des Einflusses, welchen Moskau im nun sowjetisch besetzten östlichen Europa nahm, würde die Antwort auf die Frage abhängen, ob die Kriegsallianz den Sieg überdauern konnte. Die Vorenthaltung britischer Anerkennung der provisorischen polnisch-deutschen Grenze, zu der Auffassung fand nun Außenminister Bevin, mochte möglicherweise dazu dienen, Moskau und den Kommunisten in Warschau kooperatives Verhalten nahezulegen - und nicht nur in Polen.

In diese Richtung zielte eine Parlamentsanfrage vom 10. Oktober 1945, die vom Foreign Office inspiriert gewesen sein mochte: Inwieweit, wünschte der Abgeordnete Martin vom Außenminister zu erfahren, war die "Regierung Seiner Majestät" verpflichtet, auf der Friedenskonferenz die "bestehende, provisorische Grenze zwischen Polen und Deutschland" anzuerkennen? Wurde, dies der heikle Teil der Frage, britische Unterstützung davon abhängig gemacht, daß Polen "and other Eastern European States" eine gesellschafts- und wirtschaftspolitische Linie verfolgten, die sowohl der Wohlfahrt der betroffenen Völker wie auch der friedlichen wirtschaftlichen Entwicklung "Europas als Ganzem" diente? Die britische Regierung, stellte Bevin zunächst fest, war in keiner Weise festgelegt: "As regards the second part of the question, the policies followed by the Polish authorities in the territories now placed under their temporary administration will certainly influence the attitude which His Majesty's Government will adopt in any eventual discussion of a final territorial settlement in these regions."[85]

---

84 Allen 28.10.1945, ibid.

85 House of Commons 10.10.1045. F.O. an Warsaw, Tel. No. 778 v. 11.10. 1945, F.O.371/47697/N14385.

Die Auskunft war bemerkenswert. Indem Bevin den heiklen Teil der Frage einschränkend bejahte - und es unterließ, die viel weitergehenden Unterstellungen zu dementieren -, schuf er das gewünschte Junktim, ohne dabei Moskau offen und undiplomatisch unter Druck setzen zu müssen.[86] Völlige Klarheit über die britische Position schufen Bevins kleine Adjektive "temporary" und "eventual": Die Grenzfrage war offen und würde es auch bleiben; ihre abschließende Erörterung hatte noch zu erfolgen.

Je mehr die Hoffnungen auf Kooperation mit Moskau schwanden, desto bedeutsamer wurden, nur auf den ersten Blick paradoxerweise, aus Londoner Sicht die britischen Vorbehalte. Denn je fester der Eiserne Vorhang sich vor den Ländern Ost- und Südosteuropas schloß, desto offenbarer wurde auch, daß allein die offene Frage der polnisch-deutschen Grenze den Westmächten noch eine Möglichkeit bot, jenseits der von Churchill eben beschworenen Linie Stettin-Triest noch irgendeinen politischen Einfluß zu nehmen. Viel war das nicht. Aber es war sozusagen der letzte politische Hebel mit einem Ansatzpunkt östlich der Oder-Linie, der den Westmächten geblieben war. Noch in Potsdam hatten sich die britischen Vorbehalte gegen die in der Tat fragwürdige Grenzregelung und den sowjetischen Fait accompli gerichtet - ein Jahr später hatten sie sich von ihrem eigentlichen Gegenstand gelöst und richteten sich nun im Grunde gegen die Teilung Europas. So jedenfalls erläuterte Bevin Premierminister Attlee im Juli 1946 seine Haltung zur provisorischen deutsch-polnischen Grenze und warum sie aus britischer Sicht offen zu bleiben hatte: "... looking back I think we made a mistake in accepting the Oder-Neisse-line in Potsdam. It would have been better and given us greater pull on Russia if we had stuck our ground. But I was persuaded then, as I think you were, that it would have a psychological effect on Eastern Europe, satisfying Russia's mind and make relations easier. But it has not resulted in that at all. The Russians have got their long desired frontier and are now pressing on to the Rhine -

---

86 Vgl. Foschepoth, Westverschiebung, S.81.

not even the Elbe but the Rhine. The only hold I have is to leave them in doubt (and I admit this is a slender one) as to whether we shall ever agree to the Oder-Neisse-line."[87]

8.10. Die Oder-Neiße-Frage als Propaganda-Waffe gegen Moskau nutzen?

Je weiter in Deutschland die Kriegsalliierten sich voneinander entfernten, desto unvermeidlicher wurde es, daß in London die Frage erwogen wurde, ob nicht der polnisch-sowjetische Fait accompli an Oder und Neiße sich in Deutschland als politische Waffe gegen Kommunisten und Sowjets wenden ließ. So stellte etwa in verhältnismäßig früher Phase der politischen "Schlacht" um die Zwangsvereingung von KPD und SPD in Berlin - die Briten glaubten sich noch Grotewohls sicher sein zu können - Political Advisor William Strang die Überlegung an, ob man nicht britischerseits Grotewohl Unterstützung in der Frage der Revision der Ostgrenze signalisieren sollte. Das Thema eignete sich hervorragend, so Strang in einer Depesche an den Außenminister, SPD-Gefolgschaft und Kommunisten gegeneinander auszuspielen.[88]

Es war indes symptomatisch für die britische Haltung zu diesem Zeitpunkt, daß Strang es bei der Überlegung beließ und sie mit Rücksicht auf das Potsdamer Abkommen und das Bündnis mit der Sowjetunion sofort wieder verwarf: "... our loyalty to the Potsdam Agreement ... must remain an overriding consideration."[89] So offenbar auch die sowjetische Seite die Potsdamer Spielregeln verletzte, noch konnte und wollte London dem Beispiel nicht folgen. Ziel der Political Division und noch mehr

---

87 Bevin an Attlee 18.7.1946, PREM 8/314. Premierminister Attlee notierte darunter: "I agree", undatiert, ibid.

88 Strang an Bevin, Depesche No. 2 v. 15.1.1946, F.O.371/55360/ C824.

89 Ibid.

Außenminister Bevins war es, das Potsdamer Abkommen zu realisieren, nicht, es über Bord zu werfen.

Als nur wenig später Grotewohl den Widerstand gegen sowjetische Drohungen und Verlockungen aufgab und im Foreign Office Verzweiflungsstrategien erwogen wurden, tauchte der Gedanke wieder auf: "... we could, if we wanted to take a really strong line, inspire strong German feeling against this settlement [i.e. settlement of German frontiers in the East, A.d.V.]."[90] Aber auch Bernard Burrows im German Department verwarf den Gedanken sofort wieder, diesmal mit dem Hinweis, daß London die "skrupellose Waffe" nicht einsetzen konnte, ohne sich selber bei der Erörterung noch offener territorialer Fragen im Westen - etwa der über die Herauslösung des Ruhrgebietes aus dem Reich - die Hände zu binden.

8.11. "Je kleiner die SBZ, desto besser!"

Das Eingeständnis britischer Ohnmacht gegenüber dem polnisch-sowjetischen Fait accompli, die Erkenntnis, daß die Grenzfrage als politische Waffe kaum einsetzbar war, und das beunruhigende Gefühl, daß es vielmehr Moskau jederzeit freistand, den Deutschen auf Kosten Polens ein Angebot zu machen, mußten es London geraten scheinen lassen, die Frage der deutsch-polnischen Grenze am besten gar nicht zu berühren. Doch wie sich schnell zeigen sollte, lag nicht einmal die Entscheidung darüber in britischer Hand.

In den ersten Septembertagen unterrichtete nämlich der amerikanische Außenminister Byrnes seinen britischen Kollegen davon, daß er eine Deutschland-Rede vorbereitete und darin unter anderem den provisorischen Charakter der polnisch-deut-

---

90 Burrows Memorandum v. 22.2.1946: "Political Development in Germany and their relevance to Anglo-Soviet relations", F.O.371/ 55362/C2968.

schen Grenze hervorzuheben gedachte.[91] Nach einer Schrecksekunde und der Einsicht, daß es keine Möglichkeit gab, Byrnes an der Ausführung seines Vorhabens zu hindern, kam den Planern im Foreign Office das Byrnes'sche Vorhaben sogar gerade recht. Zur gleichen Zeit nämlich erreichten das Foreign Office Spekulationen, Moskau bereite einen Kompromiß vor, in dem Polen für die Rückgabe von Teilen Schlesiens und Pommerns an Deutschland mit Galizien und Lemberg entschädigt werden sollte. Wenn Byrnes seine Rede hielt, bevor Russen und Polen sich über den neuerlichen Gebietstausch geeinigt hatten, hoffte im German Department Duncan Wilson, dann mochte es den Westmächten so gelingen, den sowjetischen "Propaganda-Donner" zu dämpfen.[92] An der Spitze des Foreign Office hoffte Permanent Under-Secretary of State Sir Orme Sargent einen Moment lang sogar, es könne Byrnes gelingen, die Sowjets zu jenem Schritt zu ermutigen und auf diese Weise "die zwei Ungerechtigkeiten" zu erledigen, die seit Kriegsende begangen worden waren und seither die Zukunft Europas verstellten: "... i.e. the handing over of entirely German territory to Poland in the west, and the seizure by Russia in the east of territory which, though not entirely Polish, the Polish people will never cease to demand back. It would be a great thing to remove these two foci of infection and irredentism which if left as such may well become breeding places for future wars."[93]

Es kam anders. Zwar hielt Byrnes, wie angekündigt, in Stuttgart seine Rede, doch die Spekulationen über bevorstehende russisch-polnisch-deutsche territoriale Arrangements erwiesen sich als eben dies - Spekulationen. Dafür war nun genau dic Situation entstanden, die das Foreign Office gerne vermieden hätte: Moskau erklärte die polnisch-deutsche Grenze für end-

---

91 Paris an Berlin, Tel. No. 20 v. 1.9.1946, F.O.371/55853/C10485. Paris an F.O., Tel. No. 662 v. 2.9.1946, ibid. Vgl. Hans G. Lehmann, Die Entstehung des Oder-Neiße-Konflikts im Spannungsfeld zwischen Ost und West, in: Aus Politik und Zeitgeschichte. Beilage zur Wochenzeitung Das Parlament. 23.10.1976, S.21-38.

92 Wilson 4.9.1946: "Eastern frontier of Germany", ibid.

93 Sargent 5.9.1946, ibid.

gültig, Washington für offen. Früher oder später würde sich auch London erklären müssen.[94]

Den Planern im Foreign Office blieb nichts übrig, als sich erneut mit der leidigen Grenze und mit der Frage, ob und wie man den Deutschen die britische Position eröffnen sollte, zu befassen. Vergleichsweise geringes Kopfzerbrechen bereitete die Frage dem Leiter des Northern Department. Robin Hankey, der sich zu diesem Zeitpunkt von der Teilung Deutschlands eine Entkrampfung des Verhältnisses zur Sowjetunion versprach, kam zu dem Ergebnis, daß unter dieser Voraussetzung die polnisch-deutsche Grenze im Grunde genommen gar nicht westlich genug liegen konnte: "If Germany is to be split, the more of Germany we have the better."[95] Wenn Deutschland geteilt wurde und die polnisch-deutsche Grenze dann entlang Oder und westlicher Neiße verlief, dann, so Hankey, war "our share of Germany" entsprechend größer und "Eastern Germany" entsprechend kleiner. Aber auch unabhängig davon, ob Deutschland geteilt wurde oder nicht, betrachtete Hankey die von Sowjets und Polen herbeigeführte Situation als nahezu ideal. Zum einen würde in jedem Fall, das Argument war nicht neu, die polnisch-deutsche Grenze, so, wie sie nun verlief, wirkungsvoll verhindern, daß es den Sowjets je gelang, die Deutschen vollständig auf ihre Seite zu ziehen. Zum anderen, und dieses Argument Hankeys war durchaus originell, lag es im strategischen Interesse der Länder Westeuropas, daß nicht die Deutschen sich mit Erfolg, sondern die Polen sich ohne Erfolg um den Wiederaufbau des besetzten Ostdeutschland bemühten: "... is it perhaps not better that an agricultural population from Eastern Poland should try painfully to revive the battered and dismantled industries of Eastern Germany, than that the efficient and ingenious Germans with Soviet help should stage a successful industrial resurgence there which will inevitably be used to increase the economic and industrial build-up not to say war

94 Reddaway 11.10.1946, F.O.371/55853/C12201.
95 Hankey 25.10.1946, F.O.371/55592/N11995.

potential on the other side?"[96] Lag es nicht außerdem im langfristigen Interesse Westeuropas und vor allem Großbritanniens, so Hankeys letztes, so überraschendes wie weitsichtiges Argument für die Teilung Deutschlands und Beibehaltung der Oder-Neiße-Grenze, daß die großen Industriereviere im Westen und Süden Deutschlands zusammen mit denen Frankreichs und der Niederlande wieder in Gang gebracht wurden "under a sort of community of interests system in which existing frontiers may become less of an economic hinderance?"[97]

8.12. "Deutschland ist wichtiger als Polen!"

Außenminister Bevin und die Spitze seines Ministeriums waren weit davon entfernt, Hankeys Prämissen zu teilen und alle Hoffnung auf deutsche und europäische Einigung mit Moskau fahren zu lassen. Ohne Einfluß sollte Hankeys scharfsinnige und strikt an den britischen Interessen orientierte Argumentation dennoch nicht bleiben.

Denn unterdessen fühlte sich das Foreign Office unter wachsendem Erklärungsdruck. Der Botschafter in Warschau drängte auf eine Entscheidung in der Grenzfrage und darauf, sie öffentlich zu machen. Der Termin der Außenministerkonferenz in New York, auf der es vor allem um deutsche Fragen gehen sollte, rückte näher. Der Eröffnung einer allgemeinen Grenzdiskussion würde dann nicht zu entkommen sein - zumal es im Osten außer der großen deutsch-polnischen Grenzfrage noch einen unerledigten Anspruch der Tschechoslowakei gab. London selber hatte vor, in New York geringfügige Korrekturen der Westgrenze Deutschlands vorzuschlagen. Das Foreign Office würde sich also über die eigene Position Klarheit verschaffen

---

96 Ibid.

97 Ibid.

und die britische Konferenzdelegation mit entsprechenden Weisungen ausstatten müssen. Zwei Fragen waren zu klären: Wollte London alle nun polnisch verwalteten Gebiete endgültig Polen überlassen? Und zu welchem Zeitpunkt sollte London seine Haltung erklären?

Ende November hatte Außenminister Bevin die "combined views of this office" in Entwurfsform vorliegen.[98] Es sei "praktisch unmöglich und nicht wünschenswert", hieß es darin, Polen die Herrschaft über das Gebiet zwischen den beiden Neißen - und allein darum konnte es überhaupt gehen - wieder zu entziehen.[99] Die deutsche Bevölkerung war fast vollständig vertrieben worden. Die "Regierung Seiner Majestät" hatte dem "Transfer" nicht nur zugestimmt, sondern ihn, indem sie in der britischen Besatzungszone deutsche Flüchtlinge aufnahm, auch unterstützt. Das fragliche Gebiet war inzwischen mit drei Millionen polnischen Siedlern, von denen eine halbe Million aus dem ehemaligen Ostpolen stammte, neu besiedelt worden. Von neuerlichem "Retransfer" war, ganz abgesehen von der schieren Unmöglichkeit des Unterfangens, kein Gewinn zu erwarten. Die polnisch besetzten Gebiete waren weit von ihrer Vorkriegsproduktivität entfernt. "Retransfer" der deutschen und polnischen Bevölkerung konnte zunächst einmal zu nichts anderem als zu weiterem Absinken der industriellen und landwirtschaftlichen Produktion führen. Selbst wenn zu einem späteren Zeitpunkt Industrie und Landwirtschaft sich erholten, würde nur die Sowjetunion davon einen Vorteil haben, in deren Besatzungszone das Gebiet zwischen den beiden Neißen dann wieder liegen würde. Blieb es dagegen polnisch, mochte zu einem späteren Zeitpunkt Großbritannien vielleicht - und dann mit Gewinn - einen kleinen Beitrag zu seiner Rehabilitation leisten.[100] Die Autoren des "Draft Brief for the United Kingdom Delegation" ließen sich sogar von der Botschaft in Warschau und dem Foreign Office Research Department polnische Ansprüche auf Ge-

---

98 Sargent an Bevin 22.11.1946, F.O.371/55853/C14375.

99 Draft Brief for CFM meeting on Germany v. 23.11.1946: "Polish-German Frontier", ibid.

100 Ibid.

biete westlich Stettins und auf Swinemünde einleuchtend machen.[101]

Auf der anderen Seite aber war es britischem Ansehen in Deutschland sehr zugute gekommen, daß London sich in der Grenzfrage bislang nicht festgelegt hatte. Es nun zu tun drohte, nicht nur deutschen goodwill, sondern ganz handfeste politische und strategische Interessen Londons in Deutschland zu beschädigen. Deutschland, das war nämlich ebenso "einhellige Auffassung des Foreign Office", war schlicht wichtiger als Polen: "Germany is geographically nearer to us and strategically a more vital area in our defence arrangements. In the long run, Germany matters more to us than Poland and we may have more hope of influencing opinion there than in Poland."[102]

So richtig das auch war, es war nicht zu sehen, wie London, selbst wenn es wollte, irgend etwas an der polnisch-deutschen Grenze ändern konnte. London konnte sich allenfalls darum bemühen, die Wirkung entsprechender britischer Festlegungen auf die Deutschen zu mildern, indem es zusah, daß allein Moskau für den Grenzverlauf verantwortlich gemacht wurde, und indem es die größere Aufmerksamkeit der Frage des "timing" schenkte, der Frage, zu welchem Zeitpunkt britische Anerkennung der polnisch-deutschen Grenze britischen Interessen in Deutschland am wenigsten abträglich war: "As regards timing we have hitherto felt that it would be preferable as regards both German and Polish opinion to remain on the fence for as long as possible thus encouraging the Germans to think that the Russians were mainly responsible for the loss of the eastern territories and encouraging the Poles to behave better in the hope of gaining our final agreement to the present frontier."[103]

Der Botschafter in Warschau empfahl nun, den Schritt sofort zu tun, die Grenze als endgültig anzuerkennen und den polnischen Kommunisten eine wichtige Propagandawaffe zu nehmen.

---

101 Cavendish-Bentinck, Memorandum v. 4.11.1946: "Polish-German frontier", F.O.371/55854/C15574; F.O.R.D. Memorandum v. 4.11. 1946: "Polish Frontier Claims on Germany", F.O.371/55854/ C15575.

102 Draft Brief "Polish-German Frontier".

103 Ibid.

Mit Blick auf Deutschland fiel die Entscheidung schwerer: Aufgrund der schlechten Versorgungslage in der britischen Besatzungszone, befand sich britisches Ansehen in Deutschland auf einem Tiefstpunkt. Die Frage war, ob London sich weiteren Ansehensverlust leisten wollte und konnte. Auf der anderen Seite aber stand es nach den Wahlen in Berlin und nach der Deportationswelle in der SBZ auch um das sowjetische Ansehen derart schlecht, daß britischer Ansehensverlust zu diesem Zeitpunkt vielleicht noch am ehesten zu verkraften war: "It might be more dangerous to do so at a later date when the Russians have to some extent re-established their position owing to continued economic distress in the west."[104]

Aber auch nach Abwägen aller Argumente gelangte der Entwurf des Foreign Office allenfalls zu einer "tentative conclusion": britischerseits sollte die Frage der polnisch-deutschen Grenze in New York am besten nicht berührt werden. Kam sie dennoch, wie zu befürchten war, zur Sprache, so sollte die britische Delegation zunächst ihr grundsätzliches Unbehagen an der "gegenwärtigen administrativen Grenzlinie" ausdrücken und dann die sowjetische Delegation fragen, ob sie auf Ratifizierung der Grenze bestünde. Wenn das der Fall war, sollte britischerseits "widerwilliges Einverständnis" erklärt werden, unter ausdrücklichem Hinweis darauf, daß eine Korrektur der Grenze von westlicher Seite eben nicht zu erzwingen war. Britische Einwilligung sollte außerdem von der Erfüllung mehrerer Bedingungen abhängig gemacht werden: die polnische Regierung sollte ihre Potsdamer Zusicherungen über die Herstellung demokratischer Verhältnisse wiederholen; die sowjetische Regierung sollte die Übersiedlung ethnisch polnischer Bevölkerung aus dem ehemaligen Ostpolen erleichtern; Polen sollte Deutschland Transit zum Ostsee-Hafen Stettin einräumen; Angehörige alliierter Nationen sollten für enteigneten Besitz in den ehemals deutschen Territorien Entschädigung er-

---

104 Ibid.

halten; die Sowjets sollten Korrekturen an der Westgrenze Deutschlands - "as we think desirable" - zustimmen.[105]

Aber selbst solcherart "widerstrebende Hinnahme" der Oder-Neiße-Grenze schien Außenminister Bevin, jedenfalls für den Moment, noch zuviel zu sein. Zwar ließ er aus New York Sir Orme Sargent mitteilen, daß er die Auffassungen des Foreign Office gutheiße. In der Erwartung, daß auch die New Yorker Außenministerkonferenz zu endgültigen Regelungen und Verpflichtungen nicht finden würde, verzichtete er allerdings ausdrücklich darauf, den vorgeschlagenen Modus vom Kabinett oder einem Kabinettsausschuß sanktionieren zu lassen.[106]

8.13. "Die Oder-Neiße-Grenze ist und bleibt ungerecht".

Tatsächlich verschoben die Außenminister, wie von Bevin prophezeit, die Beratungen über Deutschland auf den nächsten Konferenztermin. In London ging daraufhin die Diskussion über Anerkennung oder Nicht-Anerkennung der Oder-Neiße-Grenze in die nächste Runde. Dabei wurde offenbar, daß die Schlußfolgerungen des "Draft Brief" im Foreign Office ganz so "einhellig" wie von Sargent behauptet, doch nicht geteilt wurden. Vor allem in den mit Deutschland befaßten Stellen in London und Berlin hielten sich grundsätzliche Bedenken gegen die Grenze: "The proposed new Western frontier to Poland, if adopted, will undoubtedly be regarded as the outstanding blunder of the new German settlement."[107] Auf den Widerstand des German Department, das hier zum ersten Mal nicht von der "polnisch-deutschen", sondern von der "deutsch-polnischen Grenze" sprach, stieß außerdem der Gedanke, die endgültige Anerkennung der Grenze gegen sowjetische Zugeständnisse

105 Ibid.
106 Dixon an Sargent 1.12.1946, F.O.371/55854/C15425.
107 Harvey 22.1.1947, F.O.371/55854/C15536.

einzutauschen, "which we cannot enforce and which are of such a temporary and local character as not to be comparable with the question of the frontier itself".[108] In jedem Fall war es moralisch fragwürdig und gegenüber den Deutschen unvertretbar, so Patrick Dean nach Konsultation mit der Political Division, sowjetische Hinnahme kleiner Grenzkorrekturen im Westen mit der Anerkennung großer territorialer Abtrennungen durch die Sowjets im Osten zu erkaufen: "The new Polish frontier is wrong on moral and political grounds and no amount of bargaining about other frontiers could set this matter right."[109] Selbst wenn die polnische Regierung die demokratischste der Welt wäre, fügte Superintending Under-Secretary of State im German Department, Oliver Harvey, hinzu, rechtfertigte das noch immer nicht die Oder-Neiße-Grenze.[110]

Die Political Division war von Sargents Entwurf schlicht entsetzt. Kein Zeitpunkt für britische Anerkennung der Grenze, protestierte Christopher Steel, konnte schlechter gewählt sein als der derzeitige: "Our stock of goodwill with the Germans is at its lowest." Verbesserung der Versorgungslage war nicht absehbar. Gerade jetzt aber fühlte sich die Political Division auf die Kooperation besonders der "Nationalist-inclined CDU" angewiesen, um die britischen Sozialisierungspläne durchführen zu können.[111] Die Deutschen, das meinte auch Steels erstaunliche Formulierung vom "deutschen goodwill", waren eben wichtiger als die Polen. Es sei sehr die Frage, pflichtete ihm im Londoner Control Office Under-Secretary of State Gilmore Jenkins bei, "whether the risk of alienating Polish sentiments really outweighs the certain loss of position we should sustain in Germany". Jenkins plädierte sogar dafür, in einer Erklärung die Rückgabe polnischer und deutscher Gebiete zu fordern, nicht aus Opportunismus, sondern weil es britischer Tradition

---

108 Dean 27.1.1947, "German-Polish Frontier", F.O.371/64359/ C2145.

109 Dean 17.1.1947, F.O.371/55854/C15536.

110 Harvey 22.1.1947, ibid.

111 Steel an F.O., Tel. No. 1565 v. 5.12.1946, F.O.371/55854/ C15106.

entspreche, sich gegen ungerechte Regelungen zu wenden, "even when they seem to be favoured by expediency".[112]

Wie die "Regierung Seiner Majestät" solcher Forderung zur Durchsetzung verhelfen sollte, wußte indes auch Gilmore Jenkins nicht zu sagen. Nur widerstrebend akzeptierte Ende Januar 1947 das German Department, daß die Argumente für möglichst umgehende Anerkennung der Grenzregelung - "for taking the plunge now" - überwogen. Dean selber legte den alten "Draft Brief for CFM Meeting on Germany" vor, der nun, nur leicht modifizert, die britische Delegation nach Moskau begleiten sollte.[113]

8.14. "Die Grenzfrage nicht Washington überlassen!"

Ein warnendes Argument indes stach doch: Bevor die britische Regierung sich zu einer endgültigen Grenzregelung verstand, mußte sichergestellt sein, daß nicht nur die Sowjets, sondern auch die Amerikaner sie ebenfalls als verbindlich anerkannten. Auf keinen Fall durfte es dazu kommen, daß erst London die ungerechte Grenze öffentlich akzeptierte und Washington dann die Rückgabe der besetzten Gebiete an Deutschland forderte.[114] Der Einwand leuchtete um so mehr ein, als die amerikanische Haltung in der Tat unklar war. In Stuttgart hatte Außenminister Byrnes die deutsch-polnische Grenze unter den Vorbehalt des "final settlement" gestellt. In Sendungen des amerikanischen Soldatensenders AFN war neuerdings sogar von Plänen die Rede, nach denen Deutschland polnisch besetzte Gebiete zurückerhalten sollte.[115] Das Foreign Office erteilte darum Ende Januar 1947 dem Botschafter in Washington Weisung, die Po-

---

112 Jenkins an Sargent 9.12.1946, F.O.371/55854/C15536.

113 Draft Brief for CFM Meeting on Germany, ohne Datum: "Polish-German Frontier", F.O.371/64359/C3346.

114 Jenkins an Sargent 9.12.1946, F.O.371/55854/C15536.

115 Dean 27.1.1947. "German-Polish Frontier", F.O.371/64359/ C2145.

sition Washingtons in dieser Frage in Erfahrung zu bringen und London gegebenenfalls die Anpassung an amerikanische Pläne zu ermöglichen.[116]

Dean und Jenkins sollten mit ihrer Warnung nur zu recht behalten. Schon erste Sondierungen in Washington erhärteten den Verdacht, daß das State Department von der Anerkennung der deutsch-polnischen Grenze nichts wissen wollte.[117] Was Robert Matthews, vom State Department Ende Februar eigens nach London entsandt, dort Sir Orme Sargent und Außenminister Bevin über die amerikanischen Vorstellungen auseinandersetzte, übertraf die schlimmsten britischen Befürchtungen: Die deutsche Bevölkerung in den ehemals deutschen Territorien habe sich als größer herausgestellt, so Matthews über die amerikanischen Überlegungen, als ursprünglich angenommen. Wo zuvor neun Millionen Deutsche gelebt hatten, lebten nun weniger als vier Millionen Polen. Man sei sich aber wohl einig, daß das Land optimal genutzt werden mußte. Natürlich sollten die Polen Kompensation für Verluste im Osten erhalten. Washington wollte darum in Moskau auch die Ostpreußen-Regelung nicht in Frage stellen. Das State Department beabsichtigte aber, eine Rückverschiebung der deutsch-polnischen Grenze zu fordern, nicht nur bis zur östlichen Neiße, sondern im Süden bis zur Oder-Linie, im Norden darüber hinaus. Das schloß, so verstanden es jedenfalls Matthews' britische Gesprächspartner, den "re-transfer" der deutschen Bevölkerung ein. Das State Department war notfalls aber auch bereit, sich mit einer Kompromiß-Grenze entlang der östlichen Neiße abzufinden. In jedem Fall sah Washington einen taktischen Vorteil darin, die gegenwärtige Grenze nicht zu legalisieren, solange nicht alle deutschen Fragen geregelt waren. Es sei darum, erklärte Matthews abschließend, Außenminister Marshalls entschiedene Absicht,

---

116 F.O. an Washington, Tel. No. 886 v. 29.1.1947, F.O.371/55854/ C15556.

117 Washington an F.O., Tel. No. 766 v. 6.2.1947, F.O.371/64358/ C2034. F.O. an Washington, Tel. No. 1328 v. 10.2.1947, ibid. Memorandum der Botschaft für das State Department v. 31.1.1947, F.O. 371/64358/ C2062.

sich in Moskau der bestehenden provisorischen Grenzreglung zu widersetzen.[118]

Die Eröffnungen versetzten das Foreign Office, das seine ganze Moskauer Verhandlungsstrategie ruiniert sah, in beträchtliche Unruhe. Permanent Under-Secretary of State Sir Orme Sargent war regelrecht "alarmiert" von der "harten Linie", die Washington in der Frage der deutsch-polnischen Grenze plötzlich einnahm, vor allem aus Sorge vor wiederholt erfahrenen amerikanischen Kehrtwendungen: "If we are not careful, they will carry us along with them and then suddenly drop the whole thing and leave us in the air - at least, that is what would have happened in the Byrnes régime."[119]

Mit Rücksicht auf die öffentliche Meinung in Deutschland, der, wie im German Department Bernard Burrows nach Erinnerung aus dem Control Office wiederholte, London "langfristig eben doch mehr Aufmerksamkeit zu schenken hatte als der polnischen", war es jedoch undenkbar, in Moskau der amerikanischen Delegation das Thema zu überlassen: "... I am sure you are aware of the necessity of not allowing the Americans to capture all the credit in the eyes of German public opinion for seeking to have the Eastern frontier rectified. Our own credit in this matter is also largely at stake."[120]

Im Foreign Office begannen darum umgehend Überlegungen, wie ein britischer Vorschlag zur Revision der deutsch-polnischen Grenze aussehen konnte. Das Foreign Office Research Department beteiligte sich daran mit einer neuerlichen Studie über die geeignetste Grenze.[121] Das Ergebnis der Überlegungen

---

118 Record of a Meeting with Dr. Matthews and Mr. Murphy held 26. February 1947 to discuss German questions likely to arise at the Moscow Conference, F.O.371/64244B/C3564. Bevin an Lord Inverchapel, Depesche No. 441 v. 5.3.1947: "Conversation with Mr. Matthews (United States State Department)", ibid. Note of a Meeting with Mr. Matthews of the State Department held 27. February 1947 in Oliver Harvey's room, F.O.371/ 64359/C3472. Zur amerikanischen Haltung vgl. Krieger, Clay, S.218ff.

119 Sargent 28.2.1947, F.O.371/64360/C6565.

120 Wilberforce an Burrows 12.3.1947, F.O.371/64360/C4920. Burrows 19.3.1947, "Polish-German Frontier", F.O.371/64360/ C4797.

121 Burrows 26.2.1947, F.O.371/64360/C6565. Dean 27.4.1947, ibid. Burrows 4.3.1947, F.O.371/64359/C3949. F.O.R.D. Paper v. 11.3. 1947: "The Polish-German Frontier", ibid.

faßte schon am 19. März - die Außenminister in Moskau tagten bereits seit neun Tagen - Bernard Burrows in einem "draft paper" zusammen, das der britischen Konferenzdelegation für Besprechungen mit den Amerikanern an die Hand gegeben werden sollte. Wenn die Amerikaner in Moskau tatsächlich die Revision der Grenze befürworteten, dann sollte die britische Delegation klarstellen, daß auch sie einen Grenzverlauf entlang der östlichen Neiße für gerechter und wirtschaftlich sinnvoller hielte. Sollte sich allerdings herausstellen, daß die Revision der deutsch-polnischen Grenze nur durch teure Konzessionen an die Russen auf anderem Gebiet - etwa durch Zugeständnisse in der Reparationsfrage - zu erhalten war, würde London sich dem mit aller Kraft widersetzen müssen. Es durfte nicht dahin kommen, daß die Westmächte "Geld ausgaben, um deutsches Territorium zurückzukaufen, das Polen unrechtmäßig erworben hatte".[122]

Von entscheidender Bedeutung war, das fügte wieder Sir Orme Sargent hinzu, daß Außenminister Bevin sich in Moskau zunächst mit seinem amerikanischen Kollegen Marshall unter vier Augen eingehend über die Frage - "which is full of dynamite" - austauschte.[123]

8.15. Reparationsleistungen gegen Revision der Oder-Neiße-Grenze?

Schon am 22. März suchte Bevin in Moskau seinen amerikanischen Kollegen auf, erhielt prompt eine Einladung zum Lunch und blieb zu einem zweistündigen Gespräch unter vier Augen. Bevin fand Marshall "versunken in Gedanken über die Frage der Zukunft Europas". Binnen dreier Monate sollten Marshalls Gedanken zum "European Recovery Program" reifen.

---

122 Burrows 19.3.1947: "Polish-German Frontier", F.O.371/64360/C4797.

123 Sargent 28.2.1947, F.O.371/64360/C6565.

Indes, als Bevin ihn in Moskau traf, drohten Marshalls Überlegungen noch die schlimmsten Besorgnisse des Finanzministers und des Foreign Office in London wahr werden zu lassen. "Die Vereinigten Staaten", erklärte ihm Marshall nun, "waren bereit, für die Einheit Europas einen Preis zu bezahlen". Um der Zukunft Europas willen hatte Marshall tatsächlich vor, den Sowjets einen Handel vorzuschlagen und ihnen Reparationslieferungen anzubieten gegen sowjetische Konzessionen in puncto polnischer Westgrenze. Der sowjetische Reparationshunger sei so groß, glaubte Marshall, daß Moskau sich für Reparationslieferungen aus der laufenden Produktion möglicherweise zur Rückverschiebung der Westgrenze Polens - wenigstens bis zur östlichen Neiße, so verstand es jedenfalls Bevin - verstehen würde: "Marshall, thinking as a soldier, is obviously deeply impressed by the desirabilty of pushing the Russian-controlled frontier of Europe as far back as possible."[124]

Gegen das Ziel hatte Bevin sicher nichts einzuwenden. Aber einen Preis konnte und wollte er für die Verschiebung der polnischen Westgrenze nicht zahlen. Nach den Bedingungen des Kredits, den London gerade mit Washington ausgehandelt hatte und nach dem für London teuren Bizonen-Abkommen, setzte er Marshall nachdrücklich auseinander, war Großbritannien nicht mehr in der Lage, auch nur einen einzigen weiteren "Penny" aufzubringen. In einem "very secret and personal letter" gab er es Marshall am nächsten Tage noch einmal schriftlich: "I have been thinking over our private talk of yesterday and feel that you should know that his Majesty's Government would not find it possible to agree to any settlement of tho Gorman problem involving reparation from current production which would entail further expenditure by His Majesty's Government."[125] Au-

---

124 Moskau an F.O., Tel. No. 302 v. 23.3.1947, PREM 8/702.

125 Moskau an F.O., Tel. No. 303 v. 23.3.1947, F.O. 800/466. Die Telegramme Nos. 302 und 303 aus Moskau waren "personal for Prime Minister from Foreign Secretary" und wurden vom Foreign Office vollständig unter Verschluß gehalten. Selbst der Chancellor of the Exchequer, der dennoch von ihnen erfuhr, erhielt sie nur nach Erlaubnis des Premierministers lediglich zur Lektüre, Rowan 26.3.1947, PREM 8/702.

ßenminister Marshall kam auf sein Tauschangebot nicht mehr zurück.

Bevin beließ es nicht bei dem Gedankenaustausch mit Marshall und der britischen Note, sondern sicherte sich auch hinsichtlich des sowjetischen Standpunktes ab. Zwei Tage später erkundigte er sich nämlich in einer Unterredung mit Stalin nach dessen Auffassungen über die Bevölkerungsdichte in Deutschland und über die "provisorische polnisch-deutsche Grenze", nicht ohne hinzuzufügen, daß sie britischer Auffassung nach zu weit westlich verlief. Stalin blieb unbeeindruckt: Im Krieg seien viele Deutsche umgekommen, die Bevölkerungsdichte Belgiens sei größer als die Deutschlands. Mit revisionistischen Bestrebungen der Deutschen würde man gegebenenfalls schon fertig werden.[126]

Als am 9. April Marshall die Frage der deutsch-polnischen Grenze am Verhandlungstisch anschnitt, ihre Revision forderte und die Bildung einer alliierten Grenz-Kommission vorschlug, wußte Bevin sich vor Überraschungen sicher. In einem wohlüberlegten Statement, das jegliche Festlegung britischer Politik sorgsam vermied, schloß er sich Marshalls Vorschlag an, vorausgesetzt, die Grenz-Kommission befasse sich auch mit dem Verlauf der Westgrenzen Deutschlands.[127] Wie vorauszusehen gewesen war, lehnte denn auch Bevins sowjetischer Kollege Molotow die Erörterung der beiden Vorschläge mit dem Hinweis ab, die Potsdamer Beschlüsse über die deutsch-polnische Grenze seien endgültig.

Bevin hätte sich eine eigene Stellungnahme im Grunde also sparen können. Wenn er sich doch äußerte und heftige polnische Reaktionen regelrecht herausforderte, dann nicht nur um der öffentlichen Meinung der Deutschen willen, sondern auch aus Überzeugung. Die Bestürzung der Polen über sein Statement in Moskau, telegrafierte er dem Foreign Office, täte ihm zwar leid, überraschte ihn aber nicht. Er wisse wohl, daß das Thema für die Polen außerordentlich delikat sei: "Nevertheless the

---

126 Moskau an F.O., Tel. No. 342 v. 25.3.1947, F.O. 800/502. Vgl. Bullock, Foreign Secretary, S.380.

127 Moskau an F.O., Tel. No. 675 v. 9.4.1947, F.O.371/64360/C5678.

present frontier is, in my view, a great mistake and is likely to prove one of the most dangerous parts of the final peace settlement. The German people will remember this frontier long after they have forgotten most of the other burdens and troubles. I cannot go on record as approving without qualification this frontier, particularly in view of the line taken by Mr. Marshall. To do so would not only give rise to considerable criticism in the United Kingdom, where the new frontier is viewed with considerable disfavour, but might have diastrous effects upon German public opinion at this critical time."[128]

Die Polen, stimmte im für Polen zuständigen Northern Department selbst Hankey zu, obwohl selber ein entschiedener Gegner jeglichen Nachdenkens über irgendwelche Grenzrevisionen, würden sich schon wieder beruhigen. Die BBC sollte ihnen erklären, daß Außenminister Bevin weder anti-polnisch noch pro-deutsch war, sondern die Frage lediglich in einem "European framework" betrachtet sehen wollte.[129]

In der Tat, die britische Verhandlungsstrategie hätte schöner kaum aufgehen können. Nicht nur, daß London sich nun in perfekter Abstimmung mit Washington wußte. Außenminister Bevin war es in Moskau gelungen, die im Grunde unlösbare Frage just jenem halboffenen Zustand zuzuführen, den sein Permanent Under-Secretary of State, Sir Orme Sargent, sich acht Wochen zuvor als ideales Konferenz-Ergebnis gewünscht hatte: "The ideal would of course be to place squarely on the Russians the responsibility for cutting off this vast German territory; while reserving for ourselves the right to re-open the question at any time."[130]

---

128 Moskau an F.O., Tel. No. 746 v. 14.4.1947, F.O.371/64360/C5782.

129 Hankey 10.4.1947, ibid.

130 Sargent 28.2.1947, F.O.371/64360/C6565.

8.16. 'Montanunion' im Osten?

Aber konnte die Drohung, britischerseits Anerkennung der provisorischen Westgrenze Polens zu verweigern, jemals realistische Politik sein? In London bezweifelte Hector McNeil, Minister of State for Foreign Affairs, dies und unterbreitete schon im Mai einen neuen Vorschlag, das Thema im Kompromiß zu erledigen. Wichtiger als Schlesien, das den Polen kaum mehr zu nehmen war, überlegte McNeil in einem Memorandum für Sir Orme Sargent, war doch die Frage, was aus der schlesischen Kohle wurde? Die Deutschen hatten in Schlesien zuletzt jährlich 100.000.000 t Kohle gefördert. Legte man die Zahl zugrunde, die gewiß wieder erreicht werden würde, dann verfügten die Polen nach Abzug eigenen Bedarfs früher oder später über jährliche 40.000.000 bis 50.000.000 t schlesischer Kohle, die Europa zur Verfügung stehen konnten. McNeil schlug nun vor, Polen die endgültige Anerkennung der Grenze anzubieten, wenn Warschau sich im Gegenzug dazu verstand, in einem umfassenden Abkommen - am besten mit der Europäischen Wirtschaftskommission - die überschüssige Kohle dem Wiederaufbau Europas zur Verfügung zu stellen. Den Polen konnte man den Handel zusätzlich verlockend machen, hoffte McNeil, den politischen Spielraum Warschaus grob überschätzend, indem man ihnen westliches - sprich: amerikanisches - Kapital zur Rehabilitation der schlesischen Kohleförderung anbot. Die Russen seien dazu nicht in der Lage, und die Polen wüßten dies. McNeil glaubte tatsächlich, hier eine Möglichkeit zu sehen, westlicherseits Einfluß auf Polen zu nehmen. Wie überhaupt der ganze Plan darauf angelegt war, Polen wirtschaftlich wieder näher an Westeuropa heranzuführen: "... we will be able to show that they have more to gain economically from adhering to Western Europe than allowing themselves to be enveloped in an Eastern block."[131]

Sargent, der selber noch immer darüber nachdachte, wie man die schlesische und pommersche Agrarproduktion Deutschland

---

131 Mc Neil an Sargent 25.4.1947, F.O.371/64360/C8713.

zugänglich machen konnte, sprang auf McNeils Idee sofort an und ließ den Vorschlag im Foreign Office prüfen.[132] Sein Enthusiasmus blieb ungebrochen, als Research Department und Economic Intelligence Department in kleinen Analysen bezweifelten, daß Polen über in europäischem Rahmen intressante Mengen Steinkohle verfügte und nicht nur über "Kohledreck".[133]

In den politischen Abteilungen des Foreign Office gingen die Auffassungen wieder auseinander, je nachdem, ob McNeils Vorschlag mit Blick auf Deutschland oder mit Blick auf Polen beurteilt wurde. Ein Urteil über das wirtschaftliche Für und Wider des Vorschlags traute sich Robin Hankey, der Leiter des für Polen zuständigen Northern Department, nicht zu. Um endlich den politischen Implikationen der Grenzfrage zu entgehen - "from a political point of view the frontier question is dynamite" -, war ihm indes fast jeder Kompromißvorschlag ernsthafte Prüfung wert.[134] Im German Department widersprach ihm Patrick Dean mit dem Hinweis, daß es interessengeleitete Politik kaum sein konnte, für kurzfristigen wirtschaftlichen Nutzen - polnische Kohle - britischerseits dauernde politische Verpflichtungen - endgültige Anerkennung der Grenze - einzugehen.[135]

Allein, die politischen Ereignisse enthoben schließlich die Planer im Foreign Office der Notwendigkeit, die Diskussion über die Rangfolge deutscher oder polnischer Rücksichten noch einmal zu führen: Marshall-Plan, Warschaus Ablehnung, sich daran zu beteiligen, die Gründung des Kommunistischen Informationsbüros, dessen Belgrader Deklaration und, so die Zusammenfassung Oliver Harveys, der härtere Zugriff Moskaus auf die Satellitenstaaten, schlossen die Möglichkeit aus, daß Warschau sich für das Vorhaben hergab oder daß Washington dafür die Mittel bereitstellte.[136]

---

132 Sargent 26.4.1947, 22.5.1947, ibid.

133 F.O.R.D. 1.5.1947, ibid.

134 Hankey 14.5.1947, ibid.

135 Dean 20.5.1947, ibid.

136 Jellicoe 25.9.1947, F.O.371/64361/C13733. Harvey 10.10. 1947, Ibid.

Der Einsicht konnte sich am Ende auch Hector McNeil selber nicht mehr entziehen. Da die Polen sich offenbar gegen den Westen entschieden hatten, besann er sich Mitte Dezember 1947 schließlich, noch immer den Handlungsspielraum Warschaus über- und den Druck Moskaus unterschätzend, auf den einleuchtenden Grundsatz, keine Zugeständnisse zu machen, wenn man dafür keine Gegenleistung erhielt, und riet, britischerseits die Grenzfrage schlicht so zu lassen, wie sie war: "I therefore think we should for as long as possible withhold de jure recognition of the new frontiers."[137]

8.17. "Die Grenzfrage am besten nicht berühren!"

Als das Foreign Office sich wenig später erneut für die Vier-Mächte-Diskussion "of this awkward question" präparierte, diesmal auf der bevorstehenden Außenministerkonferenz in London, sollte es in der Tat nur noch um die rein taktische Frage gehen, ob es Sinn machte, die endgültige Anerkennung einer Grenze zu verweigern, an der wenig zu ändern war: "... it is obvious that nothing will induce the Poles to give up this territory save the use of force or the withdrawal of Soviet support to their claims."[138] Beides war gleichermaßen unwahrscheinlich. Es ließ sich also durchaus argumentieren, daß mit britischer Verweigerung nichts zu gewinnen war, britische Anerkennung der Grenze dagegen die britisch-polnischen Beziehungen von Belastung zu befreien vermochte. Dagegen sprach, daß es um die britisch-polnischen Beziehungen so schlecht stand, daß britische Konzessionen in der Grenzfrage wahrscheinlich keinen Unterschied machen würden. Dagegen sprach außerdem, daß britisches Nachgeben in Moskau sicherlich als Schwäche ausgelegt werden und in Deutschland

---

137 McNeil 17.12.1947, ibid.

138 Jellicoe 6.11.1947, "Polish-German Frontier", F.O.371/64361/C14960.

gewiß schweren politischen Schaden anrichten würde. Solange nicht Washington eine Wende in der Grenzfrage vollzog, gab es darum keinen Grund, die bisherige britische Haltung zu revidieren, es sei denn, die Russen boten für britische Anerkennung der Grenze einen "wirklichen Gegenwert".[139]

Nach Auffassung Lord Jellicoes, der im German Department die Handreichung für die britische Delegation skizzierte, konnte solcher Gegenwert nur in sowjetischer Unterstützung für "territoriale Ansprüche der 'Western Alliies'" in Deutschland bestehen. Da aber auch nicht zu erwarten war, daß Moskau den Westmächten in Deutschland freie Hand gewährte, schien es aus britischer Sicht am ratsamsten, die Frage gar nicht erst zu berühren und Sorge zu tragen, daß sie nicht berührt wurde: "We should not raise the question of the Polish-German frontier at the C.F.M., and should try to ensure that this question is not raised by either the French or U.S. Delegations with whom we should, if possible, discuss this matter before the Conference meets."[140]

8.18. "Die Grenzfrage den Russen überlassen!"

Tatsächlich sollte den Briten auf der Londoner Konferenz die Erörterung der leidigen Frage erspart bleiben. Erledigen ließ sie sich auf diese Weise aber nicht. Im Gegenteil: Die Frage der deutsch-polnischen Grenze blieb ungelöst und sollte in regelmäßigen Abständen das Foreign Office heimsuchen - stets zu den unpassendsten Zeitpunkten - und politische Pläne Londons und der Westmächte in Deutschland, und nicht nur dort, stören.

Ein solcher Fall ereignete sich Ende August 1948, zu besonders sensiblem Zeitpunkt: Die Berlin-Krise war noch nicht alt, ob die Westmächte sich in Berlin würden halten können, war

---

139 Ibid.

140 Draft Brief for U.K. Delegation to Council of Foreign Ministers v. 22.11.1947: "Polish-German Frontier", F.O.371/64361/C15019.

mehr als ungewiß, in Moskau wurde über eine Beilegung verhandelt; in Bonn sollte am 1. September der Parlamentarische Rat zusammentreten. Die Planer im Foreign Office waren nicht erheitert, ausgerechnet am 31. August von Londoner und Berliner Zeitungsmeldungen über eine "Idee" des Berliner SPD-Politikers Franz Neumann zu erfahren. Neumann hatte laut darüber nachgedacht, ob nicht der ehemalige Reichstagspräsident und Abgeordnete für Breslau im Parlamentarischen Rat Paul Löbe die "gegenwärtig unter polnischer Verwaltung stehenden deutschen Ostgebiete" vertreten sollte.[141]

Im Northern Department sah Robin Hankey seine schlimmsten Erwartungen bestätigt. Nicht nur, daß in Deutschland und um Deutschland willen die Siegermächte einander das Leben unnötig schwermachten. Nun drohten auch noch die Westdeutschen, fast als erste politische Handlung, die Position der Westmächte durch einen Akt offenen Irredentismus zu belasten. Es war naheliegend, daß Hankey auf zwei Jahre alte Überlegungen zurückkam und empfahl, im Interesse einfacherer Beziehungen zur Sowjetunion die Teilung Deutschlands zu akzeptieren - "to cut the division clean".[142]

Bevor jedoch im Foreign Office eine neue Grundsatzdebatte über die politischen Ziele Londons in Deutschland anheben konnte, nahm sich die Political Division in Berlin der Angelegenheit an. Von Mitarbeitern Steels befragt, gab Neumann zu, die provokative Äußerung getan, dabei aber lediglich ein Propagandamanöver gegen die SED im Sinne gehabt zu haben. Um sicherzugehen, daß sich dergleichen nicht wiederholte, nahm die Political Division ihn und "andere deutsche Politiker, die zu ähnlichen Auffassungen neigen konnten", ins Gebet und bedeutete ihnen, sich allenfalls dahingehend zu äußern, "daß die Ge-

---

141 "The Times" 31.8.1948, "Telegraf" 31.8.1948. F.O. an Military Governor, Tel. No. 2109 v. 31.8.1948, F.O.371/70682/C7187. Military Governor an F.O., Tel. No. 1750 v. 31.8.1948, ibid.

142 Hankey 2.9.1948, ibid.

genwart Berliner Vertreter im Parlamentarischen Rat im Interesse der Einheit Deutschlands" sei.[143]

Aber die unlösbare Frage der deutsch-polnischen Grenze wollte nicht nur stets mitbedacht sein, wenn es um Deutschland oder um britische Vorhaben in Deutschland ging. Sie war potentieller Störfaktor, wann immer und wo immer sich London hinter dem Eisernen Vorhang politisch bewegte.

In den Sommermonaten des Jahres 1948, während der ersten heißen Phase der Berlin-Blockade und verbreiteter Furcht vor militärischen Zuspitzungen, trieb tschechische Exilpolitiker die Sorge um, die Westmächte könnten im Falle eines Konfliktes mit Moskau auf den Gedanken kommen, mit dem Sudetenland deutsche Unterstützung erkaufen zu wollen. Die Tschechen wurden beim Minister of State for Foreign Affairs, Hector McNeil, vorstellig. McNeil legte daraufhin dem Foreign Office nahe, die absurde Befürchtung zu zerstreuen und die nächste passende Gelegenheit zu ergreifen, um die tschechisch-deutsche Grenze in einem "categorical pronouncement" als endgültig anzuerkennen.[144]

Die Sache war jedoch so einfach nicht, wie sie auf den ersten Blick erscheinen mochte. Je entschiedener und endgültiger sich London über die tschechisch-deutsche Grenze äußerte, desto lauter mußte zugleich britisches Schweigen über die polnisch-deutsche Grenze Polen und Deutschen in den Ohren klingen. Unvermeidlich, daß im Foreign Office sofort eine heftige Debatte darüber anhob, inwieweit die eine mit der anderen Frage zu tun hatte, und ob dem "categorical pronouncement" hier das Statement dort wirklich würde folgen müssen.[145] Letztere Auffassung vertrat jedenfalls der Botschafter in Warschau, der den Zeitpunkt für gekommen hielt, in der Frage der britischen Hal-

---

143 Military Governor an F.O., Tel. No. 1750 v. 31.8.1948, F.O.371/70682/C7187. Military Governor an Berln, Tel. No. 1770 v. 2.9. 1948, F.O. 371/70682/C7276..

144 Warner 26.8.1948, F.O.371/70682/C7533.

145 Gilchrist 6.9.1948, 9.9.1948, Hankey 8.9.1948, Kirkpatrick 9.9.1948, Ibid.

tung zur deutsch-polnischen Grenze endgültige Klärung herbeizuführen.[146]

Am liebsten hätte in der Tat das Foreign Office beide Grenzfragen ein für allemal "beerdigt". Endgültige Anerkennung der Oder-Neiße-Grenze war jedoch den Deutschen mitten in der Berlin-Krise - "at a moment, when they are well disposed towards us and when it is particularly desirable that they should remain so" - weniger zuzumuten denn je.[147] Das Foreign Office verwarf darum den Gedanken eines "categorical pronouncement" über das Sudetenland und hielt es mit Robin Hankey, der gleich zu Beginn der unnötigen Debatte geraten hatte, die im Grunde unlösbaren und miteinander verquickten Grenzfragen britischerseits am besten gar nicht anzufassen, sondern sie der Zeit oder den Russen zur Erledigung zu überlassen: "... I am greatly hoping that sooner or later (preferably sooner) we will bury all these frontier questions. ... it looks very much as if the Germans will have more fundamental troubles to worry about for many years to come than questions affecting their frontiers - for instance, will German be united or not? ... if ever Germany does get up again we are most unlikely ever to be able to satisfy her claims in Eastern Europe. German claims there have never been satisfiable ... They [these frontier questions, A.d.V.] will come up in due time but let us at least not be responsible for that. The Russians can worry about it instead! They seem to have bought the area for the time being."[148]

---

146 Allen an Hankey 24.9.1948, F.O.371/70682/C7933.

147 Hankey an Dixon 14.9.1948, F.O.371/70682/C7533.

148 Hankey 8.9.1948, ibid.

8.19. Rapallo-Ängste in London.

So, wie Hankey es salopp formulierte, verhielt es sich in der Tat. Die Russen hatten die "Gegend" auf absehbare Zeit "gekauft". Nichts konnte, nichts würde zwischen Deutschen und Polen geschehen, das nicht die Billigung Moskaus hatte. Im Hinblick auf die unter polnischer Verwaltung stehenden Territorien war das beruhigend und beunruhigend zugleich. Denn es hieß auch, daß die Russen - und eben allein die Russen - die "Gegend" jederzeit auch wieder "verkaufen" konnten. Tatsächlich war, im Grunde seit es die Oder-Neiße-Grenze gab, die Befürchtung, daß Moskau genau dies tun und sich zu gegebenem Zeitpunkt auf Kosten Polens mit Deutschland neu arrangieren würde, Konstante aller deutschen und sowjetischen Politik Londons - und das Ziel, dies auszuschließen, durchgängiges Motiv.

Das "provisorische" Potsdamer Arrangement über die deutsch-polnische Grenze hatte Moskau in eine äußerst vorteilhafte Lage versetzt. Denn, erklärte Anfang 1946 Außenminister Bevin seinen Kabinettskollgen, allein die Russen entschieden darüber, wie provisorisch oder wie endgültig die Grenze tatsächlich war: "... the Potsdam decision places Russia in a very strong position. The Poles will never be able to dispense with Russian protection in order to hold their newly acquired lands. At the same time the Soviet Government will always have a means of enticing the Germans into their camp by offering to return some of the lost territory."[149] Die Oder-Neiße-Grenze war nicht nur "terrible barrier"[150] zwischen Moskau und den Sympathien der Deutschen. Sie war zugleich "die größte Trumpfkarte"[151] - das sprachliche Bild wurde in London gerne verwendet -, die Moskau im Ringen um Deutschland und die Deutschen in der Hand hielt. Rußland, hieß das,

---

149 Gen. 121/1 v. 11.3.1946: "The Future of Germany and the Ruhr". Memorandum by the Secretary of State for Foreign Affairs, PREM 8/520.

150 Hankey 25.10.1946, F.O.371/155592/C11995.

151 Garran an Marjoribanks 30.9.1948, F.O.371/70682/C8166.

entschied über die Orientierung Deutschlands zwischen Ost und West und damit über das politische Antlitz Nachkriegseuropas.

Just zur Zeit, als im German Department Bernard Burrows kühl kalkulierte, daß aus britischer Sicht Deutschland wichtiger sein mußte als Polen, steuerte aus Moskau der britische Chargé d'Affaires Frank Roberts die naheliegende Einsicht bei, daß die gleiche Rechnung auch für die Sowjets galt, daß auch für Moskau Deutschland wichtiger war als Polen oder auch Frankreich: "In all this it is worth noting how little regard the Soviet Union is paying to the obvious interests of her French and Polish allies and we should be wise to bear in mind that in the Soviet view Germany is so clearly more important than France or even Poland that the interests of either would if necessary be sacrificed to ensure that Germany fits into the Soviet scheme of things."[152]

Je unentbehrlicher dem Foreign Office Deutschland und deutscher "goodwill" wurde, desto mehr beherrschte daher die Sorge London, daß die Russen die "Trumpfkarte" auch spielen würden. Gerüchte, Moskau habe entsprechende Schritte eingeleitet und sich gar schon mit der SED arrangiert, kamen mal aus Paris, gern und oft aus Berlin und Warschau, meist just in kritischen Phasen Londoner Entscheidungsfindung. Daß sie sich praktisch nie auf sowjetische Quellen zurückführen ließen, sondern deutschen Illusionen oder polnischen Ängsten entsprangen, spielte keine Rolle. Mit kaum zu überbietender Hellhörigkeit verzeichnete die Political Division jede noch so verhaltene Äußerung sowjetzonaler Politiker zum Thema. Um in London Befürchtungen zu wecken, reichte es dann, wenn die sowjetische Besatzungsmacht vielsagend schwieg.

Vierzehn Tage vor der offiziellen Gründung der SED, Ostern 1946, konnte sich in Berlin etwa Christopher Steel "gut vorstellen", daß die Sowjets bereits erwogen, wie sie "ein kommunistisches Deutschland" durch territoriale Zugeständnisse auf Kosten der Polen, aus denen ohnehin nie so gute Kommuni-

---

152 Roberts an Bevin, Depesche No. 770 v. 30.9.1946, F.O.371/55592/C11995.

sten würden wie aus den Deutschen, stärken konnten.[153] Steels Verdacht erhielt Nahrung, als sogar die SED sich des Themas der Ostgrenze anzunehmen schien: Im Vorfeld der SED-Demonstration zum 1. Mai entdeckten Beobachter der Political Division "mindestens ein Transparent" mit dem Versprechen, die neue Partei werde an der Oder sowenig halt machen wie an der Elbe. Die Russen, kommentierte die Political Division, hätten den Deutschen in letzter Zeit Anlaß zur Hoffnung gegeben, daß nicht alle polnischen Ansprüche russischer Unterstützung sicher seien, und verfolgten damit gleich zwei Ziele: "... for that which implants in Germans a sense of favours to come also reminds the Poles that the 'Regained Territories' are hire-purchased only."[154]

Zur gleichen Zeit hielt selbst Außenminister Bevin es für nötig, das Kabinett auf entsprechende Gerüchte hinzuweisen.[155] Ein andermal, während des Wahlkampfes in der SBZ und in Berlin, erreichte das Foreign Office aus Paris das Gerücht, Moskau verhandele bereits mit Polen und Deutschen über die Verschiebung der Ostgrenze Deutschlands und die Rückgabe Lembergs an Polen, um in beiden Ländern gleichermaßen an Popularität zu gewinnen.[156]

Je mehr der alliierte Konflikt in und um Deutschland sich zuspitzte, und je mehr westlich der Demarkationslinie der westdeutsche Staat allmählich Gestalt annahm, desto nervöser erwarteten die Beobachter in Foreign Office und Political Division aus Moskau jenes Störmanöver, das sie am meisten fürchteten. Nach den Zuspitzungen des Frühjahrs 1948, nach dem Auszug der sowjetischen Vertreter aus dem Kontrollrat, nach der Londoner Sechs-Mächte-Konferenz und den Londoner Empfehlungen über die Gründung des westdeutschen Staates und dem Beginn der Berliner Blockade häuften sich denn auch Be-

---

153 Steel an Troutbeck 11.4.1946, F.O.371/55779/C4320.

154 W.P.I.S. No. 342 v. 8.5.1946.

155 C.P.(46)186.

156 Ashley-Clarke an Dean 30.8.1946, F.O.371/55853/C10537. Dean an Ashley-Clarke 11.9.1946, ibid. Draft Brief for CFM meeting on Germany v. 23.11.1946: "Polish-German Frontier", F.O.371/ 55853/C14375.

richte und Gerüchte, "that the Russians had some agreement with the SED for the return to Germany of at least some part of the New Territories".[157]

An Motiven für einen solchen "volte face", den in London, Berlin oder Warschau wirklich jeder, der mit dem Thema zu tun hatte, den Sowjets zutraute, schien es nicht zu fehlen.[158] Moskau, das war Konsens in Foreign Office und Political Division, würde die Gründung einer deutschen Regierung im Westen um beinahe jeden Preis verhindern wollen. Mitte März 1949 erwartete darum das German Political Department neuerliche Deutschlandvorschläge der Sowjets und das Angebot, "to revise the present Eastern frontier of Germany in whole or in part".[159] Mit dieser Befürchtung im Grunde schwer zu vereinbaren war die immer häufiger geäußerte Erwartung der Planer in London, Moskau werde den eigenen ostdeutschen Staat, mit dessen Gründung sie nun fast stündlich rechneten, auf Kosten Polens zum Eckpfeiler sowjetischer Herrschaft in Osteuropa ausbauen wollen. Dessen Hauptzweck würde es sein zu verhindern, daß die Regierung in Warschau den Weg Titos ging.

An Meldungen und Gerüchten, die solche Befürchtungen zu bestätigen schienen, war niemals Mangel. Vor allem die Botschaft in Warschau ließ keine Gelegenheit aus, das Foreign Office in Unruhe zu versetzen. Das Tauziehen zwischen den Deutschland zugewandten Beobachtern und der Botschaft in Warschau um Festlegungen zugunsten Deutschlands oder Polens hielt an. So auch vor Beginn der Warschauer Konferenz (23.-24. Juni 1948) Molotows mit den Außenministern der Satellitenstaaten - Moskaus Reaktion auf die Londoner Empfehlungen. Wieder erwartete die Political Division "sizeable territorial concessions for the new East German state" und stellte sich auf "very considerable repercussions in Germany as a whole" ein. An der grundsätzlichen Feindschaft der Westdeutschen gegenüber den Russen, so Steel nervös und widersprüchlich,

---

157 Garran an Marjoribanks 30.9.1948, F.O.371/70682/C8166.

158 Hankey 23.3.1949, F.O.371/76577/C2720.

159 Undatiertes F.O. Memorandum "Policy for Germany", F.O.371/76577/C2720; Begleitschreiben Mallet an Kirkpatrick 19.3.1949, ibid.

würde sich zwar nichts ändern, "but it might shake some of them ... at a moment when we want the greatest solidarity among Germans in the West." Steel legte dem Foreign Office darum nahe, das erwartete sowjetische Störmanöver schon im vorhinein zu "torpedieren". Er schlug vor, einen "inspired comment" in der Londoner "Times" über den Zweck der Konferenz in Warschau spekulieren und dann darauf hinweisen zu lassen, was für ein durchsichtiges Manöver es war, wenn Moskau nun Deutschland wiedergab, was es, gegen den erklärten Widerstand der Westmächte, Deutschland zuvor genommen und Polen gegeben hatte.[160]

Warschau selber, berichtete von dort Botschafter Sir D. Gainer, sei eine einzige Gerüchteküche, die polnische Öffentlichkeit "extremely nervous". Die Polen, erläuterte er, fürchteten "the possibility of Russia sacrificing Poland to Germany" und verabscheuten die Aussicht auf eine kommunistische Regierung in "Eastern Germany". Zu bitter sei die Erinnerung an frühere deutsch-russische Kooperation und zu naheliegend die Sorge, daß der kleine, vom Westen abgeschnittene ostdeutsche Staat erst recht würde wiedererwerben wollen, was Deutschland im Osten verloren hatte. Presse-Erklärungen mit früheren Äußerungen Molotows über die Endgültigkeit der deutsch-polnischen Grenze vermochten nichts auszurichten gegen das hartnäckige Gerücht, auch der russische Militärgouverneur Sokolowski sei in Warschau eingetroffen, zusammen mit Pieck und Ulbricht.[161] Zu gut paßte es zu den Warschauer - und Londoner - Befürchtungen.

Doch die Gerüchte sollten sich wieder einmal als grundlos erweisen. Molotow kündigte nicht nur den in London erwarteten und gefürchteten "volte face" nicht an, sondern ließ, im Gegenteil, im Konferenzkommuniqué die Oder-Neiße-Grenze als "unverrückbare Friedensgrenze" festschreiben. Im Northern Department begann Robin Hankey daraufhin neue Hoffnung zu schöpfen, die störende Grenzfrage endlich als "settled" be-

---

160 Military Governor an F.O., Tel. No. 1169 v. 24.6.1948, F.O.371/71463/N7303.

161 Gainer an F.O., Tel. No. 553 v. 24.6.1948, F.O.371/71463/N7357.

trachten zu können.[162] Der Hoffnung mochte sich die Botschaft in Warschau allerdings nicht anschließen. Allenfalls "for the moment", schränkte Botschafter Gainer ein, kämen für Moskau Geschäfte mit Deutschland auf Kosten Polens offenbar nicht in Frage.[163]

Die Ablösung des sowjetischen Außenministers Molotow durch Wyschinski veranlaßte wenig später Geschäftsträger Richard Allen zu der Überlegung, ob nicht der personelle Wechsel Ankündigung drastischer sowjetischer Positionsveränderung in Sachfragen sein könnte, "such as the Oder frontier".[164] Wieder schlug die Botschaft in Warschau vor, alle Bedenken fahren zu lassen und eine "declaration" vorzubereiten. Doch diesmal war die Frage im Foreign Office ausdiskutiert. Fast grob lehnte nun Robin Hankey das Ansinnen aus Warschau ab und warnte noch einmal davor, die heiße Grenzfrage, auf die London ohnehin keinen Einfluß würde nehmen können, überhaupt zu berühren: "There is one certain feature in this question - whoever touches it is going to get themselves into trouble (a) by encouraging German demands which it will never be possible to satisfy (any more than it has ever been); (b) by mortally offending the Poles, who are the allies of both sides, Soviet + Western. ... So let us keep clear of the whole question. Nothing we say can be effective. This viper nestles in the bosom of mother Russia, + and much good may it do her. If the Russians have any sense, they'll leave it severely alone. So should we! I wish Mr. Allen would come off it."[165]

Hankeys Wunsch sollte sich nicht erfüllen. Das Foreign Office beendete gerade die Vorbereitung der für Ende Mai in Paris anberaumten Konferenz der Außenminister, als aus Warschau wieder eine Meldung eintraf. Der polnische Außenminister, so wußte eine "reasonably reliable source" des französischen Botschafters zu berichten, habe einen Herzanfall erlitten, als

162 Hankey 26.6.1948, ibid. Hankey 25.6.1948, F.O.371/71463/ N7548.

163 Gainer an Bevin, Depesche No. 186 v. 28.6.1948, F.O.371/71463/ N7716.

164 Allen an Gilchrist 11.3.1949, F.O.371/76612/C2201.

165 Hankey 25.3.1949, F.O.371/76612/C2201.

ihn der sowjetische Botschafter von Moskauer Plänen in Kenntnis gesetzt habe, Deutschland "Stettin and surrounding districts" zurückzugeben. Sir Gainer wollte die Meldung zwar mit äußerster Zurückhaltung aufgenommen wissen, unterstrich aber "that the Soviet was [sic] perfectly capable of selling out Poland if her interests in Germany seemed to her to make this imperative". Gainer wußte außerdem, daß in der Tat der polnische Außenminister mit "ernsthaften Herzbeschwerden" im Krankenhaus lag.[166] In London war Assistant Under-Secretary of State Gladwyn Jebb von der Stettin-Meldung derart "alarmiert", daß er schon überlegte, ob Moskau am Ende soweit gehen würde, die Oder-Neiße-Grenze ganz und gar aufzugeben. Was sollte dann die Haltung Londons sein?[167] Vom amerikanischen Chargé d'Affaires in Warschau erreichte das Foreign Office zudem zur gleichen Zeit die Einschätzung, Moskau werde die Westmächte auf die Oder-Neiße-Grenze festlegen wollen, um sie dann um so spektakulärer unilateral revidieren zu können.[168] Selbst Hankey hielt nun für möglich, daß die sowjetische Position sich bewegte, blieb aber bei seiner Empfehlung, das "unlösbare Problem" den Russen zu überlassen und zuzuschauen, wie die sich immer tiefer verstrickten.[169]

Aber nicht einmal auf ihn verfehlten die sich jagenden Gerüchte und Meldungen ihre Wirkung. Der Zeitpunkt nahe, notierte er, zu dem London sich zu endgültiger Erledigung der Frage der deutschen Grenzen würde verstehen müssen, "even if we have to commit ourselves to a settlement that is unpopular in Germany". Zehn Tage vor der Verkündung des Grundgesetzes in Bonn mochte das weniger riskant erscheinen als sechs Monate zuvor. Andernfalls, so Hankeys Argument, drohe Gefahr von deutschem Irredentismus, der dann westlichen und sowjetischen Wettbewerb um deutsche Unterstützung würde auszunutzen wissen.[170]

---

166 Gainer an F.O. 6.5.1949, F.O.371/76686/C3856.
167 Jebb an Strang 9.5.1949, F.O.371/76589/C3888.
168 Hankey 13.5.1949, F.O.371/76686/C4206.
169 Ibid.
170 Ibid.

So schnell jedoch sollte der Zeitpunkt nicht kommen. In der Handreichung des Foreign Office für die britische Konferenzdelegation stand wieder die inzwischen alte Empfehlung, sich auf abwartende Haltung zu beschränken, Festlegungen und Initiativen zu vermeiden, welche die eigene Handlungsfreiheit einschränken konnten - aber auch der dringende Rat, den Deutschen keine Hoffnungen zu machen, die zu erfüllen nicht in Londons Macht lag.[171]

Unkompliziert, daran sollten die Planer im Foreign Office schnell erinnert werden, würde die "zweideutige Haltung"[172], die beizubehalten London sich also entschlossen hatte, nie sein. Schon ein halbes Jahr später hatte sich das Foreign Office zum äußersten Mißvergnügen aller Beteiligten mit einer ärgerlichen "Parliamentary Question" auseinanderzusetzen.[173] Provoziert durch eine überflüssige Äußerung, so die Londoner Sicht, des eben zum Kanzler gewählten Adenauer, ließ der Abgeordnete Platts-Mills Außenminister Bevin die unangenehm direkte Frage stellen, ob die Regierung Seiner Majestät die Oder-Neiße-Linie als östliche Grenze Deutschlands anerkenne. Robin Hankey, der schließlich die Antwort entwarf und den Frager mit vagem Hinweis auf die provisorische Potsdamer Regelung abfand[174], empfahl seinem Außenminister noch einmal eindringlichst Zurückhaltung: "... in my opinion this problem is with us for keeps. Consequently, the more reserved we are in our reply the better. We can only [Hervorh. i. Orig., A.d.V.] make it worse. Let us have the Russians to make a mess of it."[175]

Außenminister Bevin hielt sich daran und mit ihm alle seine Nachfolger. Beinahe vierzig Jahre später hütete sich Sir Julian Bullard, 1987 britischer Botschafter in Bonn, in einer Vortragsveranstaltung über "die deutsche Frage" das schwierige

---

171 C.F.M.(49)UK. DEL. 8: "The German / Polish Frontier". United Kingdom Delegation Brief, ibid.

172 Political Division an German Political Department 17.9.1949, F.O.371/ 76686/C7292.

173 Brown 28.9.1949, F.O.371/76775/C8237.

174 House of Commons 24.10.1949.

175 Hankey 4.10.1949, F.O.371/76775/C8237.

Thema zu berühren, und erklärte den Zuhörern seine Vorsicht mit Worten, die von Robin Hankey hätten stammen können: "Ich habe ... nichts über Danzig oder Oberschlesien und nicht viel über Jalta gesagt. Die Gründe für meine Zurückhaltung sind sehr einfach - es sind sehr heikle Themen. Wenn britische Regierungen zu diesen Themen nicht deutlicher Stellung genommen haben, dann aus dem Grunde, daß dabei viel zu verlieren und wenig zu gewinnen gewesen wäre."[176]

---

176 Sir Julian Bullard, Die Deutschlandfrage heute und gestern aus der Sicht der Alliierten, in: Die Deutsche Frage als strategischer Schlüssel, hg. v. Heinz J. Kiefer, München 1988, S.54-62.

Zusammenfassung

Die vorliegende Arbeit fügt sich ein in die Umgebung einer Reihe kleinerer und größerer Studien, die, begünstigt durch hervorragende Quellensituation, seit etwa einem Dutzend Jahren die britische Deutschlandpolitik der Kriegs- und Nachkriegszeit untersuchen. Quellengrundlage sind im Public Record Office, Kew, zugängliche Unterlagen des Foreign Office und der britischen Militärregierung in Deutschland sowie Akten des Kabinetts und des Premierministers.

Die Studie unterscheidet sich von vergleichbaren Untersuchungen darin, daß sie nicht Westdeutschland oder die britische Besatzungszone zum Gegenstand hat, sondern britische Beobachtung der sowjetischen Besatzungszone und britische Befassung mit sowjetischer Deutschlandpolitik. Der Blick auf die SBZ und auf sowjetische Deutschlandpolitik der beiden unmittelbaren Nachkriegsjahre liegt nahe: der alliierte Plan zur Aufteilung Deutschlands in Besatzungszonen - und damit die sowjetische Besatzungszone selber - war im wesentlichen Erfindung des britischen Foreign Office. Wichtiger noch, die Beobachtung sowjetischer Deutschlandpolitik in der sowjetischen Besatzungszone und die Begegnung mit ihr in Berlin führten London erst zur Desillusionierung über den sowjetischen Verbündeten und dann zum eigenen deutschlandpolitischen Entwurf.

Die Untersuchung beginnt mit einem Blick auf den Stand britischer Information über die Vorgänge hinter Stalins Eisernem Vorhang unmittelbar vor und nach dem Einzug der westalliierten Kontingente in Berlin. Dabei wird sichtbar, wie sehr in der Struktur der britischen Militärregierung und deren komplizierten administrativen Unterstellung unter miteinander konkurrierenden Londoner Behörden das eigentliche Hindernis für den Informationsfluß von Berlin nach London lag: Während der gesamten Dauer der Besatzungszeit litt die Deutschlandplanung des Foreign Office darunter, daß die Information über das Geschehen in Deutschland, die es gab, an keiner Stelle zum kompletten Bild zusammengesetzt und analysiert wurde. Die Schwierigkeiten, die dieser Mißstand seinerzeit für die britische Deutschlandplanung nach sich zog, stellen sich heute in vergleichbarer Form dem Historiker.

In Berlin, idealem Beobachtungsposten hinter dem Eisernen Vorhang, beobachtete seit dem 1. Juli 1945 die Political Division der britischen Militärregierung gleichwohl aufmerksam, wie die sowjetische Besatzungsmacht in ihrer Zone und in Berlin Schritte zur Wiederherstellung politischer und administrativer Strukturen unternahm. Der Erkenntnis, daß die sowjetische Besatzungsmacht sich in Deutschland sozusagen einen politischen Vorsprung verschaffte und möglicherweise sogar auf das ganze Deutschland zielte, folgten, in der Political Division schneller als im Foreign Office, Zweifel, ob unter diesen Umständen die Behandlung Deutschlands als politische und wirtschaftliche Einheit britischem Interesse noch entsprechen konnte. Von besonderer Bedeutung für die Richtung britischen Nachdenkens wurde, daß die sowjetische Besatzungsmacht zunächst in rücksichtsloser Reparationspolitik und dann, noch deutlicher, in der Durchführung der ersten sowjetzonalen Bodenreform 1945 Sowjetisierungs- und Bolschewisierungsabsichten enthüllte. Zu den politischen Besorgnissen trat wirtschaftliche Desillusionierung: Die SBZ steuerte auf den wirtschaftlichen Kollaps zu und verlor für die britischen Beobachter ihren Wert als potentieller Lieferant agrarischer Überschußprodukte an die hungernde britische Besatzungszone.

Die kommunistische Kampagne zur Verschmelzung von KPD und SPD bestätigte britische Befürchtungen: Indem Sowjets und Kommunisten sich der SPD, voraussichtlich der bestimmenden politischen Kraft in Deutschland, zu versichern suchten, enthüllten sie auf ganz Deutschland zielende Absichten. Vergeblich bemühten sich Political Division und Foreign Office, nicht in die Auseinandersetzung hineingezogen zu werden. Denn der

Konflikt um die SPD und um deren Orientierung zwischen Ost und West war schon der alliierte Konflikt um Deutschland, und dem wollte London unbedingt ausweichen. Die Political Division wurde dennoch rasch von der Rolle des beunruhigten Beobachters in die des Akteurs gedrängt. Das lag am Vier-Mächte-Status Berlins. Denn in Berlin hing das Überleben der fusionsunwilligen Faktion der Berliner SPD allein von der Haltung der Westalliierten ab.

Britischer Konfliktvermeidungsstrategie zu entsprechen schien anfänglich die hinhaltende Taktik Otto Grotewohls, den die Political Division denn auch unterstützte. Um die Gefahr der Spaltung der SPD in Ost und West abzuwenden, die Grotewohl den Kommunisten ausliefern müßte, versuchte sie, in der eigenen Besatzungszone Kurt Schumacher zur Mäßigung zu bewegen. Die Rechnung ging nicht auf. Grotewohl beugte sich schließlich sowjetischem und kommunistischem Druck.

Dem Anfall von Resignation folgte auf britischer Seite immerhin die Erkenntnis, daß London, wenn es in Deutschland dem sowjetischen einen eigenen Entwurf entgegensetzen wollte, nicht nur der amerikanischen Verbündeten, sondern, kaum ein Jahr nach Kriegsende, schon deutscher Partner bedurfte. Das führte zur Erörterung der Frage, ob und in welcher Form die britische Besatzungsmacht die unabhängige SPD in Berlin unterstützen sollte. Während die Political Division offene Unterstützung der "anti-fusionists" befürwortete und schließlich sogar darauf drängte, mochte sich das Foreign Office in London gegenüber der sowjetischen Besatzungsmacht nicht exponieren, zögerte, schaute nach den Amerikanern und wartete ab, ob die Berliner SPD sich würde behaupten können. Die unabhängigen Sozialdemokraten lieferten schließlich dafür den Nachweis: In der Urabstimmung vom 31.3.1946 lehnten sie die Vereinigung mit der KPD ab und bewiesen Selbstbehauptungswillen und Unterstützungswürdigkeit. London ließ daraufhin Militärregierung und Political Division freie Hand.

Das Ringen um die Vereinigung von SPD und KPD und die Methoden, derer sich Sowjets und Kommunisten in Berlin bedienten, beschleunigte die Desillusionierung der britischen Beobachter, die in Berlin den Totalitarismus-Begriff wiederentdeckten und den sowjetischen Noch-Verbündeten mit dem besiegten Kriegsgegner zu identifizieren begannen. Das in Berlin gewonnene Bild fügte sich zudem in umfassende Deutung aggressiver sowjetischer Politik, die London zur gleichen Zeit aus der britischen Botschaft in Moskau erreichte.

Die Selbstaufgabe Grotewohls, das Ende britischer Hoffnungen, die Vereinigung von KPD und SPD aufhalten zu können, und die Erkenntnis, sowjetischen Deutschlandplänen keinen eigenen Entwurf entgegensetzen zu können, versetzten das Foreign Office in London fast in Panik. Konnte westalliierte Präsenz im kommunistisch beherrschten Berlin noch einen Zweck erfüllen? Konnte die Behandlung Deutschlands als politische und wirtschaftliche Einheit - entsprechend der Potsdamer Vereinbarung - zu anderem führen als zur Ausdehnung sowjetischen und kommunistischen Einflusses von der schon kommunistischen Hauptstadt auf das ganze Deutschland? Einen Moment lang wurde im Foreign Office sogar auf Staatssekretärsebene erwogen, Berlin und ganz Deutschland aufzugeben - vielleicht unter Herauslösung des Ruhrgebietes, das wenigstens kommunistischem Zugriff entzogen werden sollte. Foreign-Office-Konsens schien sich schließlich bei der Überlegung einzupendeln, Berlin früher oder später den Sowjets zu überlassen, die "Formalisierung" der Teilung Deutschlands entlang der Demarkationslinie anzustreben, und die eigenen Anstrengungen auf die wirtschaftliche und politische Rehabilitation der westlichen Besatzungszonen zu konzentrieren.

Gegen diese Schlußfolgerung wandte sich vor allen Dingen der Außenminister selber. Ernest Bevin wollte weder das Thema der Einheit Deutschlands den Sowjets überlassen, noch sich damit abfinden, daß mit der SBZ der ganze sowjetisch besetzte Teil Europas hinter dem Eisernen Vorhang verschwand. Bevin entschied sich darum gegen jegliche "Formalisierung" der Teilung und dagegen, "Potsdam über Bord zu werfen". Mit dem Stichwort von der politischen Entwicklung Deutschlands "along federal lines" unternahm er es statt dessen, den sowjetischen

Plänen endlich einen eigenen britischen Entwurf entgegenzusetzen, der ebenfalls von vornherein das ganze Deutschland meinte. Die Stärkung föderaler Strukturen in den westlichen Besatzungszonen - notfalls zunächst in der britischen Besatzungszone alleine - sollte Dämme errichten gegen kommunistischen Zugriff von Berlin aus, die politische Entwicklung ganz Deutschlands in britischem Sinne präjudizieren und der Potsdamer Bestimmung von der Behandlung Deutschlands als Einheit den bedrohlichen Charakter nehmen. Die Gründung des Landes Nordrhein-Westfalen, wenige Monate später, nahm von Bevins Programm der Entwicklung ganz Deutschlands "along federal lines" ihren Ausgangspunkt.

Von besonderer Bedeutung für die langfristig angelegte Deutschlandpolitik Bevins war der Vier-Mächte-Status Berlins. Die Berlin- und Deutschland-Szenarios, zu denen sich das Foreign Office aus Verzweiflung hatte hinreißen lassen, hatten vorgeführt, daß, wer die Aufgabe Berlins dachte, stets nur einen Gedankenschritt auch vom Rückzug aus ganz Deutschland entfernt war. Eine Reihe von Überlegungen führten nun das Foreign Office dazu, an Berlin unbedingt festhalten zu wollen: "Einmal Hauptstadt - immer Hauptstadt", und die durfte London nicht den Sowjets überlassen, erkannte Außenminister Bevin, wenn aus seiner neuen Deutschlandpolitik etwas werden sollte. Um den Besitz Berlins ging es auch in der politischen Auseinandersetzung zwischen SED und SPD. Und Voraussetzung dafür, daß die SPD sich behauptete, war eben, daß am herausgehobenen Vier-Mächte-Status der Stadt, der Berlin gewissermaßen zur "fünften Zone" machte, nicht gerührt wurde. Dazu kam die Überlegung, daß die Westmächte in Berlin eine "politisch-strategische Position" besetzt hielten, von der aus sich in die sowjetische Zone hineinwirken und sowjetische Deutschlandpolitik trefflich stören ließ. Mehr noch, Berlin, erkannte wiederum Außenminister Bevin, war westalliierter "foothold" nicht nur in der SBZ, sondern im sowjetisch besetzten Osteuropa überhaupt. Entscheidend aber war, daß der Vier-Mächte-Status Berlins es erlaubte, an der Vorstellung von der Behandlung Deutschlands als Einheit festzuhalten und dennoch in der eigenen Besatzungszone vorläufig eigene Wege zu gehen. Der Vier-Mächte-Status Berlins war Garant der Einheit Deutschlands, die Bevins Deutschlandpolitik mittel- oder langfristig anvisierte. Von nicht zu unterschätzender Bedeutung war für den Außenminister außerdem die Überlegung, daß in Berlin die Vier Mächte jederzeit zur Kooperation zurückfinden konnten - eine Option, die Bevin unbedingt offengehalten sehen wollte.

Die Auseinandersetzung um die Vereinigung von KPD und SPD und ihr Ausgang lehrten die Briten, daß sie den Sowjets in Deutschland einen eigenen Entwurf entgegensetzen wollten, daß sie es konnten und daß sie es vor allem in Berlin würden tun müssen. Nur folgerichtig war es, wenn in Berlin die alliierte Auseinandersetzung um Deutschland unverzüglich begann. Die sowjetische Besatzungsmacht konnte sich mit dem Überleben der unabhängigen SPD in Berlin, welches die politische Kontrolle der Sowjetischen Militäradministration (SMAD) über den sowjetischen Sektor in Frage stellte, schwerlich abfinden. Die Westmächte ihrerseits konnten nicht anders, als in der Alliierten Kommandatura Berlins, die über Nacht zum bedeutsamsten alliierten Forum wurde, die Partei der SPD zu ergreifen.

Nach der Zulassung von SPD und SED durch die Kommandatura, nach alliierter Einigung auf eine Vorläufige Verfassung von Groß-Berlin und auf einen Termin für Wahlen zur Berliner Stadtverordnetenversammlung (20. Oktober 1946) wurde der alliierte Gegensatz in Deutschland in der Vier-Sektoren-Stadt als Wahlkampf und somit zu westalliierten, demokratischen Bedingungen ausgetragen. Die Berliner SPD erhielt dabei auf vielerlei Weise Unterstützung von der britischen Militärregierung. Aus Sorge um den inneren Zustand der Berliner SPD, und um deren Mangel an politischem Führungspersonal auszugleichen, betrieb die Political Division die Rückkehr Ernst Reuters aus der Türkei. In der eigenen Besatzungszone dachte die britische Militärregierung über stärkere politische und administrative Beteiligung der Deutschen nach, vor allem um der SPD zu politischem Profil zu verhelfen. In Berlin ließ sie es an moralischer und materieller Unterstützung nicht fehlen. Im Verein gelang es Briten und Amerikanern, dort das sowjetische und kommunistische Pressemonopol zu brechen und publizistisch in die sowjetische Besatzungszone hineinzuwirken.

Die Wahlen in Berlin waren insofern von weit über Berlin hinausreichender Bedeutung, als sie es den Berlinern erlaubten, über die konkurrierenden deutschen Entwürfe der Sowjets und der Westalliierten abzustimmen. In den Berlinern wurden nur 15 Monate nach Kriegsende die Deutschen zu umworbenen Akteuren. Das Kalkül der Political Division ging dabei über die Defensive und über die Selbstbehauptung hinaus. Britisches Wahlkampfziel war es, in Berlin Moskau zu deutschlandpolitischer Wendung zu nötigen.

Um so größere Erwartungen verbanden Political Division und Foreign Office mit der doppelten Niederlage der SED, die nicht nur von der SPD, sondern unerwarteterweise auch von der CDU Jakob Kaisers überflügelt wurde. Als unmittelbar nach den Wahlen die sowjetische Besatzungsmacht zu härtester Reparationspolitik zurückkehrte, hielt der politische Berater des britischen Militärgouverneurs nicht für ausgeschlossen, daß Moskau sich darauf vorbereitete, den Westmächten die ausgeplünderte SBZ einfach zu überlassen.

Die Erwartung sollte sich nicht erfüllen. Die SMAD verlegte sich darauf, durch ausgiebigen Gebrauch ihres Vetos in der Alliierten Kommandatura den Wahlsieg der SPD zu entwerten und deren Regierungsübernahme in Berlin zu verzögern. Sie hatte dabei, wie Political Division und Foreign Office sich eingestehen mußten, sogar den Wortlaut der Vorläufigen Verfassung auf ihrer Seite. Der Rücktritt Oberbürgermeister Ostrowskis spielte den Westmächten dann aber die Möglichkeit zu, die vor allem die Briten ganz gezielt nutzten, Kandidatur und Wahl Ernst Reuters so zu instrumentalisieren, daß sich in Berlin die Alliierten schließlich gegenseitig blockierten. In Berlin, dem einzigen Orte, an dem alliierte Vier-Mächte-Maschinerie überhaupt funktioniert hatte - wenn auch zu sowjetischen Bedingungen -, kam administrative Tätigkeit fast vollständig zum

Erliegen. Das betraf auch den sowjetischen Sektor der Stadt und bedeutete darum nichts anderes als Besitzstandsschmälerung Moskaus ausgerechnet in Berlin. Im Foreign Office sah man im Herbst 1947 voraus, daß Moskau sich mit diesem Zustand nicht lange würde abfinden wollen.

Während in Berlin der alliierte Konflikt um Deutschland offen ausbrach, bemühte sich das Foreign Office, die zumeist in Berlin gewonnenen Erkenntnisse über die Situation in der sowjetischen Besatzungszone zusammenzusetzen. Vor den Augen der überraschten britischen Analytiker entstand dabei das Gesamtbild eines straff zentralisierten, vollständig sowjetisierten Staatswesens. Den britischen Betrachtern erschien fraglich, ob die Revolutionierung der SBZ auch unter den günstigsten Voraussetzungen jemals rückgängig zu machen sein würde. Ganz unfraglich war dagegen, daß Moskau das Produkt seiner deutschlandpolitischen Anstrengungen gewiß nicht mehr aus der Hand geben würde. Die SBZ, das war das Ergebnis britischer Analyse, würde bleiben, sowjetische Einheitspropaganda war nicht mehr als eben dies - Propaganda. Aus der Distanz steuerte der britische Chargé d'Affaires in Moskau, Frank Roberts, die Prognose bei, daß es in fünfundzwanzig Jahren, nach dem Ende alliierter Besatzungsherrschaft, nicht ein, sondern zwei Deutschland geben würde, und daß es schon jetzt nur noch um die Frage gehen konnte, ob es den Westmächten bis dahin gelang, ihr Deutschland und ihre Deutschen an das westliche Lager zu binden.

Die Erkenntnis, daß Moskau gesamtdeutsche Optionen vorläufig aufgegeben hatte, gewann London auch aus der Beobachtung des Schicksals Jakob Kaisers, an dem die Political Division in Berlin lebhaften Anteil nahm. Sie hatte dafür ein besonderes Motiv: Genau wie die Briten suchte auch Kaiser in Berlin nach einem Modus vivendi mit den Sowjets. Anders als im Falle Grotewohls führte diesmal tatsächliche Interessen-Kongruenz Kaiser und die Political Division zusammen. Anderthalb Jahre lang entstand daraus eine so erstaunliche wie aufschlußreiche

Menage à trois zwischen Political Division, Jakob Kaiser und der SMAD, in der Kaiser den zentralen Part spielte: Über Jakob Kaiser erhielten die Briten noch einmal die Möglichkeit, politisch in die sowjetische Zone hineinzuwirken. Über Kaiser hielt die Political Division noch indirekten Kontakt zu Karlshorst, als in den eigentlichen alliierten Foren in Berlin das Klima schon einfror und Auffassungsaustausch nicht mehr stattfand. Die Sowjets, die mit Kaiser ihre eigenen, wieder auf ganz Deutschland zielenden Pläne zu haben schienen, ließen ihn gewähren und wurden dafür noch mit der einen oder anderen britischen Rücksichtnahme auf Kaiser belohnt. Das komplizierte Spiel endete, als Kaiser die sowjetischen Erwartungen nicht erfüllte und Kaisers britische Connection obendrein die Kontrolle der SMAD über die CDUD in Frage stellte.

Die Westverschiebung Polens war frühe Forderung Stalins an den britischen Alliierten. Die Verantwortung für die Oder-Neiße-Grenze traf dennoch ebenso das Foreign Office, das zwar den Zonenplan und die innerdeutschen Demarkationslinien erfand, es aber bewußt vermied, präzise Aussagen über die deutsch-polnische Grenze zu machen. Dafür gab es einen Grund: Bis zum Zeitpunkt der Konferenz von Jalta galt die Hauptsorge des Foreign Office - und Premierminister Churchills - nicht der Zukunft Deutschlands, sondern der Polens. Gegenstand alliierter Verhandlungen war vor allem die russisch-polnische Grenze. Die Frage der Kompensation Polens im Westen betrachtete London dabei als Manövriermasse und verpaßte den Zeitpunkt, zu der vertragliche Bindung erreichbar gewesen wäre. So kam es, daß London nach der Ostgrenze auch die Westgrenze Polens der Willkür Stalins überließ. Zu spät lernten Außenminister und Foreign Office - die polnische Exilregierung in London lernte es nie -, daß auf diese Weise Stalin vollends zum Schöpfer Polens und Polen vollends zum Geschöpf Stalins wurde.

Über eine aus Londoner Sicht wünschenswerte Grenze zwischen Polen und Deutschland hatte London sich während des

Krieges nie Klarheit verschafft. Den Grenzverlauf entlang Oder und westlicher Neiße hatte es zu keinem Zeitpunkt ernsthaft in Erwägung gezogen. In Potsdam vermochte Churchill, und nach ihm Außenminister Bevin, lediglich, Stalins Oder-Neiße-Grenze unter den Vorbehalt der friedensvertraglichen Regelung zu stellen. Ganz bewußt hielt Bevin dann daran fest, dem sowjetischen Fait accompli die Anerkennung zu verweigern: Die Oder-Neiße-Frage war der einzige politische Hebel, den die Westmächte jenseits des Eisernen Vorhangs noch ansetzen konnten. Nach dem Ausbruch des alliierten Konfliktes um Deutschland und nach der Formulierung der neuen Deutschlandpolitik Bevins widersetzte sich London polnischen Wünschen nach Sanktionierung der neuen Grenze erst recht: "Deutschland", entschied im Herbst 1946 das Foreign Office, "ist für uns wichtiger als Polen."

So unzufrieden London aus vielen Gründen mit Stalins Grenzziehung auch war, ihre Revision betrieb das Foreign Office nicht. Im Gegenteil: Als Washington erwog, Moskau für ostwärtige Rückverschiebung der deutsch-polnischen Grenze Reparationsleistungen aus den Westzonen anzubieten, redete Außenminister Bevin seinem amerikanischen Kollegen Marshall den Gedanken wieder aus. Es genügte London, Moskau die Verantwortung für die Oder-Neiße-Grenze zuschieben und sich selbst das Recht vorbehalten zu können, das Thema jederzeit wieder zur Sprache zu bringen.

Wenn London aber genau dies konsequent vermied, so folgte es dem Gebot politischer Vernunft. Stalin hatte die deutsch-polnische Grenze gezogen, und allein Stalin hatte es in der Hand, sie zu revidieren. Die Sorge, daß Moskau genau dies tun und sich eines Tages auf Kosten Polens mit Deutschland arrangieren würde, verließ das Foreign Office nie. Londons pragmatische Antwort auf das Dilemma sollte vierzig Jahre halten: vollständige Enthaltsamkeit und vollständiges Stillehalten in einer Frage, auf die es keinen Einfluß hatte, und in der lediglich deutsche und polnische Verwicklungen drohten, wie immer London sich auch äußerte.

Ausblick1989/90: Außenminister Bevin hatte recht!

Die europäische Wende von 1989/90 hat Anlaß geboten zu Rehabilitationen und späten Triumphen. "Alle wichtigen Be-dingungen des Zusammenbruchs der Nachkriegsordnung", urteilte 1991 Karl Kaiser, "entsprachen bis ins Detail Visionen und Entwürfen, die in der unmittelbaren Nachkriegszeit formuliert worden waren. Die internationalen Strukturen, welche Staatsmänner wie Dean Acheson, Konrad Adenauer, Alcide de Gasperi, Jean Monnet und Robert Schuman ins Leben gerufen hatten, erzielten ihren eigentlichen Zweck: den Zusammenbruch des Kommunismus, den Aufstieg der Demokratie in Osteuropa, das Vergehen sowjetischer Macht und ihr Rückzug aus dem äußeren Sowjetimperium, das Ende der Teilung Europas, den Erfolg der Integration Westeuropas als der bestimmenden Kraft für den Wandel des Kontinents und die Einbindung des vereinigten Deutschland in die demokratischen Strukturen des Westens."[1]

Schön beobachtet und doch nur halb richtig. Wie so viele andere vergaß auch Karl Kaiser in seiner Laudatio den Mann, dessen deutscher und europäischer Entwurf in Deutschland und Europa die Dinge in der Tat in die richtige Bahn lenkte und das zu einem Zeitpunkt, da Dean Acheson vom Außenministeramt noch weit entfernt und Konrad Adenauer abgesetzter Oberbürgermeister in Köln war, Paris noch kaum den Stand der Konferenz von Teheran erreicht hatte und Rom auf der europäischen Bühne noch gar nicht agierte: den britischen Außenminister Ernest Bevin. Dessen schon im Mai 1946 formulierte Vision von der Föderalisierung Deutschlands, vom späteren Beitritt der abgetrennten sowjetischen Besatzungszone und von der Wahrung britischer und europäischer Sicherheitsinteressen war es nämlich, die vor allen anderen 1989/90 Bestätigung fand.

Nicht als Ironie der Geschichte, sondern als besonderer Triumph Bevins darf gelten, daß ausgerechnet die "Regierung Ihrer Majestät" Schwierigkeiten hatte, sich an die Wiedervereinigung Deutschlands und den Beitritt der wiederhergestellten

---

1 Karl Kaiser, Germany's Unification, in: Foreign Affairs, Vol.70 No.1 (1991), S.179-205, hier: S.180f.

Länder der DDR zur Bundesrepublik Deutschland zu gewöhnen.[2] Nach über vierzig Jahren war London die eigene Urheberschaft an dem Geschehen, das sich da vollzog, schlicht entfallen. Es spricht für die Geschichtsmacht des deutschen Entwurfs Ernest Bevins, daß London sich das leisten konnte: Einmal ins richtige Geleise gebracht, war der Zug fast von ganz alleine weitergerollt, um vierzig Jahre später eben dort anzukommen, wo Außenminister Bevin es sich schon im Mai 1946 vorgestellt hatte.

2 Vgl. Margaret Thatchers freimütiges Bekenntis, dies., The Downing Street Years, London 1993, S.790-799.

Bibliographie

Unveröffentlichte Quellen

Public Record Office (PRO), London:

CAB 65	War Cabinet Minutes and Conclusions.
CAB 66	War Cabinet Papers.
CAB 128	Cabinet Minutes and Conclusions.
CAB 129	Cabinet Papers.
F.O. 371	Foreign Office, General Correspondence.
F.O. 800	Bevin Papers.
F.O. 936	Control Office for Germany and Austria (COGA): Establishment.
F.O. 941	Control Office for Germany and Austria (COGA): Central Secretariat.
F.O. 1012	Control Commission, Berlin.
F.O. 1030	Control Commission: Commander-in-Chief.
F.O. 1031	Control Commission: Field Information Agency Technical.
F.O. 1032	Control Commission: Planning Staff, Military Sections and Headquarters Secretariat.
F.O. 1049	Control Commission: Political Division.
F.O. 1079	European Advisory Commission (EAC)
PREM	Prime Minister's Office.

Nachschlagewerke, Dokumentensammlungen, Dokumentationen

Akten der britischen Militärregierung in Deutschland. Sachinventar 1945-1955, hg. v. Adolf M. Birke, Hans Booms, Otto Merker unter Mitwirkung von Deutsches Historisches Institut London [u.] Niedersächsisches Hauptstaatsarchiv Hannover, 11 Bde, München 1993.

Berlin. Behauptung von Freiheit und Selbstverwaltung 1946-1948, hg. im Auftrag des Senats von Berlin, Berlin 1950.

Documents on British Policy Overseas (DBPO), hg. v. Rohan Butler u. M.E. Pelly, London 1984.

Dokumente zur parteipolitischen Entwicklung in Deutschland, hg. v. Ossip K. Flechtheim, Bd.1, Berlin 1963.

Foreign Relations of the United States (FRUS). Diplomatic Papers. Hg. vom Department of State, Washington versch. Jhge.

Great Britain. Foreign Office, Weekly Political Intelligence Summaries. Introduction by Clifton Child, 16 Bde., London 1983.

Hacke, Christian (Hg.), Jakob Kaiser. Wir haben Brücke zu sein. Reden, Äußerungen und Aufsätze zur Deutschlandpolitik, Köln 1988.

Krumholz, Walter, Berlin ABC. Hg. im Auftrage des Presse- und Informationsamtes des Landes Berlin, Berlin 1968.

Protokoll vom Bezirksparteitag der SPD am Sonntag, dem 7. April 1946 in Berlin-Zehlendorf. Im Auftrag des Franz-Neumann-Archivs e.V. Berlin hg. u. eingeleitet v. Manfred Rexin, Berlin 1986.

Ross, Graham (Hg.). The Foreign Office and the Kremlin. British Documents on Anglo-Soviet Relations 1941-45, Cambridge 1984.

Ruhm von Oppen, Beate (Hg.). Documents on Germany under Occupation 1945-1949, London 1955.

Suckut, Siegfried, Blockpolitik in der SBZ/DDR 1945-1949. Die Sitzungsprotokolle des zentralen Einheitsfront-Ausschusses, Köln 1986.

Washington Despatches 1941-1945. Weekly Political Reports from the British Embassy, hg. v. H.G. Nicholas, London 1981.

Weber, Hermann (Hg.), Parteiensystem zwischen Demokratie und Volksdemokratie. Dokumente und Materialien zum Funktionswandel der Parteien und Massenorganisationen in der SBZ/DDR 1945-1950, Köln 1982.

Biographien, Memoiren

Attlee, Clement R., As it Happened, New York 1954.

Lord Avon, The Eden Memoirs. The Reckoning, London 1965.

Barcley, Sir Roderick, Ernest Bevin and the Foreign Office 1932-1969, London 1975.

Birse, A.H., Memoirs of an Interpreter, London 1967.

Bullock, Alan, Ernest Bevin. Foreign Secretary 1949-1951, London 1983.

Carlton, David, Anthony Eden, London 1981.

Churchill, Winston S., The Second World War, 6 Bde., London 1948-1954.

Colville, John, The Fringes of Power. Downing Street Diaries, London 1985.

Conze, Werner, Jakob Kaiser. Politiker zwischen Ost und West 1945-1949, Stuttgart 1969.

Dalton, Hugh, High Tide and After. Memoirs 1965-1960, London 1962.

Dibelius, Otto, Ein Christ ist immer im Dienst. Erlebnisse und Erfahrungen in einer Zeitwende, Stuttgart 1961.

Dilks, David (Hg.), The Diaries of Sir Alexander Cadogan 1938-1945, London 1971.

Dixon, Piers, Double Diploma. The Life of Sir Pierson Dixon, London 1968.

Douglas, Sholto (Lord Douglas of Kirtleside), Years of Command, London 1966.

Evans, Trevor, Bevin, Berlin 1947.

Friedensburg, Ferdinand, Es ging um Deutschlands Einheit, Berlin 1971.

Gilbert, Martin, Finest Hour. Winston S. Churchill 1939-1941, London 1983.

Ders., Road to Victory. Winston S. Churchill 1941-1945, London 1986.

Ders., Never Despair. Winston S. Churchill 1945-1965, London 1988.

Gniffke, Erich W., Jahre mit Ulbricht, Köln 1966.

Harriman, W. Averell/Abel, Elie, Special Envoy to Churchill and Stalin 1941-1946, New York 1975.
Harvey, John (Hg.), The War Diaries of Oliver Harvey, London 1978.
Ismay, Lord, The Memoirs of Lord Ismay, London 1960.
James, Robert Rhodes, Anthony Eden, London 1986.
Jebb, Gladwyn, The Memoirs of Lord Gladwyn, London 1972.
Kirkpatrick, Sir Ivone, The Inner Circle, London 1959.
Lange, Gunter, Otto Suhr. Im Schatten von Ernst Reuter und Willy Brandt. Eine Biographie, Bonn 1994.
Lemmer, Ernst, Manches war doch anders, Frankfurt/M. 1968.
Leonhard, Wolfgang, Die Revolution frißt ihre Kinder, Köln 1955.
Mallaby, George, From My Level. Unwritten Minutes, London 1965.
Martin, John, Downing Street: The War Years, London 1991.
Morgan, Sir Fredrick, Overture to Overlord (COSSAC), London 1950.
Morrison, Lord Herbert, An Autobiography, London 1960.
Nicolson, Harold, Tagebücher und Briefe, Bd. 2, 1942-1962, Frankfurt 1971.
Pakenham, Lord, Born to Believe. An Autobiography, London 1953.
Pollock, James L., Besatzung und Staatsaufbau nach 1945. Occupation Diary and Private Correspondence 1945-1948. Hg. v. Ingrid Krüger-Bulcke, München 1994.
Roberts, Frank, Dealing with Dictators. The Destruction & Revival of Europe 1939-70, London 1991.
Schulz, Hans-Peter, Auftakt zum Kalten Krieg. Der Freiheitskampf der SPD in Berlin 1945/46, Berlin 1965.
Schwarz, Hans-Peter,Adenauer. Der Aufstieg: 1876-1952, Stuttgart 1986.
Stern, Carola, Ulbricht. Eine politische Biographie, Köln 1963.
Strang, Lord, Home and Abroad, London 1956.
Thatcher, Margaret, The Downing Street Years, London 1993.
Thomas, Edward John Francis, The European Advisory Commission and Allied Planning for a Defeated Germany 1943-

1945, Diss. phil, The American University, Washington, D.C. 1981.

Thomas, Michael, Deutschland, England über alles. Rückkehr als englischer Besatzungsoffizier, München 1987.

Tulpanow, Sergej, Deutschland nach dem Kriege (1945-1949). Erinnerungen eines Offiziers der Sowjetarmee, Berlin(Ost) 1986.

Williams, Francis, Ernest Bevin. Portrait of a Great Englishman, London 1952.

Ders., A Prime Minister Remembers. The War and Post-War Memoirs of the Rt. Hon. Earl Attlee, London 1961.

Ders., Nothing so Strange. An Autobiography, London 1970.

Wheeler-Bennett, John W., King George VI. His Life and Reign, London 1958.

Young, Kenneth (Hg.), The Diaries of Sir Robert Bruce Lockhart. Vol.2 1939-1965, London 1980.

Weir, Sir Cecil M., Civilian Assignment, London 1953.

Zwerenz, Gerhard, Walter Ulbricht, München 1966.

Darstellungen und Aufsätze

Adamthwaite, Anthony, Britain and the World, 1945-9: The View from the Foreign Office, I.A. Vol.61 No.2, S.223-236.

Ders., Introduction: The Foreign Office and Policy-Making, in: The Foreign Policy of Churchill's Peacetime Administration 1951-1955, hg. v. John W. Young, Leicester 1988, S.1-28.

Adelman, Jonathan R., Prelude to the Cold War: The Tsarist, Soviet and U.S. Armies in the Two World Wars, Boulder 1988.

Aigner, Dietrich, Winston Churchill. Ruhm und Legende, Zürich 1975.

Anderson, Terry H., The United States, Great Britain, and the Cold War, 1944-1947, London 1981.

Annan, Noël, The Work of the Berlin Control Commission. A Personal View, in: Britische Besatzung in Deutschland. Aktenerschließung und Forschungsfelder, hg. v. Adolf M. Birke u. Eva A. Mayring, London 1992, S.1-16.

Antoni, Michael, Das Potsdamer Abkommen. Trauma oder Chance? Geltung, Inhalt und staatsrechtliche Bedeutung, Berlin 1985.

Backer, John H., The Decision to Divide Germany. American Foreign Policy in Transition, Durham 1978.

Ders., Die deutschen Jahre des Generals Clay. Der Weg zur Bundesrepublik 1945-1949, München 1983.

Bailey, Thomas, The Marshall Plan Summer. An Eyewitness Report on Europe and the Russians in 1947, Stanford 1977.

Balfour Michael, Vier-Mächte-Kontrolle in Deutschland 1945-46, Düsseldorf 1959.

Ders., The Adversaries. America, Russia and the Open World 1941-62, London 1981.

Barclay, Roderick, Ernest Bevin and the Foreign Office 1932-69, London 1975.

Barker, Elisabeth, The British between the Superpowers 1945-50, London 1985.

Dies., British Policy towards Romania, Bulgaria and Hungary, in: Martin McCauley (Hg.), Communist Power in Europe 1944-1949, London 1977, S.201-219.

Dies., Churchill and Eden at War, London 1978.

Bell, Coral, The "Special Relationship", in: Michael Leiffer (Hg.), Constraints and Adjustments in British Foreign Policy, London 1972, S.103-119.

Bender, Peter, Wenn es West-Berlin nicht gäbe, Berlin 1987.

Benz, Wolfgang, Von der Besatzungsherrschaft zur Bundesrepublik. Stationen einer Staatengründung, 1946-1949, Frankfurt/M. 1984.

Ders., Potsdam 1945. Besatzungsherrschaft und Neuaufbau im Vier-Zonen-Deutschland, München 1986.

Birke, Adolf M., Warum Deutschlands Demokratie versagte. Geschichtsanalyse im britischen Außenministerium 1943/1945, in: Hist. Jahrbuch 103, S.395-410.

Ders, Geschichtsauffassung und Deutschlandbild im Foreign Office Research Department, in: Hist. Jahrbuch 104, S.372-391.

Ders., Britain and German Unity, in: Politics and Society in Germany, Austria and Switzerland, Vol.4 No.1, S.1-19.

Ders., Britain and Germany. Historical Patterns of a Relationship, London 1987.

Ders., Die aufgezwungene Demokratie? Zur Verfassungspolitik in den westlichen Besatzungszonen, in: Wege in die Zeitgeschichte. Fs. zum 65. Geburtstag von Gerhard Hufnagel, hg. v. Jürgen Heideking [u.a.], Berlin 1989, S.151-164.

Ders., Die territoriale Integrität und die staatliche Kontinuität Deutschlands aus britischer Perspektive, in: Staat und Parteien. Fs für Rudolf Morsey zum 65. Geburtstag, hg. v. Karl Dietrich Bracher [u.a.], Berlin 1992, S.827-840.

Ders., Nation ohne Haus. Deutschland 1945-1961, Berlin 1994^2.

Ders./Mayring Eva A. (Hg.), Britische Besatzung in Deutschland. Aktenerschließung und Forschungsfelder, London 1992.

Birnbaum, Karl E., East and West Germany; a modus vivendi, Lexington 1973.

Braas, Gerhard, Zur Entstehung der Sowjetzonalen Länderverfassungen 1946/47, in: Deutsche Studien, Dezember 1985, S.348-369.

Brooke, Stephen, Labour's War: The Labour Party During the Second World War, Oxford 1992.

Broszat, Martin/Weber, Hermann (Hg.), SBZ Handbuch. Staatliche Verwaltungen, Parteien, gesellschaftliche Organisationen und ihre Führungskräfte in der Sowjetischen Besatzungszone Deutschlands 1945-1949, München 1990.

Boyle, Peter, The British Foreign Office View of Soviet-American Relations 1945/46, in: Diplomatic History 3/1979, S.307-320.

Brzezinski, Zbigniew, Der Sowjetblock. Einheit und Konflikt, Köln 1962.

Ders./Griffith, William E., Peaceful Engagement in Eastern Europe, in: F. A., Vol.39 No.4, S.642-654.

Bühler, Phillip A., The Oder-Neisse-Line. A reappraisal under international law, New York 1990.
Buhite, Russel, D., Decisions at Yalta: an Appraisal of Summit Diplomacy, Wilmington (Del.) 1986.
Bullard, Sir Julian, Die Deutschlandfrage heute und gestern aus der Sicht der Alliierten, in: Heinz J. Kiefer (Hg.), Die Deutsche Frage als strategischer Schlüssel, München 1988, S.54-62.
Burridge, Trevor D., British Labour and Hitler's War, London 1976.
Ders., Great Britain and the Dismemberment of Germany at the End of the Second World War, in: The International History Review, III, 4 (October 1981), S.565-579.
Buttlar, Walrab, Ziele und Zielkonflikte der sowjetischen Deutschlandpolitik 1945-1947, Stuttgart 1980.
Caracciolo, Lucio, Der Untergang der Sozialdemokratie in der sowjetischen Besatzungszone, in: VfZ 2/1988, S.281-318.
Carden, Robert W., Before Bizonia: Britain's Economic Dilemma in Germany, 1945-46, in: JCH Vol.14 No.3, S.535-551.
Carr, Edward Hallett, Grundlagen eines dauernden Friedens, Zürich 1943.
Childs, David, The GDR. Moscow's German Ally, London 1983.
Ders., The Cold War and the "British road", 1946-53, in: JCH 23/1988. S.551-572.
Ders., Our Personality: Sir Frank Roberts, in: Politics and Society in Germany, Austria and Switzerland, Vol.3 No.2, S.60ff.
Clemens, Diane Shaver, Yalta, New York 1970.
Cohen, Eliot A., Churchill at War, in: Commentary, Vol. 83 No.5, S.40-49.
Colville, John, Footprints in Time, London 1976.
Ders., How the West Lost the Peace in 1945, in: Commentary, Vol.80 No.3, S.41-47.
Connell, John, The "Office". A Study of British Foreign Policy and its Makers 1919-1951, London 1958.
Croan, Melvin, East Germany: The Soviet Connection, Beverly Hills 1976.

Deakin, F.William D., Thy Myth of an Allied Landing in the Balkans during the Second World War (with particular reference to Yugoslavia), in: Phyllis Auty/Richard Clogg (Hg.), British Policy Towards Wartime Resistance in Yugoslavia and Greece, London 1975, S.93-116.

Ders./Barker, Elisabeth/Chadwick, Jonathan (Hg.), British Military and Political Strategy in Central, Eastern and Southern Europe in 1944, London 1988.

Deighton, Anne, The Impossible Peace. Britain, the Division of Germany and the Origins of the Cold War, Oxford 1990.

Dies., The 'frozen front': the Labour Government, the division of Germany and the origins of the cold war, 1945-7, in: I.A. Vol.63 No.3, S.449-465.

Die Deutschlandfrage und die Anfänge des Ost-West-Konflikts 1945-1949. Studien zur Deutschlandfrage, Bd. 7, hg. v. Göttinger Arbeitskreis, Berlin 1984.

Dilks, David (Hg.), Retreat from Power. Studies in Britain's Foreign Policy of the Twentieth century, Vol. 2, London 1981.

Doering-Manteuffel, Anselm, Die deutsche Teilung, der Kalte Krieg und die Deutschlandpolitik der Sowjetunion 1945-1952, in: GWU 38 (1987), S.744-753.

Donnison, Frank, S.V., Civil Affairs and Military Government. North West Europe 1944-1946, London 1961.

Ders., Civil Affairs and Military Government. Central Organisation and Planning, London 1966.

Douglas, Roy, From War to Cold War, 1942-48, London 1981.

Duffy, Christopher, Red Storm on the Reich. The Soviet March on Germany, 1945, London 1991.

Duhnke, Horst, Stalinismus in Deutschland. Die Geschichte der sowjetischen Besatzungszone, Köln 1955.

Ebersold, Bernd, Machtverfall und Machtbewußtsein. Britische Friedens- und Konfliktlösungsstrategien 1918 - 1956, München 1992.

Epstein, Leon D., Britain - Uneasy Ally, Chicago 1954.

Eschenburg, Theodor, Deutschland in der Politik der Alliierten, in: Kalter Krieg und deutsche Frage. Deutschland im Widerstreit der Mächte 1945-1952, hg. v. Josef Foschepoth u. Rolf Steininger, Göttingen 1985, S.35-49.

Farquharson, John E., Landwirtschaft und Ernährung in der Politik der Alliierten 1945-1948, in: Kalter Krieg und deutsche Frage. Deutschland im Widerstreit der Mächte 1945-1952, hg. v. Josef Foschepoth u. Rolf Steininger, Göttingen 1985, S.147-174.

Ders., Hilfe für den Feind. Die britische Debatte um Nahrungsmittellieferungen an Deutschland 1944/45, in: VfZ 2/1989, S.253-278.

Ders., "The essential division". Britain and the Partition of Germany 1945-1949, in: German History 9/1991, S.23-45.

Faust, Fritz, Die wirtschaftliche und politische Einheit Deutschlands. Zum dreißigsten Jahrestag des Potsdamer Abkommens, in: Aus Politik und Zeitgeschichte. Beilage zur Wochenzeitung Das Parlament, 2.8.1975, S.3-20.

Feis, Herbert, Churchill, Roosevelt, Stalin. The War They Waged and the Peace They Sought, Princeton 1967.

Fest, Joachim C., Die deutsche Frage: Das offene Dilemma, in: Wolfgang Jäger/Werner Link, Republik im Wandel 1974-1982. Die Ära Schmidt. Geschichte der Bundesrepublik Deutschland, Bd. 5/II, S.433-446.

Fischer, Alexander, Sowjetische Deutschlandpolitik im Zweiten Weltkrieg 1941-1945, Stuttgart 1975.

Foitzik, Jan, Die Sowjetische Militäradministration in Deutschland. Organisation und Wirkungsfelder in der SBZ 1945-1949, in: Aus Politik und Zeitgeschichte. Beilage zur Wochenzeitung Das Parlament, 9.3.1990, S.43-51.

Förtsch, Eckart, Die SED, Stuttgart 1969.

Foschepoth, Josef, Britische Deutschlandpolitik zwischen Jalta und Potsdam, in: VfZ 30 (1982), S.675-714.

Ders., Konflikte in der Reparationspolitik der Alliierten 1945-1948, in: Kalter Krieg und deutsche Frage. Deutschland im Widerstreit der Mächte 1945-1952, hg. v. ders. u. Rolf Steininger, Göttingen 1985, S.175-198.

Ders., The Great Powers and Post-War Germany, 1945-1952. GHIL conference held on 1st-4th June 1983, in: Bulletin of the German Historical Institute London, 14 (1983), S.3-10.

Ders., Großbritannien, die Sowjetunion und die Westverschiebung Polens, in: MGM 34/1982, S.61-90.

Foschepoth Josef/Steininger, Rolf (Hg.), Die Britische Deutschland- und Besatzungspolitik 1945-1949, Paderborn 1985.

Dies. (Hg.), Kalter Krieg und deutsche Frage. Deutschland im Widerstreit der Mächte 1945-1952, Göttingen 1985.

Fricke, Karl Wilhelm, Opposition und Widerstand in der DDR, Köln 1984.

Fromm, Hermann, Deutschland in der öffentlichen Kriegszieldiskussion Großbritanniens 1939-1945, Frankfurt 1982.

Fromme, Friedrich-Karl, Zur inneren Ordnung in den westlichen Besatzungszonen 1945-1949, in VfZ 10/1962, S.206ff.

Fülberth, Georg, KPD und DKP 1945-1990. Zwei kommunistische Parteien in der vierten Periode kapitalistischer Entwicklung, Heilbronn 1990.

Geyer, Dietrich, Deutschland als Problem der sowjetischen Europapolitik am Ende des Zweiten Weltkriegs, in: Kalter Krieg und deutsche Frage. Deutschland im Widerstreit der Mächte 1945-1952, hg. v. Josef Foschepoth u. Rolf Steininger, Göttingen 1985, S.50-65.

Gilbert, Martin, In Search of Churchill's Character, in: Harry V. Jaffa (Hg), Essays in Honor of Sir Winston Spencer Churchill, Durham 1981, S.11ff.

Gill, Ulrich, FDGB. Die DDR-Gewerkschaft von 1945 bis zu ihrer Auflösung 1990, Köln 1991.

Glaydwyn, Lord, Halfway to 1984, London 1966.

Goodwin, Geoffrey, British Foreign Policy Since 1945: The Long Odyssey to Europe, in: Michael Leiffer (Hg.), Constraints and Adjustments in British Foreign Policy, London 1972, S.35-52.

Gordon, Michael R., Conflict and Consensus in Labour's Foreign Policy 1914-1965, Stanford 1969.

Gordon Walker, Patrick, The Cabinet, London 1970.

Gradl, Johann Baptist, Anfang unter dem Sowjetstern. Die CDU 1945-1948 in der sowjetischen Besatzungszone Deutschlands, Köln 1981.

Graml, Herbert, Die Alliierten und die Teilung Deutschlands. Konflikte und Entscheidungen 1941-1948, Frankfurt/M. 1985.

Grantham, John T., Hugh Dalton and the International Post-War Settlement: Labour Policy Formulation, 1943-44: in: JCH Vol.14 No.4 , S.713ff.

Greenwood, Sean, Frank Roberts and the "other" Long Telegram: The View from the British Embassy in Moscow, March 1946, in: Journal of Contemporary History Vol. 25 No. 1, S.103-122.

Ders., Bevin, the Ruhr and the Division of Germany: August 1946, in: The Historical Journal, Vol. 29 No. 1, S.203-212.

Grewe, Wilhelm G., Gipfeldiplomatie seit Roosevelt und Stalin. Straßburger Gespräche H. 10, Melle 1987.

Griffith, William E., Die Ostpolitik der Bundesrepublik Deutschland, Stuttgart 1981.

Hacke, Christian, Ein deutscher Patriot im Gegenstrom der Nachkriegsentwicklung. Zum 100. Geburtstag von Jakob Kaiser, in: Deutschland Archiv 2/1988, S.177-181.

Hacker, Jens, Der Ostblock. Entstehung, Entwicklung und Struktur 1939-1980, Baden-Baden 1983.

Ders., Die rechtliche und politische Funktion eines Friedensvertrages mit Deutschland, in: Aus Politik und Zeitgeschichte. Beiträge zur Wochenzeitung Das Parlament, 12.12.1987, S.3-18.

Handtzig, Helmut, Politische Bedingungen sowjetischer Truppenabzüge 1925-1958, Baden-Baden1993.

Harbutt, Fraser J., The Iron Curtain. Churchill, America, and the Origins of the Cold War, New York 1986.

Harriman, W. Averell, America and Russia in a Changing World. A Half Century of Personal Observations, New York 1971.

Heitzer, Horstwalter, Die CDU in der britischen Besatzungszone 1945-1949. Gründung, Organisation, Programm und Politik, Düsseldorf 1988.

Herzfeld, Hans, Berlin und das Berlinproblem vom Zusammenbruch bis zu den Stadtverordnetenwahlen des 20. Oktober 1946, in: Berlin. Kampf um Freiheit und Selbstverwaltung 1945-46, hg. im Auftrage des Senats von Berlin, Berlin 1961, S.9-40.

Ders., Berlin in der Weltpolitik 1945-1970, Berlin 1973.

Higgins, Trumbull, Winston Churchill and the Second Front 1940-1943, New York 1957.

Hill, Christopher, Public Opinion and British Foreign Policy since 1945: Research in Progress?, in: Millennium: Journal of International Studies, Vol.10 No.1, S.53-62.

Hillgruber, Andreas, Deutsche Geschichte 1945-1982. Die "deutsche Frage" in der Weltpolitik, Stuttgart 1983[4].

Ders., Handlungsspielräume der UdSSR in der Entstehung des Ost-West-Gegensatzes 1945-1950, in: Aus Politik und Zeitgeschichte. Beilage zur Wochenzeitung Das Parlament, 25.6.1983, S.7-11.

Ders., Alliierte Pläne für eine "Neutralisierung" Deutschlands 1945-1955, Opladen 1987.

Hogan, Michael, The Marshall Plan: The United States, Britain and the Recovery of Western Europe, 1947-52, London 1988.

Holborn, Hajo, American Military Government: Its Organization and Policies, Washington D.C.: Infantry Journal Press, 1947.

Howard, Michael, The Continental Commitment. The Dilemma of British Defence Policy in the Era of the Two World Wars, London 1972.

Hügen, Ludwig, Das Gesetz "für die Wolfsschlucht". Bodenreformpolitik in Nordrhein-Westfalen 1945-1949, Essen 1991.

Hughes, Richard D., Soviet Foreign Policy and Germany, 1945 to 1948, Ann Arbor 1969.

Jaffa, Harry V. (Hg.), Statesmanship. Essays in Honor of Sir Winston Spencer Churchill, Durham 1981.

James, Robert Rhodes, The Politician, in: Churchill Revised. A Critical Assessment, hg. v. A.J.P. Taylor, New York 1969, S.63-129.

Jones, Bill, The Russia Complex. The British Labour Party and the Soviet Union, Manchester 1977.

Kaden, Albrecht, Einheit oder Freiheit. Die Wiedergründung der SPD 1945/46, Hannover 1964.

Karl Kaiser, Germany's Unification, in: Foreign Affairs, Vol.70 No.1 (1991), S.179-205, hier: S.180f.

Kaiser-Lahme, Angelika, Control Commission for Germany (British Element). Bestandsbeschreibung und Forschungsfelder, in: Britische Besatzung in Deutschland. Aktenerschließung und Forschungsfelder, hg. v. Adolf M. Birke u. Eva A. Mayring, London 1992, S.149-166.

Kessel, Martina, Westeuropa und die deutsche Teilung. Englische und französische Deutschlandpolitik auf den Außenministerkonferenzen von 1945-1947, München 1989.

Kettenacker, Lothar, The Anglo-Soviet Alliance and the Problem of Germany, 1941-1945, in: JCH 17(1982), S.435-458.

Ders., Preußen-Deutschland als britisches Feindbild im Zweiten Weltkrieg, in: Das britische Deutschlandbild im Wandel des 19. und 20. Jahrhunderts, hg. v. Bernd Jürgen Wendt, Bochum 1984, S.145-168.

Ders., Die anglo-amerikanischen Planungen für die Kontrolle Deutschlands, in: Kalter Krieg und deutsche Frage. Deutschland im Widerstreit der Mächte 1945-1952, hg. v. Josef Foschepoth u. Rolf Steininger, Göttingen 1985, S.65-87.

Ders., Krieg zur Friedenssicherung. Die Deutschlandplanung der britischen Regierung während des Zweiten Weltkriegs, Göttingen 1989.

Ders., Britische Besatzungspolitik im Spannungsverhältnis von Planung und Realität, in: Britische Besatzung in Deutschland. Aktenerschließung und Forschungsfelder, hg. v. Adolf M. Birke u. Eva A. Mayring, London 1992, S.17-34.

Kimball, Warren F., Naked Reverse Right - Roosevelt, Churchill, and Eastern Europe from Tolstoy to Yalta - and a Little Beyond, in: Diplomatic History 9/1985, S.1-24.

Kitchen, Martin, British Policy towards the Soviet Union during the Second World War, London 1986.

Ders., Winston Churchill and the Soviet Union during the Second World War, in: The Historical Journal, Vol.30 No.2, S.415-436.

Ders., Winston Churchill and the Soviet Union During the Second World War, in: The Historical Journal, Vol.30 No.2, S.415-436.

Kleßmann, Christoph, Die doppelte Staatsgründung. Deutsche Geschichte 1945-1955, Bonn 1986[4].

Klimov, Gregory, The Terror Machine. The Inside Story of Soviet Rule in Germany, New York 1953.

Knight, Jonathan, Russia's Search for Peace: The London Council of Foreign Ministers, 1945, in: JCH, Vol.13 No.1, S.137-163.

Kopp, Fritz, Kurs auf ganz Deutschland? Die Deutschlandpolitik der SED, Stuttgart 1965.

Kowalski, Hans-Günther, Die "European Advisory Commission" als Instrument alliierter Deutschlandplanung 1943-1945, in: VfZ 2/1971, S.261-293.

Kramnick, Isaac/Shearman, Barry, Harold Laski. A Life on the Left. London 1993.

Kraus, Elisabeth, Ministerien für das ganze Deutschland? Der Alliierte Kontrollrat und die Frage gesamtdeutscher Zentralverwaltungen, München 1990.

Kreikamp, Hans-Dieter, Die Amerikanische Deutschlandpolitik im Herbst 1946 und die Byrnes-Rede in Stuttgart, in: VfZ 2/1981, S.269-287.

Krieger, Wolfgang, General Lucius D. Clay und die amerikanische Deutschlandpolitik 1945-1949, Stuttgart 1987.

Krippendorff, Ekkehart, Die Liberal-Demokratische Partei Deutschlands in der Sowjetischen Besatzungszone 1945/48. Entstehung, Struktur, Politik, Düsseldorf 1961.

Kuklick, Bruce, The Genesis of the European Advisory Commission, in: JCH Vol.4 No.4, S.189-201.

Ders., American Policy and the Division of Germany: The Clash with Russia over Reparations, Ithaca 1972.

Lademacher, Horst, Die britische Sozialisierungspolitik im Rhein-Ruhr-Raum 1945-1948, in: Die Deutschlandpolitik Großbritanniens und die britische Zone 1945-1949, hg. v. Claus Scharf u. Hans-Jürgen Schröder, Wiesbaden 1979, S.51-92.

Lehmann, Hans G., Die Entstehung des Oder-Neiße-Konflikts im Spannungsfeld zwischen Ost und West, in: Aus Politik und Zeitgeschichte. Beilage zur Wochenzeitung Das Parlament, 23.10.1976, S.21-38.

Leifer, Michael (Hg.), Constraints and Adjustments in British Foreign Policy, London 1972.

Lewis, Julian, Changing Direction. British Military Planning for Post-War Strategic Defense, 1942-1947, London 1988.

Liddell Hart, Basil, the Military Strategist, in: Churchill Revised. A Critical Assessment, hg. v. A.J.P. Taylor, New York 1969, S. 171-225.

Liszkowski, Uwe, Die deutsche Einheit in Politik von Zarenreich und Sowjetstaat 1870-1990, in: Historische Mitteilungen, 5/1992, S.233-252.

Loth, Wilfried, Die Teilung der Welt. Geschichte des Kalten Krieges 1941-1955, München 1983[4].

Ders., Ziele sowjetischer Deutschlandpolitik nach dem Zweiten Weltkrieg, in: Sozialismus im Wandel, hg. v. Klaus Schönhoven [u.a.], Köln 1993, S.303-323.

Macgregor, Douglas A., The Soviet-East German Military Alliance, London 1990.

Mai, Gunther, Der alliierte Kontrollrat in Deutschland 1945-1948. Von der geteilten Kontrolle zur kontrollierten Teilung, in: Aus Politik und Zeitgeschichte. Beilage zur Wochenzeitung Das Parlament, 3.6.1988, S.3-14.

Matschke, Werner, Die industrielle Entwicklung in der Sowjetischen Besatzungszone Deutschlands (SBZ) 1945-1948, Berlin 1988.

Marshall, Barbara, German Attitudes to British Military Government 1945-47, in: JCH, Vol.15 No.4, S.654-671.

Mastny, Voitech, Moskaus Weg zum Kalten Krieg, München 1980.

Ders., Stalin and the Militarization of the Cold War, in: International Security, Vol.9 No.3, S.109-129.

Ders., Soviet War Aims at the Moscow and Teheran Conferences of 1943, in: Journal of Modern History 47 (September 1975), S.481-504.

McCauley, Martin (Hg.), Communist Power in Europe 1944-1949, London 1977.

Ders., East Germany, in: Communist Power in Europe 1944-1949, hg. v. ders., London 1977, S.58-72.

Ders., Liberal Democrats in the Soviet Zone of Germany, 1945-47, in: JCH, Vol.12 No.4, S.779ff.

Ders., East Germany: The Dilemmas of Division, in: Conflict Studies No.119 June 1980, S1-19.

Ders., The German Democratic Republic since 1945, New York 1983.

Ders., Deutsche Politik unter sowjetischer Besatzung, in: Kalter Krieg und deutsche Frage. Deutschland im Widerstreit der Mächte 1945-1952, hg. v. Josef Foschepoth u. Rolf Steininger, Göttingen 1985, S.291-313.

McNeill, William Hardy, America, Britain, and Russia. Their Cooperation and Conflict 1941-1946. Survey of International Affairs 1939-1946, London 1953.

Mattedi, Norbert, Gründung und Entwicklung der Parteien in der sowjetischen Besatzungszone Deutschlands 1945-1949, Bonn 1966.

Mayring, Eva A., Control Commission for Germany (British Element). Vorgehensweise bei der Aktenerschließung, in: Britische Besatzung in Deutschland. Aktenerschließung und Forschungsfelder, hg. v. Adolf M. Birke u. Eva A. Mayring, London 1992, S.133-148.

Meissner, Boris, Rußland, die Westmächte und Deutschland. Die sowjetische Deutschlandpolitik 1943-1953, Hamburg 1953.

Ders., Die Vereinbarungen der Europäischen Beratenden Kommission über Deutschland 1944/45, in: Aus Politik und Zeitgeschichte. Beilage zur Wochenzeitung das Parlament, 14.11.1970, S.3-14.

Melissen, Jan/Zeeman Bert, Britain and Western Europe, 1945-51: opportunities lost? in: I.A. Vol.63 No.1, S.81-95.

Merrick, Ray, The Russia Committee of the British Foreign Office and the Cold War, 1946-47, in: JCH, Vol.20 No.3, S.453-467.

Merz, Hans-Georg, Bodenreform in der SBZ. Ein Bericht aus dem Jahre 1946, in: Deutschland Archiv 24/1991, S.1159-1170.

Milward, Alan S., The Economic Effects of the Two World Wars on Britain, London 1973[3].

Miner, Steven Merritt, Between Churchill and Stalin: The Soviet Union, Great Britain and the Origins of the Grand Alliance, Chapel Hill (N.C.) 1989.

Möller, Horst, Der Weg nach Pankow. Kolloquium des Instituts für Zeitgeschichte, in: VfZ 2/1980, S.286ff.

Moraw, Frank, Die Parole der Einheit und die Sozialdemokratie, Bonn-Bad Godesberg 1973.

Morgan, Kenneth O., Labour in Power 1945-1951, Oxford 1984.

Morsey, Rudolf, Die Bundesrepublik Deutschland, München 1987.

Mosley, Philip E., The Kremlin and World Politics. Studies in Soviet Policy and Action, New York 1960.

Müller, Werner, Die KPD und die "Einheit der Arbeiterklasse", Frankfurt 1979.

Murphy, J.T., Labour's Big Three. A Biographical Study of Clement Attlee, Herbert Morrison and Ernest Bevin, London 1948.

Naimark, Norman M., The Russians in Germany. A History of the Soviet Zone of Occupation, 1945-1949, London 1995.

Nelson, Daniel J., Wartime Origins of the Berlin Dilemma, Alabama 1978.

Nettl, John Peter, Die deutsche Sowjetzone bis heute. Politik, Wirtschaft, Gesellschaft, Frankfurt 1953.

Ders., Economic Checks on German Unity, in: F.A. Vol.30 No.4, S.554-564.

Nolte, Ernst, Deutschland und der Kalte Krieg, Stuttgart 1985[2].

Ders., Das geteilte Berlin und die Deutschen nach dem Zweiten Weltkrieg, in: Aus Politik und Zeitgeschichte. Beilage zur Wochenzeitung Das Parlament, 8.8.1987, S.35-45.

Ders., Der Weltkonflikt in Deutschland. Die Bundesrepublik und die DDR im Brennpunkt des Kalten Krieges 1949-1961, München 1981.

Ovendale, Ritchie, Britain, the U.S.A. and the European Cold War, 1945-8, in: History 67 (1982), S.217-236.

Ders. (Hg.), The Foreign Policy of the British Labour Governments, 1945-51, Leicester 1984.

Overesch, Manfred, Einheit oder Teilung? Westdeutsche Entscheidungsträger vor der gesamtdeutschen Frage, in: Kalter Krieg und deutsche Frage. Deutschland im Widerstreit der Mächte 1945-1952, hg. v. Josef Foschepoth u. Rolf Steininger, Göttingen 1985, S.269-290.

Paterson, William E., The British Labour Party and the SPD 1945-52, in: Kurt Schumacher als deutscher und europäischer Sozialist, Bonn 1988, S.95-112.

Pelling, Henry, The Labour Governments, 1945-1951, London 1984.

Ders., Britain and the Marshall Plan, London 1989.

Phillips, Ann L., Soviet Policy towards East Germany Reconsidered. The Postwar Decade, New York 1986.

Pingel, Falk, "Die Russen am Rhein?" Zur Wende der britischen Besatzungspolitik im Frühjahr 1946, in: VFZ 1/1982, S.98-116.

Pommerin, Reiner, Die Zwangsvereinigung von KPD und SPD zur SED. Eine britische Analyse vom April 1946, in: VfZ 2/1988, S.319-338.

Ders., Von Berlin nach Bonn. Die Alliierten, die Deutschen und die Hauptstadtfrage nach 1945, Köln 1989.

Raack, R.C., Stalin plans his post-war Germany, in: JCH, Vol. 28 No.1, S.53-73.

Ramonat, Wolfgang, Die Anti-Hitler Koalition und die Teilung Deutschlands 1939-1945, in: Deutschland Archiv 10/1988, S.1068-1083.

Reusch, Ulrich, Die Londoner Institutionen der britischen Deutschlandpolitik, 1943-1948, in: Hist. Jahrbuch 100 (1980), S.318-443.

Ders., Das Porträt: John Burns Hynd (1902-1971), in: Geschichte im Westen, 1/1986, S.53-78.

Ders., Britische Besatzungsakten (1945-1955), in: Geschichte im Westen 5/1990, S.253-255.

Ders., Das Porträt: Sir Brian Robertson (1896-1974), in: Geschichte im Westen 5/1990, S.69-80.

Ders., Der Verwaltungsaufbau der britischen Kontrollbehörden in London und der Militärregierung in der britischen Besatzungszone, in: Britische Besatzung in Deutschland. Aktenerschließung und Forschungsfelder, hg. v. Adolf M. Birke u. Eva A. Mayring, London 1992, S.35-60.

Reynolds, David, The Creation of the Anglo-American Alliance 1937-1941. A Study in Competitive Co-Operation, London 1981.

Richert, Ernst, Macht ohne Mandat. Der Staatsapparat in der sowjetischen Besatzungszone Deutschlands, Köln 1963.

Ders., Die Sowjetzone in der Phase der Koexistenzpolitik, Hannover 1961.

Ders., Das zweite Deutschland. Ein Staat, der nicht sein darf, Gütersloh 1964.

Riklin, Alois, Das Berlinproblem. Historisch-politische und völkerrechtliche Darstellung des Viermächtestatus, Köln 1964.

Roberts, Sir Frank, Yalta reviewed after forty years, in: NATO Review, October 1985, S.18-23.

Ross, Graham, Foreign Office Attitudes to the Soviet Union 1941-1945, in: JCH 16 (1981), S.521-540.

Rothwell, Victor, Britain and the Cold War 1941-1947, London 1982.

Ders., Großbritannien und die Anfänge des Kalten Krieges, in: Kalter Krieg und deutsche Frage. Deutschland im Widerstreit der Mächte 1945-1952, hg. v. Josef Foschepoth u. Rolf Steininger, Göttingen 1985, S.88-110.

Rudzio, Wolfgang, Die ausgebliebene Sozialisierung an Rhein und Ruhr. Zur Sozialisierungspolitik von Labour-Regierung und SPD 1945-1948, in: Archiv für Sozialgeschichte 18(1978), S.1-39.

Ruffmann, Karl-Heinz, Das Gewicht Deutschlands in der sowjetischen Außenpolitik bis zum Ende des Zweiten Weltkriegs, in: Aus Politik und Zeitgeschichte. Beilage zur Wochenzeitschrift "Das Parlament", 10.1.1970, S.3-18.

Rupieper, Hermann-Josef, Probleme bei der Schaffung der Kasernierten Volkspolizei (KVP), der Kaderschmiede der Nationalen Volksarmee (NVA), in: MGM 1/87, S.175-198.

Sainsbury, Keith, British Policy and German Unity at the End of the Second World War, in: The English Historical Review, October 1979, S.786-804.

Ders., The Turning Point. The Cairo, Moscow and Teheran Conferences, London 1985.

Sandford, Gregory W., From Hitler to Ulbricht. The Communist Reconstruction of East Germany 1945-46, Princeton 1983.

Schaffer, Gordon, Russian Zone, London 1947.

Scharf, Claus/Schröder, Hans-Jürgen (Hg.), Die Deutschlandpolitik Großbritanniens und die britische Zone 1945-1949, Wiesbaden 1979.

Dies., Die Deutschlandpolitik Frankreichs und die französische Zone 1945-1949, Wiesbaden 1982.

Schmidt, Gustav (Hg.), Großbritannien und Europa - Großbritannien in Europa. Sicherheitsbelange und Wirtschaftsfragen in der britischen Europapolitik nach dem Zweiten Weltkrieg, Bochum 1990.

Schneider, Dieter Marc, Innere Verwaltung/Deutsche Verwaltung des Innern (DVdI), in: SBZ Handbuch, S.207-217.

Schneider Ullrich, Britische Besatzungspolitik 1945. Besatzungsmacht, deutsche Exekutive und die Probleme der unmittelbaren Nachkriegszeit, dargestellt am Beispiel des späteren Landes Niedersachsen von April bis Oktober 1945, Diss. phil., Hannover 1980.

Ders., Grundzüge britischer Deutschland- und Besatzungspolitik, in: Zeitgeschichte 9 (1981/1982), S.73-89.

Ders., Zur Deutschland- und Besatzungspolitik Großbritanniens im Rahmen der Vier-Mächte-Kontrolle Deutschlands vom Kriegsende bis Herbst 1945, in: MGM 1/1982, S.77-112.

Ders., Nach dem Sieg: Besatzungspolitik und Militärregierung 1945, in: Britische Deutschland- und Besatzungspolitik 1945-1949, hg. v. Josef Foschepoth u. Rolf Steininger, Paderborn 1985, S.47-64.

Schulte, Heinz, Die britische Militärpolitik im besetzten Deutschland 1945-1949, in: MGM 1/1982, S.51-75.

Schulz, Eberhard, An Ulbricht führt kein Weg mehr vorbei. Provozierende Thesen zur deutschen Frage, Hamburg 1967.

Ders./Schulz, Hans Dieter, Braucht der Osten die DDR?, Opladen 1968.

Schulz, Gerhard, "Dismemberment of Germany". Kriegsziele und Koalitionsstrategie 1939-1945, in: HZ 244 (1987), S.29-92.

Schulz, Klaus-Peter, Berlin zwischen Freiheit und Diktatur, Berlin 1962.

Schwarz, Hans-Peter, Vom Reich zur Republik. Deutschland im Widerstreit der außenpolitischen Konzeptionen in den Jahren der Besatzungsherrschaft 1945-1949, Neuwied 1966.

Seifel, J. Jürgen, "Neubeginn" in der Kirche? Die evangelische Landes- und Provinzialkirche in der SBZ/DDR im gesellschaftspolitischen Kontext der Nachkriegszeit (1945-1953), Göttingen 1989.

Seton-Watson, Hugh, Thirty Years After, in: Communist Power in Europe 1944-1949, hg. v. Martin McCauley, London 1977, S.220-230.

Sharp, Tony, The Wartime Alliance and the Zonal Division of Germany, Oxford 1975.

Ders., The Origins of the "Teheran Formula" on Polish Frontiers, in: JHC, Vol.12 No.2, S.381-393.

Shlaim, Avi, Britain, the Berlin Blockade and the cold war, in: I.A., Vol.60 No.1, S.1-14.

Shlaim, Avi/Jones, Peter/Sainsbury, Keith, British Foreign Secretaries Since 1945, London 1977.

Slusser, Robert, Soviet Economic Policy in Postwar Germany. A Collection of Papers by Former Soviet Officials, New York 1953.

Smith, Arthur L., Churchill's German Army. Wartime Strategy and Cold War Politics, 1943-1947, Beverly Hills 1977.

Smith, Raymond/Zametica, John, The Cold Warrior: Clement Attlee reconsidered, 1945-7, in: I.A., Vol.61 No.2, S.237-254.

Snell, John L. (Hg.), The Meaning of Yalta. Big Three Diplomacy and the New Balance of Power, Baton Rouge 1966.

Sontag, Raymond J., Reflections on the Yalta Papers, in: F.A., Vol.33 No.4, S.615-623.

Spieler, Silke (Hg.), Vertreibung und Vertreibungsverbrechen 1945-1948. Bericht des Bundesarchivs vom 28. Mai 1974. Archivalien und ausgewählte Erlebnisberichte, Bonn 1989.

Staritz, Dietrich, Sozialismus in einem halben Land. Zur Programmatik und Politik der KPD/SED in der Phase der antifaschistisch-demokratischen Umwälzung in der DDR, Berlin 1976.

Ders., Ein "besonderer deutscher Weg" zum Sozialismus? in: Aus Politik und Zeitgeschichte. Beilage zur Wochenzeitung Das Parlament, 25.12.1982, S.15-31.

Ders., Die Gründung der DDR. Von der sowjetischen Besatzungszone zum sozialistischen Staat, München 1984.

Ders., Parteien für ganz Deutschland? Zu den Kontroversen über ein Parteiengesetz im Alliierten Kontrollrat 1946/ 47, in: VfZ 2/1984, S.240-259.

Ders., Geschichte der DDR 1949-1985, Frankfurt 1985.

Ders., Gesamtdeutsche Parteien im Kalkül der Siegermächte - die Kontroverse über eine Parteiengesetzgebung im Alliierten Kontrollrat, in: Kalter Krieg und deutsche Frage. Deutschland im Widerstreit der Mächte 1945-1952, hg. v. Josef Foschepoth u. Rolf Steininger, Göttingen 1985, S.198-216.

Ders., Das ganze oder das halbe Deutschland? Zur Deutschlandpolitik der Sowjetunion und der KPD/SPD (1945-1955), in: Die Republik der fünfziger Jahre, hg. v. Jürgen Weber, München 1989, S.112-129.

Ders., Die SED, Stalin und die Gründung der DDR. Aus den Akten des zentralen Parteiarchivs des Instituts für Geschichte der Arbeiterbewegung, in: Aus Politik und Zeitgeschichte. Beilage zur Wochenzeitung Das Parlament, 25.1.1991, S.3-16.

Steel, Sir Christopher, Anglo-German Relations. II. A British View, in: I.A., Vol.39 No.4, S.521ff.

Steininger, Rolf, British Labour, Deutschland und die SPD 1945/46, in: Internationale wissenschaftliche Korrespondenz zur Geschichte der deutschen Arbeiterbewegung 15(1979), S.188-226.

Ders., Die Rhein-Ruhr-Frage im Kontext britischer Deutschlandpolitik 1945/46, in: Politische Weichenstellungen im Nachkriegsdeutschland 1945-1953, Geschichte und Gesellschaft, Sonderheft 5, hg. v. Heinrich August Winkler, Göttingen 1979, S.111-166.

Ders., Reform und Realität. Ruhrfrage und Sozialisierung in der anglo-amerikanischen Deutschlandpolitik 1947/ 48, in: VfZ 2/1979, S.167-241.

Ders., Die britische Deutschlandpolitik in den Jahren 1945/46, in: Aus Politik und Zeitgeschichte. Beilage zur Wochenzeitung Das Parlament, 9.1.1982, S.28-47.

Ders., Deutsche Geschichte 1945-1961. Darstellung und Dokumente in zwei Bänden, Frankfurt/M. 1983.

Ders., Westdeutschland ein "Bollwerk gegen den Kommunismus"? Großbritannien und die deutsche Frage im Frühjahr 1946, in: MGM 2/1985, S.163-208.

Ders., Die Ruhrfrage 1945/46 und die Entstehung des Landes Nordrhein-Westfalen. Britische, französische und amerikanische Akten, eingel. u. bearb. v. R. Steininger, Düsseldorf 1988.

Stephanson, Anders, Kennan and the Art of Foreign Policy, Cambridge 1989.

Stern, Carola, Die SED. Ein Handbuch über Aufbau, Organisation und Funktion des Parteiapparates, Köln 1954.

Dies., Porträt einer bolschewistischen Partei. Entwicklung, Funktion und Situation der SED, Köln 1957.

Stettinius, Edward R.J., Roosevelt and the Russians. The Yalta Conference, New York 1949.

Stössel, Frank Thomas, Positionen und Strömungen in der KPD/SED zwischen 1945 und dem IV. Parteitag der SED 1954, Diss. Würzburg 1982.

Stow, Anthony, The Man, in: Churchill Revised. A Critical Assessment, hg. v. A.J.P. Taylor, New York 1969, S.227-274.

Strang, Lord, The Foreign Office, London 1955.

Ders., Germany Between East and West, in: F.A., Vol.33 No.3, S.387-401.

Ders., Prelude to Potsdam. Reflections on War and Foreign Policy, in: I.A., Vol 46 No.3, S.441ff.

Stürmer, Michael, Das industrielle Deutschland, in: Hartmut Bookmann [u.a.], Mitten in Europa. Deutsche Geschichte, Berlin 1984, S.289-409.

Ders., Deutsche Fragen oder die Suche nach der Staatsräson, München 1988.

Taylor, A.J.P., Churchill Revised. A Critical Assessment, New York 1969.

Taylor, A.J.P., The Statesman, in: Churchill Revised. New York 1969, S.15-60.

Thies, Jochen, What is Going on in Germany? Britische Militärverwaltung in Deutschland 1945/46, in: Die Deutschlandpolitik Großbritanniens und die britische Zone 1945-1949, hg. v. Claus Scharf u. Hans-Jürgen Schröder, Wiesbaden 1979, S-29-50.

Thomas, Hugh, Armed Truce. the Beginning of the Cold War 1945-46, New York 1987.

Thompson, Kenneth W., Cold War Theories. Vol. I. World Polarization. 1943-1953, London 1981.

Timmerman, Heiner, Die SED und die deutschlandpolitischen Konferenzen der Alliierten (1947-1949), in: Aus Politik und Zeitgeschichte. Beilage zur Wochenzeitung Das Parlament, 15.12.1989, S.13-21.

Tiratsoo, Nick (Hg.), The Attlee Years, London 1991.

Trevelyan, Humphrey, Reflections on Soviet and Western Policy, in: F.A., Vol.52 No.4, S.527ff.

Trittel, Günther J., Die Bodenreform in der britischen Besatzungszone 1945-1949, Stuttgart 1975.

Turner, Ian, D. (Hg.), Reconstruction in Post-War Germany. British Occupation Policy and the Western Zones, Oxford 1989.

Tusa, Ann/Tusa, John, The Berlin Blockade, London 1988.

Tyrell, Albrecht, Die deutschlandpolitischen Hauptziele der Siegermächte im Zweiten Weltkrieg, in: Aus Politik und Zeitgeschichte. Beilage zur Wochenzeitung Das Parlament, 30.3.1985, S.23-39.

Ders., Großbritannien und die Deutschlandplanung der Alliierten 1941-1945, Frankfurt 1987.

Vital, David, The Making of British Foreign Policy, London 1968.

Vogel, Walter, Vertane Chancen? Die Deutschlandfrage in den Konzeptionen der Sieger 1945-1955, in: GWU 1990/2, S.65-80.

Wagner, R. Harrison, The Decision to Divide Germany and the Origins of the Cold War, in: International Studies Quaterly Vol.24 No.2, S.115-190.

Warner, Geoffrey, From Teheran to Yalta: Reflections on F.D.R.'s Foreign Policy, in: I.A. Vol.43 No.3), S.530-536.

Ders., The Division of Germany 1946-1948, in: I.A., Vol.52 No.1, S.60ff.

Wasserstein, B., Whose history is it, anyway? in: Times Literary Supplement, 25.7.1986.

Watt, Donald Cameron, Churchill und der Kalte Krieg, in: Schweizer Monatshefte, 1981/11, Sonderbeilage, S.1-24.

Webb, Robert Geoffrey, Britain and the Future of Germany. British planning for German dismemberment and reparations 1942-1945, Diss. phil. State University of New York, Buffalo 1979.

Weber, Hermann, Die Sozialistische Einheitspartei Deutschlands, Hannover 1971.

Ders., Geschichte der DDR, München 1985.

Ders., Die DDR 1945-1986, München 1988.

Ders., DDR. Grundriß der Geschichte 1945-1990, Hannover 1991.

Ders./Staritz, Dietrich (Hg.), Einheitsfront - Einheitspolitik. Kommunisten und Sozialdemokraten in Ost- und Westeuropa 1944-1948, Köln 1988.

Der Weg nach Pankow. Kolloquien des Instituts für Zeitgeschichte, München 1980.

Wehner, Gerd, Die Westalliierten und das Grundgesetz 1948-1949, Freiburg i. Br. 1994.

Weiler, Peter, British Labour and the Cold War, Stanford 1988.

Weisenfeld, Ernst, Welches Deutschland soll es sein? Frankreich und die deutsche Einheit seit 1945, München 1986.

Wentker, Hermann, "Kirchenkampf" in der DDR. Der Konflikt um die Junge Gemeinde 1950-1953, in: VfZ 1/1994, S.95-127.

Werth, Alexander, Rußland im Krieg, München 1965.

Wettig, Gerhard, Die Sowjetunion, die DDR und die Deutschlandfrage 1965-1976, Bonn 1976.

Wheeler-Bennett, John W. (Hg.), Action this Day. Working with Churchill, London 1968.

Ders., Special Relationships. America in Peace and War, London 1975.

Wilson, Duncan, Anglo-Soviet Relations: the Effect of Ideas on Reality, in: I.A,. Vol.50 No.3, S.380ff.

Ders., Public Records: the Wilson Report and the White Paper, in: The Historical Journal, Vol.25 No.4, S.985-994.

Wilson, S.S., The Cabinet Office to 1945. Public Record Office Handbooks No.17, London 1975.

Windsor, Philip, City on Leave. A History of Berlin 1945-1962, New York 1963.

Ders., Deutschland gegen Deutschland. Die Überwindung der Gegensätze, Zürich 1971.

Winkler, Heinrich August (Hg.), Politische Weichenstellungen im Nachkriegsdeutschland 1945-1953. Geschichte und Gesellschaft, Sonderheft 5, Göttingen 1979.

Wiskemann, Elizabeth, Germany's Eastern Neighbours. Problems relating to the Oder-Neisse-Line and the Czech frontier regions, hg. v. Royal Institute of International Affairs, London 1956.

Wolfe, Thomas W., The Soviet Union's Strategic Stake in the GDR, in: World Today, August 1971, S.340-350.

Woodward, Sir Llewellyn, British Foreign Policy in the Second World War, 5 Bde., London 1970-1976.

Yergin, Daniel, Shattered Peace. The Origins of the Cold War and the National Security State, London 1978.

Zank, Wolfgang, Wirtschaft und Arbeit in Ostdeutschland 1945-1949. Probleme des Wiederaufbaus in der Sowjetischen Besatzungszone, München 1987.

Ders., Wirtschaftsplanung und Bewirtschaftung in der sowjetischen Besatzungszone. Besonderheiten und Parallelen im Vergleich zum westlichen Besatzungsgebiet, 1945-1949, in: VfSW 71(1984), S.485-504.

Zitelmann, Rainer, Adenauers Gegner. Streiter für die Einheit, Erlangen 1991.

Abkürzungsverzeichnis

ACA	Allied Control Authority
ACA	Ministerial Committee on Armistice Terms and Civil Administration
ACC	Allied Control Council
Anm.d.V.	Anmerkung des Verfassers
APW	Armistice and Post-War Committee
Bd.	Band
Bde.	Bände
B.A.O.R.	British Army on the Rhine
BDO	Bund Deutscher Offiziere
CCG(BE)	Control Commission for Germany (British Element)
CDU	Christlich-Demokratische Union
CDUD	Christlich-Demokratische Union Deutschlands
C.F.M.	Council of Foreign Ministers
C.M.	Cabinet Minutes
COGA	Control Office for Germany and Austria
COS	Chiefs of Staff
COSSAC	Chief of Staff to Supreme Allied Commander
C.P.	Cabinet Paper
D.B.P.O.	Documents on British Policy Overseas
Ders.	Derselbe
Dies.	Dieselbe, dieselben
Dok.	Dokument
E.A.C.	European Advisory Commission
E.I.P.S.	Economic and Industrial Planning Staff
f.	folgende
F.A.	Foreign Affairs
FDGB	Freier Deutscher Gewerkschaftsbund
ff.	fortfolgende
F.O.	Foreign Office
F.O.R.D.	Foreign Office Research Department
F.R.U.S.	Foreign Relations of the United States
Fs.	Festschrift

GWU	Geschichte in Wissenschaft und Unterricht
HC	House of Commons
Hervorh.	Hervorhebung
hg.	herausgegeben
Hg.	Herausgeber
i.	im
I.A.	International Affairs
JCH	Journal of Contemporary History
Jhge.	Jahrgänge
J.I.C.	Joint Intelligence Sub-Committee
KPD	Kommunistische Partei Deutschlands
LDP	Liberal-Demokratische Partei
MGM	Militärgeschichtliche Mitteilungen
MSC	Military Sub-Committee
n.	nach
NKFD	National Komitee "Freies Deutschland"
No.	Numero
ORC	Overseas Reconstruction Committee
Orig.	Original
P.H.P	Post-Hostilities Planning Sub-Committee
P.H.P.S.	Post-Hostilities Planning Staff
P.I.D.	Political Intelligence Department
PM	Prime Minister
PMM	Prime Ministers Meeting
PREM	Prime Minister Records
PRO	Public Record Office
Ps/W	Prisoners of War
SAG	Sowjetische Aktiengesellschaft
SBZ	Sowjetische Besatzungszone
SED	Sozialistische Einheitspartei Deutschlands
SHAEF	Supreme Headquarters Allied Expeditionary Forces
SMAD	Sowjetische Militäradministration
SPD	Sozialdemokratische Partei Deutschlands
S/S	Secretary of State
Tel.	Telegramm
u.a.	und andere

v.	vom
versch.	verschiedene
VfZ	Vierteljahreshefte für Zeitgeschichte
vgl.	vergleiche
Vol.	Volume
W.M.	War Cabinet Minutes
W.P.	War Cabinet Paper
W.P.I.S.	Weekly Political Intelligence Summary
zit.	zitiert